l'atlas est m.j.

HISTOIRE

DE LA

GUERRE CIVILE

EN AMÉRIQUE

I

MICHEL LÉVY FRÈRES, ÉDITEURS

CAMPAGNES
DE
L'ARMÉE D'AFRIQUE
— 1835-1839 —

PAR

M. LE DUC D'ORLÉANS

PUBLIÉ PAR SES FILS

Avant-propos de M. le Comte de Paris; Introduction de M. le Duc de Chartres, avec un Portrait du Duc d'Orléans, par Horace Vernet, et une Carte de l'Algérie.

DEUXIÈME ÉDITION
Un beau volume in-8° vélin.

DE LA
SITUATION DES OUVRIERS
EN ANGLETERRE

PAR

M. LE COMTE DE PARIS

DEUXIÈME ÉDITION
Un beau volume in-8°.

PARIS. — J. CLAYE, IMPRIMEUR, 7, RUE SAINT-BENOIT. — [1065]

HISTOIRE

DE LA

GUERRE CIVILE

EN AMÉRIQUE

PAR

M. LE COMTE DE PARIS

TOME PREMIER

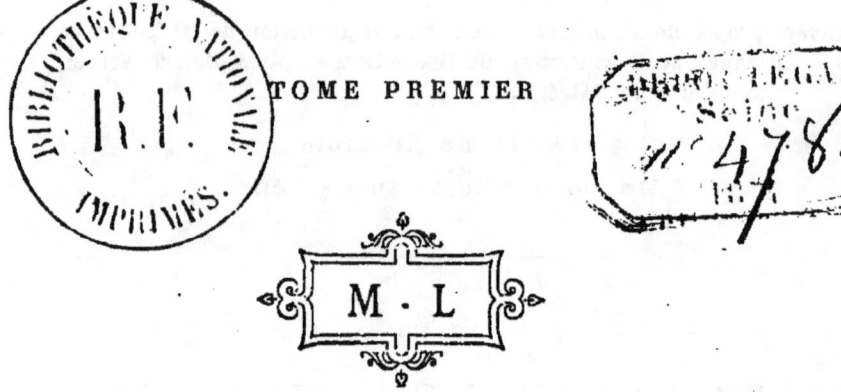

PARIS

MICHEL LÉVY FRÈRES, ÉDITEURS

RUE AUBER, 3, PLACE DE L'OPÉRA

LIBRAIRIE NOUVELLE

BOULEVARD DES ITALIENS, 15, AU COIN DE LA RUE DE GRAMMONT

1874

Droits de traduction et de reproduction réservés.

AVANT-PROPOS

On a beaucoup parlé, en France, de la guerre civile américaine tant qu'elle a duré. Mais on n'avait pas alors les documents nécessaires pour la bien comprendre dans son ensemble et la suivre dans ses détails. Depuis ce temps, l'attention publique a été détournée par les événements qui se sont accomplis en Europe. Cependant cette guerre du nouveau monde peut être utile à étudier, même après celles dont notre continent a été le théâtre en 1866 et en 1870. Dans un moment où le travail et le recueillement sont un devoir pour tous, on ne doit négliger aucune page de l'histoire militaire contemporaine.

Accueilli avec sympathie dans les armées de la jeune République, qui se rappelle l'appui donné par la France aux premiers défenseurs de son indépendance, et n'a pas manqué de placer le nom de Bourbon parmi ceux qui doivent en perpétuer le souvenir sur son sol, l'auteur a voulu offrir un témoignage de reconnaissance à ses anciens compagnons d'armes. En écrivant ses souvenirs personnels, il s'est laissé entraîner à raconter une guerre dont quelques incidents se sont passés sous ses yeux. Malgré ses légitimes préférences pour la cause qu'il a servie, il s'est efforcé de conserver dans ce récit la plus stricte impartialité; il a puisé, avec un soin égal, dans les documents émanés des deux partis, et, si son œuvre se ressent des vicissitudes au milieu desquelles il l'a poursuivie, il croit qu'elle a, du moins, le mérite de l'exactitude et de la sincérité.

LIVRE PREMIER

—

L'ARMÉE AMÉRICAINE

CHAPITRE PREMIER

LES VOLONTAIRES DU XVIIIe SIÈCLE.

Au commencement de l'année 1861, un de ces actes de violence que les ambitieux savent souvent déguiser sous des noms d'autant plus beaux que leurs motifs sont plus coupables, vint déchirer la République des États-Unis et y allumer la guerre civile.

Un coup d'État fut tenté contre la constitution de cette république par la puissante oligarchie qui régnait dans le Sud et avait longtemps dominé dans les conseils de la nation. Le jour où la loi commune, qui assure également à l'individu pauvre et isolé le respect de ses droits, et à la majorité la pleine jouissance du pouvoir politique, est violée par une fraction quelconque de la société, le despotisme est fondé, si cet attentat n'est sévèrement réprimé.

Battus dans les élections présidentielles de 1860, les États du Sud voulurent ressaisir, par l'intimidation ou la force, l'influence qu'ils avaient exercée jusque-là au profit de l'esclavage, et, tout en faisant sonner bien haut les mots d'indépendance et de liberté, ils foulèrent aux pieds un contrat sacré, dès que le scrutin national se prononça contre leur politique. Mais le succès, ce grand justificateur des hommes providentiels, leur fit défaut, et la victoire sanctionna la cause du droit et de la légalité. On vit alors quels trésors d'énergie la pratique large et constante de la liberté amasse chez les peuples assez heureux pour la posséder et assez sages pour la garder.

L'Amérique avait déjà résolu l'un des problèmes les plus difficiles de notre siècle, en développant, au milieu d'une société démocratique, des institutions libérales; mais aucune grande crise intérieure n'était encore venue en éprouver la solidité. Bien des gens assuraient qu'à la première tempête cette plante fragile serait arrachée d'un sol incapable de la nourrir. Le vent de la guerre civile s'est levé, et c'est au contraire l'arbre vigoureux des institutions américaines qui, étendant son ombre sur le pays où il avait jeté de si profondes racines, l'a préservé d'une imminente destruction. Dans cette crise, le peuple américain a appris à estimer encore plus que par le passé sa constitution, et il a prouvé au monde que la statue de la Liberté n'est pas une idole vaine, sourde au jour du danger, mais l'image sainte d'une divinité puissante qu'il faut invoquer dans l'adversité.

Aussi, quoique la guerre offre toujours un cruel spectacle, peut-on du moins interroger celle qui a récemment déchiré l'Amérique sans éprouver cette tristesse profonde et sans mélange qu'inspire le triomphe de la violence et de l'injustice. Il est intéressant de rechercher comment a été obtenue cette victoire, si longtemps disputée, dont les résultats éclatent à tous les yeux, mais dont les véritables causes sont difficiles à démêler de loin. Dans cette étude aussi importante pour le soldat que pour l'homme d'État, il faut sans doute tenir compte, d'une part, de la différence des institutions, des mœurs et de bien des circonstances particulières, mais aussi, d'autre part, ne pas rejeter sans examen des exemples précieux et une expérience chèrement acquise, sous prétexte que ce qui a réussi en Amérique ne peut s'appliquer à l'Europe.

Le travail que nous entreprenons est essentiellement une histoire militaire. Nous n'essayerons donc pas de raconter les luttes constitutionnelles et les événements politiques qui ont amené la guerre dont nous offrons ici le récit. Mais, dans un temps où les malheurs de la patrie donnent une importance particulière à toutes les questions d'organisation militaire, il nous a semblé que ce récit ne paraîtrait pas complet si nous ne commencions par montrer au lecteur, avec quelques détails, les ressources des deux adversaires, la manière dont ils les mirent en œuvre, les services rendus à tous les deux par un corps d'officiers réguliers, instruits, nourris de bonnes traditions, et enfin la formation des grandes armées improvisées qui soutinrent cette longue guerre. Cet exposé préliminaire fera voir comment ces armées, se trouvant des deux côtés dans des conditions analogues, purent s'organiser et acquérir peu à peu les qualités militaires sans être exposées aux désastres que l'une comme l'autre aurait éprouvés si, dès le début, elle avait eu à combattre des troupes aguerries et disciplinées.

Il nous faut donc d'abord faire voir, dans une rapide esquisse, ce qu'était l'armée américaine avant 1861. Quoique les Américains ne fussent pas un peuple militaire, ils avaient eu l'occasion de montrer certaines qualités guerrières. Dans leur courte histoire, ils avaient déjà des précédents pour l'organisation de leurs forces nationales, et un petit groupe d'hommes braves et dévoués préservait de l'oubli les traditions acquises dans des campagnes peu brillantes, mais instructives.

Sans nous arrêter longuement aux guerres où le soldat américain figura avant 1861, il est nécessaire d'en dire quelques mots. On comprendra mieux le mouvement remarquable qui créa de grandes armées au premier bruit de la guerre civile, lorsqu'on aura vu comment se sont formés des corps de volontaires à d'autres époques de l'histoire de la jeune République. Après avoir suivi la petite armée régulière dans le Far-West et au Mexique, on s'expliquera son rôle dans la grande organisation militaire des fédéraux et des confédérés.

C'est contre nos soldats, dans la guerre de Sept ans, que les volontaires américains, alors miliciens d'une colonie anglaise, firent leurs premières armes. On peut le rappeler non-seulement sans amertume, puisque, Dieu merci, le drapeau des États-Unis, depuis qu'il flotte, ne s'est jamais trouvé opposé sur les champs de bataille à celui de la France, mais encore comme un souvenir qui fait un lien de plus entre eux et nous. Car, dans la lutte inégale qui décida de la possession du nouveau continent, ces miliciens reçurent d'utiles leçons en se mesurant avec la poignée d'hommes héroïques qui défendaient notre empire d'outre-mer en dépit d'une oublieuse patrie.

Les soldats de la guerre de l'indépendance se formèrent à cette école. Montcalm, plus encore que Wolfe, fut l'instructeur de ces adversaires qui prirent bientôt le soin de le venger. C'est en cherchant, dans de longues et souvent désastreuses expéditions, à devancer la puissance française sur les rives de l'Ohio, que le fondateur de la nation américaine fit l'apprentissage de cette infatigable énergie qui finit par triompher de tous les obstacles. C'est l'exemple des défenseurs du fort Carillon, arrêtant une armée anglaise derrière un misérable parapet, qui inspira plus tard les combattants de Bunkershill. C'est la reddition de Washington au fort Necessity, le désastre de Braddock au fort Duquesne, qui apprirent aux futurs vainqueurs de Saratoga comment, dans ces contrées incultes, on embarrasse la marche d'un ennemi, on lui coupe les vivres, on annule ses avantages et l'on arrive enfin à le prendre ou à l'anéantir.

Aussi, méprisées d'abord dans les rangs aristocratiques de l'armée régulière anglaise, les *milices pro-*

vinciales, comme on les appelait alors, surent-elles bientôt conquérir son estime, et imposer le respect à leurs ennemis. Dans cette guerre, si différente de celles qui se font en Europe, dans ces combats livrés au milieu d'un pays sauvage et boisé, elles révélèrent déjà toutes les qualités qui distinguèrent depuis l'américain : l'adresse, la force, la bravoure et l'intelligence individuelle.

Elles les déployèrent encore lorsque, quinze ans après, elles reprirent les armes, sous le nom de *volontaires* ou de *milices nationales*, pour secouer le joug trop pesant de la métropole ; mais elles n'avaient plus les officiers instruits de l'armée anglaise pour les diriger, les vieilles bandes régulières pour les appuyer au moment critique. Leur rôle d'auxiliaires les avait mal préparées à soutenir seules la grande lutte que le patriotisme leur imposait. A côté de Washington aucun officier colonial n'avait brillé dans les grades supérieurs. Aussi les Français qui vinrent avec Lafayette mettre leur expérience au service de la jeune armée américaine apportèrent-ils à celle-ci un précieux secours. Mais son meilleur allié, sa plus grande force, fut cette persévérance qui lui permit de tirer parti de la défaite, au lieu d'en être accablée. On le vit bien lorsque l'arrivée de Rochambeau lui offrit l'occasion de faire cette belle et décisive campagne qui, des rives de l'Hudson, transporta la guerre en Virginie et la termina d'un seul coup dans les tranchées de Yorktown.

Les derniers événements qui ont ensanglanté les États-Unis donnent un intérêt tout particulier à l'étude de la guerre de l'Indépendance américaine. Le théâtre est le même, la nature du pays n'a que peu changé depuis lors, et, des deux côtés, les acteurs sont les descendants des soldats de Washington. Dans ce premier effort de la jeune nation américaine pour organiser sa puissance militaire, nous trouverons les précédents de 1861 ; et, dans les armées peu nombreuses du siècle dernier, le modèle de celles qui de nos jours ont pris part à la guerre civile.

Mais il nous faut d'abord montrer certaines différences importantes qui distinguent et les deux guerre et les conditions dans lesquelles elles furent entreprises. En effet, c'est pour n'avoir pas tenu compte de ces différences que bien des gens ont vu l'issue de la dernière lutte démentir leurs prévisions. Parce que les treize colonies avaient lassé les efforts de l'Angleterre, ils crurent que les États confédérés viendraient à bout des forces du Nord. Heureusement, la comparaison entre le généreux mouvement de 1775 et la prise d'armes des propriétaires d'esclaves en 1861 était aussi fausse au point de vue militaire qu'au point de vue politique.

Le jour où les colonies repoussèrent l'autorité de la métropole, tous les points stratégiques de leur territoire étaient occupés par les Anglais. Il fallait donc tout conquérir; elles n'avaient rien à perdre et ne pouvaient se tenir pour battues alors même que l'ennemi était encore au cœur du pays. En 1861, au contraire, les confédérés, maîtres de tout le territoire qu'ils prétendaient soustraire au pouvoir légal du nouveau président, avaient besoin de cette vaste contrée, d'une part pour maintenir l'institution de l'esclavage, et d'autre part pour entretenir leurs nombreuses armées : lorsqu'elle fut envahie, ils se sentirent vaincus. Ce qui était possible dans la guerre de l'Indépendance, où le nombre des combattants était restreint, ne l'était plus alors. Washington et Gates, Howe et Cornwallis, n'avaient d'ordinaire sous leurs ordres que dix ou quinze, et bien rarement vingt mille hommes. Ces petites armées pouvaient vivre sur le pays qu'elles occupaient. Ce ne fut pas toujours sans peine, il est vrai, et les soldats de Washington souffrirent cruellement dans l'hiver qu'ils passèrent à Valley-Forge. L'armée anglaise, traversant une contrée relativement riche, de Philadelphie à New-York, fut contrainte d'emporter ses vivres avec elle, et Cornwallis perdit tous ses bagages dans la Caroline du Nord, qu'il parcourait en vainqueur. Mais ni les uns ni les autres n'étaient assujettis au vaste système d'approvisionnements qui suppose une base d'opérations fixe et assurée, et sans lequel on ne peut faire vivre en Amérique de nombreuses armées. Ils subsistaient, marchaient et séjournaient de longs mois à côté d'un ennemi maître du pays.

Si l'on voulait faire un rapprochement entre les deux guerres, ce sont les armées du Nord, et non celles du Sud, qu'il faudrait comparer aux volontaires qui affranchirent l'Amérique. Les conscrits confédérés, d'une bravoure impétueuse, rompus à l'obéissance et suivant aveuglément leurs chefs, mais dépourvus individuellement de persévérance et de ténacité, avaient un autre esprit, d'autres mœurs, un autre tempérament; leur caractère avait été façonné par les institutions aristocratiques fondées sur l'esclavage. Le volontaire fédéral, au contraire, avec ses qualités et ses défauts, est l'héritier direct de ces *Continentaux,* comme on les appelait, qui, difficiles à discipliner, mal organisés, et presque toujours battus malgré leur courage personnel, finirent cependant par venir à bout des légions anglaises. Il a d'ailleurs d'autres titres à se dire leur héritier; car il peut rappeler que ce sont les États du Nord, alors simples colonies, qui supportèrent presque tout l'effort de la guerre de l'Indépendance, dont ils partagèrent le prix avec leurs associés du Sud. Sur les deux cent trente-deux mille hommes que cette guerre vit passer sous le drapeau fédéral, le Massachusets, toujours le plus patriotique et le plus belliqueux, en fournit à lui seul soixante-huit mille; le Connecticut, moins peuplé, trente-deux mille; la Pennsylvanie vingt-six mille; New-York, presque entièrement occupé par les Anglais, dix-huit mille; et, en résumé, les États qui furent fidèles à l'union en 1861 avaient donné pour combattre l'Angleterre cent soixante-quinze mille hommes, c'est-à-dire plus des trois quarts du chiffre total. Parmi ceux qui s'attachèrent plus tard à la cause confédérée, la vaillante Virginie fut le seul qui offrit alors un contingent respectable, et la Caroline du Sud, si hautaine depuis, ne put mettre sur pied que six mille hommes durant toute la guerre contre l'Angleterre. On le voit, les États qui ont défendu l'union en 1861 sont ceux qui avaient fait le plus de sacrifices pour l'établir, et ceux qui ont levé contre elle l'étendard de la révolte sont ceux aussi qui avaient le moins de droits à s'en dire les fondateurs.

On ne peut donc s'étonner de trouver chez les premiers soldats qui portèrent au feu le drapeau étoilé les traits qui ont toujours caractérisé les volontaires fédéraux. Ces traits se révèlent dès le début de la lutte contre la métropole. A peine réunis, ils affrontèrent derrière le moindre obstacle le choc des vétérans anglais. Ils se défendirent avec une rare énergie à Bunkershill, comme plus tard en 1815 les soldats improvisés de Jackson à la Nouvelle-Orléans, et, sur un plus grand théâtre, l'armée du Potomac à Gettysburg. Ils furent des travailleurs infatigables, la pioche et la hache à la main, aux siéges de Boston et de Yorktown, comme ces volontaires qui en quatre ans ont couvert l'Amérique de fortifications et de tranchées; mais aussi, faciles à ébranler lorsqu'ils se sentaient ou se croyaient pris de flanc, comme à Brandywine, comme à Germantown; difficiles à conduire à l'assaut d'une forte position, et oublieux de ce principe qu'il y a moins de danger à courir sur l'ennemi qu'à recevoir son feu sans bouger. Ils perdaient alors rapidement leur organisation, et, chose plus rare, la retrouvaient non moins promptement. Depuis leurs premiers engagements avec les Anglais jusqu'à la guerre qui les arma les uns contre les autres, les volontaires américains, trouvant un précieux auxiliaire dans leur pays, couvert de forêts et coupé de marais, laissèrent rarement une panique dégénérer en déroute, et ils eurent le grand mérite de ne se croire presque jamais vaincus après une défaite.

Il fallut néanmoins tout l'esprit organisateur de Washington, tout son dévouement, son tact et sa patience, pour pouvoir, presque sans ressources et au milieu de mille intrigues, maintenir l'union entre des éléments aussi difficiles à façonner, et les plier aux plus dures exigences du métier militaire.

Les milices provinciales qui avaient fait la guerre de Sept ans avaient été formées sur le modèle de celles des comtés anglais. Au début de la lutte contre l'Angleterre, chaque colonie adjoignit à ces milices des régiments de volontaires enrôlés pour quelques mois et se fit ainsi une petite armée particulière et indépendante. Réunies par le Congrès sous l'autorité de Washington, elles conservèrent cependant quelque temps leur organisation distincte, et, une fois le premier moment d'enthousiasme et d'abnégation passé, on peut se figurer que d'entraves un pareil système opposa au zèle du général en chef. Celui-ci, qui ne cherchait jamais à obtenir la popularité en flattant ses compatriotes, savait leur faire accepter une sévère discipline. « Il faut, leur disait-il, que dans une armée règne le plus parfait despotisme. » Le témoignage de ce grand citoyen mériterait d'être médité par ceux qui, au nom de la liberté, prétendent introduire dans les armées cet esprit de critique et d'indépendance qui engendre toujours l'insubordination. D'ailleurs, son despotisme était strictement limité à son rôle militaire, et tempéré par l'estime qu'il inspirait à tous ses inférieurs. Ce ne fut cependant qu'au prix d'opportunes sévérités et de concessions nécessaires qu'il put conserver dans son armée cette organisation qui lui permit d'accomplir sa tâche jusqu'au bout.

Les milices, recrutées dans les bas-fonds de la société, comme en Angleterre, lui causèrent de perpétuels soucis. Sur le champ de bataille, elles provoquèrent plus d'une fois de désastreuses paniques; dans les camps, elles fomentèrent souvent l'esprit de révolte. Les régiments de volontaires, formés dans un moment d'élan patriotique, étaient bien mieux composés; mais ils n'étaient engagés que pour quelques mois, et dans les premiers temps de la guerre les négociations entamées pour prolonger la durée de leur service paralysèrent constamment les opérations militaires.

L'armée nationale fut enfin formée en 1776. Elle servit de type à toutes les levées de volontaires faites plus tard, jusqu'à celles qui furent appelées par M. Lincoln. Cette armée fut placée sous les ordres directs du Congrès, qui partageait avec les États les dépenses de solde et d'équipement. Le contingent de chaque État fut fixé à un certain nombre de bataillons, dont l'autorité locale nommait les officiers, et, si les engagements volontaires ne suffisaient pas, le chiffre de l'effectif était complété par une conscription pesant exclusivement sur la milice. Celle-ci ne se composait elle-même en réalité que d'engagés volontaires. Il est vrai que la loi, comme en Angleterre, permettait, en dernier ressort, d'avoir recours pour la former à une conscription générale. Mais cette mesure, appliquée une fois en Virginie, y suscita de tels troubles, qu'il fallut y renoncer. Le Congrès, tout en ayant soin d'embrigader ensemble des bataillons d'un même État, se réserva la formation des armées, la confirmation des grades inférieurs, et la nomination de l'état-major général. Cette armée compta d'abord quatre-vingt-huit bataillons de sept cent cinquante hommes : son organisation et les grades qui y étaient conférés devaient durer aussi longtemps que la guerre. Mais on ne put obtenir d'engagements pour un terme aussi incertain et il fallut d'abord les réduire à un an. Aussi, la misère du pays aidant, les difficultés qu'on avait voulu éviter reparurent-elles bientôt. Pour stimuler les rengagements, on éleva la solde et on promit des primes en argent à l'entrée au service, en terres à la sortie. Washington signalait en vain les inconvénients de ce système, qui mêlait la spéculation au noble et rude métier des armes. On avait besoin d'hommes ; et les États, craignant l'impopularité de la conscription, renchérissaient, au contraire, sur les offres du Congrès. Il en résulta que l'appât d'une nouvelle prime fit rechercher aux volontaires l'occasion de se rengager en abrégeant leur temps de service. On avait fini par obtenir d'eux un engagement « pour trois ans *ou* pour la durée de la guerre ». Les trois ans expirèrent le 1er janvier 1781 : la guerre semblait loin de sa fin. Les soldats pennsylvaniens soutinrent qu'ils n'étaient engagés que pour trois ans, les termes « ou la durée de la guerre », signifiant seulement, d'après eux, que, si la guerre avait été terminée auparavant, leur temps de service aurait été abrégé. Les officiers voyaient, au contraire, dans ces mots l'engagement de rester pendant trois ans au moins sous les drapeaux, et plus si la guerre durait davantage. Cette question de grammaire fit presque couler le sang : il fallut se rendre aux exigences des volontaires, et leur interprétation fut définitivement adoptée. Mais l'atteinte portée à la discipline fut profonde et durable.

Les injustes rivalités, les mesquines jalousies n'épargnèrent pas non plus les soldats les plus illustres de la guerre de l'Indépendance ; mais elles sont de tous les temps et de tous les pays, et les Américains ne tardèrent pas à dédommager ceux qui en avaient été victimes par un retour spontané de l'opinion publique. En effet, malgré les vices de leur organisation, les soldats américains étaient animés de cette passion ardente et sincère qui pousse au but les grands hommes et les grands peuples ; et c'est grâce à elle qu'ils forcèrent la victoire à se ranger enfin de leur côté.

Plus l'effort national avait été considérable, plus la réaction qui le suivit fut irrésistible. Après tant de sacrifices faits au bien commun, l'esprit d'indépendance locale devait reprendre son empire. Le souvenir des réguliers anglais, le besoin d'économie et la lassitude générale firent réclamer de toutes parts la suppression de l'armée nationale. Délivrées du danger qui les avait unies, les anciennes colonies s'empressaient de s'affranchir de toutes les charges les plus nécessaires à leur existence nouvelle : elles se consumaient en querelles qui faillirent leur faire perdre l'estime de leurs plus zélés partisans en Europe, et, plus jalouses encore du pouvoir central, elles ne lui laissèrent aucune autorité, aucun moyen d'action. C'était l'âge d'or des *States Rights* ou « droits d'États », dont la défense servit plus tard de prétexte à l'insurrection de 1861. Sous cette funeste influence, l'armée des États-Unis disparut graduellement : toute la garde de la longue frontière du Canada et des tribus indiennes fut confiée à la milice de chaque État, et, en 1784, l'armée nationale se trouvait réduite au chiffre absurde de quatre-vingts soldats et officiers.

Lorsque de vrais patriotes tirèrent l'Amérique de la voie fatale où elle était engagée, et que sa nationalité fut définitivement constituée par cette œuvre admirable qu'on appelle le Pacte fédéral, on sentit la nécessité de rendre quelque autorité au pouvoir central reconstitué. Cependant, entre ce moment, que l'on peut appeler sa première résurrection, et celui où elle fut définitivement organisée, l'armée régulière éprouva encore bien des vicissitudes. En effet, lorsqu'en 1789 Washington se trouva investi, avec le titre nouveau de Président, du commandement des forces militaires de la République, celles-ci ne s'élevaient qu'à six cents hommes. Son autorité sur les milices était limitée à un petit nombre de cas spéciaux, et leur formation dépendait exclusivement de chaque État. Connaissant par expérience les inconvénients d'une armée improvisée de toutes pièces, il songea à doter son pays d'institutions militaires et à préparer des cadres qui lui auraient permis de transformer assez rapidement en combattants effectifs les citoyens appelés sous les drapeaux par un danger inattendu. Mais il ne put vaincre les préventions d'un peuple nouvellement affranchi contre toute armée permanente, préventions dont Jefferson était l'organe dans son propre cabinet. Aussi, depuis 1789 jusqu'en 1815, l'armée régulière, celle qui était levée et organisée directement par le pouvoir fédéral, sans l'intervention des États, demeura-t-elle à l'état provisoire. Une guerre était-elle imminente, on l'enflait subitement en y ajoutant, faute de cadres anciens, des régiments entièrement neufs où tous les grades étaient donnés d'emblée, et, lorsque les dispositions pacifiques reprenaient le dessus, on se hâtait de licencier également officiers et soldats.

En 1790, cette armée ne comprenait qu'un régiment d'infanterie et un bataillon d'artillerie ; en tout, mille deux cent seize hommes. Un second régiment, formé l'année suivante, porta son effectif à deux mille cent vingt-huit hommes. En 1792, on l'éleva subitement à six mille hommes, pour la réduire, dès 1796, à deux mille huit cents hommes. Chaque fois, un acte du Congrès autorisait la levée des hommes, la formation des corps, limitait parfois la durée de leur existence, et créait pour l'occasion les grades nécessaires. Mais il arrivait souvent que de la sorte on se procurait plus vite des officiers que des soldats. Ainsi, en 1798, craignant une guerre avec la France, le Congrès ordonna la levée de treize mille réguliers; mais, deux ans après, tandis que le corps d'officiers était au complet, on n'avait pu encore enrôler que trois mille quatre cents hommes, et, en 1802, on ramena cette armée éphémère au chiffre de trois mille soldats.

On voit qu'elle ne méritait guère son nom d'armée régulière. Aussi, plus l'Amérique comptait pour sa défense sur les levées de volontaires, plus elle avait besoin d'une école permanente pour constituer un corps d'officiers instruits, possédant les traditions et l'esprit militaires, et capables de suppléer aux défauts d'une armée improvisée et inexpérimentée. Washington l'avait bien senti, et il avait voulu fonder une école fédérale sur des bases assez larges pour qu'elle pût rendre à la nation cet important service. Mais son projet, destiné à être adopté plus tard, fut rejeté deux fois, en 1793 et en 1796. On se contenta d'établir à West-Point une espèce d'école déguisée et tout à fait insuffisante, formée d'un dépôt d'artillerie et du génie avec deux professeurs et une quarantaine de cadets. Ce n'est qu'en 1812 qu'on reprit le projet de Washington et que l'académie de West-Point, dont il fut ainsi le fondateur posthume, devint réellement la pépinière de l'armée régulière. A cette époque, l'Amérique apprit enfin à ses dépens combien de telles indécisions et alternatives étaient contraires au développement de bonnes institutions militaires.

Nous avons voulu montrer par ces détails que les levées d'armées improvisées, dont l'année 1861 a donné un si gigantesque exemple, furent de tous temps dans les habitudes de ce pays et que les procédés adoptés alors sur une grande échelle furent employés depuis les premiers temps de la République, chaque fois qu'un danger imprévu vint la menacer. Il est facile de comprendre l'inexpérience de toute la nation quand elle prit les armes contre les sécessionistes; et, en voyant le faible rôle que l'élément militaire jouait dans sa vie publique, loin de s'étonner qu'elle n'ait pas réussi plus tôt, on doit, au contraire, l'admirer d'avoir tant accompli et tant créé sans aucune préparation. On pourrait citer bien des exemples de ce contraste, qui fait honneur à son énergie, entre les ressources organisées qu'elle possédait et les résultats qu'elle obtint. Ainsi le ministère de la guerre, qui, en 1865, dirigeait plus d'un million d'hommes, était, au commencement du siècle, confondu avec celui de la marine et ne se composait que du ministre et de huit commis.

Les six mille hommes dont la levée avait été votée en 1808, lorsque la guerre avec l'Angleterre semblait imminente, n'avaient jamais été rassemblés. Aussi, quand, en 1812, après vingt ans de paix, cette guerre finit par éclater, les traditions de la lutte de l'Indépendance étaient-elles à peu près perdues. L'enthousiasme ne vint pas y suppléer ; il ne s'échauffa pas pour une guerre où l'existence nationale n'était pas en jeu. Nous ne nous arrêterons pas sur cette guerre, car, à son tour, elle ne laissa pas de traditions sérieuses, et ne forma que bien peu d'hommes distingués. Elle offre peu d'exemples instructifs de la manière de combattre dans le nouveau monde ; et, sauf dans la brillante affaire de la Nouvelle-Orléans, elle ne fit guère ressortir que les défauts ordinaires des volontaires américains, sans mettre en relief leurs meilleures qualités.

Les campagnes faites au Canada, si l'on peut donner ce nom à une série d'opérations décousues, aussi insignifiantes par leurs résultats que par les moyens employés, ne présentent aucun intérêt. L'armée régulière existait à peine. Les volontaires, peu nombreux, levés à la hâte et d'ordinaire pour la durée d'une seule expédition, faite sur les frontières de leur propre État, pouvaient à peine être comptés dans l'armée. Les milices, plus insubordonnées encore que sous Washington, trouvaient des motifs constitutionnels pour refuser, au milieu même d'une opération, d'aller au delà de la frontière soutenir leurs camarades engagés. L'affaire la plus sanglante peut-être, celle du Niagara, fut une lutte nocturne où chacun des deux partis, se croyant battu, abandonna avant le jour le champ de bataille, et la déroute de Bladensburg jeta un triste jour sur la démoralisation de ces troupes improvisées. Le nom du jeune général Scott, naguère encore l'illustre doyen de l'armée américaine, mérite seul d'être cité à côté de celui de Perry, ce marin qui sut, à force d'audace, conquérir la suprématie navale sur les lacs.

Cependant, ceux qui suivirent cette guerre dans toutes ses péripéties purent déjà faire une remarque qui a été bien des fois confirmée depuis, c'est que sur le sol de l'Amérique la défensive est aisée, l'offensive difficile à soutenir. Occupés par leur lutte avec la France, les Anglais, au lieu d'attaquer, furent forcés d'attendre les Américains dans le Canada : cette nécessité fit leur force. En 1814, la paix avec la France semblait, en leur rendant toute liberté d'action, leur assurer une supériorité incontestable. Le contraire arriva, parce que, se sentant les plus forts, ils reprirent l'offensive, et les Américains, attaqués à leur tour, retrouvèrent aussitôt tous les avantages qu'ils avaient perdus en envahissant le territoire ennemi. En effet, après avoir vaincu sans efforts à Bladensburg, brûlé une partie de Washington et occupé le reste, les Anglais ne purent se maintenir dans cette position, et, en évacuant sans combat la capitale ennemie, ils furent contraints de reconnaître combien était stérile la victoire qui la leur avait livrée. Enfin, la guerre se termina à l'avantage des Américains sur les bords du lac Champlain et à la Nouvelle-Orléans, où les Anglais furent vaincus par une poignée de blancs et de nègres mêlés, armés à la hâte, et auxquels Jackson avait communiqué son indomptable énergie.

Ces deux affaires heureuses ne pouvaient faire oublier à l'Amérique les événements qui les avaient précédées, et qui avaient été pour elle une sérieuse leçon. Aussi cette guerre ne lui fut-elle pas inutile, car elle lui fit sentir la nécessité de réorganiser sur de nouvelles bases ses institutions militaires. Dès les premiers jours, l'opinion publique, ce juge tout-puissant chez les peuples libres, qui a peut-être les caprices, mais non les funestes entêtements des despotes, était revenue promptement de toutes ses préventions. C'est alors qu'on adopta le projet d'école militaire laissé par Washington. Le Président demandait dix mille hommes pour l'armée régulière : on l'autorisa à en lever vingt-cinq mille. Il est vrai qu'on ne réussit jamais à compléter ce chiffre d'effectif, et que les nouvelles levées, dépourvues de cadres anciens, se montrèrent aussi inexpérimentées que des volontaires ou des miliciens.

Mais, lorsque la paix se fit en 1815, au lieu de les licencier jusqu'au dernier homme, selon l'habitude, on en garda dix mille sous les drapeaux. Ils formèrent l'effectif sur le pied de paix des troupes fédérales, que l'on se décidait enfin à organiser d'une manière définitive. Aussi est-ce de cette année que date l'existence en Amérique de l'armée régulière, comprenant des corps de toutes armes, se recrutant d'une manière constante, ayant un avancement fixe, et ouvrant une véritable carrière aux officiers, assurés désormais de la conservation de leurs grades.

CHAPITRE II

L'ARMÉE RÉGULIÈRE.

Une armée régulière et permanente, avec sa discipline et sa hiérarchie, placée au milieu d'une société si mobile et si jalouse de tout ce qui n'émane pas directement de l'élection, devait avoir une situation singulière et difficile : elle ne succomba pas aux nombreuses attaques dont elle fut l'objet, mais cette situation lui donna une physionomie originale, et développa chez elle l'esprit de corps au plus haut degré.

Il nous faut entrer dans quelques détails sur son organisation, qui changea peu depuis sa création et qui servit de modèle à celle de l'armée des volontaires dont nous aurons à raconter les campagnes.

L'école de West-Point a exercé une grande

influence sur le caractère de l'armée américaine. Établie sur les rives boisées de l'Hudson, dans un site pittoresque, où d'intéressants souvenirs historiques s'attachent à une importante position militaire, le berceau de la famille des *Réguliers* offre un contraste frappant avec tout ce qui l'entoure. Au pied de cette paisible retraite, où les traditions militaires sont religieusement conservées, le grand fleuve qui arrose New-York présente le spectacle du mouvement industriel le plus actif. Par une exception remarquable dans ce mobile pays, depuis sa fondation jusqu'à l'époque dont nous parlons, l'école a conservé ses règlements et ses statuts primitifs, et les élèves portent encore l'habit gris à petits pans galonnés qui fut adopté par les premiers cadets du génie en 1802. Le système d'admission contraste aussi avec les mœurs égalitaires du pays. Il est fondé entièrement sur la faveur, et ce n'est que depuis la guerre qu'on a proposé, sans succès jusqu'ici, de mettre les places au concours. Cette anomalie s'explique cependant, car la carrière des armes était peu recherchée, et, d'ailleurs, les Américains ne considèrent pas les emplois du gouvernement comme une propriété publique dont chacun a le droit de briguer une part à l'enchère des examens. Le mode de recrutement adopté pour l'école par ses fondateurs avait pour but de faire de celle-ci une image aussi exacte qu'il était possible de la fédération d'États dont elle était le lien commun. Dix élèves sont nommés tous les ans par le président. En outre, chacun des districts électoraux qui envoient un député à la chambre des représentants désigne tous les quatre ans, par l'organe de ce député, un élève, qui est reçu après des examens tout à fait illusoires. Les cours étant de quatre ans, chaque district se trouve ainsi représenté par un élève, à moins que celui-ci n'ait eu d'assez mauvaises notes pour se faire exclure. Ces choix furent faits souvent avec plus de bonheur que de jugement. On peut citer comme un exemple de ces hasards heureux le jeune général Kilpatrick, l'un des plus brillants officiers de cavalerie de la dernière guerre, qui dut son admission à West-Point à sa précoce éloquence. En 1856, il n'avait que dix-huit ans et désirait passionnément s'ouvrir la carrière des armes. Le droit de nommer un élève à West-Point allait échoir au représentant de son district, et, d'autre part, celui qui remplissait ces fonctions allait être obligé, par l'expiration de son mandat, de briguer de nouveau les suffrages de ses concitoyens. L'aspirant à l'école militaire imagina de prendre en main les intérêts du candidat politique et d'en faire son obligé. Il alla de village en village, haranguant les électeurs, vantant les mérites de celui dont il comptait obtenir ensuite son entrée à l'école, et il les toucha par ses discours et sa jeunesse. Le député fut réélu : Kilpatrick entra à West-Point.

Mais, si les conditions d'admission ne garantissent pas la valeur du candidat reçu, dans l'école elle-même les études sont fortes et prolongées et la discipline est sévère; des examens annuels excluent tous ceux qui n'ont pas obtenu un certain nombre de points, et ainsi une partie seulement des élèves parvient, après quatre ans, à entrer dans l'armée avec le grade de sous-lieutenant. Les deux dernières années sont consacrées, également pour tous les élèves, aux études spéciales et appliquées du génie et de l'artillerie : c'est une condition nécessaire du métier qui les attend au sortir de l'école. La plupart d'entre eux en effet, avant d'entrer dans la ligne, font un stage de quelques années dans le corps de l'artillerie, très-nombreux relativement à l'effectif total de l'armée, à cause des forts qu'il faut entretenir sur une frontière immense. Les autres, sans cesse isolés dans des postes lointains, au milieu des Indiens, doivent, pour se suffire à eux-mêmes, posséder toutes les parties du métier militaire. Cette instruction générale est, d'ailleurs, conforme à l'esprit national, qui se croit volontiers apte à tout faire, et où l'initiative individuelle, fortement développée, corrige le système des spécialités, dont l'abus est trop souvent fatal à l'indépendance des caractères. Un seul exemple prouvera qu'en donnant cette culture variée, qui permet aux officiers de passer d'une branche de service à l'autre, le système de West-Point n'abaisse pas pour cela le niveau des études : il y a peu d'années encore, tous les professeurs avaient pour suppléants des officiers de l'armée, qui quittaient, à tour de rôle, la vie active et solitaire des déserts de l'Ouest, pour venir pendant quatre ans faire des cours scientifiques aux élèves qui les avaient remplacés sur les bancs de l'école et qui allaient bientôt devenir leurs camarades dans les rangs de l'armée. Les élèves, au lieu de payer pour recevoir une aussi bonne éducation, touchent, au contraire, une solde considérable. Aussi le gouvernement fédéral a-t-il bien quelques titres à leur reconnaissance, et eut-il le droit d'accuser d'ingratitude ceux qui, en 1861, mirent au service de ses ennemis les connaissances ainsi acquises à l'ombre de son drapeau.

Grâce à ces longues et sérieuses études, qui les

séparaient de leurs concitoyens, toujours pressés d'agir et de jouir, grâce aux liens de camaraderie que les souvenirs de jeunesse enracinent dans le cœur de l'homme, et surtout aux attaques dont l'école et l'armée furent l'objet, les *West-Pointers* formèrent bientôt un corps presque aristocratique, exclusif, et dont tous les membres se soutenaient réciproquement. A l'époque dont nous parlons, ceux qui restaient sous les drapeaux étaient animés d'une véritable passion pour le métier des armes, car elle seule pouvait décider des hommes capables et actifs à mener une vie rude et peu lucrative, sans même trouver dans la sympathie publique la récompense de leurs travaux. Ceux qui, lassés par la lenteur de l'avancement et séduits par de plus brillantes perspectives, quittaient le service après quelques années, et ils étaient nombreux surtout parmi les jeunes gens du Nord, ne perdaient pas pour cela le souvenir de leur première éducation : aussi est-ce parmi eux que la cause fédérale recruta ses plus brillants défenseurs. Ces changements de carrière ne brisaient pas les liens qui unissaient entre eux tous les West-Pointers. Si cette coterie, car c'en était une, avec ses défauts et ses partialités, pouvait se maintenir et se faire respecter au milieu d'une société aussi mobile, c'est qu'elle s'appuyait sur les plus nobles sentiments de l'honneur et du devoir militaire. Conservant de précieuses traditions, à côté d'une administration essentiellement changeante, elle se trouva, malgré bien des désertions, prête à organiser les forces éparses de la nation, le jour où les meneurs du Sud donnèrent le signal de la guerre civile.

Cette grande tâche accomplie, elle s'est évanouie au milieu même du triomphe auquel elle avait si puissamment contribué. Après une pareille lutte, on ne demandera pas au général qui a commandé dans vingt batailles s'il est ou non un West-Pointer. Le public, qui regardait l'officier régulier comme un être à part et presque dangereux, l'a vu à l'œuvre, connaît son patriotisme et lui a donné sa confiance. Et lui, oubliant le surnom dérisoire de *mustang* (nom indien du cheval sauvage), qu'il appliquait aux volontaires inexpérimentés avant l'épreuve commune, les estime et va chercher des collègues parmi eux. Le grand drame où ils ont figuré ensemble, brisant les liens anciens et effaçant les distinctions passées, a créé entre eux une confraternité nouvelle.

Depuis son origine, l'école de West-Point a toujours fourni à l'armée la plupart de ses officiers; mais le Président n'a jamais été astreint à choisir ceux-ci uniquement parmi les gradués de l'école. Comme commandant en chef, il n'est lié par aucune loi ni d'admission, ni d'avancement : une fois le nombre et le rang de chaque grade définis par le Congrès, il peut distribuer ces grades comme il lui plaît. Mais son pouvoir est contrôlé par le Sénat, ce grand corps politique qui joue le premier rôle dans la constitution fédérale, et qui doit confirmer chaque nomination, faute de quoi, elle se trouve annulée de plein droit au bout de la session législative où elle a été présentée. Le Sénat a toujours largement usé de cette prérogative. Depuis le général jusqu'au sous-lieutenant, chacun voit ses titres discutés par cette assemblée, qui se fait au besoin l'interprète du sentiment public contre quelques actes de favoritisme trop éclatants, mais qui, sous l'influence de l'esprit de parti, se trompe parfois aussi dans l'exercice de ces délicates fonctions.

Le pouvoir exécutif eut soin d'ailleurs de s'imposer à lui-même une règle, et de fortifier l'esprit hiérarchique par le principe de l'avancement à l'ancienneté. Cet avancement fut constitué par des ordonnances, appelées *Articles of war*, comprenant à la fois des instructions pour les officiers et un règlement militaire, qui, bien que révocables par le Président, ont fini cependant par former un véritable code de lois pour l'armée.

L'avancement à l'ancienneté est une règle utile dans une république où le pouvoir change souvent de main et où le personnel administratif se renouvelle chaque fois tout entier ; car, tout en laissant au Président dans la formation de corps nouveaux une entière liberté de choix, elle assure aux officiers une véritable indépendance : jusqu'au grade de capitaine, cet avancement se fait dans le régiment, jusqu'à celui de colonel dans l'arme ; l'ancienneté n'a jamais eu aucune part à la nomination des généraux.

Le Président eut néanmoins de nombreuses occasions d'exercer son patronage en dehors de toute règle hiérarchique. En effet, le noyau permanent de l'armée était si faible, qu'à chaque apparence de guerre, il fallut l'accroître brusquement. On appréciait encore si peu la valeur des traditions dans les diverses armes, que plus d'une fois, par exemple, l'économie fit supprimer d'un coup toute la cavalerie. Et trop souvent, lorsqu'on eut à refaire de nouveaux cadres, le Président, oubliant qu'à de jeunes soldats il fallait des chefs expérimentés, ne réserva qu'un petit nombre de places aux officiers tirés des autres corps de l'armée : le reste fut partagé entre d'anciens volontaires, des démissionnaires désireux de reprendre l'épaulette et surtout des protégés politiques. Ceux qui arrivaient aux grades supérieurs prenaient d'emblée leur rang d'ancienneté dans l'arme tout entière et la conservaient lorsqu'on licenciait le corps à la création duquel ils devaient leur rapide élévation. Ce système donna parfois cependant à l'armée de véritables hommes de guerre, qui, pour n'avoir pas été à West-Point, n'en révélèrent pas moins de grands talents militaires. Enfin, un emprunt, singulier pour une République, fait à l'armée anglaise, celui du *Brevet-rank* ou grade honoraire, permettait au Président de distribuer, comme récompense, des titres qui n'étaient soumis à aucune règle d'ancienneté. En revanche, ils ne donnaient du grade supérieur que la partie purement honorifique, n'augmentaient pas la solde et ne servaient pas à l'avancement. Celui qui recevait le brevet conservait les fonctions du grade inférieur, et l'on pouvait voir ainsi un simple capitaine de compagnie porter les insignes de lieutenant-colonel. Ce système, si contraire à l'esprit de la hiérarchie militaire, fut largement employé parce qu'il permettait de satisfaire, sans bourse délier, l'amour-propre et la vanité de bien des gens : à la fin de la guerre civile, un seul régiment, comptant quarante-cinq officiers, en vit vingt et un recevoir des brevets.

Par une réaction naturelle contre l'esprit d'égalité sociale du pays, une barrière presque infranchissable s'était élevée dans l'armée régulière entre le soldat et l'officier. Il fallait une action d'éclat pour que le sous-officier vînt, anobli par l'épaulette, prendre place parmi ses anciens chefs, et ce n'est qu'en 1861 qu'on établit une commission pour examiner et admettre régulièrement un certain nombre de sous-officiers au rang d'officiers. La composition de la troupe justifiait d'ailleurs cette exclusion, car elle méritait tout à fait le nom de mercenaire, si mal appliqué plus tard aux volontaires de 1861. Elle se recrutait parmi les émigrants qui n'avaient pu trouver un genre de vie plus lucratif, car cette existence, où il fallait se soumettre à la discipline de la caserne au milieu même du désert, ne séduisait guère les Américains eux-mêmes, et il fallait qu'ils fussent à bout de ressources pour la rechercher.

En effet, l'officier régulier, isolé dans un poste lointain, comme en mer un capitaine sur son vaisseau, toujours exposé à la perfidie de l'Indien, et obligé à une incessante vigilance, appuyait son autorité sur la plus dure discipline. Les peines corporelles étaient fréquentes et sévères. Lorsqu'en 1861 les débris de l'armée régulière revinrent du Far-West dans les grandes villes de l'Union, ils apportèrent avec eux ces règlements inflexibles dont l'application contrastait singulièrement avec les mœurs du pays, et dut refroidir le zèle de plus d'un citadin prêt à s'engager.

Dans l'automne de 1861, les habitants de Washington, passant près des batteries d'artillerie campées sur leurs places, voyaient avec étonnement des soldats coupables de quelque infraction à la discipline tantôt liés à l'affût d'un canon, tantôt à demi suspendus par les pouces, tantôt obligés de se promener avec un bâillon dans la bouche ou la tête passée dans un tonneau défoncé, symboles de leur insolence ou de leur ivrognerie.

Une haute paye pouvait seule attirer des recrues volontaires dans cette armée. Cette paye s'élevait en 1860 à onze dollars ou près de soixante francs par mois, sans qu'aucune retenue fût faite sur cette somme ni pour l'ordinaire ni pour l'habillement. La disproportion entre la solde des différents grades était moindre que chez nous, car, en Amérique, on ne croit pas assurer une bonne gestion des services publics en laissant végéter les inférieurs avec des salaires insuffisants, tandis que quelques chefs seulement jouissent de traitements considérables. Le lieutenant recevait par an, sous diverses formes, une somme de 5,500 francs, le colonel 20,000 francs et le général de division 25,000 francs. Ils pouvaient donc sans doute, les uns et les autres, faire quelques économies, surtout lorsqu'ils passaient la moitié de leur vie dans le désert. Toutefois, c'était peu de chose auprès de ce que la plupart de leurs anciens camarades de West-Point gagnaient dans l'industrie ou le commerce.

D'ailleurs, une différence radicale distingue du nôtre le système des traitements publics aux États-Unis. A moins que d'honorables blessures ne fassent obtenir une pension à l'officier, tout est fini pour lui le jour où il quitte le service actif. En échange de son temps et de ses peines, il est largement payé tant que subsiste le contrat qui l'a fait entrer sous les drapeaux; mais ce contrat, conclu entre le Président et lui, est toujours révocable par l'une ou l'autre partie, et, si l'un a toujours le droit de donner sa démission, l'autre a toujours aussi le droit de le destituer. Pas de retraite, et, par conséquent, pas de limite d'âge. La pensée d'obtenir à force de patience de l'État, le jour où il ne fera plus rien pour lui, de modiques moyens d'existence, ne retient pas, comme ailleurs, sous les drapeaux des officiers vieillis ou fatigués. L'officier américain donne-t-il sa démission ou est-il licencié sans avis préalable, avec le corps auquel il appartenait? il se lance aussitôt dans une autre carrière, jusqu'à la prochaine création de quelque nouveau régiment, où il est presque sûr, s'il en est digne, de retrouver sa place. Celui qui est resté fidèle à la profession des armes fait des économies pour le jour où il sera réformé, ou il se console en se disant qu'on n'est jamais trop vieux pour essayer de faire fortune.

Il nous reste à indiquer, avant de terminer ce chapitre, l'organisation des différents corps qui composaient l'armée régulière; car, bien que leur effectif fût soumis à d'étranges vicissitudes, cette organisation elle-même ne subit que peu de changements.

La cavalerie, licenciée après la guerre de 1812, ne date, avec le 1er dragons, que de 1832. Le 2e fut créé en 1836, le 3e en 1846, ainsi que les *mounted riflemen*, qui, formés uniquement pour la guerre du Mexique, la firent à pied, malgré leur nom de chasseurs à cheval. En 1855, le Congrès décréta la formation de deux nouveaux régiments de cavalerie, et M. Jefferson Davis, alors ministre de la guerre, profita de ce qu'ils n'avaient pas reçu le nom de dragons pour les traiter comme une arme différente et les remplir de ses créatures, à l'exclusion des officiers réguliers qui lui déplaisaient. En 1861, ces cinq régiments furent réunis sous la désignation unique de cavalerie, et un sixième leur fut adjoint.

Le nombre des régiments d'infanterie varia souvent. Il fut porté à dix-sept pendant la guerre du Mexique, puis réduit de nouveau, mais il ne descendit jamais au-dessous de huit.

L'artillerie au contraire, formant quatre régiments, conserva cette organisation jusqu'en 1861 ; seulement, le nombre des compagnies qui les composaient varia selon les besoins du service.

Tous les régiments furent organisés de la même manière; ils étaient partagés entre dix capitaines dont le commandement prit le nom de compagnie, même dans la cavalerie et dans l'artillerie, où il correspondit à l'escadron et à la batterie. Ceux d'infanterie, au lieu de comprendre trois bataillons, n'en formaient en réalité qu'un seul, mais ils avaient chacun un colonel, un lieutenant-colonel et un major, le morcellement des corps dans les postes des frontières ou de la côte rendant nécessaire ce grand nombre d'officiers supérieurs. Leur effectif de mille ou douze cents hommes était rarement atteint, le recrutement étant toujours difficile. Une sage prescription du président Monroë voulant que chaque réduction de l'armée portât également sur tous les corps organisés, on ne devait licencier que ceux dont la force se trouverait ainsi diminuée de plus de moitié, afin de garder des cadres complets, prêts à recevoir, en cas de besoin, de nouvelles recrues. Malheureusement, tout en observant cette règle, on négligea, par une imprudente économie, de remplir les vacances d'officiers dans les corps ainsi réduits, de sorte qu'à la fin les cadres se trouvèrent aussi insignifiants que les effectifs.

La proportion de l'artillerie jusqu'en 1861 et son immunité de toutes réductions importantes s'expliquent par le service considérable et constant qui lui fut imposé. Elle a toujours été chargée d'occuper, d'entretenir et d'armer les postes fortifiés qui ont servi et servent encore de jalons à la marche de la civilisation à travers les déserts de l'Ouest.

Le corps assez nombreux des officiers du génie obtint la même immunité, mais il n'eut en général sous ses ordres qu'une centaine de soldats, à la fois sapeurs et pontonniers. Quant au corps de l'état-major, il n'a jamais existé en Amérique. La petite armée régulière n'ayant été réunie qu'une fois dans les quarante-six premières années de son existence, le besoin d'un tel corps se faisait peu sentir. Dans l'expédition du Mexique, elle souffrit de cette lacune; mais elle trouva dans le génie de jeunes et excellents officiers qui y suppléèrent par leur zèle et leur intelligence. Aussi n'est-ce qu'en 1861, lorsqu'il fallut mouvoir non plus vingt mille réguliers, mais cent mille volontaires, qu'on put sentir tous les inconvénients de l'absence d'un rouage aussi important.

Les fonctions de l'état-major étaient partagées entre différents corps. Des officiers détachés de leurs régiments et des volontaires investis d'un grade temporaire faisaient auprès des généraux le service d'aides de camp, sous le nom d'aides personnels. Tous les travaux topographiques, géodésiques et hydrographiques étaient confiés au corps des ingénieurs topographes, auxquels on doit la belle publication du *Coast-survey*, et qui, en 1862, furent versés dans le corps du génie, comme nos ingénieurs géographes le furent autrefois dans l'état-major. Les autres fonctions de ce dernier corps, particulièrement celles qui concernent le personnel des armées en campagne, étaient confiées à des officiers spéciaux de l'administration.

Quelques détails sur l'administration militaire, quoique bien abrégés, pourront paraître longs et arides; mais ils sont nécessaires, car il faut connaître le mécanisme intérieur d'une armée pour bien comprendre ses mouvements; et son organisation est un miroir où se reflète son esprit. Celle de l'armée régulière, comme un de ces modèles réduits dont un système ingénieux grossit également toutes les parties, fut exactement copiée lorsque l'on mit sur pied les centaines de mille volontaires dont nous raconterons les campagnes. Dans ce récit, nous aurons à employer des termes techniques anglais pour désigner des fonctions militaires qui n'ont pas d'équivalents exacts chez nous, et dont par conséquent il nous faut ici bien fixer le sens.

L'administration du ministère de la guerre américain partage ses attributions en deux catégories. D'une part, les corps de troupes, cavalerie, artillerie et infanterie, divisés en régiments, dépendent, sans intermédiaires, des bureaux du ministère, et n'ont ni chef unique, ni comité, ni direction séparée. D'autre part, les corps composés seulement d'officiers sont placés chacun sous la direction particulière d'un général ou colonel, arrivé presque toujours à cette position par l'ancienneté, lequel a une grande part à toutes les décisions qui les concernent, et est le seul intermédiaire entre eux et le ministère.

Ces derniers corps sont d'abord le génie et les ingénieurs topographes, séparés jusqu'en 1862 et réunis depuis lors; et ensuite les différents services, beaucoup plus indépendants les uns des autres, qui chez nous forment l'administration militaire.

Sous le nom de départements, ils remplissent leurs fonctions à la fois dans les armées et au ministère, où leurs chefs hiérarchiques ont chacun un bureau correspondant à peu près à nos directions.

Dans ces fonctions variées, ces corps se partagent les attributions de notre intendance, mais avec cette différence importante que la plupart d'entre eux sont composés d'officiers en activité de service. Recrutés dans l'armée, sauf les payeurs et les chirurgiens, qui sont simplement assimilés aux grades militaires, ils ne la quittent pas définitivement en entrant dans l'administration et peuvent, par une simple permutation, venir reprendre place dans les rangs des combattants. Ils ont donc les mêmes perspectives que ceux-ci et peuvent, comme eux, sortir de leur corps avec l'épaulette de général. La dernière guerre a prouvé, par bien des exemples, l'avantage d'un pareil système d'avancement. Ainsi l'un des généraux qui ont le plus brillé sur le champ de bataille, Hancock, simple capitaine *quartermaster*, commanda avec succès un corps d'armée, et fut pour ses services promu au grade de général de brigade dans l'armée régulière. Aussi les rivalités et les jalousies sont-elles rares entre les officiers de ligne et ceux de l'administration ; et la rotation fréquente entre eux, initiant les uns et les autres aux détails de chaque service distinct, leur donne-t-elle des connaissances précieuses pour la vie isolée des frontières, qui leur impose des devoirs si multiples. Là encore, les Américains se sont bien trouvés de n'avoir pas poussé à l'excès le système des spécialités.

Le département de l'*adjudant général*, composé d'officiers depuis le grade de capitaine jusqu'à celui de colonel, était commandé en 1861 par un général de brigade réunissant les fonctions de directeur du personnel au ministère à celles de major général de l'armée. Les *assistants adjudants généraux*, ses subordonnés, se divisent en deux classes : les uns, dans les bureaux ou détachés pour quelque service spécial, ont des attributions administratives ; les autres remplissent en grande partie, auprès des généraux exerçant un commandement, les devoirs de nos chefs et sous-chefs d'état-major.

Le département de l'*inspecteur général*, quoique indépendant du précédent, n'en est en réalité qu'une succursale ; et, composé seulement de quelques officiers supérieurs, il ne forme qu'une commission d'inspection des troupes de ligne.

Le département du *quartermaster* et celui des *subsistances* se partagent la plupart des attributions de notre intendance.

Le premier, organisé dès 1812, joint à l'administration d'une partie des fournitures de l'armée certaines fonctions qui appartiennent chez nous au génie, au train des équipages et aux payeurs du trésor, et il forme le plus important des bureaux du ministère. Ainsi, pendant la dernière guerre, il eut entre les mains quarante-trois pour cent de toutes les dépenses militaires.

Le département des *subsistances,* chargé de l'approvisionnement des troupes, des marchés à passer pour achats de vivres, préparation, conservation et distribution des rations dans les corps, est composé d'officiers appelés commissaires : au début de la guerre, ils avaient pour chef un colonel.

Le département de l'*ordnance* a les attributions administratives qui, chez nous, appartiennent en grande partie à l'artillerie. Il est chargé non-seulement de la garde des arsenaux, de la fabrication des armes et équipements militaires, des canons et du matériel de l'artillerie, des fusils et munitions de tout genre, armes blanches, selles et harnachements, mais aussi de leur distribution dans chaque corps. Nous le trouvons en 1861 commandé par un général de brigade.

Les départements de l'*adjudant général*, du *quartermaster*, des *subsistances* et de l'*ordnance*, sont représentés, à l'état-major de chaque armée, corps d'armée, division active ou territoriale, brigade et régiment, par des officiers qui, sous l'autorité des chefs de ces corps, restent cependant en rapports directs avec leurs départements respectifs.

Enfin, les *chirurgiens* et les *payeurs* forment deux corps civils, dont les membres, simplement assimilés, nous l'avons dit, aux grades militaires, ne peuvent être transférés d'un corps à un autre. Ils suivent dans le leur un avancement régulier et sont sous les ordres, les uns d'un chirurgien général, les autres d'un payeur général [1].

1. Voyez, à l'Appendice de ce volume, la note A.

CHAPITRE III

L'ARMÉE D'OCCUPATION AU MEXIQUE.

Ce n'est pas au milieu d'une paix absolue que se développa l'organisation de l'armée américaine. La guerre du Mexique et une lutte presque continuelle contre les tribus indiennes justifièrent son existence aux yeux d'un public jaloux, la tinrent toujours en haleine et lui firent acquérir une utile expérience. Elles développèrent ses qualités, et la nature du pays où l'armée américaine eut à combattre et des ennemis qu'elle y rencontra exerça une grande influence sur son caractère et sa manière de faire la guerre. La campagne du Mexique est l'époque la plus brillante de son histoire avant la grande lutte de 1861. Cette campagne a formé presque tous les chefs qui, d'un côté ou de l'autre, ont marqué dans les combats que nous aurons à raconter. Elle inspirait les récits du bivac quinze ans après, lorsque le capitaine et le lieutenant de 1847, commandant des armées ou des corps de volontaires, se trouvaient opposés aux compagnons de leurs premières armes. La guerre de 1812 n'avait pas été glorieuse. Celle du Mexique, au contraire, fut une série de succès à peine interrompue par des échecs insignifiants. Elle offrit au soldat tout l'intérêt d'une guerre régulière, avec ses batailles rangées, dont on peut citer les noms et montrer les trophées, et en même temps toutes les séductions que les caractères aventureux trouvent à combattre dans un pays encore à demi sauvage. Enfin, elle fut une épreuve décisive pour les institutions militaires de l'Amérique : en effet, si les soldats réguliers étaient déjà rompus aux privations et aux fatigues qui les attendaient au Mexique, si la race métisse qu'ils devaient y rencontrer n'était pas supérieure en courage aux Indiens des Prairies, ils n'avaient jamais été réunis en une armée, ni combattu autrement qu'en partisans. La guerre du Mexique fut essentiellement leur œuvre; ils étaient en majorité dans l'armée de Scott, qui fit la campagne décisive; les volontaires ne furent que leurs auxiliaires, et, là même où ceux-ci se trouvèrent plus nombreux qu'eux, les officiers réguliers n'en conservèrent pas moins la direction exclusive des opérations.

Ces volontaires ressemblaient peu à ceux que nous verrons en 1861 représenter vraiment la nation en armes, car aucun enthousiasme n'avait stimulé leur formation. La guerre entreprise contre le Mexique était inique. Les hommes du Sud, qui gouvernaient alors l'Union, le président Polk et son agent, M. Slidell, le même qu'on a vu depuis en Europe plaider la cause confédérée au nom du droit des nationalités, avaient voulu, alarmés de l'influence croissante des États libres, la balancer dans les conseils de la République en créant de nouveaux États à esclaves. Pour cela, il fallait démembrer le Mexique et introduire l'esclavage dans les territoires qu'on lui enlèverait. C'est pour faire cette opération politique que la guerre fut déclarée, comme en d'autres temps on favorisa les flibustiers qui allaient porter le trouble à Cuba ou dans l'Amérique centrale. Le Nord réprouvait cette odieuse politique : aussi fut-il représenté par moins de vingt mille volontaires, et encore la plupart de ceux-ci ne s'engagèrent-ils que pour soutenir l'honneur national lorsque Scott, retenu faute de troupes à Puebla, se trouva gravement compromis. Environ quarante mille volontaires du Sud, chiffre qui parut alors considérable, passèrent successivement sous les drapeaux : l'espoir d'étendre le domaine de l'esclavage enflammait leur ardeur. Parmi les plus passionnés, on remarquait déjà le colonel Jefferson Davis, à la tête d'un régiment de volontaires du Mississipi. Ambitieux, impétueux et éloquent, cet ancien West-Pointer cherchait à la fois la popularité dans son parti et la réputation militaire qui devait à l'heure de la crise lui livrer le ministère de la guerre. Il atteignit ce double but, et, plus tard, lorsque éclata la grande révolte dont il fut l'âme, on lui fit honneur des premiers succès de la cause confédérée ; mais, quand vint la défaite, ses anciens complices l'accusèrent d'avoir hâté leur ruine commune, en entravant par ses prétentions des chefs plus capables que lui.

Mais, en général, redisons-le, ces volontaires du Sud ne ressemblaient pas à ceux qui se seraient levés pour une cause vraiment nationale. C'étaient, pour la plupart, des aventuriers recrutés dans cette population oisive, inquiète et entreprenante, dont les meneurs du Sud avaient fait les pionniers de leurs institutions et qu'ils lançaient tantôt sur les Antilles, tantôt sur le Far-West. Les qualités militaires ne leur manquaient pas : toujours la carabine à la main, tour à tour soldats, colons ou marchands, ils avaient déjà guerroyé comme citoyens improvisés du Texas, au moment où le Nord et le Sud se disputèrent l'influence dans cette république éphémère. Ils s'étaient déjà mesurés avec le soldat mexicain, et ils avaient, à San-Jacinto, su mettre en défaut sa vigilance et son adresse à cheval. Aussi les Américains n'attendirent-ils pas même la déclaration de guerre pour se lancer dans les expéditions les plus hasardeuses. Entre les parties peuplées du Mexique et les limites de la civilisation anglo-saxonne s'étendait alors une contrée immense, presque déserte et occupée seulement par les Indiens nomades et quelques colons d'origine espagnole. A certaines époques, de grandes caravanes armées, qui faisaient un commerce de plus de dix millions par an, la sillonnaient en suivant deux routes également difficiles et périlleuses : l'une, partie des riches districts miniers du Chihuahua, gagnait, par El Paso, Santa-Fé et le flanc des montagnes Rocheuses, les rives du Missouri au fort Leavenworth ; l'autre, quittant Monterey, traversait le Rio-Grande et le Texas, et atteignait enfin les établissements de l'Arkansas et de la Louisiane. Quoique nominalement soumise au Mexique, cette contrée, que tous les aventuriers entrevoyaient dans des rêves dorés, était en réalité la *Terre de Dieu,* selon l'expression arabe. Le premier objet de la guerre était de l'enlever aux mains débiles qui ne savaient pas en tirer parti. Aussi, tandis que nous verrons l'armée que Scott conduisit à Mexico conserver des allures régulières et combattre seulement pour obliger l'ennemi à traiter, les troupes qui, sous Taylor, attaquent le Mexique par le Rio-Grande, sont une colonie armée. Par opposition à l'*armée d'invasion,* que commande le général Scott, elles reçoivent le nom d'*armée d'occupation,* et prennent possession d'un pays déjà considéré comme conquis.

Ce pays semblait protégé par son immensité; mais les Américains, dont on a trop souvent critiqué la lenteur, surent vaincre cet obstacle : leurs colonnes le traversèrent rapidement et des corps insignifiants s'y lancèrent avec une audace qui mérite de fixer un moment notre attention.

Au début de la guerre, le général Kearney part avec deux mille sept cents hommes du fort Leavenworth, pour conquérir le Nouveau-Mexique, l'État de Chihuahua et la Californie, contrées dont la superficie est trois ou quatre fois celle de la France. Il ne compte cependant dans sa colonne que trois escadrons de cavalerie régulière; le reste se compose de volontaires rassemblés à la hâte : deux régiments de cavalerie du Missouri, un bataillon de Mormons et quelques canons. Un convoi considérable les accompagne, car il faut traverser un désert de quatre cents lieues pour arriver à la capitale du Nouveau-Mexique, Santa-Fé, assise entre deux branches des Cordillères, sur un plateau élevé, éternellement privé de pluie, et où l'on ne rencontre qu'une étroite bande de verdure, sur le bord de la petite rivière qui porte déjà le nom de Rio-Grande. A l'entrée de ce plateau, les Mexicains occupent un défilé de moins de douze mètres de large : cette étroite fissure est le seul passage praticable dans la montagne; il faut que les Américains s'y engagent avec tout leur convoi, et, s'ils sont rejetés dans le désert qui s'étend derrière eux, ils périront jusqu'au dernier. Mais leur audace trouble les Mexicains, qui disparaissent à leur approche; et, cinquante jours après avoir quitté les rives du Missouri, Kearney et sa petite troupe entrent sans coup férir dans la capitale (22 août 1846).

Mais cette conquête n'était qu'une étape : à peine est-elle assurée que Kearney se lance, avec une simple escorte de cent dragons et deux obusiers de montagne, dans un nouveau désert de quatre cents lieues de large, pour aller donner la main au colonel Frémont sur les rives du Pacifique, et conquérir avec lui la Californie. Frémont, explorateur savant et intrépide, l'avait devancé depuis un an, poursuivant ses recherches scientifiques à la tête d'une troupe d'Indiens, de chasseurs blancs et de compagnons aventureux comme lui, sur lesquels, grâce à son caractère, il exerçait un ascendant absolu.

Ils erraient depuis longtemps dans ces immenses solitudes, poussés par le hasard ou la nécessité, étudiant les éléments de la prospérité future des colons dont ils étaient les avant-coureurs, et paraissant parfois à l'improviste dans les établissements mexicains de la Californie, où on les regardait avec raison comme des visiteurs suspects. Un jour, on les reçut à coups de fusil, et ils apprirent ainsi que la guerre avait éclaté sur le Rio-Grande. Frémont résolut de se venger en conquérant la province dont on prétendait l'écarter. Son coup d'œil et son audace lui assurent un facile avantage sur l'ignorante suffisance des Mexicains. Son ardeur se communique à tous ses compagnons, et il trouve de puissants alliés chez les colons américains qui, à travers la barrière des montagnes Rocheuses, avaient déjà depuis quelques années pénétré en Californie. Il lui suffit de quelques jours pour mettre en fuite les autorités mexicaines, proclamer l'indépendance de la Californie et l'annexer aux États-Unis. Cependant, une de ces contre-révolutions familières au Mexique éclate dans le sud de l'État au moment même où Kearney, qui depuis deux mois voyageait avec son escorte sans avoir aucune nouvelle du dehors, approchait des premiers établissements californiens. Après avoir exploré, au milieu de fatigues inouïes, les routes que devaient suivre les caravanes, auxquelles il ouvrait des débouchés nouveaux, il espérait trouver quelque repos sous la protection du gouvernement fondé par Frémont. Au lieu de cela, au bout d'une dernière et terrible marche de vingt-cinq lieues à travers un désert sans eau, il rencontra, le 6 décembre 1846, un parti de cavalerie ennemie qui lui barrait le chemin. Les Mexicains n'étaient pas plus nombreux que les Américains; mais, ne portant aucun bagage et munis de chevaux frais, ils avaient un grand avantage sur un adversaire qui avait fait huit cents lieues sans recevoir de remonte. La moitié des soldats de Kearney étaient à pied, escortant les canons; une cinquantaine montaient des mulets qu'on avait dételés à mesure que le convoi s'allégeait, et douze dragons seulement avaient conservé leurs chevaux : ils composaient avec les officiers la cavalerie légère. Celle-ci, malgré son petit nombre, charge l'ennemi aussitôt qu'elle l'aperçoit, laissant derrière elle le reste de la troupe, qui presse en vain ses mulets efflanqués. Les Mexicains font mine de résister, s'enfuient, puis, s'apercevant que, comme les Curiaces, leurs adversaires se sont laissé diviser par leurs allures inégales, ils se retournent brusquement, et leurs longues lances renversent les uns après les autres leurs trop confiants adversaires. Kearney lui-même est frappé de plusieurs coups. Heureusement pour lui, la grosse cavalerie a eu le temps d'arriver, et, malgré l'aspect peu martial de ses montures, son approche suffit pour disperser les Mexicains. Le combat de San-Pascual ouvrit à Kearney toute la Californie : s'ils avaient été vaincus, ses hommes auraient péri infailliblement de faim et de misère.

Pendant cette expédition, qui assura à leur chef le titre de gouverneur du nouvel État, les deux régiments de cavalerie que Kearney avait laissés à Santa-Fé ne restaient pas inactifs. L'un, commandé par le colonel Sterling Price, que nous retrouverons plus tard dans l'armée confédérée, étouffait énergiquement la révolte des colons mexicains. L'autre, sous les ordres du colonel Doniphan, parcourait, au cœur de l'hiver, les âpres montagnes habitées par les Indiens Navajos, le seul peuple pasteur de tout le continent; et, après avoir conclu avec eux un traité d'amitié, cette petite troupe se dirigeait au sud vers la ville lointaine de Chihuahua, espérant donner la main à l'armée de Taylor, qui avait passé le Rio-Grande et venait d'envahir la province de Monterey.

Doniphan n'avait avec lui que huit cents cavaliers missouriens, qui furent renforcés plus tard par une centaine d'artilleurs avec quatre canons. Il lui fallut, en outre, accepter la compagnie d'une caravane de marchands américains, qui, après être arrivés à travers le désert jusqu'à Santa-Fé, n'attendaient qu'une occasion pour faire pénétrer les denrées américaines dans le Mexique, sous la protection du drapeau national, en dépit des douaniers, des Indiens et des brigands. Ces belliqueux négociants qui traînaient avec eux trois cent quinze wagons, dédommagèrent la colonne des embarras qu'ils pouvaient lui causer, en organisant avec leurs muletiers deux compagnies qui rendirent des services réels à la garde du camp.

A peine en route, la petite troupe se voit assaillie par tous les dangers qui attendent le voyageur dans ces contrées inhospitalières. Dans la *Jornada del Muerto*, vaste plateau desséché de trente-cinq lieues de large, elle ne rencontre ni une goutte d'eau, ni un arbre, à peine quelques plantes épineuses, qui, flambant comme de la paille, ne peuvent réchauffer les soldats transis de froid; leurs cendres, promptement refroidies, marquent seules au milieu de cette immense solitude le sillage des détachements, qu'il a fallu séparer pour faciliter la marche.

Aucune halte n'est possible, faute d'eau, jusqu'au moment où les Américains atteignent enfin la limite du désert si bien appelé « l'Étape du Mort ».

Mais un léger combat vient bientôt leur faire oublier les fatigues et leur livre le défilé d'*El Paso del Norte*, point stratégique important : c'est la porte méridionale du nouveau Mexique, la seule qui s'ouvre sur les riches contrées du Mexique central. Le Rio-Grande, traversant cette gorge sauvage, tombe, par une suite de rapides, des hauts plateaux dans la riche vallée où il sert de frontière au Texas. A partir de ce point, la colonne s'avance lentement, car il faut faire paître les bêtes et recueillir des renseignements sur une route à peu près inconnue. Elle a quitté les rives fertiles du Rio-Grande, et les nouveaux déserts qu'elle parcourt lui préparent des périls et des souffrances d'un genre tout différent de ceux qu'elle a affrontés jusque-là. Ce sont de vastes plaines d'un sable brûlant qui se soulève au moindre vent et cède sous les pas du soldat épuisé par la chaleur. La dernière étape dans ces redoutables solitudes faillit être fatale aux Américains; elle était de vingt-six lieues sans eau; les chariots enfonçaient jusqu'à l'essieu, les animaux affaiblis ne pouvaient plus les ébranler : on les abandonnait, et l'on oubliait les soucis du lendemain pour ne songer qu'à gagner les sources les plus voisines, lorsqu'un orage bienfaisant éclata subitement, et, rendant des forces aux bêtes de trait, sauva avec le convoi l'armée tout entière.

Mais ce danger à peine évité, un autre vint la menacer. Au désert stérile a succédé la prairie avec ses hautes herbes desséchées. La marche a été fatigante, car l'on a couru en vain toute la journée à la poursuite de vastes troupeaux, qui, escortés par les *vaqueros* mexicains, ont fini par disparaître à l'horizon. A peine est-on arrivé au bord d'un lac, près duquel hommes et bêtes cherchent un repos bienfaisant, que l'ennemi le plus redouté des émigrants, le feu de la prairie, annonce son approche. Né sous le souffle vengeur de quelque vaquero, ou autour des cendres négligées à la halte matinale, l'incendie apparaît soudain au-dessus des collines qui bordent le lac, les descend rapidement et va bientôt envelopper ses eaux de flammes et de fumée. Le camp est levé à la hâte; tout fuit pêle-mêle devant le redoutable élément, qui gagne de vitesse les plus agiles avec une implacable régularité d'allure. Les caissons de munitions, couverts d'étincelles que le vent pousse devant lui, sont entraînés dans le lac, peu profond heureusement, par les conducteurs, qui les protégent en les arrosant. Les officiers baignent leurs chevaux dans les eaux et leur font ensuite fouler l'herbe de leurs sabots humides. Vains palliatifs, les flammes avancent toujours. On leur oppose enfin un remède héroïque. Après avoir abattu avec leurs sabres les longues herbes qui les entourent, et s'être réfugiés dans l'espace éclairci de la sorte, les cavaliers allument tout autour d'eux un autre incendie. Le cercle ainsi formé s'agrandit bientôt : d'un côté, ce feu nouveau s'avance lentement au-devant du grand feu de la prairie et l'arrête par une barrière infranchissable, en détruisant les aliments que ce dernier allait dévorer; de l'autre, porté par le vent, il se propage rapidement en avant de la colonne américaine, qui le suit pas à pas sur les herbes calcinées, jusqu'à ce qu'elle ait laissé loin derrière elle la tempête embrasée qui menaçait de l'étouffer. Se sentant enfin délivrés des étreintes de la plus cruelle de toutes les morts, hommes et animaux se laissèrent alors tomber sur le sol encore fumant et privé de fourrage, en ne songeant qu'à prendre un peu de ce repos si doux à goûter après un grand péril.

Cependant, il faut veiller, car le voisinage d'un ennemi supérieur en nombre, quoique encore invisible, se révèle par ces mille indices que la vie du désert apprend à ne jamais négliger : les vaqueros, qui ont fait disparaître tous les troupeaux de ces vastes pâturages, la main inconnue qui a mis le feu à la prairie de manière à porter l'incendie sur le camp américain, obéissaient sans doute aux ordres de cet ennemi. L'heure décisive est arrivée et la petite troupe se prépare au combat. Les lourds chariots et les bagages de l'armée se forment sur quatre colonnes parallèles, à cinquante pas de distance. Dans leurs intervalles marchent, au centre l'artillerie, à droite et à gauche les cavaliers ; les compagnies légères se déploient et éclairent la route. Au lieu de s'allonger en une seule colonne facile à couper, le convoi forme ainsi une masse compacte, derrière laquelle les combattants, dissimulant leur nombre, peuvent se retrancher en cas d'attaque, et dont il leur est cependant facile de sortir pour se former sur un point quelconque de ce carré mouvant. Le soir, tous les chariots, rangés en cercle et fortement liés ensemble, se disposent en *corral*, sorte de fortification provisoire, dans laquelle on enferme les bêtes de trait. En cas de combat, aussitôt que les troupes sont engagées en dehors du convoi, celui-ci doit former le corral, dont la défense est confiée aux marchands et aux muletiers.

Après une longue journée sans eau (28 février 1847), on approche enfin des rives du Rio-Sacramento, lorsqu'à la place du campement où elle espère se reposer, la petite armée américaine aperçoit quatre lignes de redoutes, étagées sur des collines abruptes et occupées par quatre ou cinq mille Mexicains. Fidèles à leurs habitudes, ceux-ci l'obligeaient ainsi à combattre après une marche fatigante; mais, si c'est une tactique habile de forcer l'adversaire à prendre l'offensive dans de pareilles conditions, il faut être sûr de pouvoir résister à l'ardeur que lui inspire la vue du ruisseau rafraîchissant dont on veut lui interdire l'approche.

Les habitants des *haciendas* voisines, accourus, les uns pour voir ces étrangers qui venaient de si loin, les autres pour les écraser aussitôt que la victoire se serait prononcée contre eux, s'étaient groupés sur les collines qui bordent le Sacramento. Ils suivaient avec étonnement les mouvements de la colonne américaine, qui, enveloppée de ses longues files de voitures, avait quitté sa direction première pour décrire un grand circuit sur sa droite. Lorsque les Mexicains comprirent ses intentions, la première ligne des redoutes était tournée, et la seconde vigoureusement abordée. Ils ont pourtant encore le temps de changer de front et de s'avancer en masse pour défendre cette seconde ligne. Leur feu prend les Américains d'écharpe; mais ils avaient placé leur artillerie au sommet de la colline, croyant que, plus une position est haute, plus elle est forte, et ses coups plongeants ne tuèrent qu'un seul homme aux assaillants. Ceux-ci sont cependant arrêtés un moment par un profond ravin. Le premier bataillon de Doniphan, protégé par deux obusiers qui étaient venus au galop se mettre en batterie à cinquante pas des ouvrages mexicains, avait tenté de les enlever à cheval et tiraillait en vain contre leurs défenseurs. Mais le second bataillon, mettant pied à terre, déloge l'ennemi, qui abandonne tous ses retranchements et se laisse pousser de position en position jusqu'à ce que sa retraite devienne une déroute complète. Les volontaires du Missouri avaient combattu également bien à pied et à cheval, mais le succès était dû surtout à l'officier qui avait si hardiment conduit ses deux obusiers. Les Mexicains laissaient derrrière eux trois cents blessés et dix canons, et les vainqueurs entraient le lendemain à Chihuahua.

Mais Doniphan trouva dans cette ville des nouvelles qui rendaient sa position singulièrement périlleuse. Le général Wool, qui était parti du Texas pour le rejoindre avec des forces considérables, manquait au rendez-vous. Une montagne trop abrupte pour son convoi, et dont il ignorait l'existence, l'avait obligé d'abandonner la direction de Chihuahua, et il s'était rapproché des campements de Taylor sur le bas Rio-Grande. Ce général, affaibli par le départ de ses meilleures troupes pour la Vera-Cruz, et fort compromis lui-même, l'avait retenu avec lui à Saltillo; Wool se trouvait ainsi à plus de cent cinquante lieues de Doniphan, et dans l'impossibilité de le rejoindre.

Isolés dans une ville de vingt-six mille âmes, au cœur du pays ennemi, n'ayant reçu aucun secours ni un dollar depuis le commencement de la campagne, ces huit cents hommes, qui n'étaient plus engagés que pour deux mois, pouvaient craindre de voir leur terme de service expirer dans quelque prison mexicaine. Battre en retraite, c'eût été avouer leur faiblesse et attirer sur eux un adversaire dont les forces grossissent à la moindre apparence de succès. Ils s'établissent dans la ville avec une assurance qui déconcerte leurs ennemis avoués ou cachés. Les marchands déchargent leurs chariots et ouvrent une foire ; une stricte police, chose toute nouvelle à Chihuahua, est maintenue par les Américains; hommes et chevaux se reposent ainsi pendant deux mois et se préparent aux nouvelles fatigues qu'ils vont affronter.

Un jour enfin, quelques hardis cavaliers qui ont pu atteindre le général Wool rapportent l'ordre de rejoindre à Saltillo l'armée d'occupation. La colonne se remet en marche, laissant derrière elle cette ville de Chihuahua, où elle a vécu dans la paix et l'abondance, et sa population insouciante, qui regarde partir les Américains du même œil qu'elle les a vus entrer, comme de puissants voyageurs dont la visite, pourvu qu'elle soit courte, offre un spectacle curieux et des occasions de profit. Après avoir parcouru encore cent cinquante lieues, ils campent auprès de leurs camarades à Saltillo et à Monterey; mais, leur engagement étant terminé, ils se dirigent vers le Rio-Grande, et, sans être harcelés par aucun ennemi, ils vont s'embarquer près de Matamoras pour la Nouvelle-Orléans.

Revenus dans le Missouri, ils furent licenciés après avoir parcouru plus de deux mille lieues pendant leur année de service. Comme les torrents qui, des montagnes Rocheuses près de Santa-Fé descendent les uns jusqu'au Pacifique et les autres jusqu'au golfe du Mexique, de même le petit corps qui était parti du fort Leavenworth s'était partagé dans la capitale du Nouveau-Mexique, et, tandis que Kearney arrivait à San-Francisco, Doniphan, traversant tout le nord du Mexique, avait atteint avec ses cavaliers les rives du grand golfe.

Lorsque celui-ci rejoignit Taylor à Saltillo, l'armée d'occupation avait déjà livré plusieurs batailles importantes près du Rio-Grande et de Monterey. Mais, quoique les troupes de Taylor fussent plus nombreuses que celles dont nous venons de suivre la marche aventureuse, l'étude de leur campagne n'offre pas le même intérêt au point de vue militaire.

Les Américains reçurent cependant dans cette campagne quelques leçons dont ils profitèrent depuis. Ainsi, au début, un escadron régulier se laissa imprudemment attirer dans le *corral* ou cour d'une *hacienda,* où l'on enferme et dompte les chevaux à demi sauvages du pays, et il fut pris en entier, comme les troupeaux qu'une aveugle terreur livre au lasso du vaquero.

Leurs premières opérations considérables faillirent aussi se terminer par un désastre. La ligne qui reliait leurs cantonnements sur le Rio-Grande avec leurs dépôts situés à la pointe Isabel, près de l'embouchure de ce fleuve, longeait la rive gauche en vue même des postes ennemis situés sur la rive opposée. Le général mexicain Arista résolut de la couper par une attaque imprévue. Avertis grâce à un hasard favorable, les Américains se replièrent en hâte sur leurs dépôts menacés. Lorsqu'ils voulurent ensuite aller dégager la petite garnison laissée dans leurs cantonnements, ils trouvèrent Arista qui leur barrait le passage à Palo-Alto (9 mai 1846). Quoique ce général eût tellement perdu toute présence d'esprit que ses compatriotes l'accusèrent de trahison, les Américains se seraient vus contraints de battre en retraite devant la supériorité du nombre et de la position de l'ennemi, sans la solidité de leurs anciens bataillons réguliers. Ceux-ci ne se laissent pas ébranler par la charge impétueuse des lanciers mexicains. Au risque de voir sauter ses caissons, l'artillerie, toujours bien conduite, se jette dans la prairie, qui a pris feu dès le commencement du combat. Masquée par l'épaisse fumée que le vent porte sur les lignes mexicaines, elle se place de manière à les prendre d'enfilade, et elle oblige ainsi l'ennemi à une prompte retraite. C'est en vain que l'arrière-garde mexicaine, s'arrêtant à Resaca de la Palma, cherche à couvrir le passage du Rio-Grande ; l'artillerie américaine l'attaque la première, les dragons réguliers la chargent et l'ébranlent, et l'infanterie la pousse enfin dans le fleuve au milieu du plus grand désordre. L'armée mexicaine, complétement désorganisée, s'enfonça rapidement dans l'intérieur et souffrit les plus cruelles privations avant d'atteindre les districts riches et tranquilles, où elle put se refaire. Cependant, quelques mois après (août 1846), la ville importante de Monterey, qu'elle avait laissée derrière elle avec une faible garnison, repoussa pendant deux jours, en leur infligeant de grandes pertes, toutes les attaques de ces réguliers, habitués à remporter la victoire en rase campagne, quel que fût le nombre des Mexicains. L'armistice que le commandant Ampudia obtint pour évacuer la ville, lorsqu'il se vit menacé par une prochaine famine, fut un hommage rendu au courage de ses soldats.

De part et d'autre, on avait trop compté sur une facile victoire : grâce à cet excès de confiance, les Mexicains avaient été battus et les Américains n'étaient pas en mesure de poursuivre leurs succès. Il fallait se préparer à une nouvelle campagne : les Américains organisèrent une expédition navale; les Mexicains firent une révolution.

Ne pouvant se frayer un chemin à travers l'immense espace qui séparait Saltillo, où Taylor s'était établi avec l'armée d'occupation, de Mexico, où il fallait aller chercher le traité de cession qu'ils voulaient arracher à leur adversaire, les Américains résolurent d'attaquer celui-ci par le point le plus vulnérable de la côte du golfe du Mexique. Quelques troupes furent réunies pour cela à la Nouvelle-Orléans ; mais il fallut enlever à Taylor ses meilleurs soldats pour former le noyau principal de la nouvelle expédition. Ces préparatifs occupèrent une partie de l'hiver et, au commencement de 1847, presque tous les réguliers que Taylor avait sous ses ordres se dirigeaient sur Matamoras, où ils devaient rallier la flotte partie de la Nouvelle-Orléans, et s'embarquer avec le général Scott pour la Vera-Cruz.

Pendant ce temps-là, les Mexicains, sous le prétexte d'une révolution politique, dite fédéraliste, appelaient au pouvoir l'homme de guerre le plus propre à tenir tête aux envahisseurs. Lorsque, dix ans auparavant, à San-Jacinto, un jeu de la fortune livrait le président Santa-Anna aux belliqueux colons américains du Texas, ceux-ci, au lieu de le fusiller, l'avaient relâché, estimant, disaient-ils, qu'ils ne pouvaient faire à leurs ennemis un plus funeste présent.

En effet, son ambition inquiète, capricieuse et féconde en expédients, ne lui permettait, en temps de paix, ni de subir ni de fonder lui-même un gouvernement régulier. Mais, en temps de guerre, ses défauts, autant que ses qualités, lui assuraient sur ses compatriotes une puissante influence. Il pouvait seul organiser la résistance et créer pour la soutenir des ressources imprévues. Il prouva son coup d'œil en profitant du moment où une partie de ses adversaires avaient déjà quitté leurs positions au delà du Rio-Grande et naviguaient sur le golfe du Mexique, pour attaquer ceux qui étaient restés avec Taylor, avant que l'expédition navale, dont un heureux hasard lui avait révélé le but, le rappelât à la défense de la Vera-Cruz. Il avait refait une armée, et la bataille qu'il livra à Taylor, le 23 février 1847, à Buena-Vista, fut certainement la mieux disputée de toute la guerre. L'armée américaine avait encore plus perdu en qualité qu'en quantité par les renforts qu'elle avait envoyés à Scott : à l'exception de l'artillerie et de quelques cavaliers, elle ne se composait que de volontaires n'ayant pas un an de service. Aussi est-il intéressant pour nous de les voir à l'œuvre dans la seule occasion où, durant tout le cours de cette guerre, ils furent laissés à eux-mêmes.

Il est impossible dans les récits officiels de cette bataille de saisir aucun mouvement d'ensemble : une fois l'action commencée, chaque officier n'agit que selon ses propres inspirations. Le général en chef, ne se fiant pas à l'exécution de ses ordres, va le soir du premier jour de combat visiter lui-même ses dépôts à plusieurs lieues en arrière de l'armée. Revenu sur le champ de bataille, il paye de sa personne, sans songer à donner aucune direction à ses différents corps, qui se sont engagés au hasard. Les Mexicains, bien conduits, prennent cette fois vigoureusement l'offensive. Quelques régiments américains repoussent ce premier choc, mais d'autres, au contraire, se débandent à l'instant, sans qu'aucune exhortation puisse les retenir. Toute la ligne, ainsi débordée sur plusieurs points, s'ébranle, les groupes isolés de soldats cherchant chacun la meilleure position pour tenir tête à la cavalerie mexicaine, qui pousse devant elle tous ceux qu'elle a mis en désordre. L'artillerie, abandonnée par ceux qui devaient la soutenir, continue héroïquement le combat et retarde le succès des Mexicains. Mais ceux-ci, confiants dans leur nombre (ils sont vingt-deux mille contre six mille), enlèvent plusieurs canons, malgré les efforts des officiers réguliers et du colonel Jefferson Davis, qui fut grièvement blessé à la tête de son régiment. Cette poignée d'hommes aurait été écrasée, sans l'arrivée opportune du capitaine Braxton Bragg, qui, passant avec sa batterie d'un côté du champ de bataille à l'autre, les sauva d'une destruction complète. Jefferson Davis n'oublia jamais ce service et témoigna depuis lors à Bragg une faveur qui lui fut amèrement reprochée, lorsque celui-ci fut parvenu aux plus hauts grades dans l'armée confédérée. Parmi les autres officiers qui se distinguèrent en ce moment critique, on cita les noms de Sherman, Thomas, Reynolds et French, qui depuis devinrent tous célèbres dans les rangs fédéraux.

Cependant, l'artillerie d'un côté, deux régiments de cavalerie et trois bataillons d'infanterie de l'autre, résistaient seuls encore; et, malgré leurs pertes, les Mexicains pouvaient, par un dernier effort, saisir la victoire. Leurs cavaliers, montant des chevaux ornés avec ce luxe de couleurs qui plaît tant aux Méridionaux, agitant leurs lances aux longues banderoles, s'avancent en colonnes serrées et dans le meilleur ordre, en dépit de la difficulté du terrain. Mais, à mesure qu'ils s'approchent de la partie de la ligne d'infanterie américaine qui résiste encore, on voit leur allure se ralentir, la mitraille commence à les atteindre; ils s'arrêtent, et quelques feux de peloton suffisent pour leur faire tourner bride. Les cavaliers américains, de leur côté, faisaient bonne figure sous les ordres d'un rude mais vigoureux Kentuckien, Humphrey Marshall, occupant d'abord à pied et en tirailleurs une crête inaccessible aux chevaux, puis, au moment du grand désordre, se retirant pas à pas sans se laisser entamer. Enfin, réduits au nombre de quatre cents, ils attendent de pied ferme et en bataille l'attaque d'une brigade ennemie, et la reçoivent, à soixante pas, par une volée de coups de feu tirés du haut de leurs chevaux. Voyant alors les Mexicains qui flottent et s'arrêtent, ils sonnent la charge, jettent la carabine sur l'épaule, et, abordant l'ennemi le sabre à la main, le dispersent, après une sanglante mêlée, où beaucoup d'entre eux et un de leurs colonels restent sur le carreau.

Désorganisée par l'effort même qui semblait devoir lui assurer le succès, l'armée mexicaine abandonna le combat; mais ce ne fut que le lendemain, lorsqu'ils se préparaient à soutenir de nouveau cette lutte inégale, que, ne trouvant plus d'ennemis devant eux, les Américains, comme cela leur arriva souvent depuis lors, apprirent leur victoire.

La tentative manquée de ce côté, Santa-Anna se

retourna sans hésiter vers la Vera-Cruz, où sa présence était nécessaire et où nous allons le retrouver tout à l'heure. Il laissa l'*armée d'occupation* en tranquille possession de la contrée qu'elle avait conquise, mais où elle se trouvait trop éloignée du nouveau théâtre de la guerre pour exercer aucune influence sur les événements dont nous avons encore à parler.

CHAPITRE IV

L'ARMÉE D'INVASION AU MEXIQUE.

Dans la journée du 9 mars 1847, douze mille hommes étaient, grâce à l'habileté de la marine américaine, débarqués sans coup férir sur la plage de la Vera-Cruz. Les opérations de cette petite armée qui, sans jamais compter plus de quatorze mille hommes, su cependant se frayer une route victorieuse jusque dans Mexico, méritent toute notre attention. Elle traversa une contrée familière aujourd'hui à ceux qui se sont intéressés aux travaux de nos soldats dans les mêmes lieux, et les obstacles qu'elle rencontra, la manière habile et heureuse dont elle fut conduite, en même temps qu'elles lui assurèrent une gloire bien méritée, furent pour elle la meilleure de toutes les écoles.

Santa-Anna l'avait devancée à la Vera-Cruz, sa véritable capitale, qui l'a vu tant de fois se retirer en solitaire dans sa vaste hacienda, ou paraître subitement au milieu des casernes pour faire quelque *pronunciamiento*. Le souvenir de cette nuit de 1838 où il fut surpris et blessé par une poignée de nos hardis marins ne l'avait pas découragé. Mais, tout en donnant l'ordre de défendre la place, où il voulait faire oublier le succès de nos armes, il n'eut garde de s'y enfermer en présence des Américains. Il redoutait avec raison la supériorité de leur discipline, de leur esprit militaire, de leur matériel, et surtout leur persévérance. Malgré un de ces terribles coups de vent de *Norte,* si fréquents et si dangereux sur la rade de la Vera-Cruz, qui interrompit les communications avec la flotte et qui, bouleversant les dunes d'un sable mobile, nivela tous les premiers travaux du génie, le siége marcha rapidement. La ville se rendit, après trois jours de tranchée ouverte et un jour de bombardement, qui ne mirent que soixante-quatre Américains hors de combat.

Mais tous les fruits de ce prompt succès furent perdus par la difficulté des transports, qui est le grand problème de la guerre dans ces contrées dénuées de ressources, et qui s'accroît encore lorsque, la base d'opérations étant purement maritime, les approvisionnements ne peuvent l'atteindre que lentement. Les chevaux et les mules de trait avaient péri dans le coup de vent, et trois semaines se passèrent avant que l'armée pût se mettre en marche. Heureusement pour elle, les Mexicains ne surent pas mettre à profit ce délai. S'ils s'étaient bornés à défendre des villes et des forts, comme Puebla et Perote, et à harasser les Américains avec leur nombreuse cavalerie, ceux-ci, n'ayant pas alors les moyens de transporter des canons de siége, auraient trouvé dans ces places une résistance qu'ils n'auraient pu vaincre. Mais, malgré les enseignements de la guerre d'Espagne, les Mexicains oublièrent Saragosse pour imiter Ocaña et Rio-Seco. Ils n'avaient pas, pour entreprendre la terrible guerre des rues, où excelle la race espagnole, le stimulant des passions populaires et de la haine nationale. Les Américains avaient évité de les soulever chez eux, en ne se mêlant pas à leurs querelles intestines. Scott, qui ne songeait pas plus que Santa-Anna à leur régénération, ne s'était attaché à aucun des partis qui les divisaient ; il tenait beaucoup à ne pas renverser le gouvernement qu'il venait combattre : il voulait pouvoir traiter avec lui le lendemain de la victoire. Au reste, ce n'était pas l'abandon de quelques territoires éloignés qui pouvait émouvoir une population habituée à voir toujours la moitié de ces provinces armée contre l'autre. Aussi, durant cette campagne, les villes n'opposèrent-elles par elles-mêmes aucune résistance à cette petite armée étrangère. Les habitants, pressés sur les balcons pour voir passer les soldats américains, s'étonnaient de leur air fatigué, de leur tenue délabrée, et, déçus dans leur attente d'un brillant spectacle, se demandaient comment ces hommes avaient pu vaincre les troupes nationales ; mais ils laissaient à ces troupes le soin de les combattre.

Santa-Anna commit une erreur, fréquente dans ces pays à demi civilisés, où des généraux peu instruits dirigent des troupes qui n'ont de nos armées organisées que l'apparence extérieure. Voulant livrer toujours des batailles rangées, ils imposent à leurs soldats une discipline qui les entrave sans les soutenir, s'embarrassent d'un matériel qui les encombre sans qu'ils sachent s'en servir, et perdent ainsi tous leurs avantages naturels. Lorsqu'il se plaça à Cerro-Gordo, dans une position habilement choisie et fortement retranchée, pour interdire aux Américains l'accès des terres hautes par la route de Jalapa (18 avril 1847), il essuya une défaite écrasante. Sur ses douze mille hommes, trois mille furent faits prisonniers et les autres se dispersèrent, laissant derrière eux quatre mille fusils et quarante-trois canons. Il avait renouvelé la faute qui, au commencement de la guerre de l'indépendance du Mexique, avait été si fatale à Hidalgo. Cependant, à Cerro-Gordo, on ne vit pas, comme au pont de Calderon, des populations entières d'Indiens livrées presque sans armes à un inévitable et stérile carnage. La courageuse défense des Mexicains fut, au contraire, pour les Américains une utile leçon. En effet, Scott avait abordé ses adversaires à la fois de front et de flanc. La première de ces deux attaques coûta cher et fut inutile, tandis que l'autre, audacieusement conduite, suffit pour prendre à revers l'armée de Santa-Anna et la jeter dans un désordre irréparable. Ces mouvements tournants, tentés souvent depuis, leur réussirent toujours devant un ennemi qui affaiblissait ses ailes à force de vouloir s'étendre.

Le succès de cette attaque de flanc avait été d'ailleurs laborieusement préparé. A peine sortis des tranchées qu'ils avaient ouvertes dans les sables mouvants et les marais fiévreux qui entourent la Vera-Cruz, les soldats américains avaient repris la pelle et la pioche pour tailler, pendant trois jours, dans le rocher une route qui permit à l'artillerie de s'établir à portée des ouvrages mexicains de Cerro-Gordo et d'appuyer l'assaut qui les enleva. C'est grâce à ce patient travail que les défenses élevées sur le front de l'armée ennemie furent évitées et qu'au moment décisif celle-ci trouva sa retraite coupée.

Les troupes de Scott montrèrent leur valeur, non-seulement en abordant résolûment des positions hérissées d'artillerie, mais surtout en poursuivant l'ennemi après la victoire avec une vigueur qui l'empêcha de se rallier; cette poursuite, difficile lorsque la question des approvisionnements entrave tous les mouvements, eût été impossible avec des troupes nouvelles, qui sont presque toujours épuisées à la fin du combat par l'effort même auquel elles doivent la victoire.

Perote et Puebla tombèrent sans combat entre les mains des Américains. Ce fut un grand bonheur pour eux d'avoir mis l'armée mexicaine hors d'état de leur en disputer l'entrée, car leur nombre était bien réduit, et ils commençaient à éprouver ces contre-temps qui rendent si pénible une campagne dans le nouveau monde. Un mois d'inaction dans le climat fatal des terres chaudes, suivi de marches longues et fatigantes, les journées brûlantes et les nuits froides des plateaux avaient développé bien des maladies dans cette petite armée, qui ne comptait que quatre mille cinq cents hommes quand elle entra à Puebla. Le grand convoi dont elle ne pouvait se séparer était non moins diminué. Admirablement préparé pour de longues expéditions dans les grandes plaines du Far-West, il était mal organisé pour suivre une armée sur le sol tourmenté du Mexique. Les voitures étaient trop pesantes, leurs attelages, déjà réduits par la traversée, périssaient à la peine, et les mulets du pays étaient rétifs au harnais. Le peu de chariots qui restaient étaient encombrés de malades, qu'on ne pouvait laisser derrière soi. Il y eut aussi dans cette armée, composée d'hommes d'origines si diverses, de trop nombreuses désertions. Enfin, les quatre mille volontaires, qui avaient suivi Scott jusqu'à Jalapa, n'avaient plus que quelques semaines à servir, car, en les enrôlant, on n'avait pas compté sur une guerre aussi longue. Quoique ce corps formât plus du tiers de son armée, le général américain ne voulut pas les emmener dans sa marche sur Mexico et les mettre ainsi dans l'impossibilité de le quitter le jour où leur engagement expirerait. Ce chef honnête, scrupuleux observateur de la légalité comme le peuple dont il était le représentant, tint à remplir strictement les obligations que l'État avait prises vis-à-vis d'eux, et il les renvoya à la Vera-Cruz à la fin d'avril, avant le moment où la fièvre jaune sévit sur la côte.

Le gouvernement fédéral avait commis une erreur grave et s'était fait bien des illusions sur la facilité d'atteindre Mexico, car il y a autour de cette étrange capitale comme un mirage qui éblouit tous ceux dont elle excite les convoitises. Mais, lorsque, sous l'influence des impressions populaires, les gouvernements libres ont commis de ces erreurs dont les pouvoirs absolus ne sont pas plus exempts, ils trouvent d'ordinaire dans l'opinion publique elle-même les moyens de les réparer. En effet, le Congrès, dans la session de 1846, n'avait pas voté la formation de dix nouveaux régiments réguliers qu'on lui avait proposée au dernier moment, et le Président ne fut autorisé à les lever qu'à l'époque où ils auraient déjà dû être débarqués à la Vera-Cruz pour renforcer Scott, condamné à l'immobilité sur le plateau de Puebla. Mais l'activité succéda bientôt à cette imprévoyance. Les moindres détachements de l'armée régulière furent rassemblés de toutes parts pour donner des cadres aux nouveaux régiments, qui, grâce à de prompts enrôlements, atteignirent dans l'année un effectif de plus de dix mille hommes. Et, comme il s'agissait cette fois de soutenir l'honneur national, le Nord fournit des volontaires avec autant d'ardeur que le Sud.

Enfin, après trois mois et demi passés dans une dure inaction, l'armée américaine se trouva portée au chiffre de quatorze mille cinq cents hommes. Ce n'était pas assez cependant pour maintenir les communications avec la mer, tandis que la colonne principale marcherait sur Mexico. Scott prit une résolution hardie. Toutes les garnisons, à l'exception de celles de la Vera-Cruz et de Perote, furent réunies à Puebla, où six cents hommes valides et six cents convalescents s'enfermèrent avec deux mille cinq cents malades confiés à leur garde.

Le général américain, renonçant à demeurer attaché à sa base d'opérations, se mit en marche avec dix mille sept cent trente-huit hommes et tous les transports disponibles. Les forces régulières figuraient dans ce nombre pour le chiffre, tout à fait inusité, de dix-huit régiments, dont quelques-uns avaient été réduits, il est vrai, par la campagne à moins de cinq cents hommes; ils comprenaient douze régiments de ligne, un de voltigeurs, un de chasseurs démontés, enfin quatre d'artillerie à pied, tirés des différentes forteresses fédérales et qui faisaient le service d'infanterie. Les réguliers formaient trois divisions, auxquelles en était adjointe une de volontaires. Elles comprenaient chacune deux brigades et une batterie d'artillerie régulière de campagne. La cavalerie, par suite de la difficulté des transports maritimes, était réduite à cinq cents chevaux, chiffre insignifiant en face de celle des Mexicains. Le système des lourdes voitures américaines ayant échoué pour le transport des vivres et des munitions, on leur substitua un convoi de bêtes de somme du pays.

Les circonstances qui obligeaient les Américains à abandonner leurs communications avec Puebla leur commandaient de se serrer dans leur marche autant que le permettraient la difficulté des chemins et la nécessité de rassembler des subsistances. Les divisions se tenaient à environ trois lieues d'intervalle, de manière à pouvoir se prêter un appui mutuel. Le parc, avec les gros *impedimenta*, suivait la première. Les dragons, bien commandés, éclairaient suffisamment la marche, malgré leur petit nombre. C'est dans cet ordre que les Américains traversèrent les plateaux et la haute chaîne de montagnes qui séparent Puebla du bassin intérieur de Mexico. L'année, très pluvieuse, avait grossi les torrents et détrempé les routes. Le soldat américain ne possède pas l'art de trouver de quoi vivre dans une contrée pauvre ou épuisée. L'administration, habituée aux campagnes où l'on emportait tout avec soi, ne savait pas comment il faut faire pour obtenir d'un pays les ressources nécessaires à l'armée, tout en allégeant pour lui autant qu'il est possible le poids de la guerre. Les vivres étaient rares. Des guérillas, invisibles mais opiniâtres, enveloppaient, comme une brume insaisissable, les Américains, qui s'avançaient rapidement pour échapper à leur étreinte. C'est surtout autour du grand convoi, dont la conservation était une question vitale, qu'il fallait redoubler de vigilance. Aussi lorsque, attachées à la file comme un chapelet, les mules, dressant les oreilles et secouant les sonnettes de leurs harnais bigarrés, s'engageaient dans un de ces défilés si favorables aux embuscades, les alertes étaient-elles fréquentes : le moindre embarras, les cris des *arrieros* mexicains, d'une fidélité douteuse, l'écho même des pas des animaux frappant le rocher, semblaient aux officiers chargés de cette lourde responsabilité le signal de quelque trahison.

Les Américains arrivèrent cependant sans combat et sans accident dans la vallée de Mexico, où Santa-Anna, avec une armée que quatre mois de répit lui avaient permis de réorganiser, leur offrait, quitte ou double, la partie qu'il avait perdue une première fois à Cerro-Gordo. Instruit par l'expérience, il comptait bien profiter cette fois-ci des solides bâtisses dont les Espagnols ont parsemé les environs de Mexico. La position de l'armée de Scott était difficile. En sacrifiant ses communications, il avait privé l'ennemi de l'une de ses principales ressources, l'attaque des détachements isolés; mais, à la vue des préparatifs de défense faits par celui-ci, il pouvait reconnaître qu'il n'avait pas amené avec lui un homme de trop pour éviter un désastre dont aucune ligne de postes échelonnés sur la route n'aurait pu diminuer la gravité. Ses troupes, pleines de confiance en lui, ne s'étaient pas alarmées d'une mesure qui aurait troublé des soldats inexpérimentés.

Il leur fallait vaincre à tout prix un adversaire redoutable dans les positions qu'il avait choisies. Elles traversèrent heureusement cette épreuve décisive pour le moral du soldat, et le succès justifia l'audace de leur chef. Peut-être furent-elles soutenues par l'exemple de l'aventurier de génie qui le premier soumit Mexico; car les Américains, qui sont loin de manquer d'imagination lorsqu'il s'agit de leur grandeur nationale, étaient séduits par les souvenirs de Cortès et l'espoir d'égaler ses exploits.

La nature a tout fait pour rendre difficiles les abords de Mexico. D'une part, des lacs et des marais coupés d'étroites chaussées que commandaient des redoutes élevées par Santa-Anna; d'autre part, sur le flanc des montagnes qui enveloppent ce bassin intérieur, un terrain singulièrement accidenté et traversé par d'immenses coulées de lave antique, où des blocs énormes, aux arêtes aiguës, sont entassés les uns sur les autres. Ces coulées, appelées *pedregales*, étaient impraticables à la cavalerie et à l'artillerie; l'infanterie elle-même ne pouvait y garder ses rangs, et les petits mais solides villages de Contreras, de San-Antonio et de Churubusco formaient sur ce terrain même une ligne difficile à enlever. Plus près de la capitale, s'élevait le rocher de Chapultepec, la colline des Sauterelles, couronnée d'épaisses fortifications espagnoles du xviie siècle, qui en commandait toutes les approches. Enfin, la ville elle-même était alors, grâce à une abondante saison de pluies, entourée de terrains profondément détrempés.

Une série de trois jours de combats, du 18 au 20 août, dont l'ensemble constitue une bataille importante, tant par le prix qu'elle coûta que par ses résultats, livra aux Américains la première ligne de défense.

Le coup décisif fut retardé de deux semaines par un armistice, dont les Mexicains furent seuls à profiter. Mais les deux sanglantes journées des 7 et 13 septembre firent tomber la position de Chapultepec et assurèrent aux Américains, avec une victoire définitive, la possession de la grande cité de Mexico.

Ces deux opérations mériteraient d'être étudiées en détail, car elles firent autant d'honneur au chef qui les dirigea qu'à l'armée qui les exécuta. Les limites de cet aperçu historique ne nous permettent que d'indiquer ici les caractères principaux de la lutte et les qualités militaires auxquelles les Américains durent leur succès contre un ennemi plus nombreux et maître de fortes positions défensives.

Ils surent à la fois travailler, marcher et combattre. Ils s'ouvrirent, la pioche à la main, un passage à travers les pedregales pour éviter quelques-unes des plus fortes positions de l'ennemi. Tantôt en sa présence, tantôt en lui dérobant leurs mouvements, renonçant même souvent à l'appui de leur artillerie, ce fut toujours par quelque manœuvre tournante, rapidement accomplie, qu'ils préparèrent leurs succès; et si, plus d'une fois, au milieu d'un mouvement exécuté sous le feu de l'ennemi ou dans l'obscurité de la nuit, la confusion se mit dans leurs bataillons, peu habitués à agir de concert, le zèle et l'intelligence des officiers réparèrent toujours à temps ces accidents. Ce fut enfin par son courage et son obstination que l'armée américaine conquit la victoire, lorsqu'il fallut aborder de front des positions qui ne pouvaient plus être tournées.

A peine engagé sur la route directe de la Vera-Cruz à Mexico, qui passe entre les lacs Tezuco et Chalco, Scott avait reconnu qu'il ne pouvait s'ouvrir un passage de ce côté. Renouvelant sur une plus grande échelle la manœuvre de Cerro-Gordo, il résolut de tenter l'attaque par le sud, après avoir tourné le lac Chalco. Il fallut tailler, entre ce lac et les montagnes qui le bordent, une route, de plusieurs lieues de long, qui pût amener l'artillerie jusqu'à portée de la position de Contreras et qui assurât, pendant ce mouvement, les communications de l'armée avec les dépôts laissés à l'est du lac Chalco.

Cette manœuvre tournante, ainsi commencée dès l'entrée dans le bassin de Mexico, fut continuée jusqu'à la prise de la capitale : elle réussit toujours en face d'un ennemi incapable de faire un brusque mouvement sans tomber dans le plus grand désordre. Une fois arrivés devant Contreras et San-Antonio, les Américains trouvent une résistance plus énergique qu'ils ne s'y étaient attendus. Une première attaque est repoussée; leur artillerie, trop faible contre des maisons solidement voûtées, est écrasée par le calibre supérieur de celle des Mexicains. Aussitôt ils font une nouvelle marche de flanc. Une division va de nuit s'établir sur les derrières mêmes de la position de Contreras, et les défenseurs ne s'aperçoivent de ce coup audacieux que lorsqu'ils sont déjà attaqués et entourés de toutes parts. Ce point d'appui une fois enlevé, les Américains concentrent leur effort successivement sur chacune des positions qui formaient la ligne trop allongée de l'ennemi. Celle-ci tombe tout entière, et les Mexicains ne conservent que les gros massifs du couvent de San-Pablo de Churubusco avec la tête de pont voisine, qui, se trouvant en arrière de cette ligne, n'avaient pu être tournés avec elle. Cette fois, il fallut attaquer de front la position, que les réguliers enlevèrent avec vigueur, non sans faire des pertes sensibles : prouvant ainsi que, s'ils savaient manœuvrer sous un chef habile, celui-ci pouvait aussi compter sur eux à ce moment critique dans toute bataille où le courage personnel du soldat décide de la victoire.

Les succès qui, après l'expiration de l'armistice,

ouvrirent aux Américains les portes de Mexico furent
obtenus de la même manière. Manœuvrant toujours
par leur gauche, après avoir passé de l'est au sud de
cette ville, ils s'étendirent du sud à l'ouest, et, lorsqu'ils parurent devant ses murs, ils faisaient exactement face à la Vera-Cruz. Pour faire tomber le château
de Chapultepec, ils cherchèrent à envelopper cette
redoutable position en forçant l'extrémité de la ligne
dont elle était la clef. Mais le succès de ce mouvement
fut acheté par de grands sacrifices. A l'extrême gauche, trois cents dragons, sous le major Sumner, supportent l'épreuve la plus difficile pour la cavalerie
et tiennent en échec celle de l'ennemi en restant
immobiles sous un feu meurtrier. Pendant ce temps,
les fantassins réguliers donnent l'assaut aux ouvrages
qui forment la ligne mexicaine : quoiqu'ils en percent
le centre, les retranchements les plus importants sur
lesquels elle appuie ses deux extrémités résistent à
tous leurs efforts. Un seul régiment perd onze de ses
quatorze officiers devant Molino del Rey. Mais, comme
à Contreras, cet échec se change bientôt en victoire :
voyant leur ligne coupée et apercevant plus loin
dans la plaine Sumner qui, avec ses quelques cavaliers et une batterie d'artillerie, met en fuite les lanciers mexicains, les défenseurs de Molino del Rey et

de Casa de Mata craignent d'être enveloppés et abandonnent en toute hâte leurs positions. L'armée américaine avait perdu, dans cette bataille (7 septembre 1847), un quart de son effectif.

Il faut néanmoins, dès le lendemain, se mettre à l'œuvre pour raser les ouvrages évacués par l'ennemi et élever des batteries en face de Chapultepec; il faut y placer les canons de siége, amenés de la Vera-Cruz ou pris à Contreras, dont le feu doit entamer les épaisses murailles du château. Malgré le tir meurtrier des assiégés, tous les travaux préparatoires sont accomplis rapidement, et Chapultepec est bombardé pendant deux jours. Enfin, le 13 septembre, les troupes américaines escaladent les pentes abruptes et franchissent les obstacles de tout genre qui entourent l'ancienne résidence des vice-rois de la Nouvelle-Espagne. La garnison, qui compte parmi ses meilleurs combattants les jeunes élèves de l'École militaire, se défend avec grand courage; mais, épuisée et décimée, elle ne peut résister à l'effort concentré des Américains, qui se rendent maîtres de tout le château.

La guerre était virtuellement terminée : une feinte habile, qui attira l'attention des Mexicains sur une porte de la capitale, tandis que l'armée achevait sa grande conversion à l'ouest, permit à celle-ci de s'emparer d'une autre entrée de la ville et épargna ainsi à leurs adversaires une effusion de sang désormais inutile. Il n'y avait de ce côté que très-peu d'hommes et pas un seul canon pour tirer parti des obstacles que la nature y a placés. Quelques coups de fusil seulement furent tirés pour couvrir la retraite de Santa-Anna. Malgré ses défaites, il pouvait sortir la tête haute de la capitale, qu'il avait habilement défendue, et il n'avait pas encore abandonné la partie : sa brusque attaque sur Puebla prouva son audace et les ressources de son esprit; et c'est seulement après le combat de Huamantla que, délaissé par ses plus fidèles compagnons, il fut contraint de se soumettre aux arrêts de la fortune.

Dans les combats livrés autour de la capitale, l'armée américaine avait fait trois mille sept cents prisonniers, dont treize généraux et trois ex-présidents; et parmi ses trophées se trouvaient soixante-quinze canons. Elle avait perdu elle-même, dans ces combats, deux mille sept cent trois hommes, ou le quart de tout son effectif : aussi, malgré l'heureux climat de ces hauts plateaux, la bonne constitution des soldats rompus à la vie militaire et les précautions qui les préservèrent de bien des maladies, leur nombre était-il réduit à six mille environ lorsqu'ils occupèrent Mexico.

Mais cette petite troupe, composée de l'élite des forces américaines, avait acquis, avec le sentiment de sa valeur, une expérience de la guerre dont toute l'armée régulière profita et qui ne fut pas perdue pour la grande lutte de 1861. C'est dans la jeune génération qui apprit si bien son métier autour de Scott que fédéraux et confédérés allèrent chercher les chefs auxquels ils confièrent la direction de leurs armées. Ainsi, pour citer quelques noms que l'on retrouvera plus tard à chaque page de ce récit, c'est au siége de la Vera-Cruz que Lee, Mac Clellan et Beauregard, tous trois officiers du génie, firent ensemble leurs premières armes. Lee, qui, par sa capacité comme officier d'état-major, gagna bientôt après toute la confiance de Scott, dirigea à Cerro-Gordo et à Contreras la construction des routes qui assurèrent les mouvements victorieux de l'armée. Après son nom, destiné à une bien plus grande célébrité, ceux de Sumner et de Kearney, servant tous deux dans le petit corps de dragons qui eut une si rude tâche dans cette campagne, furent le plus souvent cités par leurs chefs. Sumner, fait pour conduire tout droit une charge de cavalerie, courageux, obstiné, et aussi inflexible en fait de discipline qu'il était dur pour lui-même, avait été surnommé par ses soldats le *Bull of the Woods*, ou le taureau sauvage : toujours étranger à la politique et fidèle à son drapeau, il dispersait en 1837 la législature du Kansas, au nom du gouvernement, esclavagiste alors, de Washington, avec autant d'ardeur qu'il en mettait à défendre en 1862 la cause nationale dans l'armée du Potomac. Kearney, d'une bravoure chevaleresque et passionnément épris du métier militaire, toujours mécontent de ses chefs, excepté quand ils lui donnaient l'ordre d'aller à l'ennemi, avait accompagné notre armée en 1840 en Algérie, dans l'expédition de Médéah, et revint plus tard en Europe pour la suivre dans la campagne d'Italie. A la bataille de Contreras, se lançant avec cent chevaux sur l'ennemi en fuite, il poussa jusque devant la porte de Mexico, où il perdit un bras. De tous les officiers de son escadron, un seul, non moins brave, mais plus favorisé que les autres par la fortune, le lieutenant Ewell, revint sans blessure; et, par un autre jeu étrange du sort, quinze ans après, presque jour pour jour, Kearney et lui se retrouvaient commandant chacun une division dans les deux armées opposées, sur le champ de bataille de Chantilly; où le premier fut tué en voulant inutilement réparer les fautes de son général, tandis que le second, toujours plus heureux, ne perdait que la jambe dans ce sanglant combat. Pour montrer combien la campagne de Mexico fut utile à la pépinière où se préparaient les généraux de la guerre civile, il nous suffira de dire que, parmi les officiers qui eurent l'honneur d'une mention spéciale dans les rapports de Scott, seize sont devenus généraux dans l'armée fédérale et quatorze dans celle des confédérés.

L'armée américaine resta encore quelque temps au Mexique; elle y reçut même douze ou quinze mille hommes de renfort, et ces réserves, instruites et exercées grâce aux soins assidus de Scott, rivalisèrent bientôt d'ardeur et de bonne tenue avec les troupes qui avaient passé par toutes les épreuves de la campagne.

Le vainqueur de Mexico devait avoir beaucoup d'admirateurs et autant d'envieux. Quelques personnages considérables du pays, déjà en quête d'un souverain étranger, lui offrirent la couronne impériale des Aztèques, et l'on assure même que cette idée fut un moment populaire au Mexique, où le nom de Scott représentait à la fois la force et la modération. Mais il n'était pas homme à renoncer, pour le faux éclat de pareilles propositions, au titre de citoyen d'un pays libre; car il savait que les satisfactions qu'un homme de bien peut trouver dans la vie publique dépendent, non de la grandeur de sa situation personnelle, mais du caractère et de la maturité politique du peuple dont il partage les destinées.

Respecté par les vaincus, adoré de ses soldats et de ses officiers, il vit la jalousie envenimer bientôt ses rapports avec ses généraux de division. La politique s'en mêla, il fut rappelé et revint seul aux États-Unis, avant les troupes qu'il avait si bien commandées. Mais chez un peuple vraiment libre, l'injustice n'est pas souvent de longue durée. Les Américains, loin d'épouser les passions mesquines de ceux qui les gouvernaient alors, sentirent qu'ils devaient être fiers de leur général. Il avait retrempé l'armée régulière, lui avait donné des traditions et lui avait surtout inspiré confiance en elle-même. Aussi, sachant se faire aimer autant qu'obéir, il fut depuis lors regardé comme le père de la famille d'officiers formée à son école.

CHAPITRE V

L'ARMÉE AMÉRICAINE PARMI LES INDIENS.

La guerre du Mexique fut la seule époque brillante pour l'armée américaine, depuis sa formation définitive en 1815 jusqu'à l'explosion de la guerre civile en 1861. Mais le reste de cette longue période ne fut pas pour elle un temps de paix et de repos, car il se passa en luttes incessantes avec les descendants des anciens possesseurs de l'Amérique.

Lorsque cette armée fut chargée de protéger les frontières des États nouvellement colonisés, les Indiens établis à l'est du Mississipi n'avaient pas encore été refoulés dans le Far-West ou absorbés politiquement par la race blanche. Mais celle-ci les enveloppait déjà, les étouffait dans d'étroites frontières, et, à mesure que sa colonisation s'étendait, elle les dépouillait successivement de leurs domaines et les transportait, moitié de gré, moitié de force, dans quelque district encore trop éloigné pour qu'elle pût le leur envier, où un nouveau lieu d'exil leur était assigné sous le nom de *Réserve indienne*.

La race aborigène, qui se soumettait souvent à ces tristes migrations avec l'indifférence du fatalisme, résistait parfois aussi avec toute l'énergie du désespoir aux conquérants qui les lui imposaient. Lorsque la lutte entre le pionnier abusant de la supériorité de son intelligence, et le sauvage cherchant dans la ruse un secours pour sa faiblesse, venait à s'envenimer, la petite armée américaine, appelée par les colons ou par les agents fédéraux, se trouvait engagée dans une guerre meurtrière, pénible et obscure. Elle avait parfois à livrer des combats importants par le chiffre des pertes qu'elle y faisait : ainsi en 1814, sur les rives encore désertes du Tallapoosa, eut lieu une rencontre où la cavalerie américaine perdit plus de deux cents hommes et où la tribu des Creeks, vaincue après une lutte acharnée, laissa plus de mille guerriers sur le champ de bataille.

La tribu qui résista le plus longtemps fut celle des Séminoles, nation jadis puissante, toujours fière et belliqueuse, repoussée peu à peu par les blancs dans les terres basses qui au sud-ouest du continent forment la péninsule de Floride. Là, sous un soleil tropical et dans des fourrés impénétrables, deux ennemis également invisibles et implacables, la fièvre et l'Indien, attendaient le soldat américain, qui, pliant sous le poids de ses armes et de ses vivres, avait épuisé toutes ses forces à lutter contre les obstacles de la nature. La guerre de Floride, souvent rallumée après des pacifications trompeuses, fut longue et cruelle. Les Indiens, exaspérés par de coupables manques de foi, ne faisaient aucun quartier. Réduits en nombre par une lutte inégale, ils avaient cherché une retraite inaccessible dans les *Everglades,* vastes marais boisés, où le cyprès, le magnolia et le palmier nain entretiennent une éternelle verdure ; et, à l'approche des blancs, ils disparaissaient avec leurs légères pirogues dans un labyrinthe de canaux dont ils connaissaient seuls le secret. Les Américains, profitant de leurs divisions et de l'épuisement de toutes leurs ressources, allèrent enfin les chercher dans ce dernier asile. Ce fut pour le soldat une pénible campagne. L'eau et la forêt lui opposaient un double obstacle. Le terrain manquait sous ses pieds, et il lui fallait tantôt cheminer lentement à travers le marais, tantôt, montant dans de frêles canots, s'ouvrir un passage entre les arbres, dont chacun pouvait cacher un ennemi. Il n'avait pour se guider que la trace laissée sur le fond vaseux par l'Indien fuyant vers son secret refuge. Ce refuge était généralement un tertre élevé, appelé *hommock*, couvert d'une épaisse végétation, et au milieu duquel les familles indigènes s'abritaient dans un grossier village. Des lagunes ouvertes entouraient d'ordinaire cet îlot, et au moment où les blancs sortaient de la forêt, ils étaient exposés au feu bien nourri d'un ennemi caché, qui était décidé à se faire tuer plutôt que de livrer les siens. A la fin cependant, traqués d'îlot en îlot, abandonnés ou trahis par leurs alliés, privés d'armes et de munitions, les plus déterminés d'entre les Séminoles, après une résistance vraiment héroïque, furent obligés de se soumettre, ou faits prisonniers par des stratagèmes peu honorables pour leurs vainqueurs. Décimés par les maladies, la faim et surtout par l'abus fatal de l'*eau de feu,* les tristes restes de cette fière tribu s'embarquèrent pour la Nouvelle-Orléans et de là gagnèrent les prairies de l'Arkansas, où cette civilisation qu'ils ne connaissaient que comme un implacable ennemi allait bientôt encore les atteindre.

Cette lutte avait duré treize ans, de 1830 à 1843, et,

quoique l'armée américaine se fût presque toujours efforcée d'adoucir dans l'exécution la cruelle politique dont elle était l'instrument, le souvenir de la vaillante résistance de ces pauvres sauvages, des pertes qu'ils lui infligèrent et surtout de leur fin misérable, resta comme un sombre souvenir parmi les traditions militaires.

Trois ans après, lorsque la fumée du *log-hut*, cette rustique citadelle du colon, s'élevant, à la place des feux de bivac, au-dessus des forêts de la Floride, annonçait à peine le retour de la paix, une nouvelle carrière vint s'ouvrir pour l'armée fédérale sur les rives lointaines du Pacifique.

L'annexion du Texas, après une indépendance éphémère, celle du Nouveau-Mexique et de la haute Californie, hâtée par la campagne de Scott, qui rendit inutile cette ingénieuse transition, étaient sanctionnées par la paix signée à Mexico. La moitié du continent se trouvait enveloppée par les nouvelles frontières de l'Union. Montagnes et déserts, forêts, rivières et prairies, tout l'espace compris entre les derniers *settlements* du bassin du Mississipi et les côtes presque inhabitées de la Californie, où la fièvre de l'or ne régnait pas encore, entra dans le domaine du peuple américain. En reculant ainsi les limites du champ ouvert à son ambitieuse activité, celui-ci prenait aux yeux du monde l'engagement de le conquérir à la civilisation : sa petite armée, par son intelligence et sa persévérance, devait être l'un des principaux instruments de cette entreprise. De pareilles conquêtes sont la plus belle mission du soldat. Fécondes en enseignements, grâce aux tâches variées et à la responsabilité individuelle qu'elles imposent à chacun, elles sont une excellente école pour une armée. La colonisation, qui, sous la puissante influence d'une vraie et sage liberté, marche vite en Amérique, ne demande à aucun pouvoir civil ou militaire de l'administrer ni de penser à sa place. Mais le *squatter*, qui ne sépare pas la carabine de la hache, pousse parfois jusqu'à l'excès le besoin d'indépendance, et dans la lutte de la civilisation nouvelle contre la nature et contre la société imparfaite des Indiens, l'intervention d'un pouvoir supérieur, fort et impartial, devient souvent nécessaire. Ce fut le rôle des officiers américains.

Ils représentaient seuls le gouvernement fédéral, à la fois souverain et unique propriétaire de ces vastes contrées : ils engagèrent contre la nature encore vierge un combat bien différent de ceux qu'ils venaient de livrer aux Indiens, car il a l'heureux privilége de

ne pas faire de vaincus, mais où la victoire doit être
achetée au prix d'efforts patients qu'on ne peut
attendre que du dévouement militaire. Leurs beaux
travaux géodésiques furent mêlés des plus étranges
aventures. Nous avons dit comment l'un des plus
distingués d'entre eux, le colonel Frémont, tout en
explorant les montagnes Rocheuses, conquit en passant une province aussi grande que la France. Quoiqu'une querelle avec le général Kearney, exploitée
par l'esprit de parti, fît perdre à l'armée ses utiles
services, son exemple fut suivi. Délimitations de
frontières, levés hydrographiques des côtes et des
rivières, études géologiques, recherches d'histoire
naturelle, furent entrepris à la fois par ces infatigables pionniers de la science. Leurs rapports,
publiés par le ministère de la guerre, forment les
archives les plus complètes et les plus intéressantes,
malgré leur étendue, de l'histoire de la colonisation
de l'Amérique. La vie solitaire qu'ils menaient poussait à ces recherches ceux mêmes qui n'en avaient
pas reçu la mission officielle. Parfois sans doute un
hasard malheureux venait contrarier leurs goûts : le
géologue était cantonné dans une plaine où il ne
pouvait rencontrer une pierre, le botaniste dans un
désert stérile ; mais presque tous trouvaient l'occasion

de faire faire quelques progrès à l'étude des contrées nouvelles qui leur étaient livrées.

Ils avaient cependant d'autres devoirs à remplir que ces pacifiques travaux. Les Indiens de l'Ouest, quoiqu'ils ne fussent pas acculés comme les Séminoles dans une impasse et obligés de combattre ou de se rendre, ne reculaient pas sans résistance devant le flot sans reflux de la race blanche. L'étendue de leur territoire, qui leur permettait de refuser ou d'accepter la lutte et de choisir toujours le moment et le lieu favorable pour l'attaque, les rendait bien plus difficiles à vaincre. Par une sage précaution contre les violences locales, toutes les relations avec ces Indiens étaient confiées au Président, qui s'intitulait lui-même leur puissant père de Washington, et les contrées qu'ils habitaient, n'appartenant à aucun État, dépendaient directement de son gouvernement. Ces relations étaient partagées entre les agents indiens, employés civils, chargés de toute la partie fiscale, distribution des terres et levée de tributs, et l'armée qui, gardienne de l'ordre public, usait, pour le maintenir, à la fois de la diplomatie et de la force des armes.

Son rôle était difficile, car elle était placée entre la civilisation nouvelle, représentée par le *squatter*, qui prétend exercer le droit de premier occupant sur toutes les terres où il ne trouve que des Peaux-Rouges, par le marchand de spiritueux qui va porter jusque sous le *wigwam* son funeste poison, et la tribu indienne, qui a besoin pour son existence d'espaces immenses et incultes, et d'une indépendance incompatible avec un état social perfectionné. Quoique les Américains aient été accusés de détruire systématiquement la race indienne, leur armée prit, au contraire, souvent la défense de cette population malheureuse contre le contact destructeur du blanc. Elle s'efforçait de ménager pour elle la transition aux mœurs civilisées, mais elle ne songeait pas à perpétuer pour cela l'organisation grossière de la tribu : elle travaillait, au contraire, à détruire cette institution opposée à tout progrès, en favorisant les individus qui renonçaient à leur vie errante. La tribu indienne ressemble, en effet, beaucoup à la tribu arabe, mais plutôt à la tribu, nomade comme au temps d'Abraham, qui habite les déserts d'Afrique et de Syrie, qu'à celle que nous avons trouvée dans le Tell d'Algérie, possédant déjà un sol limité dont elle cultive quelques parties. Cette dernière, quoiqu'elle représente un état social plus avancé, ou plutôt à cause de cela, est bien plus rebelle à la civilisation moderne : elle est fondée, en effet, à la fois sur une religion exclusive et politique et sur un système territorial qui admet la propriété collective. La religion de l'Indien, ainsi que celle du Bédouin, est, au contraire, tellement simple et vague, qu'elle ne repousse pas comme une ennemie celle que nous lui apportons, et la propriété de l'un comme de l'autre ne se composant que de tentes, d'armes et de chevaux dans le nouveau monde, de troupeaux dans l'ancien, est essentiellement individuelle. La tribu n'est donc pour eux qu'un faible lien politique, une simple extension de la famille. Les Américains, dans leurs rapports avec cette société primitive, se sont toujours opposés à ce que ses progrès eussent pour résultat de consolider l'organisation de la tribu, et se sont plutôt efforcés d'en fondre les éléments dans la grande société moderne qui s'étend rapidement sur tout le continent. Aussi, sous l'influence des exemples de la vie civilisée, un grand nombre d'Indiens ont-ils quitté la vie nomade, et, rompant avec les traditions du passé, ont-ils cessé d'être hostiles aux blancs le jour où ils sont devenus cultivateurs. La politique américaine a imaginé bien des moyens de se les attacher, tant par l'intérêt que par la crainte. Après leur avoir d'abord imposé un tribut, le gouvernement fédéral, a changé de méthode, et leur a acheté leurs terres, leur donnant en échange des rentes sur l'État. Il se faisait ainsi des pensionnaires soumis, et restreignait en même temps l'étendue des domaines de chasse de la tribu qui étaient fermés à la colonisation. Et afin que ces domaines ne devinssent pas entre les mains de la tribu une véritable propriété collective, il lui imposait, aussitôt que la civilisation commençait à en approcher, l'alternative, soit d'émigrer en masse, soit de partager entre elle ses terres, en assurant un lot à tout Indien qui voudrait se faire cultivateur. En détruisant ainsi l'organisation sociale de la tribu, il respectait cependant encore son système politique, afin de lui imposer la responsabilité collective de tous les crimes commis par ses membres, seule garantie efficace de la police du désert. Ce procédé de justice primitive disparaissait à son tour aussitôt que la division et la culture individuelle du territoire avaient consacré le changement des mœurs, et l'institution politique de la tribu faisait place graduellement à une municipalité ordinaire, tandis que ses membres devenaient citoyens des États-Unis.

Aucun préjugé de couleur ne fait obstacle à ce travail d'absorption, qui se poursuit encore aujourd'hui; et l'État de New-York lui-même possède de nombreux villages d'Indiens civilisés, qui, tout en gardant le type et les traditions de leur race, sont en tout les égaux des anciens colons qui les entourent. On a vu, il y a trente ans, un régiment de cavalerie fédérale levé entièrement parmi les Creeks; et des Indiens pur sang sont sortis avec le rang d'officiers réguliers de l'école de West-Point. Bien plus, dans le Sud, où ils sont traités comme les égaux des blancs, où le congrès confédéré admettait leurs délégués dans son sein, ils étaient devenus à leur tour propriétaires d'esclaves, et partisans fanatiques de l'asservissement de la race noire.

L'armée américaine avait donc une double tâche à accomplir. D'une part, elle devait maintenir l'autorité nationale en face des tribus indiennes, veiller à l'exécution des traités conclus avec elles, et leur inculquer cette conviction salutaire que, d'un bout du continent à l'autre, tous les blancs prendraient au besoin les armes pour venger un seul d'entre eux; et il lui fallait pour cela recourir tantôt à la force des armes, tantôt aux négociations, dans lesquelles l'épée lui donnait, aux yeux de ces sauvages, une grande supériorité sur des agents civils. D'autre part, elle était souvent obligée d'intervenir contre les aventuriers blancs, soit pour soustraire à leurs violences les anciens possesseurs du sol, soit pour rétablir l'ordre dans une nouvelle société où fermentaient les éléments les plus opposés, soit enfin pour faire respecter l'autorité supérieure du gouvernement fédéral, facilement méconnue au milieu des querelles ardentes de ces contrées lointaines.

Aussi était-elle toujours, sinon en guerre, du moins en expédition. Ayant à surveiller à la fois les Apaches et les Comanches, qui gardent du côté du Nouveau-Mexique les passes des montagnes Rocheuses, les Sioux sur le haut Missouri, les Nez-Percés et les Cœurs-d'alène, belliqueuses tribus des bords de l'Orégon, dispersée par conséquent sur une ligne immense, il fallait cependant qu'elle fût toujours prête à repousser une attaque imprévue ou à châtier le premier acte d'hostilité commis contre quelque nouveau *settlement*. Cette existence rude et aventureuse donnait aux officiers américains l'habitude du commandement, de la responsabilité et de l'initiative individuelle, ces qualités qui font les hommes de guerre. La plupart d'entre eux s'y attachaient passionnément, car la vie du désert a pour le soldat, comme pour le voyageur, un attrait qui la fait regretter toujours à ceux qui en ont une fois goûté.

L'histoire de Kearney et de Doniphan nous a montré déjà quelques-unes des difficultés qui entourent une expédition dans ces régions lointaines. Ces deux chefs cependant avaient dans les Mexicains un ennemi sédentaire et dont le territoire offrait certaines ressources à l'envahisseur. Mais ces ressources manquaient complétement aux Américains lorsqu'ils avaient à combattre des tribus nomades : il fallait qu'en se lançant dans le désert, leur colonne fût à la fois assez bien approvisionnée pour les suivre longtemps après la première rencontre, et assez forte pour n'avoir pas à craindre un échec presque toujours irréparable.

Le convoi, ce boulet que toute armée civilisée doit traîner à son pied, portait tout ce dont elle pouvait avoir besoin pendant la durée de l'expédition; car les faibles ressources qu'offrent les razzias parmi les Arabes pasteurs ne se trouvent même pas chez un peuple chasseur comme les Indiens. Il se composait des lourds chariots ou *waggons* de l'émigrant, qui portent une charge de plus de huit cents kilogrammes et que traînent six mules admirablement dressées. L'attelage obéit à une seule rêne et à la voix d'un *teamster* ou conducteur, généralement mulâtre. Presque partout le pays est assez ouvert et le sol assez égal pour permettre le passage de ces pesantes voitures : aucun col abrupte ne marque, au milieu des massifs isolés des montagnes Rocheuses, la séparation des bassins des deux Océans, et ce n'est que sur certains points du versant du Pacifique que des montagnes escarpées et des forêts épaisses ont forcé les Américains à imiter les *conduites* de mulets qu'ils avaient vues au Mexique et à remplacer leurs chariots par des bêtes de somme.

Plus l'expédition devait être longue et pénible, plus il fallait augmenter le convoi, et sa grandeur même, en embarrassant la marche des soldats, multipliait encore pour eux les mauvaises chances de la campagne. Ces difficultés faillirent amener la perte de la colonne de troupes la plus considérable qui se soit jamais aventurée dans les déserts des montagnes Rocheuses, quoiqu'elle fût commandée par un officier expérimenté, Sidney-Johnston, qui aurait sans doute joué un grand rôle dans les armées confédérées s'il n'avait trouvé au début de la guerre une mort prématurée sur le champ de bataille de Shiloh. Cette petite armée, envoyée en 1857 par le président Buchanan pour rétablir chez les Mormons les autorités fédérales qu'ils avaient expulsées, comptait deux mille cinq cents combattants; mais, obligée d'emporter dix-huit mois de vivres, elle traînait à sa suite plus de quatre mille voitures. Avec un pareil convoi, le moindre obstacle retardait sa marche. A chaque rivière profonde, il fallait décharger toutes les voitures et les faire flotter, pour les tirer avec une corde sur l'autre rive, puis transporter les provisions à bras sur les ponts destinés à l'infanterie et composés, comme des radeaux, de troncs d'arbres liés ensemble. Après deux mois de voyage, les Américains avaient, au milieu de novembre, atteint les hautes passes des montagnes Rocheuses, lorsqu'un hiver précoce vint les y surprendre. Enveloppés dans une tourmente de neige, les animaux périrent de froid et de faim. Chaque jour réduisait leur nombre de plusieurs centaines; les soldats grelottant mettaient le feu aux voitures, abandonnées avec les vivres précieux qu'elles portaient. Pendant quinze jours, cette petite troupe, jonchant des débris de son convoi le manteau glacé du désert, continua cette marche terrible avec plus de persévérance que de prudence. Mais elle ne put parcourir que quatorze lieues, au bout desquelles elle s'arrêta épuisée et fut réduite à prendre ses quartiers d'hiver dans la triste contrée où elle se trouvait bloquée. La plupart des vivres ayant été perdus, on vécut de viande de mulet. Enfin, cette ressource suprême venant à manquer, le capitaine Marcy, qui depuis devint général fédéral, se dévoua à la périlleuse entreprise d'aller demander un renfort de vivres et de transports aux établissements du Missouri. Il perdit en route presque tous ses compagnons et ne put accomplir qu'au prix de souffrances inouïes la mission à laquelle était attaché le salut de l'armée. Grâce à lui, les ravitaillements arrivèrent à temps, et Johnston put gagner au printemps la Cité du Grand lac salé.

Lorsque la guerre éclatait avec quelque tribu indienne, il fallait, au milieu de ces difficultés, aller chercher un ennemi alerte, qui, né dans le désert, n'était embarrassé d'aucun convoi. Toujours à cheval, les Indiens durent à leurs montures cette rapidité de mouvements qui fit leur force dans l'attaque et leur sécurité dans la fuite, et qui, lorsqu'ils n'employaient pas encore la carabine, put même compenser plus d'une fois l'infériorité de leurs flèches devant les armes à feu des Américains. C'est au moment où la race blanche vint leur disputer le nouveau continent, qu'une juste providence mit entre leurs mains ce précieux et vaillant auxiliaire. Lorsque l'Européen débarqua au milieu d'eux, il leur apporta à la fois la guerre implacable et sans fin, et les moyens de la faire : il leur donna le cheval, sans lequel ils n'auraient pu vivre même pacifiquement dans les *plaines* où ils allaient être refoulés. Le cheval devint le compagnon indispensable de leur nouvelle existence. Ne vivant que de leur chasse, ils passèrent maîtres dans l'art des surprises et des embuscades. Ne craignant ni de risquer leur vie dans les plus périlleuses entreprises, ni de fuir, lorsqu'ils avaient manqué leur coup, sans attendre de pied ferme une défaite irréparable, leur troupe grossissait et disparaissait alternativement en un clin d'œil, comme ces brouillards légers qui s'élèvent sur la *prairie* humide de rosée, et, tantôt se condensent, tantôt se dissolvent sous l'influence d'un soleil matinal.

Il est souvent arrivé à une colonne de marcher des semaines entières sans apercevoir l'ennemi, qui cependant la suivait pas à pas, prêt à s'élancer sur elle au moindre symptôme de faiblesse. Malheur alors à celui qu'une imprudente confiance entraîne trop loin de ses camarades! il ne reparaît jamais. Après une étape que le manque d'eau a allongée, lorsque les feux du camp charbonnent, presque éteints, sous la cendre, et que partout règnent le silence et l'obscurité, l'on entend parfois un cri étrange, auquel d'autres cris répondent dans des directions opposées. Pendant qu'on s'éveille, qu'on se cherche, un bruit confus s'élève du corral où sont parqués les chevaux d'artillerie et les mules du convoi. Quelques Indiens, se glissant inaperçus, ont adroitement coupé leurs entraves, et, profitant du trouble qu'ils ont fait naître, ils s'élancent eux-mêmes à cheval pour ébranler la troupe d'animaux épouvantés et guider sa course. Elle se précipite aussitôt comme un tourbillon, brisant tous les obstacles sur son passage ; et, toujours escortée de ses sauvages conducteurs, elle disparaît bientôt, laissant les blancs stupéfaits et aussi impuissants que des bateliers sans rames sur une mer agitée. Le nom de *stampede*, donné à ces paniques de chevaux, fut pendant la guerre civile appliqué au trouble qui entraînait trop souvent dans une fuite désordonnée des troupes mal aguerries.

Mais ces surprises étaient rares avec des officiers habitués à la tactique du désert; à la ruse ils opposaient la vigilance, à l'agilité la ténacité, enfin aux Indiens ennemis les Indiens amis. Ceux-ci accompagnaient la colonne comme guides et souvent comme éclaireurs, combattant d'une façon à demi civilisée, maniant habilement la carabine, mais enlevant furtivement le *scalp* des vaincus s'ils pouvaient échapper aux regards de leurs alliés. Enfin, tandis qu'ils découvraient, avec l'instinct du chien de chasse, la *cache* où la tribu ennemie avait déposé ses provisions d'hiver, la cavalerie américaine rivalisait d'adresse avec eux et réussissait parfois à son tour à enlever, par un heureux coup de main, les troupeaux de chevaux à demi sauvages que les chefs indiens gardent toujours en réserve pour remonter leurs guerriers. Dans l'une des dernières expéditions faites avant la guerre civile, en 1858, une colonne, partie du fort Vancouver sur le Pacifique, après avoir dispersé la tribu des Pelouses, lui enleva ainsi ses chevaux. Les Indiens, connaissant le naturel indomptable de ces animaux, et pleins de confiance dans leur propre adresse, comptaient les dérober par une stampede à leurs nouveaux maîtres, et s'en servir dans peu de jours pour recommencer la guerre. Aussi, lorsque le lendemain, observant de loin le camp américain avec une longue vue enlevée à un officier tué l'année précédente, ils virent le sol jonché des sept cent soixante-dix cadavres de leurs coursiers, ils furent saisis d'un tel découragement qu'ils s'avouèrent vaincus. Le commandant de l'expédition, devinant leur projet, avait réuni un conseil de guerre, et, non sans regrets, car des hommes qui ont longtemps vécu dans le désert ne savent pas être cruels pour les animaux, le conseil avait condamné les pauvres bêtes à être fusillées.

Malgré toutes ces surprises, l'Indien et le blanc

finissaient presque toujours par mesurer leurs forces dans une lutte ouverte et décisive. Car, si le premier avait accepté la guerre, c'est qu'il se croyait sûr de vaincre, et, dès qu'il voyait ses stratagèmes déjoués par son ennemi, cette confiance l'entraînait à tenter une attaque de vive force. Presque toujours alors le froid courage du blanc, sa discipline et la supériorité de ses armes lui assuraient le succès; mais il ne l'obtenait souvent qu'après un combat long et sanglant.

Les différentes armes eurent chacune leur part des fatigues et des dangers de ces guerres incessantes : elles y conservèrent leur activité, leurs traditions militaires et acquirent une nouvelle expérience.

La tâche du fantassin était la plus rude. Les belles rivières qui sillonnent la prairie sont séparées par des espaces de dix à douze lieues, qu'il fallait franchir dans une seule étape, en se frayant un passage à travers de hautes herbes, sans que le soldat trouvât un arbre pour le protéger un instant contre les ardeurs du soleil, ou une goutte d'eau pour étancher sa soif. Le lendemain, avant de pouvoir se remettre en route, il fallait tailler dans les berges escarpées de la rivière une rampe pour les voitures, construire un pont flottant, ou, si l'expédition était légèrement équipée, traverser un fleuve profond en croupe des cavaliers. Aux chaleurs brûlantes d'un été que ne tempère aucune brise de mer, se joignaient le feu des prairies, les orages subits et les tourmentes de vent, si redoutables dans les plaines où rien n'amortit leur violence; puis le froid et la neige leur succédaient subitement, apportant de nouvelles souffrances aux troupes qu'elles surprenaient, comme celles de Johnston, au milieu de leur route. Cette vie formait des marcheurs rompus à un long exercice; mais, faisant campagne dans le désert où ils emportaient tout avec eux, et ne pouvant se séparer plus de deux ou trois jours de leur convoi, ils étaient habitués à une certaine abondance de vivres et à des approvisionnements réguliers. Aussi, quand il fallut, en 1861, faire la guerre dans un pays qui ne manquait pas absolument de ressources, les officiers formés à cette école ne songèrent-ils pas, avant que Sherman rompît avec ces habitudes, à tirer parti de ces ressources pour se rendre indépendants du convoi.

Pour la cavalerie, cette guerre fut une excellente préparation au rôle qu'elle allait être appelée à jouer. Ce n'étaient pas sans doute des cavaliers élégants, ni même de bons manœuvriers sur un champ de parade, que ces dragons américains qui, depuis

tant d'années, vivaient dispersés au milieu des
Indiens ; et ils n'entendaient pas la guerre à la façon
de nos soldats, qui, soit en ligne, soit en fourrageurs,
ne comptent jamais que sur la pointe de leur sabre
et l'élan de leur cheval. Mais les nécessités d'une
guerre spéciale leur avaient appris à justifier leur
nom en faisant le service complexe pour lequel on
forma, au xviie siècle, les premiers régiments d'infanterie montée. Pour pouvoir atteindre les Indiens
dans leurs dernières retraites et châtier rapidement
des tribus peu importantes, ils entreprenaient souvent de courtes campagnes, sans emmener aucun
convoi à leur suite. Portant alors sur leurs montures
munitions, biscuits, café, etc., ils se faisaient suivre
seulement de quelques chevaux de main, chargés
d'une réserve de provisions. Les journées étaient
longues et les rations petites. Quand enfin on atteignait l'ennemi, c'est presque toujours à coups de feu
qu'on l'attaquait, car il ne se laissait pas plus joindre
à l'arme blanche que l'oiseau sauvage ne permet au
chasseur de le prendre avec la main. L'usage de la
carabine donnait d'ailleurs aux Américains une
grande supériorité sur leurs adversaires, qui ne possédaient pour la plupart que des arcs ou de mauvais
fusils. Ils ne négligeaient aucune occasion de s'en ser-

vir, et, soit pour frapper l'ennemi fuyant trop rapidement, soit au contraire pour le tenir à distance, ils faisaient feu sans quitter la selle; car, au milieu de l'immensité des prairies, l'homme n'aime pas à se séparer de son cheval. Si cependant il s'agissait d'attaquer un camp indien ou de défendre un corral, si l'ennemi était posté dans un terrain trop difficile, les dragons, laissant leurs montures à un quart d'entre eux, se formaient et combattaient comme de l'infanterie.

Aussi, malgré leur tenue incorrecte et leurs grandes jambes pendant toutes droites sur les flancs de leurs petits chevaux, malgré les gros étriers de bois qu'ils avaient rapportés du Mexique, et les engins de toute sorte accrochés à leur selle, ces hommes bronzés avaient-ils, dans leur grand manteau bleu de ciel à collet de fourrure, l'allure résolue et dégagée qui révèle le soldat aguerri. A la manière dont ils menaient leurs chevaux, on voyait bien que plus d'une étape faite à pied auprès d'une bête écloppée leur avait appris à les ménager. Il faut dire qu'ils auraient été bien ingrats s'ils n'avaient pas apprécié les qualités de ces fidèles compagnons de leurs travaux. Tous ceux qui ont fait campagne dans le nouveau monde ont eu bien des fois l'occasion d'admirer l'adresse du cheval américain et la sûreté de son pied au milieu des nuits les plus obscures. Capable, quoique petit, de porter un grand poids, doux et intelligent, résistant à la fatigue, à la pluie, au froid, au manque de soins et de nourriture, il se montrait fait de toute manière pour cette rude vie des prairies que l'homme ne pourrait affronter sans son aide. Le soir, après une longue étape, il n'avait pour tout repas que les plantes sauvages de la prairie au milieu de laquelle était établi le bivac. Seulement, le matin, au lieu de le seller dès le lever du soleil, on lui accordait les deux premières heures du jour pour brouter l'herbe attendrie par les fortes rosées du désert; et, après trois jours de marche, on lui en laissait généralement un de repos. Enfin, lorsque, après bien des mois passés ainsi, portant son maître et son bagage, il rentrait dans la grossière écurie du poste frontière, il trouvait moyen de se refaire et d'oublier ses privations en mâchant des épis de maïs, dont il épluchait lui-même les grains.

L'artillerie avait aussi une large part des fatigues communes. Les simples changements de garnison entre les postes éloignés dont elle avait la garde équivalaient parfois à de véritables campagnes. Elle faisait, d'ailleurs, partie de toute expédition importante, car la voix du canon, retentissant dans le désert, produit sur l'Indien une profonde impression. La prairie, quoiqu'elle soit praticable aux voitures, ne ressemble guère cependant à une grande route : les longues marches sur ce terrain difficile, les passages de rivières, la nécessité de s'ouvrir avec la hache un chemin à travers les forêts qu'ils rencontraient çà et là, tenaient constamment en haleine les hommes et les attelages. Parfois, il leur fallait suivre l'allure de la cavalerie, car les expéditions légères entreprises par celle-ci étaient souvent accompagnées de deux ou quatre canons. Ces pièces n'intervenaient, il est vrai, que rarement, lorsque la lutte était assez égale pour leur donner le temps d'arriver sur le champ de bataille, et qu'il était nécessaire de lancer quelques obus au milieu des cavaliers indiens pour compenser l'infériorité numérique des blancs. Mais, en attendant cette occasion, les artilleurs prenaient le fusil ou le mousqueton, et, combattant à pied ou à cheval, partageaient tous les dangers de leurs compagnons. Enfin, les officiers d'artillerie se trouvèrent très-souvent investis, soit par le choix, soit par le hasard de l'ancienneté, du commandement d'expéditions importantes, et ils prouvèrent qu'ils n'avaient perdu aucune des traditions de la guerre du

Mexique, où nous leur avons vu jouer un rôle brillant.

Nous avons indiqué déjà les grands travaux scientifiques des officiers du génie et des ingénieurs topographes. Dans les expéditions guerrières, ils avaient un poste d'honneur, car ils remplissaient les fonctions d'officiers d'état-major et étaient chargés d'éclairer l'armée et de diriger sa marche.

Les services administratifs avaient une tâche importante dans les campagnes où il fallait préparer d'avance tout ce dont l'armée pouvait avoir besoin. On l'aura compris en voyant les soldats de Johnston suivis d'un convoi de quatre mille voitures. Aussi n'est-il pas étonnant que, lorsqu'il fallut approvisionner un million de volontaires, il se trouva dans les corps des quartermasters et des commissaires aux vivres l'expérience nécessaire pour diriger toutes les parties d'une aussi vaste administration.

C'est au milieu de cette vie active et pleine d'enseignements que la nouvelle du déchirement de l'Union vint surprendre l'armée américaine. La perfide prévoyance du dernier ministre de la guerre, M. Floyd l'avait éloignée tout entière des États que ses complices du Sud se préparaient à soulever contre l'autorité fédérale. On avait fait aux soldats l'honneur de les croire fidèles à leur drapeau. Sous mille prétextes, les forts et les arsenaux fédéraux avaient été dégarnis par ceux-là mêmes dont le premier devoir était de veiller sur les intérêts généraux de la nation, et les garnisons qu'on en avait retirées pour les disperser dans le Texas avaient été placées sous les ordres d'un officier qui sembla n'avoir été choisi que pour les trahir.

Mais, éloignés ainsi de la civilisation, les officiers réguliers étaient demeurés étrangers aux querelles passionnées qu'elle engendre, et n'avaient guère suivi le mouvement qui divisa leur patrie en deux camps hostiles. Aussi aucune famille ne souffrit-elle de plus cruels déchirements, lorsque les citoyens s'armèrent les uns contre les autres, que cette famille militaire, dont les membres étaient unis par tant de liens. Tous ceux qui appartenaient au Nord se préparèrent, malgré des opinions très-diverses sur les questions du jour, à répondre à l'appel de leur gouvernement. Parmi ceux qui tenaient aux États du Sud par leur naissance ou leurs parentés, quelques-uns, comme le vénérable Scott, demeurèrent fidèles à leur serment, estimant que l'insurrection, loin de les en délier, les obligeait à défendre l'existence menacée de leur patrie. La plupart, dominés par des influences de

parti et imbus de la fatale doctrine de la souveraineté
absolue des États, qui était devenue parmi eux une
espèce de dogme, quittèrent en masse le drapeau
fédéral pour aller organiser les forces naissantes de
la rébellion. Beaucoup d'entre eux ne prirent pourtant pas sans regrets une résolution aussi contraire
aux notions ordinaires de l'honneur militaire; ces
regrets, connus de leurs anciens camarades, contribuèrent à adoucir la guerre, à en éloigner la rancune
et la passion, et leur souvenir inspira le général Grant
lorsque, quatre ans plus tard, il tendit à son adversaire vaincu une main généreuse.

Il y en eut cependant qui aggravèrent encore le
spectacle toujours pénible de la défection militaire. On
vit le général Twiggs, qui commandait les troupes du
Texas, s'entendre avec les rebelles pendant qu'il portait encore l'uniforme fédéral, et leur livrer les dépôts
de vivres et de munitions de ses propres soldats, afin
d'enlever à ceux-ci tout moyen de résistance. Abandonnés par une partie de leurs officiers, privés de
toutes ressources, ne trouvant plus que des ennemis
dans la population ingrate qu'ils avaient protégée
pendant tant d'années, ces braves soldats eurent
encore à résister aux séductions de ceux qui leur
promettaient un brillant avenir dans les rangs des

insurgés. Un de leurs anciens chefs, Van-Dorn, eut le triste courage de reparaître au milieu d'eux pour appuyer ces propositions de l'influence que lui avaient value ses rares qualités militaires. Il ne gagna personne, et les débris de son régiment, obligés de conclure une convention d'évacuation avec les ennemis qui les entouraient de toutes parts, retournèrent dans les villes du Nord, où ils rencontrèrent les camarades séparés d'eux depuis longtemps, qui accouraient à la défense de la cause nationale.

C'étaient en effet de nouveaux dangers que venaient chercher au sein de la civilisation ces hommes réunis par un même sentiment du devoir. Cette cause nationale avait besoin de tout leur dévouement, car le mal qui avait pu semer dans une armée de pareils germes de trahison devait être bien profond, et ces tristes exemples de désertion n'étaient qu'un symptôme des illusions et de l'aveuglement qui précipitaient le Sud dans la guerre civile.

LIVRE DEUXIÈME

—

LA SÉCESSION

CHAPITRE PREMIER

L'ESCLAVAGE.

Avant de montrer la République américaine divisée en deux fractions hostiles et d'exposer l'organisation des forces qui allaient combattre sur son sol pour assurer la primauté, soit des institutions esclavagistes du Sud, soit de la société libre du Nord, il est nécessaire de répondre à la question que chacun doit se faire : Comment une guerre pareille a-t-elle pu éclater? Quelle cause profonde a pu diviser ainsi une grande nation dans toute l'étendue de son territoire, déchirer son armée et mettre les armes à la main aux citoyens que tant de liens, tant d'intérêts, tant de souvenirs communs devaient tenir unis?

Ils étaient frères, ils avaient vécu ensemble et s'étaient formés à la même école, se ressemblaient par tous les traits principaux du caractère et avaient les mêmes institutions politiques, les mêmes traditions militaires. Leurs chefs avaient servi sous le même drapeau et siégé dans les mêmes assemblées.

Il n'existait aucune différence réelle d'origine entre le Nord et le Sud. Toutes celles que le Sud allégua quand, désespérant d'obliger l'Europe à le secourir en la privant de coton, il voulut éveiller ses sympathies, étaient purement imaginaires. Il ne faisait que des généalogies d'expédient lorsque, montrant à la France son ancienne colonie de la Nouvelle-Orléans, il se disait à demi français, et que, se tournant ensuite du côté de l'aristocratie anglaise, il évoquait le souvenir des cavaliers chassés par Cromwell, pour l'opposer aux Yankees, qui n'étaient, selon lui, qu'un ramassis d'Allemands et d'Irlandais. En réalité, la race anglo-saxonne dominait également au Sud et au Nord. Elle absorbait rapidement celles qui l'avaient précédée, et celles qui lui fournissaient un contingent d'émigrants. En s'associant à son œuvre, ces races adoptaient aussi ses mœurs et son caractère.

Dans la première ville du Sud, à la Nouvelle-Orléans, subsistait, il est vrai, un noyau de population se rattachant par la langue et les souvenirs à la patrie qui l'avait lâchement vendue. Mais cet îlot, déjà à demi submergé sous le flot montant d'une autre race, ne constituait pas une nationalité. Quant à l'émigrant irlandais, loin de résister à ce flot, il le suivait au contraire; car, bien qu'il diffère profondément de l'Anglo-Saxon, il ne va chercher une nouvelle patrie que là où il trouve celui-ci déjà fortement établi. Il ressemble à ces plantes difficiles à acclimater qui ne prospèrent que sur un sol déjà préparé par d'autres végétaux plus vigoureux. Par une autre contradiction avec ses mœurs primitives, devenant en Amérique plutôt citadin qu'agriculteur, les barrières que l'esclavage opposait à l'établissement des laboureurs n'existaient pas pour lui. Aussi s'était-il répandu également dans le Sud et dans le Nord. Il avait adopté, avec cette souplesse d'esprit qui le distingue, toutes les passions de ceux au milieu desquels il vivait; et, lorsque la guerre éclata, l'on vit les Irlandais s'enrôler dans les villes du Sud, où ils étaient fort nombreux, avec autant d'ardeur que leurs frères établis dans le Nord embrassaient la défense du drapeau fédéral.

Aucun intérêt commercial ne séparait le Sud de l'ensemble des États du Nord. De grands fleuves formaient de tout le centre du continent un seul bassin, et tous ses produits venaient converger dans l'artère principale du Mississipi dont les États méridionaux tenaient le cours inférieur. Absorbés par la culture du coton et de la canne à sucre, ils demandaient aux États de l'Ouest la viande et les farines, qu'ils ne pouvaient produire en quantités suffisantes pour leur consommation. Le Nord enfin leur fournissait les capitaux nécessaires à toutes leurs entreprises industrielles. Il est vrai que le Sud chercha dans ce concours même le prétexte d'un grief nouveau, en se prétendant exploité par ceux qui lui apportaient avec leurs richesses les moyens de féconder son sol; et, au moment de la sécession, toutes les dettes contractées par les commerçants et les planteurs du Sud envers des créanciers du Nord, et s'élevant, dit-on, à un milliard, furent déclarées abolies, après que le gouvernement confédéré eut tenté en vain de les confisquer à son profit. Mais ce grief, qui est celui de tous les pays arriérés contre leurs voisins plus prospères, ne saurait toucher les esprits sérieux. Les reproches adressés par les cultivateurs du Sud aux États du Nord à propos des tarifs protecteurs qui favorisaient les manufactures de ces derniers, étaient plus spécieux; mais en réalité ils n'étaient pas mieux fondés, car le tarif Morrill, le plus élevé qu'aient eu les États-Unis, fut voté sous le gouvernement de M. Buchanan, alors que le Président et le Congrès étaient dévoués aux intérêts du Sud; et, s'ils laissèrent passer cette mesure, qu'ils pouvaient empêcher, c'est qu'ils ne la croyaient pas dangereuse pour ces intérêts. Si la question commerciale avait été en jeu dans la lutte politique qui amena la guerre civile, les États de l'Ouest auraient eu autant de motifs que ceux du Sud pour se séparer des districts manufacturiers de New-York, de la Pennsylvanie et de la Nouvelle-Angleterre, dont les forges et les filatures redoutent la concurrence anglaise, et ils se seraient joints à lui pour défendre le système du libre échange. Les propriétaires de l'Ouest, en effet, tiraient aussi leur richesse d'une culture dont les produits s'exportaient chaque année en quantités croissantes. En dépit de la rareté de la main-d'œuvre, l'absence d'impôts fonciers, le peu de valeur de la terre et sa fertilité offraient à leurs blés des débouchés sur tous les marchés du monde. Ils n'avaient donc qu'à souffrir de la protection commerciale qui élevait pour eux le prix de toutes les denrées européennes au profit de leurs associés du Nord-Est, et si, tout en leur reprochant cette protection, ils firent cause commune avec eux, c'est qu'ils connaissaient bien le motif unique de la guerre et ne se faisaient aucune illusion sur la seule différence sociale qui divisait l'Amérique en deux fractions ennemies, le Nord et le Sud.

Cette différence ne reposait ni sur des origines diverses, ni sur des intérêts commerciaux opposés. Elle était bien plus profonde : c'était un fossé, s'élargissant chaque jour, creusé entre l'esclavage et le travail libre. C'est l'esclavage qui, prospérant dans une moitié de la république et aboli dans l'autre, y avait créé deux sociétés hostiles. Il avait profondément modifié les mœurs de celle où il dominait, tout en laissant intactes les formes apparentes du gouvernement. C'est lui qui fut non pas le prétexte ou l'occasion, mais la cause unique de l'antagonisme dont la conséquence inévitable fut la guerre civile.

Aussi, pour faire connaître les différences de caractère que la guerre révéla entre les combattants, est-il nécessaire de montrer l'influence constante et funeste exercée par l'institution servile sur les habitudes, les idées et les goûts de tous ceux qui vivaient en contact avec elle. Véritable Protée, la question de l'esclavage prend toutes les formes, s'insinue partout, et reparaît toujours plus formidable, là où l'on s'attend le moins à la rencontrer. Malgré tout ce qui en a été dit, notre public, qui n'a pas eu heureusement à lutter corps à corps avec elle, ignore combien ce poison subtil s'infiltre jusque dans la moelle d'une société. En effet, c'est au nom des droits de la race opprimée qu'il a condamné l'esclavage. Ce sont les sentiments de justice envers cette race qui inspirèrent et la religieuse Angleterre, lorsqu'à la voix de Burton et de Wilberforce elle proclama l'émancipation, et notre grande Assemblée nationale lorsqu'elle abolit une première fois l'esclavage dans nos colonies, et ceux qui en préparèrent de nouveau la suppression, après l'acte inouï par lequel le premier consul le rétablit sur le sol français. C'est le tableau des souffrances imméritées de nos semblables qui émut toute l'Europe à la lecture de ce roman si simple et si éloquent appelé *la Case de l'Oncle Tom.*

Mais les effets de l'institution servile sur la race maîtresse offrent à l'historien, comme au philosophe, un spectacle non moins triste et non moins instructif; car une fatale démoralisation est le juste châtiment que l'esclavage inflige à ceux qui ne croyaient y trouver que profit et puissance.

Pour montrer plus clairement à quel point elle en est la conséquence inévitable et comment, par une inexorable logique, le seul fait de l'asservissement du noir déprave chez le blanc les idées et les mœurs qui sont la base même de la société, laissons de côté le long martyrologe des mauvais traitements que des maîtres brutaux infligeaient chaque jour à leurs esclaves. C'est chez celui qu'avant la guerre on appelait un bon propriétaire qu'il faut étudier la prétendue perfection morale de l'esclavage pour en connaître toute la flagrante immoralité. Ce propriétaire a les mêmes principes que nous, mais il est bien obligé d'obéir à la nécessité. Il sait la protection et le respect dus à la famille; mais, comme la population noire, dans les États où elle cultive le sucre et le coton, ne se reproduit pas assez vite pour suffire aux exigences de cette exploitation, il va acheter un contingent de jeunes ouvriers sur les marchés de la Virginie. Sans doute, après les avoir ainsi arrachés à leurs parents, à leurs affections et au sol qui les a vus naître, il ne brisera pas les liens nouveaux qui se forment sous ses yeux, mais c'est qu'administrateur économe, il trouve dans leur fécondité une source directe de revenus. Il ne veut pas humilier, faire souffrir par d'inutiles punitions; mais il faut châtier le nègre qui a manqué à ses devoirs, et ces devoirs sont l'obéissance et le travail. Le nègre doit oublier qu'il est homme pour se souvenir seulement qu'il est esclave, et travailler sans choix d'ouvrage, sans rémunération, sans espoir d'un meilleur sort. Enfin, le propriétaire aura soin de lui, ne lui imposera pas de labeur au-dessus de ses forces et donnera une satisfaction suffisante à ses besoins matériels : absolument comme aux animaux qui travaillent à côté de lui sous un fouet commun. Mais, pour goûter ce prétendu bonheur, il faut qu'il soit ravalé au niveau moral de ces compagnons de sa servitude, et que la flamme de son intelligence soit éteinte pour toujours, car, tant qu'il portera dans sa poitrine cette étincelle divine, il sera malheureux parce qu'il se sentira esclave. Et, lorsque le bon maître, satisfait de ses propres vertus, montrera ses nègres en disant : « Ils sont heureux, ils n'ont pas à se préoccuper du lendemain, ils sont logés, nourris, vêtus et ne voudraient pas être libres, » il s'accusera lui-même de la façon la plus terrible, car c'est comme s'il disait : « J'ai si bien étouffé chez eux tous les sentiments que Dieu a mis dans le cœur de l'homme, que ce mot de liberté, que nous entendrions prononcer par toute créature animée si nous comprenions toutes les langues de la nature, n'a plus de sens pour eux. » Il se peut à la rigueur que, même dans le milieu où il vit, sa conscience se révolte contre la dégradation de ses semblables ; mais alors il se heurtera aux mœurs, qui consacrent cette dégradation systématique, et aux lois sévères et minutieuses édictées par presque tous les États du Sud, qui lui rendent à peu près impossible l'émancipation individuelle, qui l'exposent même à des peines graves s'il enseigne à ses propres nègres à lire ou à écrire. Devra-t-il protester contre cette loi odieuse qui enchaîne l'intelligence de l'esclave dans l'étroit cachot d'une perpétuelle ignorance? Il ne le pourra pas, car l'avilissement moral de celui-ci est la seule garantie de sa soumission matérielle : s'il voyait trop souvent son pareil recevoir la liberté comme un bienfait, il la désirerait à son tour, et, s'il recevait la moindre éducation, il se relèverait à ses propres yeux, l'abîme qui le sépare de son maître lui paraîtrait moins difficile à franchir, et il sortirait de cet abrutissement satisfait où il faut le maintenir pour faire de lui le docile instrument d'une exploitation lucrative.

Mais, encore une fois, l'institution servile, en violant la loi suprême de l'humanité qui réunit par un lien indissoluble ces deux mots : travail et progrès, et en faisant du travail même un moyen d'avilissement, ne dégradait pas seulement l'esclave, elle amenait aussi sûrement la dépravation du maître; car le despotisme d'une race entière finit toujours, aussi bien que le pouvoir absolu d'un seul homme ou d'une oligarchie, par troubler la raison et le sens moral de qui en a aspiré les parfums enivrants. Rien n'était plus propre à faire ressortir cette sorte de dépravation que les qualités et les vertus mêmes qui subsistaient dans la société fondée sur un tel despotisme. C'est justement parce que, du reste, cette société était éclairée et religieuse, parce qu'elle produisait des caractères d'ailleurs irréprochables, parce qu'elle tirait de ses entrailles les soldats héroïques qui suivaient au combat un Lee et un Jackson, qu'il était plus monstrueux d'y voir prospérer l'esclavage avec ses odieuses conséquences. Pour qu'elle fût arrivée à montrer au monde, sans s'en apercevoir elle-même, un contraste aussi choquant, il fallait que le sens moral eût été perverti chez l'enfant, entouré dès sa naissance des flatteries de l'esclave, chez l'homme, maître absolu du travail de ses semblables, chez la femme, habituée à soulager les misères qui l'entouraient pour obéir non à un devoir, mais à un simple instinct d'humanité et de pitié, chez tous enfin, par l'abus de vaines déclamations destinées à étouffer la révolte des consciences honnêtes. Spectacle profondément attristant pour quiconque veut étudier la nature humaine que celui d'une population entière où la force de l'habitude avait faussé tous les sentiments de droiture et d'équité à ce point que la plupart des ministres de tous les cultes ne craignaient pas de souiller le christianisme par une lâche approbation de l'esclavage, et que des hommes qui achetaient et vendaient leurs semblables prenaient les armes tout exprès pour défendre, au nom de la liberté et de la propriété, cet odieux privilége [1].

Ce mensonge étant devenu la base de la société, son influence devait grandir avec elle et se fortifier par sa prospérité. Les fondateurs de la nation américaine regardaient l'esclavage comme une plaie sociale, et comptaient, pour l'en guérir, sur les lumières et le patriotisme de leurs successeurs; mais, cette institution donnant des bénéfices considérables, on la jugea bientôt tout autrement. Les États intermédiaires (Virginie, Caroline du Nord, Kentucky et Tennessee) se préparaient à l'abolir, à l'exemple de leurs voisins du Nord, lorsque l'interdiction de la traite vint donner chez eux une nouvelle impulsion à la production des esclaves en la protégeant contre la concurrence des négriers, qui, sous le nom de *bois d'ébène*, amenaient auparavant leurs cargaisons d'esclaves de la

---

1. Voyez, à l'*Appendice* de ce volume, la note B.

Guinée. Ils développèrent aussitôt cette nouvelle industrie, et les planteurs du Sud, pouvant toujours se procurer sur leurs marchés des travailleurs frais et vigoureux, trouvèrent une économie à ne plus tant ménager leurs esclaves et à leur imposer un labeur excessif qui les dévorait en peu d'années. Cette abondance de bras donnant à la culture de la canne et du coton une impulsion extraordinaire, l'esclavage, dont les auteurs de la constitution américaine n'avaient pas même osé mentionner le nom, fut dès lors honoré, reconnu, et considéré comme la pierre angulaire de l'édifice social.

Mais on ne s'en tint pas là : après l'avoir déclaré profitable et nécessaire, on en proclama bientôt l'excellence. Une école nouvelle, dont Calhoun fut le principal apôtre, et dont la doctrine fut acceptée par tous les hommes d'État du Sud, se donna pour mission de présenter le système social fondé sur l'esclavage comme le dernier perfectionnement de la civilisation moderne. C'est à ce système que l'Amérique devait appartenir, et ses adeptes rêvaient pour lui l'empire du monde. Il y eut un moment où ces rêves effrayants jetèrent une lueur sinistre sur l'avenir du nouveau continent, car il semblait que leur réalisation n'eût rien d'impossible.

En effet, la puissance esclavagiste ne vivait qu'en s'agrandissant et en absorbant tout autour d'elle. Hardie et violente dans ses allures, obligeant l'Union à se faire le docile instrument de sa politique, elle avait conquis à la servitude d'immenses territoires, parfois sur le désert, plus souvent sur le Mexique ou sur les colons du Nord, et elle étendait déjà la main sur Cuba et l'isthme de Nicaragua, positions choisies avec l'instinct de la domination. Si le Nord avait poussé plus loin la patience et la longanimité, le jour où la crise décisive serait arrivée cette puissance aurait peut-être pu imposer son joug fatal à toute l'Amérique.

A mesure que l'esclavage croissait ainsi en prospérité et en pouvoir, son influence devenait de plus en plus prépondérante dans la société qui l'avait adopté. Comme une plante parasite, tirant à elle toute la sève de l'arbre le plus vigoureux, le couvre peu à peu d'une verdure étrangère et de fruits empoisonnés, ainsi l'esclavage altérait de plus en plus les mœurs du Sud et l'esprit de ses institutions. Les formes de la liberté subsistaient, les journaux paraissaient libres, les délibérations des assemblées étaient tumultueuses, chacun se vantait de son indépendance. Mais l'esprit de véritable liberté, la tolérance envers la minorité et le respect des opinions de chacun avaient disparu, et ces apparences trompeuses cachaient le despotisme d'un maître inexorable, l'esclavage; d'un maître devant lequel le plus puissant propriétaire de nègres n'était lui-même qu'un esclave aussi soumis que le dernier de ses travailleurs. Nul n'avait le droit d'en contester la légitimité, et, comme les Euménides que les anciens craignaient d'offenser en les nommant, ainsi, partout où il régnait, on n'osait même plus prononcer son nom, de peur de toucher à un sujet trop brûlant. C'est à cette condition seulement qu'une pareille institution pouvait se soutenir dans une société prospère et intelligente. Elle aurait été perdue le jour où l'on aurait été libre de la discuter. Aussi, malgré leurs prétentions libérales, les gens du Sud ne reculaient-ils devant aucune violence pour étouffer dans son germe tout débat sur ce sujet. Quiconque se serait permis le blâme le plus timide n'aurait pu continuer à vivre dans le Sud : il suffisait de montrer au doigt un étranger en l'appelant abolitioniste pour le désigner aussitôt aux fureurs de la populace. Un des meilleurs citoyens des États-Unis, M. Sumner, ayant plaidé dans le Sénat la cause de l'émancipation avec autant de courage que d'éloquence, un de ses collègues du

Sud lui assena dans l'assemblée même des coups de canne plombée qui le laissèrent à demi mort; et non-seulement ce crime demeura impuni, tous les tribunaux de Washington étant alors occupés par des esclavagistes, mais l'assassin reçut des dames du Sud une canne d'honneur pour prix de son exploit. Enfin, il suffit qu'un simple fermier du Kansas, nommé John Brown, ruiné et persécuté par les esclavagistes, voulût se venger d'eux en Virginie et réunît à Harpers-Ferry une douzaine de nègres fugitifs, pour causer dans le Sud une émotion immense. On crut à la guerre civile, on se prépara à une levée en masse et il fallut envoyer de Washington des troupes régulières pour s'emparer de cet homme, qui expia à la potence la peur qu'il avait inspirée aux fiers Virginiens.

Il ne suffisait pas toutefois de protéger ainsi l'esclavage dans son propre domaine, il fallait encore, pour le mettre à l'abri de toute attaque extérieure, faire reconnaître sa suprématie dans tous les États voisins. Le Nord, par un imprudent esprit de conciliation, laissa violer la constitution dans de honteux compromis. Les barrières des États libres s'étaient abaissées pour rendre au planteur le nègre fugitif. La politique nationale était entièrement asservie aux intérêts de la puissance esclavagiste. Ses exigences devenaient enfin d'autant plus pressantes et excessives qu'elle se sentait près de perdre la direction de cette politique. Elle ne pouvait souffrir, ni l'extension territoriale du Nord, ni les critiques d'une presse libre au delà de ses frontières. Aussi était-elle bien décidée à ne pas renoncer sans combat à la suprématie qu'elle exerçait dans les conseils de l'Union. Ses journaux et ses orateurs enflammaient les esprits et les préparaient à la lutte prochaine; des romans, soi-disant prophétiques, annonçaient les triomphes qu'elle y remporterait; et, au premier appel des chefs de la sécession, toute la société du Sud, saisie d'une véritable fièvre, brisa sans le moindre regret tous les liens qui, la veille encore, l'attachaient à ceux qu'elle croyait injurier en les appelant les abolitionistes.

Les différences que l'esclavage avait amenées entre le Sud et le Nord ne se bornaient pas à cet antagonisme politique : elles s'étendaient à toute la constitution même de la société. Il s'était formé dans le Sud, sous son influence, des classes de plus en plus séparées les unes des autres; division qui facilita beaucoup dans les premiers temps son organisation militaire.

Le travail étant un acte de servitude, on ne pouvait s'y livrer sans déshonneur. Cette loi imposée par l'opinion publique fermait l'entrée des territoires du Sud au flot fécond d'émigrants qui, parti d'Europe et des états de l'Est, se répand sur les vastes plaines de l'Ouest pour y former une population de propriétaires exploitant eux-mêmes leur champ : population dont les qualités laborieuses, l'énergie et l'intelligence sont la force et l'honneur des *Free-soil-States*. Tout le système de la culture du Sud s'était ressenti de cette exclusion, et l'Amérique présentait ainsi dans ses deux parties une image assez exacte du territoire latin aux deux époques extrêmes de l'histoire romaine : au Nord, la terre morcelée, cultivée par le citoyen lui-même, qui était à la fois propriétaire, laboureur, et soldat au besoin ; au Sud, les *latifundia*, grands domaines peuplés d'esclaves et partagés entre quelques maîtres.

L'ordre social du Sud était fondé sur la grande propriété, dont les inconvénients se font surtout sentir dans une contrée encore à demi-sauvage, mais qui était une conséquence inévitable de l'institution servile. Seule, en effet, elle permet de tirer parti du travail dispendieux, insuffisant et incertain de l'esclave.

Ce travail est dispendieux, car les profits qu'il donne doivent représenter non-seulement l'entretien de l'esclave durant toute sa vie, mais aussi les intérêts et l'amortissement en peu d'années du capital employé à l'acheter; et la somme de ces frais excédant toujours le salaire annuel du meilleur ouvrier blanc, l'emploi de travailleurs libres se trouve, tous comptes faits, être plus économique.

Il est insuffisant parce que l'intelligence de l'esclave étant systématiquement étouffée, son ouvrage est toujours grossier, et l'on ne peut obtenir de lui les mêmes soins que de l'ouvrier maître de lui-même.

Il est incertain, car les époques de récoltes exigeant un grand nombre de bras, que le propriétaire ne peut louer sur un libre marché, celui-ci est obligé d'entretenir sur sa plantation, durant toute l'année, le nombre d'esclaves dont il pourra alors avoir besoin, sans qu'aucune prévision lui permette de le calculer exactement d'avance, et en s'exposant à tous les hasards du chômage et de la maladie de ses meilleurs ouvriers.

Dans de pareilles conditions, l'exploitation du sol ne pouvait être entreprise que sur une grande échelle et avec un capital considérable. Sur les grandes plantations l'on pouvait suppléer aux ressources que donne la libre concurrence, en ayant des esclaves spéciaux, instruits dans les différents métiers; et la variété des travaux que comportait une pareille exploitation permettait d'employer toujours une grande partie des esclaves tantôt à un ouvrage, tantôt à un autre; enfin, le capital engagé était réparti sur un assez grand nombre de têtes de nègres pour qu'un amortissement et un fonds d'assurance bien administrés pussent faire face aux accidents qui ruinent le petit propriétaire d'esclaves.

Grâce à cette constitution de la propriété foncière, les États du Sud étaient presque exclusivement occupés par trois classes.

Au bas de l'échelle sociale se trouvait le nègre, penché sur le sol qu'il était seul à cultiver, et formant une population d'environ quatre millions d'âmes, soit le tiers des habitants du Sud.

Au sommet les maîtres, trop nombreux pour être une aristocratie, constituaient une véritable caste. Ils possédaient la terre et les esclaves qui la fécondaient, et, vivant entourés chacun de toute une population asservie dont ils dirigeaient les travaux, ils dédaignaient toute autre occupation. Aussi, plus intelligents qu'instruits, braves mais passionnés, fiers mais impérieux, éloquents mais intolérants, s'adonnaient-ils aux affaires publiques, dont la direction exclusive leur appartenait, avec toute l'ardeur de leur tempérament.

La troisième classe, celle des petits blancs, la plus importante par le nombre, se trouvait au-dessous de la seconde, et bien au-dessus de la première, sans pouvoir cependant servir d'intermédiaire entre elles, car elle était profondément imbue de tous les préjugés de couleur. C'est la *plebs romana,* la foule des clients qui portent avec ostentation le titre de citoyens, et n'en exercent les droits que pour servir aveuglément les grands propriétaires, véritables maîtres du pays. Si l'esclavage n'existait pas à côté d'eux, ils seraient ouvriers et laboureurs, ils deviendraient fermiers et petits propriétaires. Mais, plus leur pauvreté les rapproche de la classe inférieure des esclaves, plus ils tiennent à s'en séparer, et ils repoussent le travail pour mieux mettre en relief leur qualité d'hommes libres. Cette population déclassée, misérable et remuante, fournissait à la politique du Sud l'avant-garde batailleuse qui précédait l'invasion dans l'Ouest du planteur avec ses esclaves. Au commencement de la guerre, le Nord crut qu'elle se prononcerait en sa faveur contre l'institution servile, dont elle aurait dû détester la ruineuse concurrence. Mais il se trompa en pensant que la raison l'emporterait chez elle sur la passion. Elle lui prouva, au contraire, qu'elle était ardemment dévouée au maintien de l'esclavage. Son orgueil y était encore plus intéressé que celui des grands propriétaires; car, tandis que ceux-ci étaient toujours assurés de rester bien au-dessus des nègres affranchis, elle craignait d'être avilie par leur émancipation, qui les élèverait jusqu'à son niveau.

Cette division en classes facilita l'organisation des forces du Sud. Chacune d'elles avait son rôle tout tracé, et le passage de l'état de paix à celui de guerre se fit avec si peu d'efforts, que sa facilité même fut une dangereuse tentation qui contribua à entraîner le Sud dans la voie fatale où il devait trouver la défaite et la ruine.

Les nègres restèrent naturellement attachés à la terre; mais, en continuant leurs labeurs forcés, ils épargnaient à la production agricole du Sud le trouble profond que les préparatifs de la guerre infligèrent à celle du Nord, et soutenaient ainsi la cause de ceux qui rivaient leurs chaînes. Tandis que, dans le Nord, tout soldat qui prenait l'uniforme quittait une occupation utile à la société, la population vraiment productrice ne cessa pas un instant, dans le Sud, de subvenir aux communs besoins.

Les petits blancs, qui, condamnés à l'oisiveté par leur situation sociale, n'avaient jamais contribué à la richesse nationale dans une mesure proportionnée à leur nombre, échangèrent volontiers les loisirs de leur pauvreté contre les occupations de la vie militaire. Ils furent l'élément principal des armées du Sud. Inutiles et dangereux dans une société bien organisée, ils étaient parfaitement préparés à ce rôle nouveau. Habitués aux privations d'une existence mal assurée, exercés dès l'enfance à l'usage des armes, qui étaient pour eux un signe de noblesse, ardents à défendre les priviléges et la supériorité de leur race, ils ne pouvaient manquer de faire de redoutables soldats, s'ils avaient de bons chefs pour les conduire.

Ils devaient trouver ces chefs dans la classe supérieure des propriétaires d'esclaves, dont ils étaient déjà accoutumés à recevoir les directions. Aussi, quoique tous les grades fussent à l'élection, les nouveaux soldats, fidèles à leurs habitudes, ne choisirent-ils presque toujours pour les commander que des membres de cette classe supérieure; et, si quelques propriétaires, dans le premier moment d'enthousiasme, leur donnèrent l'exemple en prenant le fusil, jamais aucun ne resta dans les rangs. Il en résultat que le funeste système de l'élection des officiers n'eut pas dans le Sud les mêmes inconvénients que dans le Nord, et put y subsister plus longtemps.

Nous n'avons pas parlé jusqu'ici de la population des villes, parce qu'elle n'avait pas ressenti aussi directement que celle des campagnes les effets de l'institution servile et qu'elle était d'ailleurs trop peu nombreuse pour être influente. Fort inférieure aux propriétaires d'esclaves, mais supérieure aux petits blancs, elle se recrutait parmi ces derniers et parmi les émigrants européens, particulièrement parmi les Irlandais, qui ne dépassent guère l'enceinte des cités américaines. Aussi, quoique bruyamment attachée au système de l'esclavage, ne le regardait-elle pas comme la base même de la société et ne le défendit-elle point avec autant de passion que les blancs qui vivaient dans la campagne au milieu des cultivateurs nègres. Les États confédérés ne possédaient qu'une ville, la Nouvelle-Orléans, qui pût rivaliser avec les grandes cités du Nord, et deux autres seulement, Richmond et Charleston, les deux centres politiques de la sécession, qui eussent plus de trente mille habitants. Parmi ceux-ci se trouvaient des nègres esclaves, et des mulâtres affranchis, classe assez nombreuse, exclusivement urbaine, et d'autant plus hostile aux blancs qu'elle était plus intelligente et que l'interdit dont elle était frappée était moins justifié par la nuance de sa peau. La population blanche des villes ne pouvait être estimée à plus de deux cent mille âmes[1].

Ainsi, au moment où les chefs du Sud, vaincus dans les élections, allaient faire appel aux armes pour rétablir la suprématie de l'esclavage, auprès d'eux l'opinion publique, travaillée de longue main, était prête à les applaudir, à les seconder énergiquement, et les différentes classes de la société leur offraient tous les éléments nécessaires pour organiser promptement leurs armées.

---

1. Voyez, à l'*Appendice* de ce volume, la note C.

CHAPITRE II

LES VOLONTAIRES CONFÉDÉRÉS.

Nous avons montré comment l'influence de l'esclavage, qui entraînait les États du Sud dans la guerre civile, avait aussi créé chez eux des classes prêtes à fournir tous les éléments d'une armée dont l'organisation était ébauchée depuis longtemps.

Aussi, pendant que le Nord cherchait sincèrement des compromis politiques, vit-on les compagnies de volontaires se réunir sans retard et s'armer dans toute l'étendue des pays à esclaves. La guerre était résolue dans leur esprit, et ils se mirent à l'œuvre avec la plus grande énergie. L'ardeur des femmes stimula celle des hommes, et, dans cette population essentiellement oisive, quiconque n'endossa pas l'uniforme fut noté comme un lâche. Les planteurs, craignant de tout temps des insurrections serviles, avaient donné aux milices locales une organisation effective qu'elles ne possédaient pas dans le Nord. Elles avaient des cadres assez instruits et assez exercés pour pouvoir immédiatement recevoir des volontaires. Enfin, l'école de West-Point et les colléges militaires fondés par plusieurs États avaient contribué à répandre les connaissances militaires dans la classe supérieure.

Ces volontaires, qui prirent les armes au premier signal donné par leurs chefs, n'attendaient pas pour se réunir que la séparation fût accomplie. Dans les États limitrophes, où, les opinions étant partagées, l'autorité fédérale put d'abord se maintenir au milieu du déchirement politique, les futurs soldats de la Confédération se réunissaient et s'organisaient sous les yeux mêmes de ses dépositaires.

Partout où elle était en majorité, l'opinion esclavagiste, essentiellement intolérante, exerça sur la minorité le même despotisme que ses chefs lui imposaient. Ceux qui regrettaient le drapeau national, qui niaient la doctrine constitutionnelle invoquée pour justifier la séparation, ou qui n'en croyaient pas l'application opportune, furent réduits au silence : et bientôt on ne se contenta même pas de ce silence ; comme dans toutes les révolutions, l'on exigea de leur tiédeur des professions de dévouement au nouvel ordre des choses. Parmi les hommes du Nord établis au Sud, quelques-uns embrassèrent la cause esclavagiste avec une ardeur de néophytes, mais ceux qui ne rachetèrent pas ainsi le crime d'être nés dans les États libres furent désignés aux haines et aux violences populaires. Dans les États du Sud-Ouest, où les mœurs étaient rudes, ils furent l'objet d'une véritable persécution. Dans chacun des centres naissants de civilisation, où les fermiers venaient à travers la forêt faire leurs affaires politiques et commerciales, on vit se former des comités de vigilance composés de tous ceux qui s'étaient distingués par leurs excès dans les luttes électorales. S'emparant sans mandat de tous les pouvoirs, ils réunissaient les attributions de comité de salut public à celles de tribunal révolutionnaire. Le cabaret était le théâtre ordinaire de leurs séances, et une odieuse parodie des formes augustes de la justice se mêlait à leur bruyante orgie. Autour du comptoir sur lequel coulaient le gin et le whiskey, quelques furieux jugeaient leurs concitoyens, présents ou absents : l'accusé voyait préparer la corde fatale avant même d'avoir été interrogé ; le contumace n'apprenait sa condamnation qu'en tombant sous la balle du bourreau, aposté au coin d'un bois pour exécuter la sentence. Les vengeances personnelles inspiraient la plupart de ces arrêts. Pour punir l'ouvrier ou le colon venu du Nord de son intelligence et de ses succès, ses voisins jaloux l'appelaient abolitioniste. Il était perdu alors, si un ami courageux ne répondait pas de ses sentiments d'admiration pour l'esclavage. Parfois cependant, les fumées de l'alcool, montant à la tête des juges, allumaient entre eux une querelle, bientôt ensanglantée, au milieu de laquelle procès et accusé étaient également oubliés.

Mais, si on laissait la vie à ce dernier, c'était pour qu'il la consacrât au service de la Confédération. Il devait s'estimer heureux de pouvoir lui prouver un dévouement sans lequel il aurait mérité la mort. Il allait donc s'engager comme *volontaire* au plus proche bureau de recrutement, et, par une amère ironie du sort, il se trouvait enrôlé parfois dans un corps comme celui des *Tigres de la Louisiane* ou des *Invincibles du Mississipi*, dont le nom contrastait étrangement avec ses tristes pensées.

Quelques exécutions et un bon nombre d'enrôlements forcés suffirent pour étouffer toute expression de sentiments unionistes. Des comités de vigilance s'étaient formés dans tous les États du Sud, et, s'ils n'allaient pas partout jusqu'aux dernières violences, partout ils foulaient aux pieds toutes les libertés publiques et individuelles pour se livrer à des perquisitions et à des vexations qui, en intimidant les tièdes et en stimulant les inconstants, contribuaient à remplir rapidement les cadres des corps de volontaires.

Le poids de la guerre allait porter exclusivement sur la population blanche des États où, au commencement de 1861, l'autorité fédérale fut méconnue : cette population s'élevait, d'après le recensement de 1860, au chiffre de 5,449,463 âmes, soit environ cinq millions et demi, parmi lesquels on devait trouver 690,000 hommes en état de porter les armes. Ce dernier chiffre indique toutes les forces dont la Confédération pouvait tôt ou tard disposer. Grâce aux causes sociales que nous avons dites et à la conviction de chacun, qu'il jouait une partie décisive, on vit environ 350,000 hommes, c'est-à-dire plus de la moitié de cette population adulte et virile, s'enrôler dans le courant de l'année 1861. Ce premier effort du Sud fut, en proportion de ses ressources, bien plus grand que celui du Nord; et la puissance militaire qu'il développa si rapidement, jointe à tous les avantages de la position défensive, ne pouvait manquer de lui assurer la supériorité au début de la guerre.

Mais, tandis que le Nord, lent à user de ses moyens, trouvait dans chaque désastre l'occasion d'accroître son armée, qui fut ainsi à la fin de la guerre deux fois plus nombreuse qu'au commencement, le Sud n'était pas en état de soutenir l'effort extraordinaire qu'il avait fait en commençant. Malgré l'oisiveté de la population blanche, qui la disposait au service militaire, il fallut recourir à la conscription dès que les combats eurent éclairci les rangs des premiers volontaires enrôlés. Plus la guerre se prolongera, plus nous verrons le gouvernement confédéré recourir aux moyens violents pour arracher à un pays épuisé le peu de forces qu'il possédait encore. Le système despotique, qui avait si rapidement mis en œuvre toutes ses ressources, n'aura plus alors d'autre effet que d'anéantir sans retour ce qui en sera resté, et, s'il oblige tous les hommes valides à endosser l'uniforme, il n'empêchera pas, à la fin de la guerre, la moitié des soldats survivants de s'échapper des rangs pour regagner en secret leurs foyers ou chercher la liberté au milieu des forêts.

Rien, en ce moment d'ivresse qui les précipita dans la guerre civile, ne révélait aux hommes du

Sud la fragilité de leur nouvel édifice politique. Quoiqu'ils fussent habitués aux citations bibliques, ils avaient oublié l'histoire de cet arbre miraculeux qui poussa dans une nuit pour abriter le prophète Jonas, mais que la piqûre d'un ver invisible fit périr aussi rapidement, dans l'espace d'une seule journée. Leur confédération avait grandi de même, et ils la voyaient déjà étendre son ombrage sur toute l'Amérique, ne songeant pas qu'elle portait aussi dans ses racines un ver rongeur, l'esclavage, et que ses institutions, fondées sur le despotisme et le mépris de l'humanité, se dessécheraient au souffle brûlant de la guerre civile.

Tout était sujet d'illusions pour le Sud : illusions sur la faiblesse de son adversaire ; illusions sur sa propre persévérance.

Habituée à regarder les hommes du Nord, les Yankees, comme de pacifiques marchands, la caste qui s'était décerné à elle-même le nom de Chevalerie du Sud ne voulait pas croire qu'ils pussent jamais devenir des soldats. Les plus grossières calomnies répandues sur leur compte par les journaux ne trouvaient pas un contradicteur, et, après avoir été si longtemps associés, en politique comme en affaires, avec leurs frères du Nord, les gens du Sud ignoraient absolument les ressources de leur caractère et leurs qualités viriles.

Il est vrai qu'ils ne se connaissaient pas mieux eux-mêmes. Les discours enflammés de ces orateurs du dernier ordre qu'on appelle en Amérique des *mangeurs de feu,* dont le bon sens public faisait d'ordinaire justice, avaient surexcité cette fois les passions de la multitude et n'étaient plus que le reflet de ce que la plupart pensaient, de ce que tous disaient. Personne ne doutait du succès : on était persuadé que, malgré toute l'obstination dont les Yankees étaient capables, l'indépendance du Sud finirait par être assurée. Rien ne coûterait pour lasser l'ennemi et l'obliger à la reconnaître. Si les armées organisées étaient détruites, on formerait des bandes de guérillas, qui, arborant le drapeau noir, c'est-à-dire ne faisant plus quartier, perpétueraient la guerre par l'emploi de tous les moyens et combattraient tant qu'ils auraient un couteau à la main. Les événements devaient donner à ces projets de guerre à outrance un éclatant démenti : les forêts vierges, au lieu de guérillas, n'abritèrent, comme nous l'avons dit, que des déserteurs. Mais les illusions qui inspiraient à la population du Sud une si aveugle confiance étaient sincères ; le blâme sévère de l'histoire doit être réservé aux chefs qui les flattaient, qui les entretenaient, et qui cependant connaissaient trop bien leurs compatriotes, qui voyaient trop clairement les conséquences d'une défaite, pour pouvoir les partager.

Les volontaires accouraient aux bureaux de recrutement, qui étaient ouverts par l'initiative individuelle des plus ardents et des plus ambitieux dans chaque district. La formation des corps qui naissaient ainsi spontanément dans toute l'étendue des États du Sud fut, en général, l'œuvre particulière de quelques personnes associées à cet effet dans leurs villages ou leurs quartiers respectifs. L'un réunissait une section, l'autre une compagnie : l'esprit de clocher, les coteries, l'influence individuelle formaient les premiers liens entre les soldats ainsi recrutés. Les divers détachements, une fois rassemblés, se groupaient par comté ou par ville pour composer des régiments ; l'élection décernait tous les grades élevés à ceux que leur naissance, leurs richesses et parfois leurs services récents dans l'enrôlement désignaient ou plutôt imposaient au choix de leurs futurs subordonnés. Cette première organisation, création toute spontanée du mouvement national, précéda souvent l'appel légal des volontaires.

Bientôt les gouverneurs des États intervinrent pour

la régulariser en fixant le chiffre de la levée et la quote-part de chaque comté. Les assemblées d'États, qui venaient de voter la séparation, consacrèrent cette décision en autorisant les dépenses d'entretien des troupes destinées à soutenir leur révolte contre l'autorité fédérale. Les régiments entrèrent alors au service des divers États. Les officiers déjà élus furent confirmés dans leurs grades : on forma des brigades, on leur donna des états-majors, on nomma beaucoup de généraux, et l'armée particulière de chaque État se trouva ainsi constituée.

Cette organisation par États, conforme au principe de leur indépendance, aurait dû subsister dans la nouvelle confédération si ce principe avait été la cause et non pas seulement le prétexte de la guerre. Mais, utile au début, il ne fut plus ensuite pour les meneurs du Sud qu'une gêne, dont ils eurent hâte de s'affranchir. Pour réussir, il leur fallait, au contraire, un pouvoir central despotique, capable de pousser la lutte à outrance, et dont la main de fer pût suppléer à l'enthousiasme populaire le jour où, comme on devait le prévoir, il viendrait à se lasser. Telle fut la pensée dominante des délégués qui formèrent à Montgomery, petite ville de l'Alabama, un gouvernement provisoire. En confiant le pouvoir exécutif à

M. Davis, qui avait été l'âme de la rébellion, ils réunirent en un solide faisceau les forces éparses de la Confédération. Tandis qu'ils inscrivaient dans leur fragile constitution la garantie de toutes leurs nouvelles théories constitutionnelles, ils serraient, en pratique, les liens de la centralisation ; et, réservant à des temps plus calmes l'accomplissement de leurs promesses, destinées à être toutes emportées par le même coup de vent, ils s'empressèrent de donner un contrôle absolu sur leurs ressources au pilote chargé de diriger à travers la tempête l'esquif dans lequel ils avaient si témérairement embarqué leur fortune. Aussi, sans s'arrêter longtemps à la rédaction des lois organiques, dont il sentait l'inanité, le gouvernement provisoire donna-t-il tous ses soins à la consolidation des forces militaires du Sud.

Il savait bien qu'il fallait se préparer à une guerre sérieuse, et pour cela façonner en une armée homogène tous les corps indépendants qu'il avait sous la main. A peine réuni, lorsque la Confédération ne comptait encore que sept étoiles sur son nouvel écusson, le Congrès seconda M. Davis dans cette œuvre. Il lui confia la direction suprême des opérations militaires, avec autorisation d'enrôler au service du gouvernement central les volontaires des divers États. Le 6 mars 1861, il fixa à cent mille le nombre de ces volontaires et à un an la durée de leur engagement, décrétant en même temps la création d'un état-major général pour cette armée provisoire, et la formation d'une armée régulière.

L'armée provisoire devait être réorganisée lorsque la constitution définitive aurait été mise en vigueur, et il fut décidé qu'à cette époque les troupes des États qui la composaient seraient réengagées au service de la Confédération pour un temps fixé par le Congrès. Contrairement à ce qui s'était fait jusqu'alors aux États-Unis, où le pacte fédéral réservait exclusivement à l'autorité centrale le droit d'entretenir des troupes en temps de paix, on voyait, parmi les contingents particuliers des divers États, ce qu'on appelait des corps réguliers, destinés à rester sous les armes après la fin de la guerre et la reconnaissance de leur indépendance. Mais, en attendant, le gouvernement confédéré les prit à son service et à sa solde, et composa leurs états-majors et leurs administrations, soit en nommant de nouveaux officiers, soit en confirmant les nominations déjà faites par les gouverneurs d'États. Dans l'un et l'autre cas, c'est du Président que ces officiers tenaient leurs grades, et ils devaient les conserver pendant toute la durée de la guerre.

Nous n'entrerons pas ici dans le détail du recrutement et de l'organisation de l'armée confédérée. Pour la former, les hommes du Sud, fidèles aux mœurs et aux habitudes américaines, prirent pour modèle les levées faites à d'autres époques, et particulièrement pour la guerre du Mexique, sous le drapeau de l'Union ; et cette organisation fut absolument la même que celle des armées du Nord, dont nous parlerons plus longuement dans la suite. Les habitudes, la manière de penser et d'agir, étaient tellement semblables dans toutes les parties de la République, que, malgré leur désir de paraître un peuple à part, les gens du Sud ne purent, pour se distinguer de leurs frères du Nord, rompre avec leurs communes traditions. Lorsqu'ils voulurent se donner des lois, ils prirent la constitution fédérale et en changèrent le sens, sans en modifier la forme. Ils choisirent pour leur nouvel étendard celui qui ressemblait le plus à la bannière de 1776. Enfin, pour lever des volontaires, pour organiser le mécanisme intérieur de leurs armées, ils conservèrent et appliquèrent scrupuleusement le système qui avait prévalu avant la sécession et que nous verrons mis en pratique par le Nord sur la plus grande échelle. Ils allèrent dans cette voie jusqu'à vouloir se donner aussi une troupe régulière, indépendante des autorités soi-disant souveraines des États, et copièrent si exactement l'ancienne armée des États-Unis, qu'ils la limitèrent au chiffre insignifiant de dix mille hommes. Mais cette armée, ne rachetant sa faiblesse numérique ni par ses traditions, ni par les éléments qui la composaient, ne se distingua d'aucune manière des autres corps confédérés, et n'eut aucun rôle spécial à jouer dans la guerre.

Jamais peut-être, depuis le temps de César, n'avait-on pu appliquer à aucune lutte civile, avec autant de vérité qu'à celle-ci, les tristes paroles de Lucain :

... Pares aquilas et pila minantia pilis.

Cette guerre devait révéler cependant des différences importantes entre les hommes qui composaient des armées si semblables par leur organisation. Ceux du Sud devinrent de bons soldats plus rapidement que ceux du Nord. Ils étaient plus habitués à suivre des chefs ; leur vie était plus rude que celle des fermiers de l'Est, plus aventureuse que celle du pionnier de l'Ouest. Habitués aux privations, ils se contentèrent de rations que le soldat fédéral regardait comme insuffisantes. De là une mobilité de mouvements qui fut une des causes principales de tous leurs succès. Rarement payés par un gouvernement qui, ne pouvant résoudre les difficultés financières, les mit franchement de côté, ils ne réclamaient le papier déprécié qui leur était dû, que s'ils croyaient leurs officiers mieux partagés qu'eux; et il suffisait à ceux-ci de les mener à l'ennemi pour les apaiser. Ils avaient presque tous l'habitude des armes à feu, et on les voyait entrer dans le bureau de recrutement portant sur l'épaule la carabine dont ils ne se séparaient jamais, ou à la ceinture le pistolet sans lequel ils ne se seraient pas crus en sûreté. Enfin, ils apportaient à la guerre plus de passion que leurs adversaires : les fédéraux étaient pour eux des envahisseurs, qu'on leur avait toujours peints sous les couleurs les plus noires, qui, en venant affranchir les nègres, prétendaient en faire les égaux des petits blancs et humilier par conséquent cette caste jalouse à laquelle ces blancs appartenaient.

D'autre part, le soldat confédéré était, par l'intelligence et l'instruction, inférieur à celui du Nord. Là société du Sud étant partagée en classes très-distinctes, l'élite seule de la population était cultivée, et le reste n'avait aucune éducation. Tandis que l'instruction primaire était universelle dans le Nord, une ignorance profonde régnait parmi la plupart des habitants des États à esclaves. Cette différence, que les tableaux du cens de 1860 constatent d'une manière frappante, eut une grande influence sur l'issue de la lutte, car les nations vraiment fortes ne sont pas celles qui possèdent quelques hommes distingués, mais celles où le niveau moral et intellectuel du plus grand nombre est le plus élevé. On trouvait dans les sacs des soldats confédérés plus de cartes à jouer que de livres et de papier à lettres, et l'usage des boissons fortes était bien plus répandu parmi eux que parmi ceux du Nord. Soit que cet abus fût plus dans leurs goûts, soit qu'il fallût le tolérer en dédommagement de toutes leurs privations, les officiers confédérés ne purent appliquer strictement dans leurs troupes les règlements qui le défendaient. Les armées du Sud n'avaient pas non plus dans leurs rangs ces ouvriers exercés à tous les métiers qui se trouvaient dans celles du Nord et qui permettaient à tout régiment fédéral de fournir le personnel nécessaire pour reconstruire un chemin de fer, réparer une locomotive, ou diriger un train : aussi plus d'une fois les confédérés eurent-ils recours pour ce service à des hommes du Nord, qu'ils enrôlaient de force, ou furent-ils réduits à le confier à des officiers dont ils payèrent bien cher l'inexpérience. Enfin, pour les petits blancs, élevés dans le mépris de tout travail manuel, le métier de soldat était ce qu'on appelait autrefois une profession noble, et ils se sentirent humiliés lorsqu'on voulut leur faire remuer de la terre. Ils refusèrent souvent de travailler à ces retranchements qui jouèrent un si grand rôle dans la guerre. Quelques réquisitions de nègres imposées aux grands propriétaires donnèrent satisfaction à ces réclamations, et, en épargnant aux hommes libres certaines corvées, permirent de consacrer plus de temps à leur instruction militaire. Mais on ne voulut pas les dispenser complétement de ces travaux : l'autorité de leurs chefs vint à bout de leurs répugnances, et, dans les cas pressants, ils élevèrent de leurs mains les ouvrages qui marquent encore aujourd'hui les étapes de leurs campagnes.

Le caractère des soldats et la composition des armées de la Confédération eurent une grande influence sur la manière dont celles-ci firent la guerre et le rôle qu'y jouèrent les différentes armes.

Le fantassin confédéré, plus facile à diriger et plus excitable que son adversaire, s'élançait à la charge avec des cris sauvages, et souvent il enlevait ainsi des positions dont celui-ci, avec autant de courage, n'aurait pu s'emparer. Mais, en revanche, n'ayant ni sa patience ni sa ténacité sous un feu meurtrier, il savait moins bien les défendre. Aussi verrons-nous toujours dans le cours de la guerre les officiers du Sud chercher à surprendre avec des masses profondes, tantôt un point, tantôt un autre des lignes fédérales. Cette infanterie, qui n'aurait pas brillé dans une revue par l'exactitude de ses manœuvres, possédait l'art de marcher à travers les bois les plus épais sans que le désordre se mît dans ses rangs, espacés de manière à éviter les arbres et à rester cependant toujours unis. Cet art lui rendit ces surprises faciles, en lui permettant de se dissimuler dans l'épaisseur de la forêt sans se faire précéder d'aucune ligne de tirailleurs, et d'approcher l'ennemi assez rapidement pour l'assaillir à l'improviste dans la clairière où il campait. L'histoire de la guerre montrera combien cette tactique fut utile aux généraux confédérés, comment ils en profitèrent pour obliger l'ennemi à allonger ses lignes afin de se couvrir partout à la fois : de la sorte, ils obtenaient souvent, avec des forces inférieures, l'avantage sur le point qu'ils attaquaient, et, si leurs colonnes étaient repoussées, les dérobaient rapidement pour les ramener ailleurs à la charge. On verra cependant aussi qu'ils en abusèrent lorsqu'ils se trouvèrent au milieu des coteaux déboisés de la Pennsylvanie ; là, ils ne surent pas employer l'adresse de leurs soldats en les déployant en tirailleurs pour couvrir leurs attaques contre des positions découvertes défendues par de l'artillerie. Ces soldats, plus exercés à la carabine que ceux du Nord, étaient très-propres à un tel service : ils le prouvèrent dans les siéges et dans ces lentes opérations où les deux armées, après s'être retranchées chacune de son côté, se tâtaient, et se serraient de près, sans pouvoir s'aborder à découvert. Postés derrière les épaulements ou dans des trous de loup, ils observaient les ouvrages fédéraux avec la froide vigilance du chasseur qui a passé bien des journées immobile auprès d'un lac désert, guettant le cerf qui doit venir se désaltérer au coucher du soleil ; et il suffisait d'élever doucement au-dessus des parapets fédéraux un chapeau piqué sur une baïonnette pour voir s'envelopper de fumée tous les buissons qui semblaient semés innocemment en avant de la ligne ennemie et presque autant de balles percer cette cible improvisée.

Les mœurs et l'éducation des soldats confédérés devaient, dans les premières campagnes, donner à leur cavalerie une supériorité plus marquée encore sur celle de leurs adversaires. C'est à tort qu'on attribua cette supériorité au mérite des chefs qui les conduisaient ; car, si Ashby, Stuart et tous ces brillants officiers qui organisèrent la cavalerie du Sud, inspirèrent d'abord le respect et l'admiration à leurs ennemis, ils trouvèrent en face d'eux des généraux experts aussi dans l'art de manier cette arme : Sheridan, Stoneman, Kilpatrick et d'autres encore le leur prouvèrent bien dès qu'ils eurent de bonnes troupes à commander. La discipline sévère introduite dans l'armée confédérée permit de plier ses cavaliers à la tâche difficile qu'elle allait avoir à remplir ; mais leur supériorité tint surtout à ce qu'ils se recrutèrent au début dans l'élite de la population, parmi ces habitants de la campagne qui, avant la guerre, étaient assez aisés pour posséder un cheval, et qui, en s'engageant, l'amenaient avec eux. Rompus aux exercices du corps, et ayant été obligés d'apprendre l'équitation dans un pays où les routes vraiment carrossables étaient rares, ils formaient une classe de cavaliers déjà instruits qui n'existait pas dans le Nord. Ils devaient de plus avoir l'avantage de combattre presque toujours sur leur propre sol, de connaître par conséquent les moindres détails du terrain sur lequel ils allaient opérer, et d'être aidés par la connivence des habitants, prêts à faire, pour servir leur cause, le métier d'espions volontaires. Dans la guerre qu'ils entreprenaient, ils allaient trouver, à chaque étape, avec des vivres et des secours de tout genre, les informations et les guides nécessaires pour éviter l'ennemi ou le surprendre, à leur choix. Les nègres eux-mêmes, malgré leurs sympathies pour la cause unioniste, devenaient des auxiliaires involontaires pour les cavaliers du Sud, qui, habitués à vivre avec eux, savaient bien mieux que les fédéraux faire la part de leur vive imagination, et démêler la vérité au milieu des informations exagérées ou contradictoires qu'ils n'osaient presque jamais leur refuser. On verra par le récit de la guerre la large part qu'il faut attribuer à cet élément de succès dans la supériorité de la cavalerie confédérée, car elle perdit cette supériorité toutes les fois qu'elle s'aventura sur le sol des États libres, et elle échoua misérablement dans toutes les expéditions qu'elle tenta au milieu de populations qui lui étaient hostiles.

Les confédérés, en formant leur armée, ne purent lui donner une artillerie de campagne égale à celle de leurs adversaires. Ils avaient, sans doute, beaucoup d'officiers capables et instruits, mais en général leurs soldats n'avaient pas cette intelligence et ce goût de la mécanique qui faisaient en peu de temps des hommes du Nord d'excellents artilleurs. Comme on le verra plus loin, leur matériel était aussi de qualité inférieure ; et il fallut le courage et l'audace de quelques hommes, comme Pemberton, le chef de l'artillerie de Stuart, pour racheter en partie cette infériorité. Il n'en fut pas de même de l'artillerie de position des confédérés. Celle qui défendait leurs ports de mer se recruta surtout dans les villes parmi des hommes qui ressemblaient plus par leur éducation aux ouvriers du Nord qu'aux petits blancs du Sud. Aussi les verrons-nous, sous une habile direction, acquérir une grande précision de tir et tenir tête, dans tous les forts de la côte et particulièrement à Charleston, aux armées fédérales et aux flottes blindées qui les assiégèrent. Mais ces hommes, qui maniaient avec sang-froid des canons dont le champ de tir était étudié depuis longtemps, avaient une tâche bien plus facile que ceux qui, dans l'artillerie de campagne, avaient à mettre leurs pièces en batterie au milieu de la confusion du combat et à juger d'un coup d'œil les distances sur un terrain inconnu, pour régler les hausses et graduer les fusées.

Le Sud avait toujours regardé la guerre de partisans comme l'un de ses principaux éléments de défense dans la lutte à laquelle il se préparait depuis longtemps. Dès qu'elle éclata, on vit se former, à côté de l'armée régulièrement organisée, des bandes qui annonçaient le projet de guérroyer pour leur propre compte. L'indépendance qu'ils devaient trouver dans cette manière de combattre, l'espoir du butin et les séductions d'une vie aventureuse attirèrent dans leurs rangs les caractères les plus entreprenants. Le souvenir des brigands mexicains était resté entouré dans le Sud d'une auréole romanesque, depuis que les conquérants du Texas les avaient combattus et avaient adopté leurs mœurs ; et les hommes qui, peu d'années auparavant, avaient tenté d'arracher violemment le Kansas aux colons du Nord, au mépris de toutes les lois, donnèrent un exemple promptement imité, en formant des corps destinés à acquérir dans le Sud une grande popularité sous le nom espagnol de *guerillas*. On verra, comme nous l'avons dit plus haut, combien les confédérés se faisaient illusion en comptant sur ces troupes irrégulières pour rendre impossible à leurs adversaires l'occupation des territoires que ceux-ci auraient conquis, et en croyant qu'elles continueraient à se sacrifier lorsque leur cause aurait été vaincue sur les champs de bataille. Mais, si elles ne purent jamais jouer qu'un rôle accessoire dans la guerre régulière, ce rôle n'en eut pas moins une grande importance ; et, tant que les armées confédérées tinrent bon, malgré le terrain qu'elles perdaient, les guérillas, par leurs attaques hardies contre l'envahisseur, furent pour elles d'un immense secours.

Appréciant les services que pouvaient rendre de tels combattants, le Congrès confédéré leur donna une organisation et un caractère officiels qui devaient leur assurer de la part de l'ennemi le traitement de prisonniers de guerre. Ils signèrent un engagement, comme les autres volontaires; leurs chefs reçurent des brevets, et on les plaça sous l'autorité de quelques généraux, qui eurent, nominalement du moins, la direction supérieure de leurs mouvements. Ils conservèrent toutefois, en réalité, une complète indépendance, et, selon leur caractère, leurs passions et les qualités de leurs chefs, les uns devinrent des soldats redoutables, animés d'un véritable esprit militaire, les autres de simples pillards armés, ne connaissant de la guerre que ses plus tristes excès.

Ainsi, les partisans qui s'organisèrent dans la Virginie, le plus ardent, mais aussi le plus noble et le plus désintéressé des États du Sud, étaient presque tous animés d'une passion sincère, d'un dévouement à leur cause et d'un sentiment d'honneur incompatibles avec de pareils excès. Des jeunes gens riches et de bonne famille s'enrôlèrent parmi eux, sachant qu'ils y trouveraient, dans les postes les plus humbles, l'occasion d'acquérir ce coup d'œil, cette intelligence du terrain et cette prévision de tous les détails qui font les hommes de guerre. Plus nombreux en Virginie que dans les autres États à esclaves, les propriétaires et les fermiers qui composèrent en grande partie ces corps francs ne changeaient presque pas leurs habitudes en entrant dans cette nouvelle carrière. Ils connaissaient depuis leur enfance les vastes forêts où ils allaient guerroyer. Tous les hommes valides quittèrent, pour s'enrôler, les rares villages dont ces forêts sont parsemées, et il n'y avait pas une maison isolée où quelque soldat de ces bandes ne fût sûr de rencontrer une parente ou une amie, où tous ne pussent trouver ces quelques mots sympathiques qui, tombant de la bouche d'une femme, raniment le courage du soldat fatigué. De pareilles troupes, si propres à intercepter les courriers de l'ennemi, à ramasser ses traînards, à attaquer ses convois, à couper les chemins de fer et les télégraphes sur ses derrières, devaient former un excellent corps d'éclaireurs pour l'armée régulière qui allait défendre la Virginie contre l'invasion fédérale.

La conduite des Virginiens, il faut le dire, ne fut pas imitée par les autres partisans confédérés, qui s'enrôlèrent pour de moins louables motifs sous la bannière des chefs de guérillas. La réputation de ces derniers leur promettait, avec beaucoup de fatigues, non moins de butin. Aussi les volontaires, accourant en foule autour d'eux, formèrent-ils bientôt des bandes qui comptaient parfois plusieurs milliers de chevaux. On verra ces bandes constamment à l'œuvre dans les campagnes qui désolèrent les États de l'Ouest, ravageant tout sur leur passage, infligeant autant de mal aux habitants les plus paisibles de ces contrées qu'aux soldats fédéraux qu'elles venaient y combattre, et s'éloignant tellement des armées régulières dont elles étaient censées dépendre, qu'elles ne jouèrent que bien rarement un rôle utile à leurs opérations. Une minorité plus ou moins considérable dans ces États étant secrètement hostile à la cause confédérée, on prit de là prétexte pour offrir comme appât aux aventuriers, qui n'étaient que trop nombreux dans l'Ouest, un système régulier de pillage. Tous ceux qui s'engagèrent dans ces corps furent autorisés à prendre chez les habitants qu'ils soupçonnaient de sentiments unionistes tout ce qui pouvait être utile à la bande, chevaux, armes, équipements, etc., et l'on promit de rembourser la valeur intégrale des objets ainsi volés au soldat qui les apportait au quartier général. Le résultat était facile à prévoir. Chaque partisan ne pouvait manquer d'accuser de sympathie pour le Nord quiconque valait la peine d'être dépouillé. Cette prime accordée au pillage rendait nécessairement fort peu scrupuleux les soldats chargés de juger en dernier ressort les opinions politiques de ceux dont ils convoitaient les biens, et leur nombre augmenta avec leur licence. Enfin, ils se rendirent tellement redoutables à leurs propres amis, que, si la guerre avait cessé par la reconnaissance du gouvernement confédéré, celui-ci aurait été obligé d'entreprendre une nouvelle guerre civile pour se débarrasser de ces guérillas, devenues de véritables troupes de bandits.

On peut juger de ce que valaient de pareils soldats en se rendant compte de ce qu'étaient leurs chefs, et prendre comme type de ce qu'il y avait chez eux de bon et de mauvais, les trois hommes qui contribuèrent le plus à leur organisation et dont les noms reviendront le plus souvent dans ce que nous aurons à dire de ces corps francs : Moseby, Morgan et Forrest.

Moseby était un avoué virginien, doué de l'instinct de cette guerre d'avant-postes qui est si difficile et si importante dans un pays encore presque inculte. Son caractère et la passion politique qui l'animait réunirent autour de lui des hommes pleins de la même ardeur que lui. Aussi obtint-il d'eux l'obéissance la plus complète et le dévouement le plus absolu. Politique prévoyant et loyal citoyen de son État, lorsqu'il vit, après la capitulation des armées régulières, qu'une plus longue résistance ne ferait qu'augmenter inutilement les souffrances de ses compatriotes, il congédia ses hommes par quelques mots pleins de noblesse, et, avec une souplesse d'esprit tout américaine, il rentra tranquillement dans son étude et reprit sa vie d'autrefois.

John Morgan, hardi cavalier et joyeux compagnon avant la guerre, avait tout ce qu'il fallait pour exercer une grande influence sur la jeunesse du Kentucky, son État natal. Bouillant avant le combat, et calme pendant l'action, d'un caractère généreux, mais inflexible pour le maintien de la discipline, il pouvait mieux que tout autre contenir les passions brutales et développer les meilleurs instincts des rudes cavaliers qui répondirent à son appel. Quoique leur nombre lui permît parfois dans le cours de la guerre de diriger des opérations longues et complexes, il conserva toujours cet amour des aventures personnelles qui avait fait sa popularité, et, grâce à la présence d'esprit avec laquelle il s'en tirait après les avoir recherchées, il devint bientôt un de ces héros pour qui la légende est précoce. Nous raconterons ses campagnes; mais il faudrait un volume pour énumérer tous les traits d'audace par lesquels il donna l'exemple à ses soldats dès les premiers jours de la guerre, parcourant les postes fédéraux pour étudier lui-même leurs positions, tantôt sous l'habit d'un fermier, tantôt sous l'uniforme d'un officier unioniste, profitant du premier déguisement pour attirer l'ennemi dans les embuscades qu'il leur préparait, et du second pour leur donner avec un aplomb incomparable les ordres qui devaient jeter le trouble dans leurs mouvements. Enfin, vrai Kentuckien, les chevaux étaient sa passion dominante, et, si dans le cours de ce récit on doit lui voir tenter une entreprise impossible ou détourner brusquement une de ses expéditions de son but apparent, il est probable que l'espoir d'enlever quelques chevaux de pur sang, seul butin qu'il se permît, aura exercé sur sa décision une influence irrésistible [1].

Bien différent des deux autres chefs qui, au début des hostilités, rassemblèrent le plus de partisans

---

1. Voyez, à l'*Appendice* de ce volume, la note D.

autour d'eux pour commencer la guerre, Forrest personnifiait les passions les plus brutales, sans les racheter par aucune qualité brillante. Aux aventuriers qu'il enrôlait, ce vrai capitaine de bandits militaires, tels que l'Allemagne en vit pendant la guerre de Trente ans, promettait, non pas la tolérance, mais l'exemple du pillage. Émule de Quantrell, le brigand qui se vanta pendant la guerre de n'avoir pas laissé vivant un seul des êtres qu'il avait rencontrés dans des comtés entiers du Missouri, il les encourageait à des cruautés qui dépassèrent tout ce qu'on avait pu jamais reprocher aux Indiens. Aussi le verrons-nous chercher toujours de faciles succès et se signaler enfin par un sinistre exploit, le massacre de la garnison nègre du fort Pillow. Il donna à la bande qu'il forma l'organisation d'un corps d'infanterie montée, où chaque homme avait un cheval, moins pour combattre que pour faire des marches rapides, au bout desquelles, mettant pied à terre, il pouvait prendre son fusil et enlever à la baïonnette les positions ennemies, surprises par cette attaque imprévue. Cette tactique devait lui réussir d'autant mieux qu'il ne craignait pas plus que l'Indien la honte d'une prompte retraite s'il trouvait son adversaire sur ses gardes. Sa troupe se grossit rapidement en recevant dans son sein d'autres corps de partisans, dont les chefs avaient acquis moins de célébrité que lui. Bientôt, il se lasse de n'être qu'un chef de guérillas comme Moseby et Morgan, et obtient du gouvernement confédéré qu'il reconnaisse son importance en donnant à sa bande, composée de deux fortes divisions de cavalerie, le caractère de troupes régulières et à lui-même le grade de général. Cette réorganisation et ces titres nouveaux ne changèrent cependant ni le chef ni les soldats. Ces derniers continuèrent, sur une plus grande échelle, leur carrière de meurtres et de rapines, et le nouveau général, qui n'était autre qu'un ancien marchand d'esclaves, ne cessa pas de déshonorer sa cause en maniant son épée comme si, au lieu d'elle, il tenait encore à la main le fouet sanglant des maquignons de chair humaine.

CHAPITRE III

L'ÉLECTION PRÉSIDENTIELLE.

Nous avons montré dans le premier chapitre de ce livre la grande et vraie cause de la guerre civile, et dans le second les ressources militaires auxquelles le Sud fit appel pour la soutenir. Nous nous proposons ici, et dans le prochain chapitre, de marquer les traits principaux de la crise politique qui précéda la guerre civile, et de raconter les événements au milieu desquels les États-Unis se partagèrent en deux camps hostiles.

L'esclavage, nous l'avons dit, était devenu la base de tout l'édifice politique et économique du Sud : il fallait le mettre au-dessus de toute atteinte pour que cet édifice ne courût pas le risque de s'écrouler; car, si même l'institution servile était universellement respectée dans le Sud, le seul voisinage des États libres devenait pour elle une perpétuelle menace. La prospérité de ces États, le développement rapide de leur population, qui recevait presque seule l'émigration européenne, et leur accroissement territorial plus rapide encore, leur assuraient une influence de plus en plus grande dans les conseils de la République. Les États esclavagistes avaient cherché à balancer cette influence en étendant l'institution servile dans les parties encore incultes du continent, en disputant aux colons du Nord les territoires récemment ouverts à la civilisation, en arrachant au Mexique quelques-unes de ses plus belles provinces; et ils rêvaient d'augmenter encore leur nombre en s'emparant de Cuba et de toute la côte du golfe du Mexique. Ils avaient su, par une politique habile, se former dans le Nord un parti considérable, dont l'appui leur avait donné longtemps la prépondérance dans les élections fédérales et leur avait permis de gouverner l'Union au profit de leur politique. Les inspirateurs de cette politique avaient abusé sans scrupules du profond attachement de l'immense majorité des Américains à leur constitution, et, en les menaçant toujours de l'ébranler par un recours aux mesures les plus violentes, ils avaient obtenu d'eux les concessions nécessaires au maintien et au développement de leur système. Mais il vint un moment où ces concessions ne furent plus suffisantes. Malgré tous leurs efforts, les propriétaires d'esclaves se virent dépassés, vaincus par les progrès du travail libre. Pour obtenir l'appoint de leurs partisans du Nord, qui seul leur assurait le contrôle des affaires publiques, ils étaient obligés de leur faire aussi certaines concessions. Ils ne pouvaient imposer à la République, dans toute sa rigueur, la politique au triomphe de laquelle ils avaient attaché leur fortune. En 1860, il était aisé de prévoir que leur domination ne serait pas de longue durée et que, s'ils réussissaient encore à faire prévaloir légalement un gouvernement de leur choix, ce gouvernement ne pourrait empêcher le travail libre de s'implanter dans la meilleure partie du continent. Deux moyens également violents s'offraient à eux pour sauver l'institution servile du péril qui la menaçait. Il fallait ou se séparer complétement des États libres pour fonder une nouvelle république d'États à esclaves, affranchis du contrôle de leurs anciens associés, ou imposer de force à ces derniers les garanties désormais indispensables à l'esclavage, et assurer ainsi définitivement sa suprématie sur tout le continent.

L'aversion et la jalousie qu'ils éprouvaient contre

le Nord devaient faire adopter par la plupart des esclavagistes du Sud l'idée de la fondation d'une république séparée où ils pourraient, à leur gré, consolider l'institution servile. Mais les politiques clairvoyants, tout en flattant ce projet qui servait leurs desseins, en apercevaient les dangers pour l'avenir et comprirent bien que, pour subsister, une société fondée sur l'esclavage avait besoin d'être non pas seulement indépendante, mais maîtresse de l'Amérique.

En effet, le maintien de l'Union, même sous la présidence de l'abolitioniste le plus passionné, eût été moins dangereux pour cette société que la séparation pure et simple divisant les États-Unis en deux portions inégales : l'une de ces portions aurait eu une population de huit millions de blancs et de quatre millions de nègres, si elle avait compris tous les États à esclaves, sans en excepter ceux qui demeurèrent fidèles au drapeau fédéral ; l'autre se serait composée de tout le reste de l'Union, c'est-à-dire du grand corps des États libres, continuant à former, sous le lien fédéral, une seule nation depuis l'Atlantique jusqu'au Pacifique. D'associés complaisants ou du moins tolérants, ceux-ci seraient devenus de formidables rivaux et des ennemis implacables. Puisant dans leur nombreuse population, dans le principe fécond du travail libre, et dans leurs immenses moyens financiers une force irrésistible de colonisation, ils auraient fait une concurrence victorieuse aux États du Sud, entravés par l'esclavage, divisés en castes hostiles, privés des ressources qu'apporte l'émigration au nouveau continent. En peu d'années, les États libres auraient complétement enveloppé le territoire occupé par l'institution servile; et, en lui fermant ainsi la voie de futurs agrandissements, ils l'auraient frappée à mort. Leurs vastes frontières se seraient ouvertes aux déserteurs de l'esclavage, aussitôt que le pacte honteux par lequel ces États voisins s'étaient engagés à restituer le nègre fugitif aurait été déchiré, avec l'Union même au nom de laquelle on l'avait obtenu. En dépit de toutes les entraves artificielles, une double contrebande, favorisant, d'une part, l'évasion de l'esclave, aurait, de l'autre, apporté dans le Sud les publications abolitionistes que celui-ci redoutait tant, et une propagande secrète et irrésistible les aurait répandues parmi des populations asservies que la moindre lueur de liberté suffisait pour agiter. Cette conséquence inévitable de la séparation avait été entrevue, il y a longtemps déjà, par l'esprit sagace de Tocqueville, qui prévoyait le moment où l'esclavage amènerait une crise terrible, au milieu de laquelle il disparaîtrait, et qui lui semblait même devoir être fatale à l'une des deux races. Il avait donc conseillé aux hommes du Sud de rester, à tout prix, fidèles à l'Union ; car, soutenus par la nombreuse population blanche du Nord, leur disait-il, ils pourraient abolir lentement l'esclavage, sans amener de bouleversement et en conservant leur supériorité sociale, tandis que, s'ils l'avaient pour ennemie, celle-ci saurait bien affranchir leurs esclaves malgré eux et contre eux.

La guerre de races, que la défaite du Sud a rendue inutile, aurait été le résultat certain de la séparation. Aussi les chefs du parti esclavagiste avaient-ils besoin de l'appui des populations du Nord. Mais c'était pour maintenir et fortifier l'esclavage, et non pour l'abolir graduellement, qu'ils réclamaient cet appui. Ils pouvaient l'obtenir de deux manières : soit en refaisant l'Union à leur profit, soit en divisant le Nord de telle sorte qu'il n'aurait plus formé à côté d'eux une nation compacte, et que la puissance esclavagiste eût trouvé dans ses débris des États faibles, toujours prêts à solliciter sa protection. De l'une ou l'autre manière, la domination nécessaire à l'institution servile lui était assurée sur tout le continent. Le rétablissement de l'Union à leur profit devait être la première pensée des hommes politiques du Sud.

La capitale de l'Union était entourée d'États à esclaves, peuplée d'esclavagistes, et les lois fédérales y autorisaient l'institution particulière du Sud : ils comptaient donc qu'elle leur appartiendrait, et, une fois réunis au Capitole, ils espéraient bien que le besoin de ne former qu'une seule grande nation, que la fidélité même à la constitution fédérale, rallieraient autour d'eux la majorité des États du Nord. L'Union se reconstituerait ainsi sous leurs auspices, et la Nouvelle-Angleterre, ce foyer de l'abolitionisme, en serait peut-être seule exclue et condamnée à végéter dans une obscure médiocrité. Aussi le congrès de Montgomery, en rédigeant la nouvelle constitution des États à esclaves confédérés, eut-il soin d'adopter purement et simplement l'ancien pacte des États-Unis, en y introduisant seulement deux modifications importantes, l'une pour justifier le passé, l'autre pour garantir l'avenir. La première consacrait en principe le droit de sécession ; la seconde proclamait l'esclavage comme une institution fondamentale de la société. Grâce à cette trompeuse ressemblance avec la constitution fédérale, on espérait grouper plus facilement autour de la nouvelle Confédération tous les États de l'ancienne Union. Il fallait pour cela, soit les intimider par un coup d'État audacieux, soit se les rattacher un à un, en les divisant, en les fatiguant, en leur montrant dans le Sud une résolution unanime qui pût leur en imposer. Nous avons dit par quels procédés violents on obtint cette unanimité apparente de la population : le droit des États, qui était le fondement même de la Confédération, ne fut pas mieux respecté que celui des individus, et l'on traita plus tard de trahison les tentatives faites par la Caroline du Nord pour s'affranchir du despotisme de M. Davis. Si le rétablissement de l'Union n'était pas possible, il fallait au moins assurer la suprématie de la nouvelle Confédération en l'entourant de voisins faibles et divisés. Pour cela une guerre avec le Nord était nécessaire, car une séparation pacifique pouvait le laisser uni sous l'ancienne constitution fédérale. Il fallait faire entrer dans la Confédération tous les États à esclaves, sans exception ; il fallait fermer aux États de l'Ouest le Mississipi et ne leur ouvrir ce débouché nécessaire à leurs produits qu'en échange d'une alliance qui en eût fait des vassaux ; il fallait surtout faire sentir aux commerçants du Nord la supériorité de la puissance militaire des États du Sud, afin d'assurer à ceux-ci le rôle d'arbitres parmi leurs voisins ruinés par la guerre et découragés par la défaite. Pour réaliser ce projet, les chefs esclavagistes comptaient principalement sur l'influence que leur donnait la culture exclusive du coton. Ils étaient persuadés que ni l'Amérique ni l'Europe ne pourraient se passer de ce produit qu'eux seuls leur fournissaient, et ils y voyaient la garantie du maintien de l'esclavage dont il était le fruit. Ils ne croyaient pas que les classes ouvrières en Angleterre et en France sauraient supporter vaillamment les plus cruelles privations plutôt que de donner un mot d'encouragement à la cause de l'esclavage, et ils espéraient qu'elles obligeraient les gouvernements européens à leur rendre le coton en intervenant en faveur des confédérés. Oubliant que les exportations des produits agricoles du Nord dépassaient celles du Sud, ils se figuraient que le monde entier dépendait d'eux, et, dans leur langage présomptueux, ils annonçaient déjà l'avénement du *roi Coton*, devant lequel on verrait s'incliner les souverains et les républiques des deux mondes.

Telles étaient les vues des hommes ambitieux qui dirigeaient la politique du Sud. A l'extrême opposé se trouvaient les abolitionistes qui, avec la clairvoyance et la logique des partis aux doctrines absolues, sentaient comme eux qu'il s'agissait pour l'esclavage de dominer ou de périr, et qui, résolus à combattre son pouvoir, ne craignaient pas de l'attaquer de front. Non moins passionnés, non moins ardents dans la lutte, ils faisaient, dans leurs discours, bon marché de la Constitution, si elle leur semblait devoir favoriser le développement de l'esclavage. Convaincus, avec raison, de la bonté, de la sainteté de leur cause, persuadés qu'en combattant l'institution servile sans relâche et sans compromis, ils sauvaient leur pays de la honte et de la ruine, ils descendaient dans l'arène politique avec le courage, la foi et la rigidité de leurs ancêtres les puritains. Ils ne comptèrent pas beaucoup d'adhérents tant que la lutte qu'ils avaient prévue put être retardée; mais un jour vint où la nation entière se rallia autour du drapeau abolitioniste, qu'ils avaient tenu si ferme et si haut, et où ils eurent la satisfaction de voir triompher les principes de vérité et de justice qu'ils n'avaient jamais sacrifiés aux exigences de la politique.

Entre ces deux partis extrêmes se trouvait la masse de la nation, fidèle avant tout à l'Union, fidèle à la constitution dont elle éprouvait les bienfaits. Cette masse se divisait en deux partis, appelés les *démocrates* et les *républicains,* selon qu'ils favorisaient la politique esclavagiste ou s'y opposaient. Les républicains, qui dominaient dans la plupart des États du Nord, n'attaquaient pas directement l'esclavage là où il existait, et, respectant dans chaque État le droit de le conserver, ils se bornaient à vouloir en restreindre l'extension. Les démocrates se composaient d'abord d'un parti considérable dans le Nord, qui voulait conserver l'Union en faisant des concessions à l'institution servile et en en tolérant le développement, et ensuite de l'immense majorité du Sud, qui croyait pouvoir continuer à garantir l'esclavage sans sortir des voies légales ni violer la Constitution.

L'alliance des démocrates du Nord et du Sud et du parti esclavagiste extrême avait, dans toutes les élections générales, donné aux hommes politiques qui défendaient l'institution servile une majorité importante sur le parti républicain, soutenu par la fraction abolitioniste. Ils pouvaient l'avoir encore en 1860. Mais, comme nous l'avons dit, cet avantage ne leur suffisait plus : il fallait cette fois établir leur domination d'une manière incontestée par un coup d'audace, et ils préféraient les menaces de guerre, et la guerre elle-même, à des compromis désormais insuffisants. Il ne leur fallait plus qu'un prétexte pour entraîner à leur suite leurs concitoyens encore fidèles à l'Union. Nous allons montrer comment ils le cherchèrent dans l'élection présidentielle de 1860. Ils avaient longtemps employé toute la puissance du gouvernement fédéral à protéger et développer l'esclavage : ils l'avaient introduit dans un grand nombre de territoires acquis par ce gouvernement, au nom de la communauté tout entière, tantôt protégeant au nom de l'indépendance des nouveaux États, ceux qui, sous leur influence, admettaient l'esclavage, tantôt faisant tracer par le pouvoir central une ligne imaginaire au sud de laquelle tous les territoires devaient être livrés à l'institution servile. Mais, quand ils songeaient à se séparer du Nord ou du moins à menacer celui-ci d'une séparation violente, ils déniaient au gouvernement fédéral le droit d'intervenir dans la question. Cette menace était un puissant argument politique, et la séparation leur apparaissant comme une dernière ressource le jour où l'esclavage serait compromis, il fallait une théorie constitutionnelle pour la justifier. On la trouva dans le système de la souveraineté absolue des États, doctrine qui eut pour apôtre entre 1830 et 1840 M. Calhoun, le premier homme d'État de la Caroline du Sud, et qui fut bientôt considérée comme le palladium des institutions particulières des États du Sud. Il suffit de résumer cette doctrine en quelques mots pour montrer combien elle était spécieuse et dangereuse.

Le pacte fédéral conclu entre les colonies affranchies par la guerre de l'indépendance avait eu pour objet de les préserver des divisions qui les affaiblissaient, de les réunir en un faisceau indestructible et d'en faire une seule nation, tout en leur laissant une indépendance locale suffisante pour les mettre à l'abri du despotisme de la centralisation. Chaque colonie, en adoptant ce pacte, fit en faveur de la communauté nouvelle une renonciation perpétuelle d'une partie de sa souveraineté. Les droits auxquels elle renonça ainsi formèrent les attributions du pouvoir fédéral. Nous ne saurions les énumérer ici ; mais il nous suffira, pour en montrer l'importance, de citer le droit de paix et de guerre, ceux de battre monnaie, de toucher le produit des douanes, de représenter la communauté à l'étranger. Le drapeau était national, les droits civils et politiques étaient communs aux citoyens de tous les États, aucune douane intérieure ne pouvait être établie, le gouvernement fédéral légiférait seul sur certaines questions d'intérêt général, il était un arbitre souverain tant entre les États qu'entre eux et les particuliers lésés par eux ; enfin, à côté de sa juridiction limitée dans les États, il exerçait une autorité souveraine sur les propriétés fédérales et les territoires nouveaux acquis par la

République. Les forts, les arsenaux et le district de Colombie, où il siégeait, lui avaient été cédés en toute propriété ; les immenses espaces incultes où s'étendait chaque jour la colonisation se peuplaient sous son égide ; et lui seul pouvait donner la vie politique aux territoires assez civilisés pour réclamer le droit d'ajouter une étoile au champ d'azur du drapeau national. La manière même dont le pouvoir fédéral était formé prouvait qu'il représentait une seule et même nation, et non une agglomération d'États indépendants. En effet, ce pouvoir se composait du Sénat et de la Chambre des représentants, investis conjointement de la souveraineté politique et législative, du Président, formant le pouvoir exécutif, et enfin de la cour suprême, chargée de maintenir l'autorité supérieure des lois nationales et de juger en dernier appel les questions constitutionnelles. Sauf ce tribunal, nommé par le Président, les autres pouvoirs étaient issus de l'élection. Tandis que le Sénat représentait, dans une juste mesure, l'autonomie des États et comptait dans son sein deux membres envoyés par chacun de ces corps politiques, quelle que fût son importance, la Chambre des représentants était produite directement par le suffrage populaire, la surface entière de l'Union étant découpée en districts, égaux en population, qui élisaient chacun un député. L'élection du Président, quoique nominalement à deux degrés, était aussi essentiellement nationale et proportionnelle à la population. Chaque État désignait autant de délégués spéciaux qu'il envoyait de représentants et de sénateurs au congrès; et ces délégués se réunissaient en un collége électoral, composé en 1860 de trois cent trois membres, dont la seule mission était de nommer le président. A l'exception de la Caroline du Sud, qui laissait à sa législature le soin de les désigner, les délégués étaient choisis par le suffrage populaire, et tous étaient envoyés avec le mandat impératif de voter pour tel ou tel candidat; le résultat du vote pour le Président était ainsi connu en même temps que les noms des délégués désignés par le scrutin, et l'élection se trouvait en pratique réduite à un seul degré. La loi fédérale assurait aux États à esclaves un avantage injustifiable dans la formation des districts électoraux, en tenant compte de la population servile, qui ne possédait cependant aucun droit politique, et en considérant cinq nègres comme équivalant à trois blancs. Cet avantage leur était naturellement aussi accordé pour l'élection présidentielle, et ils lui durent plus d'une fois des succès que les États libres n'acceptaient que par respect pour la Constitution. La forte organisation des partis, d'autant plus nécessaire que les institutions sont plus démocratiques, permettait seule de préparer efficacement cette élection et de donner au choix des délégués le caractère d'une manifestation nationale. A cet effet, chaque parti avait ses assemblées libres ou conventions, composées des notables choisis dans tous les États par les comités permanents du parti. C'est dans ces assemblées préparatoires que se discutaient les titres desdivers candidats à la présidence, et, le choix une fois fait, le parti tout entier, grâce à ses innombrables ramifications et à son état-major permanent, se mettait à l'œuvre avec l'accord le plus parfait pour faire élire les délégués engagés d'avance à voter en faveur de son candidat.

C'est tout cet édifice national, fondé sur les institutions fédérales, sur les intérêts communs qu'elles garantissaient, et sur la vie publique qu'elles avaient développée, que la doctrine de la souveraineté des États sapait par la base. Ceux qui l'avaient adoptée prétendaient que chaque État était toujours libre de reprendre la part de souveraineté qu'il avait, par le pacte fédéral, concédée à la communauté; que les États formés depuis l'Union pouvaient également la réclamer, et que la puissante république, dont l'unité avait profité tour à tour à chacun d'entre eux, devait ainsi être démembrée à la première opposition locale que rencontreraient les actes constitutionnels et les vœux de la majorité. Une pareille théorie, appliquée logiquement, conduisait au morcellement à l'infini et à la destruction de toute nationalité, car aucune confédération n'aurait pu subsister dans de pareilles conditions : les États eux-mêmes auraient bientôt été déchirés par les prétentions séparatistes des comtés qui les composaient ; et, si les États du Nord l'avaient sanctionnée en permettant aux esclavagistes de se retirer pacifiquement de l'Union, ils n'auraient pu empêcher de nouvelles sécessions de se produire dans leur sein au premier de ces conflits inévitables dont la solution avait appartenu jusqu'alors au vote populaire.

Nous avons déjà dit combien les chefs du Sud firent peu de cas de la souveraineté des États aussitôt qu'ils eurent organisé leur nouvelle confédération ; mais, au moment dont nous parlons, cette doctrine funeste s'était fortement emparée des esprits dans tous les États esclavagistes, et elle entraîna dans la rébellion les caractères les plus loyaux aussitôt que des assemblées usurpatrices eurent prononcé la séparation.

Les partis se préparèrent dès le printemps de 1860

à l'élection présidentielle qui devait avoir lieu en novembre. Le 23 avril, tous les délégués du parti démocratique se réunirent en convention à Charleston. La rédaction d'un programme politique ou d'une *plateforme,* pour employer le terme consacré, était la première tâche de ces assemblées préparatoires; après quoi, le choix des candidats destinés à représenter ce programme était plus facile et avait un sens plus précis, les Américains étant arrivés par l'habitude de la vie politique à donner plus d'importance aux principes qu'aux personnes. Le parti démocratique dans les États libres était, autant qu'on pouvait le calculer, à peu près aussi nombreux que le parti républicain; il avait adopté pour programme, sous le nom de souveraineté populaire, le droit de chaque État ou territoire nouveau d'adopter ou d'exclure l'esclavage. Son alliance avec les démocrates du Sud avait déjà triomphé dans plusieurs élections; il suffisait qu'elle fût maintenue pour assurer la nomination de M. Douglas, chef reconnu des démocrates du Nord. Mais les esclavagistes du Sud, comme il a été dit, voulaient pousser les choses à l'extrême. Ils exigèrent un programme impliquant le droit de sécession et imposant au gouvernement fédéral la reconnaissance officielle de l'esclavage comme une institution nationale. C'était rendre impossible leur union avec la majorité de leurs anciens alliés. Par suite de ces prétentions opposées, la convention ne put aboutir à rien, et dès lors le succès du candidat républicain parut assuré. Ceux qui avaient amené ce résultat ne le craignaient pas : ils le préféraient au moindre abandon de leur impérieux programme. Ils avaient jeté le masque. Cependant, ce parti de la conciliation qui ne manque jamais de paraître à l'heure des grandes crises politiques, apportant de bonnes intentions, mais qui est toujours impuissant parce qu'il croit remédier au mal en le niant, avait adopté un programme plein de protestations en faveur de la Constitution et où l'esclavage n'était pas même mentionné : il tint le 9 mai, à Baltimore, une convention qui choisit M. Bell pour candidat.

Peu de jours après, le 16 mai, la convention républicaine, réunie à Chicago, prit pour plateforme le maintien de l'Union, la négation du droit de sécession, la garantie du principe du travail libre comme base de la Constitution, et la restriction de l'esclavage aux États ou territoires où il existait déjà. Le soin de représenter devant les électeurs ce programme, le seul honnête, le seul juste, le seul digne de la grande République, fut confié le 19 à M. Lincoln, connu déjà par sa droiture, ses connaissances légales et son expérience politique.

Après plusieurs tentatives de réconciliation entre les différentes fractions du parti démocratique, sa division fut définitivement consacrée. La convention de Charleston fut remplacée par deux conventions hostiles, siégeant en même temps à Baltimore, qui choisirent pour candidats, l'une M. Douglas, le 21 juin, et l'autre, le 23, M. Breckinridge. Ce dernier, qui était alors vice-président des États-Unis, était le représentant de la politique ultra-esclavagiste.

Le 6 novembre, 4,680,180 citoyens américains élurent des délégués : les électeurs présidentiels qui étaient engagés à choisir M. Lincoln obtinrent 1,866,452 voix; ceux qui appartenaient aux trois fractions du parti démocratique, personnifiées par Douglas, Breckinridge et Bell, eurent respectivement 1,375,144; 847,953 et 590,631 voix. Le candidat républicain n'avait que la majorité relative, mais elle était considérable, et, grâce au mécanisme du double degré, il se trouva que, dans le collége des délégués, il devait obtenir la majorité absolue. Il fut nommé par 180 voix, tandis que ses trois concurrents, quoique renforcés par les huit délégués de la Caroline du Sud, ne réunirent, à eux trois, que 123 voix.

Le parti républicain l'avait emporté, le pouvoir exécutif fédéral, qui devait entrer en fonctions le 4 mars de l'année suivante, avait reçu de la nation le mandat de s'opposer à toute extension de l'esclavage; mais il était aussi engagé à ne porter aucune atteinte à cette institution là où elle existait, et les deux chambres du Congrès étant composées en majorité des différentes fractions du parti démocratique, celles-ci étaient toujours en mesure de se réunir pour s'opposer constitutionnellement aux empiétements qu'il aurait pu tenter sur ce que le Sud considérait comme ses droits.

Les chefs esclavagistes, qui avaient repoussé tout compromis avec leurs partisans du Nord, étaient bien décidés à ne pas se contenter de cette garantie. Ils avaient hautement proclamé le droit de sécession, ils avaient annoncé qu'ils l'invoqueraient si la nation tout entière ne se soumettait pas à leurs exigences, et ils avaient préparé les populations du Sud, par leurs violentes attaques contre le candidat qu'ils appelaient abolitioniste, à repousser son autorité et à se révolter contre le verdict national. Il ne fallait pas laisser à ces populations le temps de la réflexion, car l'attachement à l'Union aurait pu reprendre sur elles son empire. Il fallait ébranler les timides et entraîner de gré ou de force les incertains; il fallait surtout profiter du moment où le Nord était impuissant et l'autorité fédérale hésitante, pour que la sécession eût toute l'autorité d'un fait accompli le jour où l'honnête M. Lincoln arriverait au pouvoir. Aussi, devançant de plusieurs mois son inauguration, donnèrent-ils immédiatement le signal de la séparation.

La joie de ces hommes qui souhaitaient la lutte éclata dans tout le Sud à la nouvelle de l'élection, pendant que les républicains, heureux de leur triomphe, envisageaient cependant avec inquiétude l'avenir de la République, que les démocrates du Nord, abandonnés par leurs alliés, ne pouvaient les croire capables de déchirer la Constitution, et que les États limitrophes, attachés à l'Union autant qu'à l'esclavage, prévoyaient déjà que, si la guerre éclatait, elle se ferait sur leur sol et à leurs dépens.

On ne perdit pas un moment pour donner au mouvement sécessionniste une impulsion décisive. Partout les hommes publics enflammaient l'opinion par des discours passionnés. Ils rencontraient cependant quelque résistance. Ainsi M. Stephens, qui devait devenir bientôt vice-président de la Confédération, se prononçait alors contre la séparation; mais ces protestations perdaient toute leur valeur parce qu'elles étaient accompagnées de réserves en faveur de la souveraineté des États, et que les défenseurs de l'Union, dans le Sud, se déclaraient eux-mêmes prêts à suivre la fortune de leur État, s'il s'en retirait. Les assemblées des États à coton furent immédiatement réunies pour aviser à la situation et appeler des conventions, ou assemblées extraordinaires, destinées à proclamer la sécession. Sans même attendre cette proclamation, l'autorité nationale était ouvertement mise de côté, et, dès le lendemain de l'élection de M. Lincoln, le juge fédéral de Charleston, dévoué aux intérêts du Sud, refusait de siéger. Enfin, les principaux meneurs du mouvement se réunissaient à Milledgeville pour s'entendre sur la séparation et sur les mesures militaires qui devaient en assurer le succès.

Un mois après l'élection, le 3 décembre, le congrès fédéral se réunissait à son tour. Le message que lui adressait le Président peignait les incertitudes et la faiblesse du gouvernement de Wasinghton. Élu par la coalition des démocrates, M. Buchanan n'osait rompre avec ses anciens alliés : il affectait de voir dans le choix de son successeur un acte agressif contre eux, il cherchait de vains moyens de conciliation, il n'admettait pas la possibilité de la sécession, il la condamnait, et cependant il ne se croyait pas le droit de la réprimer. Les partisans du Sud étaient en majorité dans son ministère et remplissaient la plupart des emplois fédéraux : ils en avaient profité pour faciliter de mille manières les desseins de leurs complices et entravaient toutes les mesures proposées par leurs collègues dévoués à l'Union. L'un d'entre eux, M. Floyd, ministre de la guerre, avait vendu sur les marchés du Sud une partie des armes qui étaient la propriété de la nation et transporté presque tout le reste dans les arsenaux qui se trouvaient sur le sol des États prêts à s'insurger. C'est en vain que le général Scott, commandant en chef l'armée fédérale, avait, avant même l'élection, demandé qu'on prît quelques mesures pour remettre cette armée sur un pied respectable. On l'avait, au contraire, affaiblie et presque anéantie de propos délibéré. Le gouvernement fédéral possédait sur la côte un grand nombre de forts, élevés pour la plupart sur les plans du général français Bernard, qui commandaient les ports et les positions les plus importantes à conserver en cas de guerre. Ces forts étaient une propriété nationale. Les principaux étaient les forts Monroë, en Virginie, sur les bords de la Chesapeake; Macon, dans la Caroline du Nord; Moultrie et Sumter, dans la baie de Charleston dans la Caroline du Sud; Pulaski en Géorgie, près de Savannah; les forts de Key-West et de Garden-Key sur deux îlots à l'extrémité de la Floride; Mac Raë et Pickens, à l'entrée de la baie de Pensacola dans le même État; Morgan et Gaines en avant de Mobile dans l'Alabama; et Jackson et Saint Philippe sur le Mississipi au-dessous de la Nouvelle-Orléans. Les garnisons qui les occupaient avaient été tellement réduites, qu'ils étaient tous à la merci d'un coup de main.

L'émotion était extrême au Congrès : à l'exception des chefs de la sécession, tous les partis travaillaient sincèrement à trouver un moyen de maintenir l'Union. Des comités furent nommés à cet effet. Le compromis qui obtint la plus sérieuse discussion et parut par moments rallier la majorité des conciliateurs fut proposé par un vénérable sénateur du Kentucky, M. Crittenden : il voulait partager la République par une ligne tracée de l'est à l'ouest jusqu'au Pacifique et qui aurait assuré à l'esclavage tous les territoires situés au sud du 36e parallèle et demi. Mais le temps des compromis était passé, les républicains ne pouvaient les accepter, et ceux qui voulaient la séparation étaient bien décidés à les repousser.

Tout le Sud était déjà en mouvement, les législatures particulières se réunissaient et appelaient des conventions. D'autres conventions, rassemblées dans les États limitrophes du Nord et du Sud, se prononçaient en vain pour la conciliation. Dans le Nord, d'immenses meetings se déclaraient prêts à soutenir l'Union et le gouvernement que M. Lincoln devait former. Forcé par l'opinion publique, le Congrès autorisait l'émission de dix millions de dollars de bons du Trésor pour faire face aux dépenses nationales les plus urgentes; mais le Président refusait de prendre aucune mesure pour soutenir l'autorité fédérale, et les membres loyaux de son cabinet, entre autres son secrétaire d'État le général Cass, se retiraient, parce qu'ils ne voulaient pas s'associer au gouvernement qui livrait le pays à ses ennemis.

La Caroline du Sud fut la première à lever ouvertement l'étendard de la rébellion, et, le 20 décembre, sa convention rendit une ordonnance de sécession, déclarant l'Union rompue, et réclamant en même temps toutes les propriétés fédérales situées sur son sol. Cette réclamation était une déclaration de guerre ouverte, à moins que le Président, en y faisant droit, ne consacrât lui-même le droit de séparation. Le signal était donné, et l'on se prépara, dans les autres États à coton, à suivre l'exemple de la Caroline du Sud. Toutefois, tandis que les plus ardents voulaient proclamer immédiatement la sécession de chaque État, les gens modérés avaient imaginé, afin de retarder cette mesure, de demander qu'avant de la prendre, tous les États du Sud se fussent entendus pour agir de concert. Mais les *coopérationistes,* comme on les appelait, devaient être promptement entraînés par le courant révolutionnaire. D'ailleurs, les inspirateurs de l'insurrection ne s'entendaient que trop bien entre eux. Chacun avait son rôle. Les uns, délégués par leurs États, visitaient constamment les États voisins pour donner au mouvement l'ensemble qui devait faire sa force; d'autres tâchaient d'entraîner les puissants États limitrophes, la Virginie, le Kentucky, le Missouri, ainsi que la Caroline du Nord et le Tennessee, qui s'arrêtaient effrayés à la vue de la crise amenée par leurs associés; d'autres cherchaient même à plaider leur cause dans le Nord, à rallier des partisans parmi ces démocrates qu'ils avaient abandonnés dans la dernière élection; d'autres enfin conservaient leur siége au Congrès afin de pouvoir paralyser son action, et formaient en même temps un centre d'où ils donnaient des directions à leurs amis du Sud pour achever le démembrement de la République. Jefferson Davis lui-même continuait à prendre part aux délibérations du Sénat, et, quatre jours après la révolte de la Caroline du

Sud, il venait hardiment lui soumettre le programme de son parti, programme qu'il fallait adopter tout entier pour ramener le Sud dans l'Union, et dont la base était un amendement constitutionnel consacrant à jamais la reconnaissance de l'esclavage.

La Caroline du Sud n'avait pas attendu la réponse du Président à ses prétentions sur les propriétés fédérales : M. Buchanan les encourageait indirectement par ses hésitations. L'arsenal de Charleston était déjà entre les mains des autorités sécessionistes de la ville : le commandant des forts qui en défendent le port s'attendait à voir leurs réclamations appuyées par des milices assez nombreuses pour rendre toute résistance impossible. Le major Anderson n'avait que quatre-vingts soldats pour occuper trois forts destinés à être armés de plus de cent canons. Fort Moultrie et Castle Pinkney étaient situés sur la terre ferme; Sumter, le plus important des trois, était un énorme massif de maçonnerie élevé sur un îlot au milieu de la baie. Il était désarmé en 1860, et Anderson, avec sa petite troupe, n'occupait que Moultrie, qu'il avait activement travaillé à mettre en état de défense. Sachant qu'il ne pourrait se défendre avec sa petite garnison, encombrée de femmes et d'enfants, les autorités de Charleston assuraient au

Président qu'ils le laisseraient tranquille pour le moment, pourvu qu'on ne lui envoyât aucun renfort. Le ministre de la guerre, feignant d'accepter ces promesses hypocrites des hommes avec lesquels il était secrètement d'accord, ne donnait à Anderson aucune instruction, comptant le livrer ainsi comme une proie facile à ses amis. Mais cet officier eut le courage, rare en temps de révolution, de prendre la responsabilité d'une mesure qui devait garantir sa sécurité et que ses supérieurs n'avaient pas osé lui prescrire. Le 26 décembre, pendant une nuit obscure, il évacua le fort Moultrie et occupa Sumter avec tout son monde. La colère et le dépit furent grands à Charleston quand, le 27 au matin, on vit le drapeau fédéral hissé sur les murs de Sumter. On commença par s'emparer des forts abandonnés : de grands préparatifs militaires furent ordonnés, les milices redoublèrent d'activité, on leur distribua les armes prises à l'arsenal, les canons de Moultrie furent tournés contre l'asile de la petite garnison fédérale, et de nouvelles batteries furent commencées sur la plage pour appuyer leur feu ; enfin, les commissaires que la Caroline du Sud avaient nommés furent chargés d'exiger de nouveau du Président la remise du fort, qui était cette fois à l'abri d'un coup de main.

Malgré la faiblesse de M. Buchanan, c'était trop que d'exiger de lui l'abandon du fort Sumter : l'opinion publique était unanime dans le Nord pour lui rappeler que ses devoirs lui imposaient la conservation des propriétés fédérales. Il refusa, contrairement à l'opinion de son ministre de la guerre, qui, croyant avoir assez fait en cette qualité pour la cause du Sud, profita de ce désaccord pour donner sa démission le 31 décembre.

L'année 1861 commençait sous les plus sombres auspices. La Caroline du Sud avait prouvé que la sécession n'était pas une vaine menace. Six États du Sud s'apprêtaient à l'imiter; les autres, tout en déplorant le déchirement de l'Union, déclaraient s'opposer à toute action énergique contre les séparatistes. Le Nord, divisé en deux partis qui regardaient l'élection de M. Lincoln, l'un comme une victoire et l'autre comme une défaite, ne pouvait croire à la grandeur du péril, et perdait un temps précieux en vaines déclarations de dévouement à la Constitution. Enfin, le Président, sincère mais faible, partagé entre ses devoirs publics et ses liens de parti, entouré de traîtres à la République, se voyait isolé, abandonné de ceux qui pouvaient le conseiller fidèlement et réduit à la plus triste impuissance.

Il ne put cependant supporter l'arrogance des commissaires caroliniens et rompit tous rapports avec eux le 1er janvier. Les chefs du parti esclavagiste n'attendaient que cet éclat pour faire faire un nouveau pas à la rébellion. Ceux qui étaient à Washington formaient un conciliabule, qui envoya, le 5 janvier, à leurs associés des divers États du Sud l'avis de suivre l'exemple de la Caroline du Sud et de proclamer sans retard la séparation. Ces États avaient pris d'avance toutes leurs précautions contre les velléités de résistance qu'ils pourraient rencontrer de la part du Président : ils s'étaient emparés déjà des arsenaux fédéraux qui étaient à leur portée, et surtout des forts qui auraient pu dans la lutte prochaine être tournés contre eux. Le 3 janvier, les milices de l'Alabama occupèrent l'arsenal de Mount-Vernon et entrèrent sans coup férir dans les forts Morgan et Gaines, qui leur furent livrés par leurs garnisons ; le même jour, les Géorgiens prenaient possession des forts Pulaski et Jackson, et, le 6 et le 8, les arsenaux de Chattahootchie et de Fayetteville tombaient entre les mains des autorités de la Caroline du Nord et de la Floride.

Des milices de ce dernier État s'étaient rassemblées à Pensacola ; le commandant de l'arsenal se laissa prendre par elles le 12 ; mais un officier énergique, le lieutenant Slemmer, commandait les forts Mac Raë et Pickens. Ne pouvant, avec une poignée d'hommes, les défendre tous les deux, il suivit l'exemple d'Anderson, éluda la vigilance des ennemis qui le surveillaient, et abandonna le premier pour se retirer dans le second, qui fut ainsi arraché pour toujours aux mains des confédérés. Le même jour, le major Beauregard, commandant les forts Jackson et Saint-Philippe sur le Mississipi, les livrait aux autorités de la Louisiane, et, le lendemain, celles-ci occupaient l'arsenal de Bâton-Rouge. Dès le 18, les séparatistes, pour fermer le haut Mississipi aux attaques présumées du Nord, établissaient à Vicksburg les premières de ces batteries qui devaient arrêter si longtemps les armes fédérales ; mais, d'autre part, le même jour, une tentative des Floridiens sur le fort Jefferson à Garden-Key était déjouée par l'arrivée opportune de quelques renforts amenés par le capitaine Meigs ; nous verrons plus tard cet officier occuper à Washington le poste important de quartermaster général de l'armée.

L'agitation séparatiste gagnait même le Maryland, où les partisans du Sud, quoiqu'ils fussent peut-être en minorité, étaient fort actifs et formaient des corps de volontaires, avec le but avoué de menacer Washington et de séparer du Nord la capitale fédérale.

Pendant que l'insurrection débutait ainsi, les conventions convoquées dans les États du Sud siégeaient déjà ou se préparaient à se réunir; dans les États du Nord, les législatures étaient toutes en session; enfin, le congrès fédéral continuait à être le théâtre des discussions les plus ardentes. Toutes ces assemblées donnèrent pendant le mois de janvier une activité fiévreuse à la vie politique et marquèrent nettement la situation des divers partis qui se disputaient la République.

Le mot d'ordre donné par le conciliabule de Washington devait être promptement obéi. La sécession fut prononcée par les conventions du Mississipi le 9 janvier, de la Floride le 10, de l'Alabama le 11, de la Géorgie le 19, et de la Louisiane le 26. Les menées séparatistes n'avaient pas obtenu un succès aussi facile au Texas. Elles y avaient rencontré une vive opposition, groupée autour du gouverneur Houston, le véritable fondateur de cet État. Cependant, elles devaient finir, là aussi, par l'emporter, grâce à la redoutable association qui les inspirait et les dirigeait. Les *Chevaliers du Cercle d'or* formaient, dans tout le

Sud, une vaste société secrète, dont le but était d'étendre la confédération esclavagiste, comme un cercle, tout autour du golfe du Mexique, et de fonder une grande puissance, comprenant, outre les États à coton, la majeure partie du Mexique et des Antilles. Cette milice dévouée et sans scrupules était l'un des principaux instruments des meneurs du Sud. Elle était particulièrement répandue dans le Texas. A force d'intimidation, elle y triompha de la résistance des unionistes, et, le 1er février, une convention, irrégulièrement appelée, entraînait cet État dans la rébellion.

Cependant, la Caroline du Sud, toujours jalouse de devancer les autres États, n'avait pas attendu leur concours pour consacrer la rébellion par un acte de guerre ouverte. Le 9 janvier, un navire de commerce, frété par le gouvernement fédéral pour ravitailler le fort Sumter, paraissait sur la barre de Charleston. Les nouvelles batteries élevées sur la plage le reçurent à coups de canon et l'obligèrent à rebrousser chemin. Pour la première fois, des Américains tiraient sur le pavillon fédéral : la guerre civile était commencée.

De pareils actes ne pouvaient laisser de doutes sur la résolution des chefs politiques du Sud. Les États où dominait le parti républicain, ceux qui étaient dirigés par les démocrates, les Border-States esclavagistes, et le gouvernement fédéral, tout en s'accordant à blâmer ces provocations, répondirent de manières bien différentes.

Les premiers, à la nouvelle de la rupture entre le Président et les commissaires de la Caroline du Sud, protestèrent énergiquement, dans leurs assemblées, par l'organe de leurs principaux hommes d'État, en faveur du maintien de l'Union, quel que dût en être le prix. Mais, en même temps, afin de prouver au Sud combien ils songeaient peu à l'attaquer, ils rapportèrent les lois qu'ils avaient faites pour protéger les esclaves fugitifs, lois justes, mais malheureusement inconstitutionnelles. Les plus ardents, qui étaient en même temps les plus clairvoyants, suivirent l'exemple du Massachusetts, qui, dès le 3 janvier, avait ordonné des préparatifs militaires. L'outrage commis à Charleston contre le pavillon national avait causé une émotion profonde dans les grands États de l'Ouest. Le sort de l'Union était entre leurs mains : elle était perdue s'ils avaient hésité à la défendre. Les chefs du Sud comptaient sur cette hésitation ; et, pour les entraîner de leur côté, ils proclamaient que la navigation du Mississipi, débouché nécessaire des produits de tout l'Ouest, serait à jamais libre de toute entrave. Mais leurs prévisions furent déçues : ces États se prononcèrent contre eux avec un ensemble et une énergie qui firent prévoir dès lors les immenses sacrifices qu'ils feraient pour la cause fédérale.

Les tentatives des séparatistes ne réussirent pas non plus à ébranler ceux des États du Nord où dominaient les démocrates. C'est en vain que le maire de New-York, M. Wood, qui devait sa position à des intrigues peu honorables pour cette grande ville, chercha à la séduire par la perspective de former une ville libre. La législature de cet État, le plus considérable de la République, tout en se prononçant pour l'essai d'une conciliation impossible, se déclarait le 11 janvier fermement attachée à l'Union; et celle de Pennsylvanie, ayant le 24 suivi son exemple, tout danger de sécession dans le Nord fut définitivement écarté. Le Delaware, qui conservait dans ses lois le principe de l'esclavage, aboli de fait sur son territoire, repoussait les émissaires du Sud, et l'assemblée de New-Jersey, tout en recommandant l'adoption des propositions de compromis de M. Crittenden, ne se séparait pas de ses voisins fidèles à la Constitution.

Les États esclavagistes connus sous le nom de Border-States étaient le théâtre de luttes passionnées entre les deux partis hostiles. Mais leur ancien attachement à la Constitution l'emportait encore sur leurs sympathies pour leurs voisins engagés dans la rébellion. Le gouverneur Hicks du Maryland résistait à tous ceux qui voulaient entraîner cet État dans la sécession. La législature du Kentucky et les colléges électoraux du Tennessee et de la Caroline du Nord refusaient d'appeler la convention demandée par les séparatistes, et les électeurs de la Virginie envoyaient à la convention de cet État une majorité favorable à l'Union. De pareilles déclarations n'étaient cependant qu'un délai, obtenu par les partisans de l'autorité fédérale, qui ne devait pas servir efficacement leur cause. En effet, ces États offraient leur médiation, et leurs offres, quoique sincères pour la plupart, n'étaient qu'un appui déguisé donné aux prétentions des esclavagistes; leur fidélité à la Constitution perdait toute valeur par les restrictions qui l'entouraient; car, tout en reconnaissant que l'élection de M. Lincoln n'était pas un motif valable pour se séparer, et en se soumettant eux-mêmes à son autorité, ils refusaient au Président le droit d'obliger les États rebelles à s'y soumettre également. Ils proclamaient la doctrine de la souveraineté des États et entraient ainsi dans une voie qui devait forcément les conduire à faire cause commune avec l'insurrection, le jour où la guerre aurait éclaté.

Le Congrès était l'arène où venaient combattre les passions hostiles qui éclataient de toutes parts, et les tentatives de conciliation ne s'y produisaient que pour échouer devant les prétentions absolues des chefs esclavagistes. Ceux-ci quittaient leurs siéges à mesure que les États qu'ils représentaient avaient proclamé la séparation : ils suivaient ainsi la politique par laquelle ils avaient amené l'élection de M. Lincoln, et, abandonnant dans le Congrès, comme ils l'avaient fait dans les colléges électoraux, leurs anciens alliés, les démocrates, qui cherchaient encore des compromis, ils assuraient la majorité aux républicains, courageusement décidés à ne plus se soumettre à de nouvelles concessions. Ceux-ci écartèrent une première fois le 9 janvier le compromis Crittenden, en déclarant que la Constitution devait être maintenue telle qu'elle existait : ils répondaient ainsi aux discours des instigateurs de la révolte, qui, même dans les assemblées fédérales, attaquaient cette Constitution en vertu de laquelle ils siégeaient au Congrès.

La mission des délégués de la Caroline du Sud avait un peu tard rappelé le président Buchanan au sentiment de ses devoirs publics. Le 8 janvier, il adressait au Congrès un message où il se déclarait fermement résolu à les remplir. Quelques jours auparavant, le 5 janvier, il s'était décidé à ravitailler le fort Sumter. Mais, au lieu d'y envoyer ouvertement des bâtiments de guerre, il avait expédié un simple transport, qui fut arrêté, comme nous l'avons dit, par quelques coups de canon à l'entrée de la baie de Charleston. Toujours trop tard, il destituait, le 18, le général Twiggs, qui, dès le 16, avait livré aux insurgés du Texas les troupes placées sous ses ordres, et il faisait arrêter le 22, à New-York, un chargement d'armes destiné aux milices du Sud, qui avaient déjà reçu par la même voie de vastes approvisionnements.

Telle était la situation au commencement de février. Pour répondre à l'invitation de la Virginie, on voyait se réunir le 4, à Washington, sous la direction d'un ancien président de la République, M. Tyler, un congrès de la paix, composé des délégués officiels de vingt et un États. Cette assemblée aurait eu une grande autorité si la conciliation avait été possible; mais une simple coïncidence de dates vint montrer, par un contraste éclatant, la vanité de ses efforts. Le jour même où elle commençait ses travaux, les délégués des États rebelles se réunissaient à Montgomery, pour sceller leur alliance par la formation d'une nouvelle confédération. Pendant que les pacificateurs perdaient le temps en discours inutiles, les chefs de la sécession agissaient et se préparaient à la lutte.

Le 8 février, l'assemblée de Montgomery votait la constitution des États confédérés, et, le lendemain, elle choisissait pour président l'homme qui, par ses talents et son audace, avait été l'âme de tout le mouvement sécessioniste, M. Jefferson Davis. Afin de rallier tous ceux qui conservaient quelque reste d'attachement à l'Union, elle accordait la vice-présidence à leur chef, M. Stephens de Géorgie, qui, après avoir combattu la sécession, avait suivi la fortune de son État. Le premier lien qui devait unir entre eux tous les insurgés du Sud était ainsi formé. Ces fonctions provisoires, limitées à un an, étaient décernées par les délégués sans aucune intervention du vote populaire. Les chefs du Sud avaient jugé plus prudent de disposer ainsi des principales magistratures sans consulter ceux qu'ils lançaient dans la guerre civile, craignant qu'un prompt repentir chez quelques-uns, et chez un grand nombre le désir de laisser au moins la porte ouverte à la conciliation, ne vinssent faire obstacle à leurs desseins. Sans retard, ils investirent leur nouveau président de pouvoirs qui lui permirent de donner au mouvement sécessioniste une impulsion unique et vigoureuse, et ils lui confièrent, nous l'avons vu plus haut, la direction suprême des affaires militaires, avec tous les moyens nécessaires pour organiser une armée.

M. Davis fut installé dans ses fonctions le 18 février, et se mit à l'œuvre sans être troublé par les protestations stériles de M. Buchanan. Celui-ci devait rester encore six semaines au pouvoir. Ces six semaines étaient un temps précieux, dont les séparatistes profitèrent pour se préparer, non-seulement dans les États déjà révoltés, mais aussi dans les Border-States, où ils organisaient, sous divers prétextes, les milices qui devaient plus tard se joindre à l'armée confédérée. Un désastre, ourdi depuis longtemps par leurs menées, vint encore affaiblir à leurs yeux le pouvoir du gouvernement fédéral et augmenter leur foi en son impuissance. Le général Twiggs, qui commandait les troupes régulières cantonnées au Texas, était d'accord avec eux ; il se laissa entourer dans le village de San-Antonio par les milices que commandait Mac Cullogh, et, déguisant sa trahison sous une honteuse capitulation, il livra, le 16 février, à ce dernier les troupes qu'il avait réunies tout exprès pour cela. Par un fatal hasard, son successeur, le colonel Waite, accourant du fond du désert pour sauver ce noyau précieux d'une armée, n'arriva que pour partager la captivité de ceux qu'il venait commander. Les chefs du mouvement sécessioniste, obligés de dissimuler encore en partie leurs desseins pour ne pas en compromettre le succès, traitèrent d'abord ces troupes comme celles d'une puissance étrangère avec laquelle ils n'auraient pas été en guerre : la convention qui les leur avait livrées fut appelée un traité d'évacuation, et Waite fut transporté, avec environ douze cents de ses soldats, à Indianola, sur la côte du golfe du Mexique, où, tout en le retenant sous divers prétextes, on lui promettait de le laisser s'embarquer pour les ports du Nord. Cependant, la capitulation de San-Antonio n'avait pas tardé à porter ses fruits : en intimidant les unionistes du Texas, elle permit à leurs adversaires de faire sanctionner par le vote populaire la séparation de cet État.

La date du 4 mars, qui devait marquer l'entrée en fonctions de M. Lincoln, approchait, et cette perspective stimulait l'audace des séparatistes. Pendant que la Virginie protestait contre la présence à Washington des quelques compagnies régulières que la prévoyance du général Scott y avait rassemblées, des conspirateurs se préparaient à empêcher l'installation du nouveau Président en tentant sur lui, à son passage à Baltimore, un coup de main qui, dans leurs prévisions, pouvait aller jusqu'à l'assassinat. Il déjoua par un déguisement ce sinistre projet et arriva le 23 février à Washington, où M. Buchanan, fidèle à son mandat, malgré ses inexcusables faiblesses, s'empressa de se mettre en rapport avec lui. La retraite des membres esclavagistes du cabinet avait laissé le champ plus libre à ceux qui étaient attachés à l'Union; et l'un d'entre eux, M. Dix, ministre des finances, eut même le courage, en apprenant la saisie de la Monnaie de la Nouvelle-Orléans, de répondre par l'ordre de fusiller quiconque toucherait au drapeau fédéral. Malheureusement, il n'y avait plus personne dans cette grande cité qui osât exécuter de telles instructions. Les mesures financières de M. Dix eurent plus de succès : il était facile de prévoir de grandes dépenses; une première émission de huit millions de dollars, partie d'un emprunt de vingt-cinq millions, voté le 8 février par le Congrès, fut souscrite immédiatement. Le Nord tenait à prouver qu'il soutiendrait de toutes ses ressources les mesures nécessaires pour défendre la Constitution. Ce n'était là toutefois qu'une somme insignifiante ; aussi le Congrès, sentant qu'il faudrait bientôt consolider le crédit national et assurer au gouvernement de M. Lincoln les moyens de payer les intérêts des emprunts qu'il allait être obligé d'émettre, éleva les tarifs des douanes, qui jusque-là avaient presque seuls alimenté le trésor national.

Comme nous l'avons dit, les chefs du mouvement séparatiste qui siégeaient dans les assemblées fédérales avaient suivi l'exemple de ceux qui composaient le cabinet : ils avaient quitté le Capitole dès que leurs États avaient rompu le pacte d'union. De la sorte le Congrès, dont les pouvoirs expiraient le 4 mars avec ceux de M. Buchanan, se trouva, dans les derniers jours de son existence, subitement dominé par les républicains, qui auparavant étaient en minorité. Ils surent profiter de cette circonstance pour le relever aux yeux de la nation par un acte à la fois patriotique et prévoyant.

Les démocrates du Nord et des Border-States firent une dernière tentative pour faire adopter au Sénat leurs plans de prétendue conciliation. Ils appuyèrent d'abord les propositions du congrès de la paix, qui, sous leur influence, avait rédigé un programme consacrant ouvertement le droit de sécession. Battus sur ce terrain, ils soumirent de nouveau à l'assemblée le compromis de M. Crittenden. L'adoption de ce projet, qui séduisait bien des esprits timorés, parce qu'il leur promettait spécieusement de conjurer la guerre civile, aurait en réalité consacré le triomphe du principe esclavagiste. Cette fatale concession, en divisant le Nord, en lui ôtant toute foi dans la justice de sa cause, aurait préparé aux séparatistes une facile victoire : après une longue et grave discussion, elle fut rejetée dans la nuit du 2 au 3 mars. C'est par ce vote que se termina l'existence du Congrès, que les ennemis de la République annonçaient hautement devoir être le dernier convoqué en vertu de l'ancienne constitution.

M. Buchanan cessait le lendemain d'être le chef de cette nation qu'il avait été appelé à gouverner, quatre ans auparavant, lorsqu'elle était encore unie et prospère. La fin de son administration avait été désastreuse. Il avait tout toléré, il n'avait rien fait pour étouffer la révolte dans son germe, ni pour laisser à son successeur les moyens de remplir la tâche qui lui était confiée. Il lui remettait le gouvernement d'un pays déchiré; et, si la guerre civile n'ensanglantait pas encore l'Amérique, c'était uniquement parce que la rébellion s'organisait impunément sur son sol.

L'accession de M. Lincoln au pouvoir devait marquer une ère nouvelle dans ces événements et précipiter la crise dont son élection avait été le prétexte.

CHAPITRE IV

LE FORT SUMTER.

L'inauguration de M. Lincoln à Washington, le 4 mars 1861, restera comme une date mémorable dans l'histoire des États-Unis. Cette cérémonie devait sa solennité à l'imposante gravité des circonstances et non au médiocre appareil dont un usage traditionnel l'entourait. Lorsque M. Lincoln, accompagné de M. Buchanan, son prédécesseur, et de son loyal compétiteur M. Douglas, et dominant de sa haute stature tous ceux qui l'entouraient, parut sur le balcon du Capitole pour prêter le serment constitutionnel et s'adresser au peuple assemblé, chacun comprit que le temps des funestes concessions était passé. Le discours du nouveau Président, rédigé dans un langage pratique et étranger à toutes les habiletés de la rhétorique, se terminait par un appel à l'union, source de la grandeur nationale et chère à tous les cœurs patriotiques, appel qui, malgré sa forme étrange et mystique, devait être compris de tous ceux auxquels il s'adressait. La République avait un chef décidé à la défendre, tout en respectant les droits et les libertés constitutionnelles de chacun : ceux qui regardaient le principe du travail libre comme la base essentielle d'une société libre et démocratique voyaient enfin leur élu investi régulièrement de la première magistrature ; ceux qui, malgré leurs liens avec les esclavagistes, considéraient le maintien de l'Union comme le premier article de foi politique de tout bon citoyen, pouvaient, sans crainte, se rallier autour de lui. La situation était nettement dessinée et la rébellion désormais sans motifs et sans excuses. Ses chefs l'avaient bien compris : aussi ne cherchaient-ils plus à se couvrir de vains prétextes.

La sécession était un fait accompli. Les milices du Sud s'équipaient de toutes parts, pendant que le Nord, à peine remis de sa première surprise, était complétement désarmé, ignorait jusqu'où s'étendrait l'insurrection, et espérait encore pouvoir rappeler à leurs devoirs ceux des grands États esclavagistes qui n'avaient pas proclamé la séparation. En outre, un parti aveugle à toutes les leçons des derniers événements s'obstinait dans le Nord à parler de concessions et de compromis, et, sous le nom de démocrates de la paix, cherchait à refroidir le patriotisme des défenseurs de la Constitution.

Soit par l'effet du hasard, soit afin de mieux constater leur résolution, les confédérés choisirent le 4 mars pour se donner un nouveau drapeau, et, le jour où M. Lincoln entrait en fonctions, les *Stars and Bars,* comme on appela l'étendard de la rébellion, se déployaient audacieusement dans sept États. En même temps, des mesures plus efficaces venaient prouver au Nord que ces États étaient bien décidés à ne pas reconnaître l'autorité du nouveau Président. Dès le 6 mars, le congrès de Montgomery ordonnait la levée de cent mille hommes dont nous avons parlé, et, le 11, il adoptait le projet de constitution qui lui avait été soumis. Il ne manquait plus à cette constitution, pour entrer en vigueur, que la ratification populaire de chaque État.

Des sept États rebelles, un seul, le Texas, avait appelé tous les citoyens à se prononcer, avant qu'elle fût promulguée, sur l'ordonnance de sécession votée par sa convention; mais, la séparation une fois irrévocablement accomplie, les autres ne craignirent plus de consulter le corps électoral, car son vote ne pouvait plus avoir aucune influence sur le cours des événements. C'est ainsi que, dans le courant du mois, tous les États validèrent la nouvelle constitution. N'ayant plus dès lors aucun ménagement à garder vis-à-vis du Nord, les chefs politiques du Sud proclamèrent hautement leur doctrine sur l'esclavage, et, dans un discours resté célèbre, qu'il prononça le 21 mars à Savannah, le vice-président de la Confédération exposa sans détour cette doctrine impie : que l'esclavage devait être la pierre angulaire des sociétés nouvelles ; l'esclavage, fondé sur l'inégalité des races, était selon lui conforme à la science moderne, comme à la tradition biblique ; et, en le réhabilitant d'une façon éclatante, les fondateurs de la constitution de Montgomery accomplissaient, à en croire M. Stephens, une révolution féconde pour l'avenir de la civilisation.

Pendant ce temps, les États à esclaves qui n'avaient pas rompu avec Washington flottaient indécis entre les deux partis. Le 4 mars, la convention de l'Arkansas se prononçait contre la sécession ; le 19, celle du Missouri adoptait, sous certaines réserves, une résolution analogue ; enfin, le 4 avril, celle de la Virginie rejetait à une forte majorité les propositions des séparatistes. Mais c'est en vain que ces États cherchaient à résister à l'exemple de leurs associés engagés déjà dans la rébellion : attachés à leur fortune par ce lien terrible de la complicité, qui, dans la politique comme dans la vie privée, met tous les coupables à la merci du plus passionné, ils devaient tôt ou tard être entraînés par eux. La malheureuse Virginie surtout, qui avait jadis tant contribué à fonder la République, aurait pu, en demeurant fidèle à la Constitution, jouer un rôle encore plus grand que du temps de Washington; mais l'institution servile l'avait démoralisée, elle était devenue un haras d'esclaves, et les intérêts de cet odieux trafic la liaient à la cause du Sud. Aussi, voyant le gouvernement fédéral ébranlé, les Border-States voulaient-ils simplement rester en rapports avec lui pour mieux profiter de sa faiblesse, l'intimider, et l'asservir à leurs exigences. Au moment où s'agitent de grandes passions politiques, un pareil rôle est toujours fatal à ceux qui prétendent le jouer.

M. Lincoln s'était mis à l'œuvre, sans se laisser abattre par les difficultés de la situation. Dès le 5 mars, il avait formé son cabinet et donné le premier poste, la secrétairerie d'État ou ministère des affaires étrangères, à M. Seward, l'homme le plus considérable du parti républicain. Doué d'une grande pénétration d'esprit, d'une longue expérience des hommes et des affaires, d'une persévérance à toute épreuve, et d'une rare vigueur de corps et d'esprit, malgré son apparence maladive, M Seward cachait sous un vernis de légiste un jugement vraiment politique et un sincère patriotisme.

Le gouvernement de M. Davis ne tarda pas à donner au gouvernement fédéral l'occasion d'affirmer sa politique. Considérant les États dont elles s'étaient détachées comme un pays étranger, les autorités confédérées envoyèrent une ambassade à Washington pour demander à M. Lincoln de les reconnaître. Il ne voulut naturellement voir dans ces envoyés que des citoyens de l'Union ; mais, malgré cet accueil, ils restèrent plus d'un mois à Washington ; ils espéraient toujours arracher au Président un mot qu'on pourrait lui opposer ensuite s'il en appelait à la force contre l'insurrection.

M. Lincoln n'avait alors aucun moyen de faire cet appel. Son premier devoir était de sauver les quelques propriétés fédérales situées sur le territoire des États rebelles dont ceux-ci n'avaient pas encore réussi à s'emparer. C'étaient les forts Pickens et Sumter, et les deux forts des Keys à l'extrémité de la Floride :

ces derniers étaient à l'abri d'un coup de main. De plus, les troupes régulières comprises dans la capitulation de San-Antonio, et qui devaient, d'après cette convention, être rapatriées, se trouvaient encore au Texas. Le transport le *Star of the West* fut envoyé pour les embarquer et les ramener dans le Nord.

La grande corvette le *Brooklyn* était depuis quelque temps à l'ancre dans la baie de Pensacola, en face du fort Pickens, avec des troupes, des vivres et des munitions; mais, cédant aux instances des séparatistes, M. Buchanan n'avait pas permis à ce navire de les débarquer dans le fort. Par ordre de M. Lincoln, ce débarquement fut fait le 12 avril.

Le sort de la petite garnison qui défendait le drapeau fédéral sur le fort Sumter était devenu l'objet des principales préoccupations du Nord et du Sud : toute la question politique qui divisait les deux partis était là en jeu. Les autorités de la Caroline du Sud bloquaient étroitement cette garnison, réclamaient l'abandon immédiat du fort qu'elle occupait, et continuaient, pour appuyer ces réclamations, à élever de puissantes batteries des deux côtés de la baie de Charleston. Les Border-States et particulièrement la Virginie, fidèles à la doctrine de la souveraineté des États, exigeaient aussi énergiquement l'abandon du fort par le gouvernement fédéral; dans le Nord, le parti de la paix à tout prix, ceux qui redoutaient plus la guerre que des concessions humiliantes, les appuyaient bruyamment; enfin, les autorités militaires, informées par le major Anderson qu'il serait obligé le 15 de capituler faute de vivres, ne croyaient pas possible de le ravitailler à temps, et étaient d'avis qu'il se retirât volontairement. Heureusement pour l'honneur du gouvernement fédéral, il se trouva un homme qui crut pouvoir, à force d'énergie, surmonter les difficultés. M. Fox, qui fut pendant toute la guerre sous-secrétaire de la marine, était doué de cette activité et de cette intelligence qui viennent à bout de tous les obstacles et savent tirer parti des moindres ressources dans les moments où la défaillance s'empare de tous les cœurs. Ayant visité Anderson au fort Sumter, il était convenu avec lui d'un plan de ravitaillement et s'offrit lui-même à M. Lincoln pour l'exécuter. Il fallait prendre une résolution décisive. Le Président comprit que les motifs militaires de l'évacuation de Sumter ne seraient appréciés ni par le Nord ni par le Sud, et que, de part et d'autre, on y verrait simplement un acte de faiblesse et une concession volontaire aux exigences de la rébellion. Mieux valait échouer que de ne pas tenter le ravitaillement.

M. Lincoln n'hésita pas; mais, toujours loyal, même vis-à-vis d'ennemis perfides, il crut devoir informer de ses projets les autorités de la Caroline du Sud (8 avril). L'émotion fut grande parmi les séparatistes, qui n'avaient pas attendu de lui une résolution aussi énergique. Les envoyés confédérés quittèrent brusquement Washington, et les autorités de Charleston se mirent aussitôt à l'œuvre pour prévenir le ravitaillement en s'emparant de Sumter de vive force. Le 9 avril, M. Fox avait réussi, malgré l'incrédulité et l'insouciance de la plupart des autorités, à équiper, comme par enchantement, à New-York une division navale. Il prenait la mer lui-même, sur le *Baltic,* avec deux cents soldats embarqués secrètement. Trois corvettes et deux avisos l'avaient précédé et devaient le rallier devant Charleston. Mais un sort fatal s'attacha à cette expédition si habilement préparée. Des ordres contradictoires changèrent la destination de la corvette principale, le *Powhattan,* qui portait les chaloupes de débarquement, et l'envoyèrent au fort Pickens, dont la situation causait aussi de sérieuses inquiétudes. Une tempête dispersa le reste de la flotte, et, lorsque, le 12 avril, le *Baltic,* au milieu d'une mer énorme qui ne permettait pas de communiquer avec la terre, parut devant Charleston, deux navires seulement étaient présents au rendez-vous.

Pendant ce temps, les confédérés avaient résolu de commencer les hostilités. Le moment était venu de frapper un coup éclatant. Il fallait entraîner dans la guerre les États qui hésitaient encore, en attaquant ouvertement ce drapeau fédéral qui exerçait sur eux un si grand prestige. Le 11 avril, Beauregard, nommé général des troupes caroliniennes, somma Anderson de lui livrer son fort, lui offrant toutes les facilités pour l'évacuer. Ce loyal soldat n'avait reçu aucun ordre de son gouvernement, et la pensée de donner le signal de la guerre civile aurait pu l'ébranler ; mais il était de ceux qui ne craignent pas la responsabilité quand la voie du devoir est clairement tracée. Il répondit qu'il n'avait plus que quatre jours de vivres, mais que, tant qu'il aurait à manger, il ne livrerait pas le fort confié à sa garde.

Le lendemain, toutes les batteries élevées à loisir sur la plage ouvraient contre le fort un feu convergent. L'agitation était à son comble dans Charleston, le foyer le plus ardent de la sécession. Un vieillard virginien, de soixante-quinze ans, M. Ruffin, qui s'était fait remarquer dans toutes les réunions populaires par des discours dont la violence contrastait avec sa figure vénérable encadrée de longs cheveux blancs, réclama le triste honneur de tirer le premier coup de canon contre l'emblème national. Après avoir essuyé une décharge, Anderson riposta : le combat était engagé. Mais la garnison de Sumter, privée des accessoires nécessaires, ne pouvait servir qu'un petit nombre de pièces, et elle souffrait déjà du manque de vivres. Bientôt, les obus des assiégeants mirent le feu aux bâtiments de bois qui couvraient l'esplanade du fort. Les citernes de fonte furent crevées; et il devint évident que les défenseurs, poursuivis par la fumée étouffante de l'incendie jusque dans les casemates, ne pourraient ni réduire au silence les batteries de l'ennemi, ni résister longtemps à son attaque. Les confédérés continuèrent le bombardement toute la nuit du 12 au 13. Cependant, la garnison ne comptait que quelques blessés; le courage ne lui manquait pas, et il était soutenu par la vue des navires fédéraux qu'elle avait découverts à l'horizon, au milieu même du combat. Mais cette apparition lointaine lui infligeait le supplice de Tantale; car, si ces navires étaient prêts à braver les batteries ennemies, une mer houleuse ne leur permettait pas de s'aventurer dans les passes étroites et difficiles de l'entrée de la baie. Enfin, l'incendie avait repris avec une nouvelle fureur, et, pour éviter une explosion, il avait fallu noyer une partie des poudres. Les munitions allaient être épuisées, six canons seulement répondaient à l'ennemi; la garnison était à bout de forces, elle n'avait plus pour vivre que quelques pièces de porc salé, tout le reste ayant été détruit par les flammes. Sa résistance ne pouvait plus se prolonger.

Un parlementaire vint demander la reddition du fort, et, après quelques pourparlers, Anderson sortit avec les honneurs de la guerre, pour s'embarquer sur le *Baltic*, qui, n'ayant pu le ravitailler, devait, au moins, lui assurer un honorable refuge. La garnison ne comptait qu'une seule victime, encore était-ce un soldat tué, après la reddition, par les débris d'un canon qui éclata en saluant le drapeau fédéral. Ce début, peu meurtrier, ne faisait guère prévoir les luttes sanglantes qui allaient marquer le cours de la guerre.

La chute du fort Sumter fut accueillie par la population de Charleston, qui avait assisté au bombardement, avec des transports de joie. On eût dit que le gouvernement fédéral était vaincu sans retour. Les milices du Sud semblaient invincibles, et personne ne doutait qu'après ce coup, le Nord n'abandonnât la pensée de venir troubler la prétendue indépendance du Sud. La nouvelle de cet événement donna partout une audace plus grande aux meneurs de la sécession et fut fêtée comme une victoire, même dans les États à esclaves qui n'avaient pas encore rompu avec l'Union.

Mais le Nord, loin de se laisser abattre par un échec aussi insignifiant en réalité, n'y vit qu'une provocation hardie qu'il fallait relever immédiatement. Le jour même où Sumter capitulait, M. Lincoln, répondant aux délégués de la Virginie, réunis à leur tour pour obtenir l'abandon de ce fort, avait défini les devoirs qui lui étaient tracés par la Constitution et le mandat de ses électeurs. Il ne voulait pas intervenir dans les affaires intérieures des États rebelles, mais il défendrait au besoin par la force les droits dont le gouvernement central était investi en vertu du pacte fédéral : il ne rendrait pas les forts, il ne renoncerait pas aux droits de douane, que lui seul pouvait lever sur toute la côte des États-Unis, et il supprimerait la poste fédérale dans les États rebelles. Lorsqu'il apprit l'attaque et la prise de Sumter, il n'attendit pas l'explosion d'indignation que cet acte d'hostilité allait provoquer dans le Nord. Il convoqua immédiatement une session extraordinaire du Congrès pour le 4 juillet, et, usant des pouvoirs qui lui appartenaient, il appela sous les armes soixante-quinze mille volontaires pour défendre l'autorité nationale. Sa proclamation, adressée aux gouverneurs de tous les États qui n'avaient pas encore fait acte de rébellion, fixait à chacun le contingent qu'il devait fournir. Les volontaires n'étaient pas levés directement par le gouvernement de Washington : leur enrôlement et leur organisation étaient confiés aux soins de chaque État. C'était un moyen d'éprouver leur fidélité et de distinguer enfin les défenseurs sincères de la Constitution de ses ennemis secrets.

Les réponses à cette proclamation ne se firent pas attendre. Tous les États libres protestèrent de leur dévouement à l'Union et prirent immédiatement les mesures nécessaires pour mettre sur pied des forces bien supérieures aux contingents qui leur étaient demandés ; se sentant enfin soutenues et dirigées par le pouvoir central, qui leur montrait nettement où était le danger commun et le devoir de chacun, les populations du Nord coururent aux armes avec une unanimité qui ne se démentit plus depuis lors.

Les États esclavagistes, au contraire, refusèrent nettement de concourir à la défense nationale, et le parti séparatiste, saisissant ce prétexte, tenta un suprême effort pour les entraîner dans la rébellion au nom de la souveraineté des États, méconnue selon eux par le Président. Ils y réussirent dans presque tous, grâce à l'intimidation qu'ils exercèrent sur ce qu'il y restait de partisans de l'Union. Dès le lendemain de la proclamation (16 avril), le gouverneur de la Virginie appelait sous les armes les milices de l'État, pour en interdire le territoire aux troupes fédérales; et ses collègues des autres États à esclaves allaient suivre son exemple en adressant à M. Lincoln des réponses insultantes. Les quelques gouverneurs fidèles à l'Union ne pouvaient empêcher les sécessionistes de prendre l'initiative de l'insurrection.

Les milices du Maryland, spontanément réunies, s'emparaient, malgré M. Hicks, d'Annapolis, capitale de l'État, et de l'école navale fédérale qui s'y trouvait. Les Texiens mettaient la main sur le transport *Star of the West,* à l'ancre dans la baie de Galveston. Enfin, le gouvernement confédéré, proclamant ouvertement la guerre, annonçait l'émission de lettres de marque, et invitait les États rebelles à équiper des corsaires pour courir sus aux navires marchands du Nord. L'agitation sécessioniste gagnait la capitale. Celle-ci, entourée d'États à esclaves, avait toujours vécu elle-même sous l'institution servile, à laquelle sa population était ardemment dévouée. Les séparatistes y affluaient et proclamaient hautement leurs sentiments : ils songeaient même à tenter une révolution pour chasser le gouvernement fédéral, et quelques-uns d'entre eux s'armaient en vue de ce coup audacieux. La position de M. Lincoln était critique, car il n'avait pour se défendre que quelques compagnies de réguliers. Avertis de cette situation, les États du Nord redoublèrent d'activité afin de pouvoir secourir à temps la capitale, dont la perte aurait infligé à la cause nationale un désastreux échec. Le Massachusetts, toujours le plus ardent, fut prêt le premier, et, dès le 17, il expédiait de Boston à Washington un régiment de volontaires. La Pennsylvanie, quoiqu'elle eût donné presque la moitié de ses voix à M. Breckinridge, suivit cet exemple, et, grâce à sa position géographique, ses volontaires arrivèrent avant tous les autres sur les bords du Potomac. Après avoir traversé, au milieu d'une insurrection naissante, la grande ville de Baltimore, ils vinrent camper le 18 avril sur les pentes du Capitole.

De leur côté, les séparatistes n'avaient pas perdu un moment en Virginie. Ils étaient maîtres de Richmond, où siégeait la convention : ils l'entourèrent en menaçant de mort leurs adversaires, et lui arrachèrent une ordonnance de sécession, qui ne fut votée cependant que par quatre-vingt-huit voix contre cinquante-cinq. Cet acte était d'une grande importance pour les confédérés; car la Virginie devait, à elle seule, apporter plus de force à leur cause que les sept États qui avaient donné le signal de l'insurrection. Il promettait aussi de leur livrer les vastes établissements que le gouvernement fédéral possédait sur le sol virginien, l'arsenal naval de Norfolk, le plus considérable des États-Unis, la grande fabrique d'armes de Harpers-Ferry et le fort Monroë, citadelle établie entre l'embouchure du James et celle du York-River dans la baie de la Chesapeake, et qui commandait toutes ces eaux intérieures. Le gouvernement fédéral avait négligé les précautions nécessaires pour mettre ces établissements à l'abri d'un coup de main ou sauver du moins le riche matériel qui s'y trouvait. Il n'y songea que le 17, lorsqu'il était déjà trop tard pour prendre des mesures efficaces. Les ateliers et le dépôt de fusils de Harpers-Ferry, situés au confluent du Potomac et de la Shenandoah, dans une position qui devait jouer un rôle important durant la guerre, n'étaient gardés que par un poste de soixante-quatre dragons démontés; et les volontaires virginiens, réunis dans les vallées du Blue-Ridge, se préparaient à s'en emparer aussitôt que l'ordonnance de sécession de la Virginie leur en fournirait le prétexte. Ils devaient ensuite passer le Potomac et se joindre aux insurgés du Maryland, pour tenter un coup sur Washington, où leurs complices les attendaient. Le 18 au matin, une partie d'entre eux était en marche, espérant saisir une proie aussi précieuse pour les futures armées de la Confédération. Mais le lieutenant Jones, qui gardait Harpers-Ferry, avait été averti de l'approche des cavaliers confédérés, commandés par un chef bien connu depuis, Ashby; malgré toute leur diligence, ils n'arrivèrent en vue de Harpers-Ferry que pour apercevoir de loin un vaste incendie qui dévorait les ateliers, les magasins et les piles énormes de fusils entassés dans les cours, tandis que les fédéraux, qui venaient de l'allumer, passaient le Potomac pour se retirer à Washington. Les confédérés ne trouvèrent plus que des ruines fumantes et quelques machines, qu'ils envoyèrent à Richmond : leurs alliés du Maryland ne parurent pas, et ils ne se sentirent pas assez forts pour s'aventurer seuls au delà du Potomac.

Depuis quelques jours, les autorités virginiennes se préparaient à prendre l'arsenal de Norfolk. Cet établissement possédait un magnifique bassin de granit, des cales de construction, et un dépôt d'artillerie où se trouvaient plus de deux mille canons ; un vaisseau à deux ponts était sur les cales, deux autres et un à trois ponts, trois frégates, une corvette à vapeur et un brick étaient désarmés dans le port, la frégate à vapeur le *Merrimack* s'y trouvait en réparation, enfin la corvette à vapeur le *Germantown* était en rade, prête à prendre la mer, tandis que la corvette à voiles le *Cumberland* était embossée à l'entrée du port. La possession de tout ce matériel aurait permis aux confédérés de se créer une marine de guerre; les canons devaient suffire à armer tous leurs forts. Dès le 14 avril, ils avaient commencé à obstruer les passes, afin de bloquer les navires fédéraux; le 18, jour de la tentative contre Harpers-Ferry, le chemin de fer amenait à Norfork des milices virginiennes, envoyées ouvertement pour s'emparer de l'arsenal. Autour du commodore Maccauley, commandant fédéral, les traîtres abondaient, parmi les ouvriers du port, comme parmi ses officiers. Ces derniers, qui appartenaient pour la plupart à la Virginie, l'assuraient de leur dévouement à l'Union, et, abusant de sa faiblesse, ils le décidèrent le 17 à suspendre l'exécution de l'ordre, venu de Washington, en vertu duquel le *Merrimack*, qui valait à lui seul autant que tous les autres navires réunis à Norfolk, s'apprêtait à quitter le port. Le lendemain, ils donnaient tous leur démission, et, rejoignant les milices insurgées, préparaient la saisie de l'arsenal. La fatale erreur de Maccauley n'était cependant pas sans remède : il pouvait évacuer l'arsenal, et, avec les navires armés, en défendre les approches du côté de la terre, jusqu'à ce qu'il fût secouru, ou qu'il eût emmené tous les bâtiments à flot, en passant par-dessus des obstacles qui n'obstruaient pas complétement les passes. Mais il crut tout perdu lorsqu'il vit les Virginiens se présenter avec du canon aux portes de l'arsenal; il promit de ne pas changer un seul bâtiment de place, et, le 20, il donna l'ordre de couler tous les navires, à l'exception du *Cumberland*. Au moment où ces bâtiments s'enfonçaient lentement dans l'eau, on vit arriver le capitaine Paulding, envoyé de Washington avec des renforts de troupes pour défendre l'arsenal et remplacer Maccauley. Il était trop tard. Paulding ne put que mettre le feu aux bâtiments que les confédérés auraient sans cela facilement relevés : quelques-uns furent consumés, d'autres, comme le *Merrimack*, sombrèrent avant d'avoir été détruits par l'incendie. Il ne restait à flot que le *Cumberland* et le *Pawnee,* qui avait amené Paulding ; celui-ci, n'ayant plus les moyens de se maintenir à Norfolk, fit ce qu'il put, le 21 au matin, pour détruire les établissements de l'arsenal, et se retira dans la rade de Hampton-Roads. Les confédérés trouvèrent des ressources immenses en artillerie et en matériel de tout genre à Norfolk : l'incendie fut bientôt éteint, le bassin réparé, et ils réussirent à relever le *Merrimack*, que nous verrons à l'œuvre l'année suivante.

Le fort Monroë fut occupé à temps par une petite garnison fédérale. Sa perte aurait été plus funeste encore à la cause fédérale que celle de l'arsenal de Norfolk, car les confédérés, au lieu d'avoir à couvrir Richmond, auraient pu bloquer Washington par mer et l'assiéger par terre : ce seul fait aurait certainement prolongé la guerre bien au delà du terme qu'elle atteignit.

L'importance si grande de ce petit fort ne pouvait cependant être appréciée dans un moment où personne ne savait où s'arrêterait la défection. Presque tous les emplois à Washington, depuis celui de *chief-justice* de la Cour suprême, jusqu'à celui du dernier commis de ministère, étaient occupés par des amis et des complices des insurgés. Les uns quittaient leur poste, comme on abandonne un navire en perdition, et jetaient le trouble dans tous les services. Les autres ne restaient en fonctions que pour révéler à l'ennemi les secrets du gouvernement.

Dans l'armée, on ne vit pas de ces perfides trahisons; mais, nous l'avons dit, les défections y furent très-nombreuses aussi. Chaque jour venait en augmenter le chiffre, et même quelques officiers, longtemps partagés entre leurs devoirs militaires et leur obéissance au dogme de la souveraineté des États, se décidèrent à passer à l'ennemi après que la guerre eut été déjà sérieusement engagée. Pour comprendre l'étendue de la défection, il suffit de prendre l'annuaire militaire de septembre 1861, petite brochure proportionnée à ce qu'était l'armée à cette époque, et de l'ouvrir au chapitre des pertes. A côté des morts, qui ne comptent que dix-huit noms, l'on trouvera une longue colonne de démissionnaires, commençant par deux généraux, les deux Johnston, six colonels, dont Robert Lee, la plupart des employés supérieurs des administrations militaires, parfois enfin le corps d'officiers d'un régiment en entier : deux cent soixante-neuf noms en tout, sur les six cents environ que comptait l'armée régulière. Cette liste, qu'on ne peut parcourir sans un douloureux étonnement, est le rôle presque complet de l'état-major général de l'armée confédérée, dont les rangs s'ouvrirent à tous ces démissionnaires.

L'exemple de la Virginie enflamma partout l'ardeur des sécessionistes, et ils se mirent en devoir d'entraîner dans la lutte les États à esclaves qui hésitaient encore. Le 18 avril, le même jour qui vit brûler Harpers-Ferry, ils se réunirent à Louisville dans le Kentucky, pour organiser ouvertement la rébellion. Le 20, les autorités de la Caroline du Nord occupaient la Monnaie fédérale de Charlotteville. Enfin, le mouvement sécessioniste éclatait dans le Maryland : la vue des volontaires pennsylvaniens avait causé à Baltimore une profonde irritation. Cette ville, la plus grande de toutes celles des États à esclaves, remplie de familles puissantes et fières, riche encore, mais atteinte déjà des premiers symptômes de cette décadence qu'amène tôt ou tard la servitude, était jalouse de la prospérité de New-York et de Philadelphie, et avait de vives sympathies pour la cause du Sud. Sa position sur le chemin de fer qui relie Washington aux grandes cités du Nord lui donnait une importance particulière. Aussi les complices du Sud, qui étaient nombreux à Baltimore, résolurent-ils de saisir la première occasion qui s'offrirait, pour l'entraîner dans l'insurrection. L'arrivée des troupes que le Nord expédiait pour mettre Washington à l'abri d'un coup de main leur fournissait un prétexte excellent. On décida qu'on s'opposerait à leur passage : c'était le plus grand service que l'on pût rendre à la cause confédérée. La populace, exaspérée par la destruction de l'arsenal de Harpers-Ferry et ameutée par les conspirateurs, devait se charger de ce soin; les autorités la laisseraient faire. L'occasion qu'on attendait se présenta dès le lendemain 19 avril. Quand le 6ᵉ régiment du Massachusetts et quelques bataillons pennsylvaniens arrivèrent à la station du Nord, une foule immense se porta au-devant d'eux. Des rails posés au milieu des rues reliaient cette station à celle du Sud, et permettaient aux waggons, traînés par des chevaux, de traverser la ville. La foule entoure les soldats du 6ᵉ Massachusetts, qui étaient montés dans ces waggons. Les dernières voitures sont arrêtées, ceux qui les occupent, obligés de descendre, se serrent, et cherchent à fendre la foule. Mais, enveloppés de toutes parts, ils sont bientôt assaillis par une grêle de pierres, qui blesse un certain nombre d'entre eux : quelques-uns sont mortellement atteints. Il faut se défendre, et une première décharge, assez meurtrière, leur ouvre un passage. Mais les agresseurs se rallient, ils ont des armes : bientôt un combat véritable s'engage entre la petite troupe fédérale et la foule qui la presse de toutes parts. Les blessés des deux partis jonchent le sol. Enfin, les soldats du Massachusetts rejoignent leurs camarades à la station du Sud, et, s'embarquant dans un long convoi qui les attend, ils se mettent lentement en route pour Washington, suivis de loin par la populace en fureur. Les autres troupes, restées à la station où elles étaient descendues, ne purent traverser la ville et furent réduites à rebrousser chemin. Baltimore était désormais au pouvoir des séparatistes, qui étaient bien décidés à profiter de la position de cette ville pour intercepter les communications entre Washington et le nord. Aussi s'empressèrent-ils de brûler les ponts du chemin de fer, construits sur de larges estuaires au nord de Baltimore, et de couper les fils télégraphiques. Un silence lugubre enveloppa aussitôt la capitale de l'Union, privée de toutes nouvelles du Nord. Pendant quelques jours, la Maison-Blanche ne put envoyer aucun ordre aux populations qui lui étaient demeurées fidèles; mais leur ardeur n'en fut pas ralentie. Le patriotisme fit taire dans le cœur de la plupart des démocrates qui avaient combattu l'élection de M. Lincoln toutes les rancunes de parti. En présence du danger national, ils offrirent loyalement leur concours au Président, et, se séparant de leurs anciens complices du Sud, ils prirent, en opposition aux *peace-democrats*, le nom de *war-democrats* ou démocrates de la guerre. Le maintien pur et simple de l'Union fut leur devise. Dès le 20 avril, à la nouvelle de l'émeute de Baltimore, les chefs du parti, MM. Dix, Baker et d'autres, qui devaient marquer dans la guerre, réunirent à New-York un grand meeting, afin de protester de leur fidélité à la Constitution et de donner ainsi aux efforts du Nord pour la défendre un caractère vraiment national.

Le même jour, le général Wool, qui commandait toutes les troupes fédérales stationnées à l'ouest du Mississipi, ne pouvant plus recevoir d'instruction de Washington, prenait la responsabilité de diriger sur la capitale, en évitant Baltimore, toutes les forces, déjà organisées, dont il pouvait disposer. La voie leur fut ouverte par un général du Massachusetts, M. Butler, l'un des hommes les plus considérables du parti démocratique : à la tête de quelques troupes de son État, il s'embarqua sur la rivière de Susquehannah, descendit la baie de Chesapeake, et jeta l'ancre devant Annapolis, dont les rebelles étaient maîtres depuis trois jours. Cette petite ville était reliée à Washington par un chemin de fer qui rejoignait la ligne principale au sud de Baltimore, et permettait d'éviter ainsi la cité insurgée.

Le même jour encore, 20 avril, les volontaires levés à la hâte par l'État de l'Illinois occupaient dans l'Ouest une position importante pour la guerre future, celle de Cairo, ville située sur une presqu'île marécageuse, au confluent de l'Ohio et du Mississipi. Pendant ce temps, les autorités fédérales se décidaient à entraver les menées des complices des insurgés dans le Nord en saisissant tous les télégraphes, dont ceux-ci s'étaient impunément servis jusqu'alors pour leurs coupables desseins. Enfin, le 26 avril, le fort Pickens était définitivement mis à l'abri de toute attaque par l'arrivée du *Powhattan,* qui, nous l'avons vu, avait été détaché de l'expédition préparée par Fox pour ravitailler le major Anderson, et qui put du moins accomplir heureusement la tâche nouvelle qui lui avait été imposée.

Ainsi la semaine qui suivit l'attaque et la prise du fort Sumter avait vu de part et d'autre cesser toute hésitation. Le sang coulait, la lutte s'étendait de plus en plus. Les événements continuèrent à marcher rapidement.

Le 22 avril, la convention de la Virginie donnait au colonel Lee le commandement de toutes les forces de cet État; le 24, revenant sur ses déclarations antérieures, elle proclamait l'accession à la confédération du Sud, sans attendre le vote populaire qui devait se prononcer sur l'acte même de séparation. Enfin, le lendemain, elle décrétait une levée de volontaires, et invitait le gouvernement confédéré à venir siéger à Richmond, en attendant qu'il pût se transporter à Washington. Ces mesures violentes rencontrèrent une vive opposition de la part des comtés situés sur le versant occidental et dans les hautes vallées des Alléghanies. Cette contrée, connue sous le nom de Virginie occidentale, avait été colonisée en grande partie par des habitants venus de l'État libre de l'Ohio, dont elle n'était séparée que par le fleuve de ce nom. Ceux-ci étaient toujours restés en rapports fréquents avec l'État qu'ils avaient quitté et auquel les unissaient leurs intérêts et la configuration du pays qu'ils occupaient. L'esclavage n'existait que dans leurs lois, et non dans leurs mœurs. Aussi leurs délégués à la convention avaient-ils tous voté contre la sécession. Ils refusèrent d'y acquiescer, et se réunirent le 22 avril à Clarksville pour maintenir le lien fédéral que leurs collègues voulaient les forcer à rompre.

Cependant, les volontaires accouraient de toutes parts dans le Nord : le danger de la capitale stimulait leur ardeur, et partout leur organisation, que nous expliquerons en détail dans le chapitre suivant, se poursuivait avec une fiévreuse activité. Des renforts avaient été promptement envoyés à Butler; il les débarqua et s'empara d'Annapolis ; puis, marchant le long du chemin de fer, que les insurgés avaient détruit, il le rétablit et s'empara, le 25 avril, par surprise, du point où cette branche venait se souder à la ligne principale. Les communications avec Washington furent ainsi rétablies, et, dès le lendemain, trois régiments de New-York vinrent garantir la sécurité de la capitale. Les desseins formés par les séparatistes pour s'en emparer furent déjoués, et le gouvernement fédéral put enfin se consacrer, avec plus de sécurité, à la tâche immense qui lui était échue. La législature du Maryland, réunie, malgré le loyal mais faible gouverneur Hicks, à Frederick, au centre même de l'insurrection, protesta en vain contre la marche hardie de Butler : les milices qu'elle avait rassemblées n'osèrent inquiéter ce dernier.

En même temps, à l'autre extrémité de la ligne qui séparait les États libres des États à esclaves, les unionistes du Missouri s'organisaient afin de résister au gouverneur de cet État, qui préparait ouvertement la sécession et réunissait, pour la soutenir, les milices des comtés dévoués à la cause du Sud.

Dans la législature du Tennessee, convoquée pour le 25, les confédérés étaient assurés d'obtenir, grâce à leurs menaces, une majorité dévouée. Le 1ᵉʳ mai, cette assemblée autorisait le gouverneur de l'État à entrer dans la Confédération, tandis que le même jour, celle de la Caroline du Nord votait une levée de trente mille volontaires destinés à repousser les troupes fédérales. Le congrès confédéré, réuni le 29 avril à Montgomery, dirigeait ce mouvement, qui croissait et s'étendait avec rapidité et promettait d'amener bientôt dans son sein les représentants de tous les États à esclaves.

Il n'était plus permis de se faire aucune illusion sur la puissance de la rébellion. Les soixante-quinze mille volontaires demandés aux divers États étaient évidemment insuffisants pour la combattre. Comme nous l'avons dit, les États à esclaves avaient refusé de fournir leur contingent à l'Union, tandis que ceux du Nord se préparaient à le doubler ou à le tripler dès que le Président le leur demanderait. Celui-ci se décida le 3 mai à décréter une nouvelle levée. Il appela quarante-deux mille volontaires. Mais, cette fois, au lieu de s'adresser, comme dans le premier appel, à chaque État pour obtenir un contingent fixe et tout organisé, il leur demanda simplement des régiments, qui devaient être ensuite enrôlés directement et embrigadés par l'autorité fédérale; les engagements durent être contractés, non plus pour trois mois, mais pour trois ans ou la durée de la guerre, si elle était moindre. Cette clause montrait que l'on comprenait enfin combien la guerre pouvait être longue, et pourtant elle n'empêcha pas les volontaires de s'offrir en masse. Le désir de défendre l'Union animait tous les cœurs, et le manque d'ouvrage, causé par la stagnation des affaires, facilitait les enrôlements. Deux cent huit régiments s'organisèrent sans le moindre retard dans les États du Nord, et les cent cinquante-trois premiers, comprenant plus de cent quatre-vingt-huit mille hommes, c'est-à-dire quatre fois le chiffre demandé par M. Lincoln, furent sur pied deux mois après. L'armée permanente devait être reconstituée par l'appel fait en même temps de vingt-deux mille sept cent quatorze réguliers. Enfin, une levée de dix-huit mille marins était ordonnée pour équiper la flotte fédérale.

Celle-ci allait avoir une rude tâche à remplir. L'étendue des côtes du Sud, découpées par des baies profondes, possédant des ports excellents, et offrant des abris sûrs et nombreux à ceux qui connaissaient le labyrinthe de ses îles et de ses estuaires, donnait de grandes facilités pour le commerce, la contrebande et la guerre maritime. Les chefs de l'insurrection se préparaient à en profiter. Les États du

Sud, voués à la culture du coton et de la canne à sucre, avaient jusqu'alors dépendu entièrement des négociants et des navigateurs du Nord, qui exportaient leurs produits et leur apportaient en échange, soit de l'Amérique, soit de l'Europe, presque toutes les denrées nécessaires à une société civilisée. Ils croyaient que l'ancien continent ne pourrait pas se passer de leurs produits, ni eux-mêmes de ses denrées. Ils comptaient d'ailleurs sur la spéculation, persuadés qu'elle ne manquerait pas de venir chercher chez eux le coton dont ils étaient seuls détenteurs, pour leur fournir en retour des armes et des munitions de guerre. En effet, s'ils pouvaient vivre sans objets de luxe, et, si la culture transformée pouvait leur assurer des ressources alimentaires, les dépouilles des arsenaux de l'Union ne suffisaient pas pour équiper toutes les troupes qu'ils allaient mettre sur pied. Un commerce direct avec l'Europe leur était donc indispensable : il devait se faire sous les pavillons des États neutres et particulièrement de l'Angleterre. Celui de la nouvelle confédération ne pouvait flotter que sur des bâtiments armés en guerre, car autrement il n'eût pas échappé aux nombreux croiseurs fédéraux ; mais les quelques corsaires qui le portèrent, et dont plusieurs ne touchèrent pas même une seule fois un port de la Confédération, montrèrent, par le mal qu'ils firent à la navigation du Nord, quelle arme redoutable les insurgés auraient eue dans les mains s'ils avaient pu librement équiper ces bâtiments dans leurs ports. Il fallait donc, pour ce double motif, les envelopper par un étroit blocus de leurs côtes. Tout gouvernement a le droit de bloquer, par une mesure administrative, les ports soumis à sa souveraineté. La Constitution conférant au pouvoir fédéral le privilége exclusif d'établir les tarifs de douane et de les lever, du moment que l'insurrection l'empêchait de les percevoir sur terre, le blocus était sa seule ressource pour maintenir ce privilége, et il pouvait y avoir recours sans sortir de la limite de ses attributions. Aussi, le 19 avril, M. Lincoln proclama-t-il le blocus de toute la côte des États engagés à ce moment dans l'insurrection, et, le 29, lorsque la sécession de la Caroline du Nord fut imminente et celle de la Virginie déclarée à son tour, il l'étendit à ces États. C'était une œuvre immense que de bloquer d'une manière effective la côte qui s'étend depuis le Rio-Grande sur la frontière du Mexique, jusqu'à l'embouchure du Potomac près de Washington. Nous verrons plus tard comment la flotte fédérale se mit en mesure de l'accomplir. Désorganisée, dispersée, et manquant du nombre de navires nécessaire, elle ne put naturellement, au début, l'établir partout aussi strictement que l'exigent les usages modernes dans les guerres internationales : il en résulta de fréquentes contestations avec les puissances européennes, dont le commerce était attiré vers les ports du Sud par les précieux dépôts de coton qui s'y trouvaient accumulés. Mais, comme nous le dirons à la fin du quatrième volume, ces puissances excédèrent leurs droits lorsqu'au lieu de protester contre le blocus, si elles le trouvaient inefficace, elles arguèrent de son établissement pour reconnaître aux insurgés les droits de belligérants.

La manière dont le Nord avait répondu à l'appel de M. Lincoln permettait, non pas encore d'attaquer l'insurrection chez elle, mais au moins d'en limiter les progrès. Il fallait avant tout dégager complétement la capitale et assurer ses communications avec les États fidèles. La sécurité de Washington dépendait de la possession de Baltimore ; et, si l'ennemi était resté maître de cette ville, il aurait bientôt porté le théâtre de la guerre sur les rives de la Susquehannah.

Les unionistes, quoiqu'en minorité dans la capitale du Maryland, avaient repris courage et ne cachaient plus leurs sympathies. Butler, qui était resté à Annapolis-Junction, résolut, avec les forces dont il disposait, de rétablir dans cette ville l'autorité fédérale, et, le 5 mai, il occupa le Relay-House, autre jonction importante de chemin de fer, qui n'était distante de la première que de quelques lieues. Le 9, le colonel Patterson vint le rejoindre avec des volontaires de Pennsylvanie, après avoir traversé à l'improviste Baltimore, trop étonnée de cet acte audacieux pour s'y opposer. Enfin, le 14, Butler faisait une feinte à l'ouest, et, pendant que le général Scott préparait encore le plan d'une campagne en règle pour s'emparer de la cité rebelle, il surprenait sans combat, par une marche de nuit, les hauteurs qui la commandent. Baltimore était à sa merci, et, le jour même, il y entrait avec ses troupes, rétablissant la ligne directe du chemin de fer qui traversait la ville, et il obligeait à la soumission les chefs du parti séparatiste qui la dominaient depuis quatre semaines. Son premier soin devait être de leur enlever les moyens de tenter un nouveau mouvement en faveur des confédérés. La Constitution accordait au Président, en cas d'insurrection, sous la réserve de la sanction ultérieure du Congrès, les pouvoirs les plus étendus. M. Lincoln en usa et suspendit l'*habeas corpus,* cette garantie essentielle de la liberté individuelle, sans laquelle un peuple ne peut être vraiment libre, mais dont les priviléges ne sauraient être accordés par une nation en armes à ceux qui sont en rébellion ouverte contre ses lois. Les forts qui commandent l'entrée de Baltimore servirent bientôt de prison aux chefs de la sécession, qui avaient conspiré pour appeler l'ennemi dans leur cité. Cette mesure sévère consolida l'autorité fédérale, pacifia la ville, qui avait été le théâtre de l'émeute sanglante du 19 avril, intimida ceux qui ailleurs se préparaient à renouveler de pareilles scènes, et donna aux États du Nord confiance dans la vigueur du nouveau gouvernement.

Ces États, par l'organe de leurs législatures, l'encourageaient tous à combattre résolument l'insurrection, et les événements qui se passèrent dans l'Ouest et dans le Sud entre l'appel des volontaires et la prise de Baltimore ne lui permettaient pas d'hésiter sur ce qu'il avait à faire. En effet, le 6 mai, pendant que le Congrès confédéré sanctionnait la proclamation de M. Davis qui promettait des lettres de marque, la convention de l'Arkansas, intimidée par les menaces des séparatistes, votait l'acte de sécession. Le lendemain, la législature du Tennessee s'alliait à la

Confédération, sans attendre le vote populaire sur la séparation, et malgré l'opposition résolue des districts orientaux, aussi unionistes que leurs voisins de la Virginie occidentale ; puis elle complétait cette annexion violente en décrétant une levée de cinquante-cinq mille hommes. Dans le Texas, Van Dorn continuait à poursuivre les débris de l'armée régulière, avec tout l'acharnement d'un homme qui a déserté son drapeau. Ses anciens camarades, livrés au milieu de février par la défection de Twiggs, étaient, les uns à San-Antonio avec le colonel Waite, les autres, avec le major Sibley, à Indianola, où on les avait transportés en leur promettant de les laisser s'embarquer pour le Nord ; aucun de leurs soldats, malgré les offres qu'on leur avait faites, ne les avait abandonnés pour passer au service des rebelles. Ceux-ci, étonnés et irrités de cette fidélité au drapeau fédéral, cherchaient l'occasion de les retenir prisonniers. Le bombardement du fort Sumter vint à propos leur en fournir l'occasion. Dès que les autorités du Texas en reçurent la nouvelle, elles déclarèrent que, se trouvant en guerre avec le gouvernement de Washington, elles ne reconnaissaient plus la capitulation de San-Antonio et que toutes les troupes fédérales qui se trouvaient sur leur territoire devaient être considérées comme prisonnières de guerre. Van Dorn fut chargé d'exécuter ce décret, qui violait la parole jurée. Sibley attendait à Indianola, pour s'embarquer, le *Star of the West,* le même transport qui, peu de temps auparavant, avait inutilement tenté de ravitailler le fort Sumter. Ignorant le sort de ce navire, qui avait été saisi dans le port de Galveston, il était déjà monté avec ses soldats dans les bateaux qui devaient le conduire à bord, au large de la baie de Matagorda, lorsque, le 24 avril, il vit paraître, au lieu de ce bâtiment, plusieurs vapeurs confédérés, chargés de troupes, sous la direction de Van Dorn. On l'obligea à débarquer, et, n'ayant aucun moyen de défense, il lui fallut se soumettre aux conditions qui lui furent imposées. Après être demeurés quelque temps prisonniers, les fédéraux furent relâchés sur parole, en attendant qu'ils fussent échangés. Waite et les officiers qui se trouvaient avec lui à San-Antonio eurent le même sort. Restait encore un détachement du 8ᵉ régulier, comptant environ trois cents hommes, qui revenait lentement des postes situés près d'El Paso del Norte : en atteignant le Texas central, il trouva les insurgés maîtres de tous les dépôts sur lesquels il devait vivre, et, bientôt entouré par Van Dorn, qui était venu à sa rencontre avec plus de quinze cents hommes, il fut contraint de mettre bas les armes, le 9 mai, à San-Lucas Springs.

Le général Floyd, en préparant tout, pendant son ministère, pour livrer à ses complices l'armée fédérale établie dans le sud-ouest de l'Union, n'avait pas borné ses plans au Texas, où nous venons de voir triompher la trahison de Twiggs et de Van Dorn. Il avait envoyé à Santa-Fé le colonel Loring, pour commander les forces régulières qui, au nombre de douze cents hommes, gardaient le nouveau Mexique, et il lui avait donné pour le seconder le colonel Crittenden : ces deux officiers étaient tout dévoués à la cause du Sud, et nous les retrouverons bientôt avec Floyd à la tête des armées confédérées. La nouvelle de l'explosion de la guerre civile ne parvint qu'assez tard dans ce territoire éloigné; mais, dès qu'ils la reçurent, Loring et Crittenden ne songèrent qu'à le soustraire au gouvernement fédéral et à entraîner avec eux les troupes qui leur étaient confiées. Cependant, comme dans le Texas, les soldats et la plupart de leurs officiers résistèrent noblement aux sollicitations de ces chefs coupables, et ceux-ci ne trouvèrent pas, comme Twiggs, dans les colons une force armée prête à les seconder. Le lieutenant-colonel Roberts, ayant pénétré leurs desseins, encouragea et dirigea cette résistance, et, lorsque Loring voulut emmener dans le Texas les forces qu'il avait sous ses ordres, les officiers qui commandaient à Santa-Fé, à Albuquerque et dans les forts Craig et Stanton refusèrent de lui obéir. Malgré leur isolement, ils réussirent ainsi à conserver au gouvernement fédéral la possession du Nouveau-Mexique. Essayant encore de dissimuler leurs projets, Loring et Crittenden se refugièrent alors au fort Fillmore, situé à l'extrémité méridionale de ce territoire près d'El Paso del Norte, où ils avaient réuni par avance, sous des officiers dont ils étaient plus sûrs, la moitié de leurs troupes. Le major Lynde, qui les commandait, devait, soit par incapacité, soit par connivence, être pour eux un instrument d'autant plus utile qu'il continuait à se prétendre fidèle à son drapeau. En effet, dans le courant de juillet, Lynde étant sorti du fort pour disperser un corps de partisans texiens, se laissa honteusement battre par eux près de Merilla, et, aussitôt après, il reçut de Loring l'ordre d'évacuer le fort pour se retirer vers Albuquerque sur la route de Santa-Fé. C'était conduire sa troupe à une perte évidente. Rien ne fut négligé pour rendre ce résultat plus certain. Les bidons des soldats qui devaient franchir une plaine brûlante furent remplis d'eau-de-vie. Les Texiens furent avertis de leur marche, et se rassemblèrent de toutes parts, pour les attendre sur leur passage ; les fédéraux partirent le 1ᵉʳ août au soir ; lorsque, harassés par une marche de nuit, et enivrés pour la plupart par la boisson qui leur avait été perfidement donnée, ils arrivèrent, au point du jour, à l'embuscade vers laquelle leurs chefs les conduisaient, ils se trouvèrent subitement entourés par une nuée d'ennemis, et, au moment où ils se préparaient à combattre, ils reçurent l'ordre de poser les armes. Leurs bagages et le trésor de l'armée furent livrés à l'ennemi, qui, après leur avoir fait promettre de ne pas servir pendant la guerre, leur permit de reprendre leur marche vers Albuquerque. Privés de tout ce qui était nécessaire pour traverser ces régions stériles, abandonnés par une partie de leurs officiers, accablés par la trahison qui venait de les désarmer, ces malheureux n'arrivèrent à leur destination qu'après des souffrances inouïes et en laissant un bon nombre d'entre eux au milieu des tristes solitudes dans lesquelles ils avaient été entraînés.

Ils eurent du moins la consolation de retrouver à Albuquerque le drapeau national, et des camarades fidèles comme eux à leur serment. Malgré ce désastre, le Nouveau-Mexique était sauvé, et, pendant toute l'année 1861, les confédérés ne songèrent pas à en disputer la possession au gouvernement fédéral.

L'éloignement des États qui vont être le théâtre de la guerre nous a obligé d'anticiper un moment sur l'ordre chronologique. Nous nous hâtons d'y revenir.

Dans le Missouri, les sécessionistes, soutenus par le gouverneur Jackson, montraient, depuis la prise du fort Sumter, encore plus d'audace que ceux du Maryland. La grande cité de Saint-Louis, située près du triple confluent du Mississipi, du Missouri et de l'Illinois, était pour eux une proie tentante : ils tenaient surtout à s'emparer de l'arsenal fédéral qui se trouvait non loin de cette ville et contenait des armes et des munitions dont ils avaient le plus grand besoin. Dès la fin d'avril, plus de dix mille d'entre eux étaient levés et équipés par les soins du gouverneur, et un corps d'environ douze cents hommes de la milice fut réuni, aux portes mêmes de Saint-Louis, dans un camp qui devait servir de centre à l'armée sécessioniste. Heureusement pour le gouvernement fédéral, il y avait à Saint-Louis un homme énergique et audacieux, le capitaine Lyon, qui occupait l'arsenal avec quatre ou cinq cents réguliers. Depuis plus d'un mois, voyant les esclavagistes s'organiser ouvertement, il s'était préparé de son côté :

les unionistes de Saint-Louis s'étaient enrôlés au nombre de plus de six mille, émigrants allemands pour la plupart, dans un corps que le gouvernement fédéral avait reconnu, et qui assura la sécurité de l'arsenal. Enfin, le 10 mai, Lyon, les conduisant secrètement vers le camp des sécessionistes, l'entoura et fit prisonniers, sans coup férir, tous ceux qui s'y trouvaient. Ce coup hardi déjouait tous les plans du gouverneur et de ses complices. Il causa une vive émotion dans la ville de Saint-Louis. Les troupes qui escortaient les prisonniers pour les conduire à l'arsenal furent assaillies par une foule nombreuse; elles firent feu et blessèrent un bon nombre de personnes. Le lendemain, les séparatistes exaspérés revinrent à la charge, et des coups de fusil furent échangés entre eux et les troupes. Mais les efforts des rebelles devaient être impuissants: l'ordre fut promptement rétabli dans la ville de Saint-Louis, et cette grande cité fut arrachée pour toujours aux confédérés. C'est trois jours plus tard que Butler reprenait Baltimore.

L'occupation de ces deux villes marque une époque importante dans la période douloureuse où l'on ne pouvait se dire ni en paix, ni en guerre; car elle arrêta enfin les progrès de l'insurrection. Baltimore, à l'est, était la clef de Washington. A l'ouest, Saint-Louis, la troisième ville du Sud par la population, ne le cédait à aucune par l'importance de sa position militaire et commerciale. Entre les mains des fédéraux, elle leur ouvrait les portes du Mississipi, qui descendait directement à travers les territoires de l'ennemi : entre celles des confédérés, elle leur permettait de disputer à leurs adversaires la possession des grands États du Nord-Ouest, arrosés par les trois fleuves qui se réunissent à Saint-Louis. Les chefs du mouvement sécessioniste avaient perdu ces deux positions importantes, faute de promptitude et de vigueur. Étonnés eux-mêmes du succès de leur révolte, ils avaient négligé de profiter de ce moment critique où dans une révolution celui qui a pris l'initiative peut tout oser et tout faire. Ils s'étaient laissé prévenir à Saint-Louis ; et ils n'avaient pas su employer les quatre semaines pendant lesquelles Baltimore fut au pouvoir de leurs amis pour entraîner sans retour avec eux cette orgueilleuse cité, lui envoyer des troupes et la mettre en état de défense. Un avocat du Massachusetts, général improvisé, avait été plus clairvoyant et plus actif qu'eux.

La guerre était donc commencée, mais c'était une guerre locale ; et, sur toute l'étendue de la ligne qui séparait les États libres des États à esclaves, les voisins de la veille, devenus ennemis, se tâtaient réciproquement, ne sachant encore quand ni comment ils en viendraient sérieusement aux mains. La prise de Baltimore n'avait pas découragé les sécessionistes qui s'organisaient dans divers comtés du Maryland. La Virginie, à l'exception des comtés occidentaux, était en pleine rébellion ; elle élevait sur toute sa côte des batteries, qui s'armaient rapidement; celles de Sewells-Point, en face du fort Monroë, ouvraient le feu, dès le 19 mai, sur un navire fédéral, et celles qui étaient en construction sur la rive droite du Potomac menaçaient de bloquer bientôt la navigation de ce fleuve, par lequel se faisaient tous les approvisionnements de la capitale. Enfin, le 23 mai, tandis que la majorité des électeurs de la Virginie, remplissant une vaine formalité, sanctionnait l'acte de séparation, qu'on avait mis à exécution sans attendre leur verdict, les milices de l'État se réunissaient à Harpers-Ferry pour occuper définitivement ce point important et achever leur organisation. Placées sous le commandement de Johnston, l'un des deux généraux de ce nom qui, un mois auparavant, avaient quitté le service fédéral, elles devaient servir de noyau à l'une des armées de l'insurrection. C'était le premier corps organisé qui menaçait les autorités fédérales à Washington et dans le Maryland.

Le Kentucky, de son côté, hésitait encore, et son alliance était si importante, qu'aucun des deux partis n'osait violer sa neutralité, de peur de s'en faire un ennemi.

Les esclavagistes du Missouri, désespérant d'entraîner leur État dans la cause du Sud, avaient cherché au moins à en exclure les fédéraux. Sterling Price, celui que nous avons déjà rencontré dans le Nouveau-Mexique, et dont nous aurons encore souvent à parler, arracha, le 21 mai, à la faiblesse du général fédéral Harney un traité qui garantissait la neutralité de cette vaste contrée ; mais M. Lincoln, mieux avisé, refusa de le sanctionner.

La Caroline du Nord, qui avait été la dernière à entrer dans l'Union, fut aussi la dernière à la quitter pour se joindre aux confédérés ; mais, entourée de toutes parts par ceux-ci, elle se laissa enfin entraîner, et, le 20 mai, sa convention proclamait la sécession.

Le congrès de Montgomery, pendant ce temps, consolidait la nouvelle confédération ; qu'il représentait, et prenait des mesures énergiques pour se préparer à la guerre. Le 16 mai, il avait ordonné l'émission de billets pour une valeur de vingt millions de dollars. Le 21, il chercha à appliquer par deux décrets un système ingénieux pour augmenter ses ressources financières. Le premier dispensait tous les commerçants du Sud de payer leurs créanciers du Nord; mais, au lieu de leur remettre leurs dettes, il prétendait les confisquer à son profit. Comme on peut le croire, aucun d'entre eux ne voulut se conformer à cette prescription, qui ne diminuait pas leurs charges et les laissait sous le coup d'une seconde revendication. L'autre décret avait pour but de concentrer entre les mains du gouvernement toute la puissance que donnait la possession du coton. L'exportation par mer ou par terre de ce précieux produit lui était réservée à l'exclusion des particuliers. Il achetait à ceux-ci le coton, les payait avec des bons qu'il avait le pouvoir d'émettre en nombre illimité, et se proposait ensuite de l'expédier en Europe, pour l'échanger contre de l'or, avec lequel il se procurerait les armes et les équipements dont il avait besoin.

Ce commerce lucratif ne put être complétement empêché par le blocus; mais, comme il rencontra de nombreuses entraves, la combinaison financière du gouvernement confédéré fut habilement développée plus tard, aux dépens des capitalistes anglais, au moyen de ce que l'on appela l'Emprunt du coton : marché par lequel le gouvernement obtint sur la place de Londres une grosse somme en espèces, dont nous dirons plus tard l'usage, en offrant pour toute garantie ces cargaisons de coton accumulées dans ses ports et à l'exportation desquelles des croiseurs fédéraux mettaient obstacle.

La ligne qui allait séparer les belligérants commençait donc à être nettement définie. Il ne restait plus aux insurgés aucune propriété nationale à saisir sur leur sol; des combats de rues avaient décidé du sort des deux grandes villes qu'ils auraient pu, au premier moment, entraîner avec eux. Le gouvernement fédéral savait désormais où étaient ses amis et ses ennemis, avantage qu'il avait payé bien cher, il est vrai. Ces tristes préliminaires étaient accomplis avant la fin de mai, et, dans tous les États qui avaient proclamé la séparation, le drapeau fédéral ne flottait plus que sur trois points isolés de la côte, les forts Mac-Raë, Monroë et les forts des îlots jumeaux de Key-West et de Garden-Key. En un mot, sauf deux langues de sable et deux rochers déserts, cet immense territoire était tout entier à reconquérir.

Aucun des deux gouvernements toutefois ne se

faisait une idée exacte de la tâche qu'il avait devant lui et des moyens à employer pour l'accomplir. M. Davis et ses conseillers ne pouvaient savoir si une seule victoire leur ouvrirait les portes de la Maison-Blanche et mettrait à leurs pieds le Nord découragé : fallait-il donc tenter hardiment de porter la guerre au cœur du pays ennemi, ou bien se maintenir partout sur la défensive? Le choix entre ces deux tactiques devait dépendre pour eux de la résolution et des ressources morales de leur adversaire ; et celui-ci ne les connaissait pas lui-même. Pour le gouvernement fédéral, le devoir était clair : il fallait réprimer l'insurrection ; mais aucun précédent ne permettait d'apprécier l'étendue de cette entreprise. Un pouvoir inconstitutionnel, formé sous le nom de gouvernement confédéré, avait saisi les propriétés nationales et s'opposait à la levée des douanes et à l'exercice de la justice fédérale. Suffirait-il de reprendre possession des forts, des arsenaux et des monnaies, de rétablir les douaniers et de disperser le soi-disant gouvernement? Ou faudrait-il reprendre pied à pied, depuis le Potomac jusqu'au Rio-Grande, ces vastes contrées dont les plus grandes armées ne pourraient suffire à garder tous les points? Aurait-on à faire une promenade militaire ou une guerre de conquête? Personne ne pouvait le prévoir; mais, au nord comme au sud, l'on était persuadé qu'en tout cas la lutte ne serait pas de longue durée, et que les premiers coups trancheraient la question : personne ne croyait que les volontaires appelés par M. Lincoln, pour trois ans ou la guerre, verraient expirer au milieu des combats le terme de leur engagement; chacun des deux partis ignorait les sacrifices dont son adversaire était capable.

Quoiqu'on ne fût encore, d'aucun côté, en état d'entreprendre une guerre sérieuse, on était donc, de part et d'autre, pressé d'en venir aux mains.

Le congrès confédéré, en s'ajournant le 23 mai, avait décidé qu'il se réunirait à Richmond le 20 juillet. Le 27 mai, M. Davis se transportait, avec tout son gouvernement, dans la capitale de la Virginie, liant ainsi à sa cause d'une manière indissoluble ce puissant État. Il venait en même temps braver le gouvernement fédéral en s'établissant aussi près qu'il était possible du Capitole, et hâter par là l'explosion des hostilités sur le sol de l'État qui avait si imprudemment réclamé l'honneur de posséder le gouvernement central de la nouvelle République. Aussi, tandis que, dans l'ouest, les tentatives sécessionistes, se maintenant au niveau d'une guerre de partisans, ne dépassaient pas la rive droite du Missouri; que le Kentucky attendait, pour se régler sur eux, les arrêts de la fortune; qu'enfin la Virginie occidentale, fidèle à l'Union, éloignait des bords de l'Ohio le théâtre de la lutte, la position des deux capitales hostiles devait, pour leur protection mutuelle, amener les premières armées dans l'étroit espace qui les séparait. C'est entre le Potomac et le James-River qu'allaient avoir lieu naturellement les premiers engagements sérieux.

La formation d'un corps de troupes sous Johnston, à Harpers-Ferry, prouvait que les autorités de Richmond l'avaient bien compris. Elles réunissaient en même temps les nouvelles levées, aussi secrètement que faire se pouvait, dans la position si célèbre depuis de Manassas-Junction. Ces deux points couvraient Richmond de toute attaque; ils menaçaient en même temps le Maryland d'un côté, et Washington de l'autre. Harpers-Ferry était la clef de la grande vallée de la Shenandoah, qui pénètre au cœur de la Virginie, et Johnston était ainsi maître des deux lignes ferrées qui là se séparent pour remonter, l'une au sud le cours de la Shenandoah, et l'autre à l'ouest la rive droite du Potomac. L'occupation de Manassas-Junction, à quarante kilomètres seulement de Washington, était une garantie que le premier combat aurait lieu plus près de cette ville que de Richmond : elle donnait aux confédérés le commandement du seul chemin de fer qui reliât les deux capitales et d'un embranchement qui, pénétrant par Manassas-Gap dans la vallée de la Shenandoah, assurait des communications faciles avec Harpers-Ferry.

Le gouvernement fédéral se préparait également à la lutte sur différents points de la Virginie. Le 22 mai, Butler arrivait au fort Monroë, où il allait bientôt recevoir des renforts considérables, car on appréciait enfin l'importance de cette position. Il y trouva un certain nombre de nègres qui s'étaient enfuis des plantations voisines; ayant besoin de travailleurs pour fortifier les abords de la position, il les employa à cet ouvrage en leur donnant des vivres et un certain salaire. Leurs propriétaires vinrent les réclamer. Cet incident posait ainsi, dès le début de la guerre, la question même qui en avait été l'occasion. Rendre les esclaves eût été froisser tous les sentiments d'équité du Nord, qui, depuis la sécession, ne se sentait plus obligé de faire au Sud les concessions auxquelles il se prêtait auparavant pour maintenir l'union ; les déclarer libres eût été dépasser le programme de M. Lincoln, qui ne se reconnaissait le droit de combattre les insurgés que pour défendre la Constitution, et non pour intervenir dans les institutions particulières des États. Butler avait toujours été l'adversaire politique du parti républicain : il refusa néanmoins de rendre les fugitifs et trouva un moyen ingénieux de réserver la question de principe, en déclarant que, comme ils étaient la propriété de l'ennemi et pouvaient être employés par lui à des travaux militaires, il les saisissait à titre de contrebande de guerre. Ce nom de *contraband* fut depuis lors donné aux nègres qui venaient demander protection au drapeau fédéral, même après le jour où leur émancipation eut été proclamée. Le 27 mai, Butler achevait de s'établir solidement autour du fort Monroë, en occupant la pointe de Newport-News, qui commande le meilleur ancrage des environs.

Washington, pendant ce temps, était mis à l'abri du coup de main que ses ennemis méditaient depuis six semaines. De grands ouvrages de terre s'élevaient sur les hauteurs qui entourent la ville du côté du Maryland ; mais ils ne pouvaient suffire à la protéger. Sur la rive opposée du Potomac, se trouve une autre ligne de collines qui commandent entièrement la capitale de l'Union, terrain accidenté et couvert de forêts magnifiques, où les mouvements de troupes peuvent facilement se dissimuler. Ces collines, dont la principale est couronnée par Arlington-House, alors la propriété du général Lee, descendent en pente douce jusqu'au Potomac, depuis le point où ce fleuve commence à ressentir l'influence de la marée, jusqu'à la petite ville d'Alexandria, où il devient navigable pour de grands bâtiments. Elles sont reliées à la rive opposée par le pont du canal de l'Ohio à Georgetown et par le Long-Bridge, long pont de bois qui se trouve en face de Washington ; autrefois, elles faisaient partie du district de Colombie, territoire fédéral placé sous la juridiction exclusive du Congrès ; mais toute la rive droite du Potomac avait été rétrocédée à la Virginie. Il fallait occuper ces collines et les fortifier. Le 24 mai, plusieurs régiments quittèrent secrètement Washington et s'emparèrent de toute la ligne des hauteurs depuis Georgetown jusqu'à Alexandria. On n'aperçut que quelques cavaliers confédérés dans cette dernière ville. La population, qui était entièrement sécessioniste, ne fit qu'une résistance insignifiante ; mais le colonel Ellsworth, jeune officier fédéral, qui donnait de grandes espérances, fut assassiné au moment où il enlevait du toit d'une maison un drapeau confédéré, et la mort tragique de cet officier, la première nouvelle de ce genre qui fut connue dans le Nord, y causa une vive émotion. Les troupes fédérales se mirent aussitôt en devoir de retrancher les positions qu'elles occupaient : en peu de jours, elles les couvrirent d'une série de redoutes et d'épaulements, qui, bien que dessinés à la hâte, suffisaient pour les mettre en état de défense. A mesure que les régiments de volontaires arrivaient à Washington, ceux qui semblaient le mieux en état de prendre la campagne étaient envoyés sur la rive droite du Potomac. Il y avait donc enfin auprès de la capitale, sinon une armée, du moins un vaste rassemblement d'hommes armés. Le commandement de ces troupes fut donné au major Mac Dowell, qui occupait depuis longtemps un poste important dans l'état-major du général Scott. C'était une tâche difficile, mais Mac Dowell avait autant d'expérience de la guerre qu'un officier américain avait pu en acquérir; il connaissait bien son métier, et avait beaucoup trop de sens pour partager sur les qualités de ses soldats les illusions qui prévalaient alors autour de lui.

Le gouvernement de Richmond déployait une activité extraordinaire pour opposer à Mac Dowell des forces supérieures à celles dont celui-ci pouvait disposer. Le 1er juin, Beauregard, qui après la prise de Sumter était devenu, trop tôt pour sa propre réputation, le général favori du Sud, était nommé commandant du département dit d'Alexandria, comprenant tout l'espace qui s'étend entre Richmond et Washington. Il trouvait une petite armée déjà rassemblée à Manassas-Junction. Ce jour-là même, les premiers coups étaient échangés entre les deux partis sur le sol de la Virginie. Un détachement de cavalerie régulière fédérale pénétrait jusqu'au village de Fairfax-Court-House, à l'ouest d'Alexandria, et en délogeait un poste ennemi, tandis que quelques pièces d'artillerie confédérée repoussaient un navire unioniste qui tentait d'opérer un débarquement à Acquia-Creek : ce dernier point, situé sur la rive gauche du bas Potomac, est la tête de ligne d'un chemin de fer conduisant directement à Richmond par Fredericksburg.

Les deux armées se sentaient désormais assez fortes pour défendre les positions qu'elles avaient choisies, mais elles n'étaient pas encore en état de prendre l'offensive. C'est un peu plus à l'ouest, dans la Virginie occidentale, que les premiers engagements sérieux allaient avoir lieu. Ce district, comme nous l'avons dit, était resté fidèle à l'Union et avait refusé de se soumettre à l'ordonnance de séparation votée par la convention de l'État. Les autorités de Richmond ne pouvaient tolérer cette sécession, opposée à celle qu'elles venaient de proclamer : c'eût été un démenti à la prétendue unanimité du Sud. Des renforts furent envoyés, à travers les Alléghanies, à leurs rares partisans qui avaient déjà pris les armes, et les milices virginiennes firent un mouvement pour s'emparer du seul chemin de fer de cette contrée, la ligne du Potomac à l'Ohio, qui était fort utile aux fédéraux pour maintenir les communications entre la Pennsylvanie et les États du centre. C'était plus qu'il n'en fallait pour appeler ceux-ci et justifier leur intervention. Le général Mac Clellan, qui employait ses rares facultés d'organisation à former une armée sur les rives de l'Ohio, fit occuper le 26 mai la petite ville de Wheeling, située tout à fait au nord de la Virginie occidentale et désignée comme le rendez-vous des représentants de cette contrée ; aussitôt après, il dirigea le peu de troupes dont il pouvait disposer alors sur les points qu'il était le plus nécessaire de défendre au sud de cette ville. Par un singulier hasard, le général Lee, qui devait être son redoutable adversaire dans les grandes batailles livrées un an après autour de Richmond, avait été envoyé pour le combattre dans la Virginie occidentale. Lee n'avait que peu de troupes autour de lui, et ne trouvait aucun appui parmi les habitants auxquels il voulait imposer la domination de M. Davis. Néanmoins, comprenant l'importance du chemin de fer de l'Ohio, il avait détaché le colonel Porterfield, avec quinze cents hommes, pour occuper cette ligne à Grafton. A l'approche des fédéraux, les confédérés abandonnèrent ce poste et se retirèrent plus au sud, au bourg de Philippi. Les unionistes comptaient environ cinq mille hommes; ils résolurent de surprendre Porterfield, et, afin de l'envelopper, ils formèrent deux colonnes, qui se mirent en route le 2 juin au soir. Celle qui avait le moindre chemin à faire parvint devant les positions ennemies le 3 au matin; mais l'autre, s'étant égarée, au lieu de couper la retraite de Porterfield, arriva sur son flanc, et tout ce qu'elle put faire fut d'accélérer sa déroute. La manœuvre tentée en cette occasion par les fédéraux pour envelopper l'ennemi devait être, comme on le verra, la combinaison favorite de tous les généraux improvisés, qui ne savaient faire des plans de campagne que sur le papier. Ils auraient pu reconnaître en cette occasion combien elle est hasardeuse et de difficile exécution. Cependant, ils avaient réussi avec des pertes insignifiantes à dégager une partie considérable de la Virginie occidentale et particulièrement le chemin de fer de l'Ohio.

Ce léger succès exagéra la confiance des autres commandants fédéraux et stimula leur ardeur. Butler, qui avait alors quatre ou cinq mille hommes sous ses ordres autour du fort Monroë, voulut aussi avoir son combat. La péninsule, étroite et coupée par des ruisseaux profonds et marécageux, qui sépare l'embouchure du York-River de celle du James, était occupée par quelques troupes confédérées sous les ordres d'un excellent officier qui avait appartenu à l'armée régulière, le colonel Magruder. Il leur était facile de s'y défendre, et les fédéraux n'avaient aucun intérêt à s'étendre de ce côté. Le seul point qu'il eût été avantageux pour eux de posséder était la petite ville de Yorktown, célèbre par son siège et la capitulation de l'armée anglaise sous Cornwallis, car elle commandait l'entrée du bras de mer qui, sous le nom de York-River, s'étend profondément dans les terres dans la direction de Richmond. Butler devait savoir que Magruder l'avait mise en état de défense, et qu'à moins d'un siége régulier, auquel il ne lui était pas permis de songer, il ne pourrait s'en emparer. Mais aucune direction militaire d'ensemble ne présidait alors à l'emploi des nouvelles levées que le gouvernenent fédéral envoyait à la hâte sur les points les plus menacés; et Butler prit sur lui de faire attaquer Magruder dans ses positions en avant de Yorktown, sur la force desquelles il n'avait que de vagues renseignements. Après avoir fait le plan de cette opération, il resta lui-même au fort Monroë, et en confia l'exécution au général Peirce, avec deux mille cinq cents hommes et deux pièces de canon. Cette petite troupe était divisée en deux colonnes, venant l'une du fort Monroë, et l'autre d'un camp établi à Newport-News. Parties dans la nuit du 9 au 10 juin, elles devaient se rencontrer au point du jour au hameau de Little-Bethel, où l'on croyait trouver les confédérés. Elles arrivèrent en effet exactement au rendez-vous ; mais l'ennemi n'y était pas, et, les précautions nécessaires pour se reconnaître ayant été omises, chacune des colonnes prit l'autre pour un détachement confédéré : une fusillade s'engagea entre elles, et fit un certain nombre de victimes avant que l'on s'aperçût de cette erreur. Apprenant que Magruder était venu l'attendre à peu de distance de là, à Big-Bethel, Peirce se mit en marche pour l'attaquer. Mais le malentendu qui venait d'avoir lieu avait ébranlé la confiance de ses soldats et des quelques officiers réguliers qui se trouvaient avec lui : ceux-ci voyaient bien qu'avec des troupes aussi inexpérimentées toute opération sérieuse était impossible. Magruder, avec dix-huit cents hommes, occupait une forte position en avant de Big-Bethel, sur les bords d'un ruisseau marécageux. Le pont sur lequel la route du fort Monroë à Yorktown passait ce ruisseau était défendu, en arrière de l'obstacle, par deux petits ouvrages où se trouvaient quelques canons de campagne. Dès que les fédéraux se montrèrent à découvert près des marais, les premières décharges de l'ennemi les firent reculer dans les bois voisins : il fallut à leurs chefs plus de deux heures pour les mettre en état de revenir à la charge. Pendant ce temps, leurs trois canons, habilement dirigés par le lieutenant Greble, jeune officier régulier, soutenaient seuls le combat. Enfin, Peirce tente une attaque sérieuse et divise pour cela sa petite troupe en trois détachements. Une partie de celui du centre, conduit par quelques officiers réguliers, traverse le ruisseau et déloge un moment l'ennemi de l'un de ses ouvrages; mais il ne peut se maintenir, car il n'est pas soutenu par le reste de la ligne, où règne la plus grande confusion. Les colonnes de droite et de gauche se sont arrêtées avant le ruisseau, l'une parce qu'elle le croyait impraticable, l'autre parce qu'elle a pris une de ses propres compagnies pour un corps ennemi menaçant de la tourner. En vain Peirce, à la tête de ses réserves, traverse-t-il hardiment le marécage à son extrême droite, les confédérés concentrant contre lui tout leur effort l'obligent bientôt à le repasser. L'attaque était manquée ; et malgré l'insignifiance des pertes, les soldats étaient découragés. Heureusement pour eux, un renfort de deux petits bataillons, arrivant à propos, empêcha la retraite de devenir une déroute ; et Greble, restant le dernier avec ses canons sur le chemin suivi le matin par les assaillants, ne permit pas à l'artillerie ennemie de l'enfiler. Il se fit tuer en protégeant ses compagnons. Les fédéraux n'avaient eu que trente-six morts et trente-quatre blessés, dont un nombre relativement considérable d'officiers : Greble et le major Winthrop étaient des premiers ; parmi les seconds se trouvait un autre régulier, le capitaine Kilpatrick, dont le nom, déjà cité plus haut, reparaîtra souvent dans le récit de la guerre. Pendant que les soldats de Peirce se repliaient rapidement sur le fort Monroë, Magruder ne songeait guère à les poursuivre, et, n'ayant, lui aussi, que peu de confiance dans ses troupes, il se décidait, malgré son succès, à se retirer jusqu'à Yorktown.

Des engagements analogues et aussi peu sanglants servaient partout comme de prélude à la guerre meurtrière qui allait y succéder. Mais ceux dont le Missouri fut alors le théâtre suffirent pour assurer aux fédéraux la possession d'un territoire aussi grand que cinq ou six départements français. Lyon avait, le 29 mai, remplacé dans le commandement des troupes fédérales le général Harney, destitué pour avoir conclu le traité de neutralité avec Sterling Price. L'État du Missouri était désormais irrévocablement partagé entre les unionistes et leurs ennemis. Le gouverneur Jackson, partisan de ces derniers, s'appuyait sur la législature et sur Price, qui commandait les milices sécessionistes. La convention de l'État s'était, au contraire, prononcée en faveur de l'Union, et c'est en vertu de ses décrets que les volontaires fidèles à la Constitution se rassemblaient dans les camps établis par Lyon. Le 12 juin, Jackson et sa législature, réunis à Jefferson-City sur le Missouri, capitale officielle de l'État, avaient lancé une véritable déclaration de guerre contre les autorités fédérales et tous ceux qui reconnaissaient leur pouvoir. Lyon résolut de répondre à cette provocation en les délogeant de cette ville et de dégager ainsi tout le cours du Missouri. Un détachement, envoyé par lui jusqu'à la rivière de la Gasconnade, ayant fait croire à ses adversaires qu'il suivait la ligne du chemin de fer, ils se préparèrent à le recevoir de ce côté et coupèrent tous les ponts pour l'arrêter. Mais, au lieu de prendre cette voie, Lyon s'embarqua avec deux mille hommes et tout le matériel nécessaire pour une longue campagne, sur deux de ces grands vapeurs qui font le service de Saint-Louis à la Nouvelle-Orléans. Il inaugurait ainsi une manière de faire la guerre qui devait jouer un grand rôle dans les campagnes suivantes. Price et Jackson, surpris par cette manœuvre inattendue, abandonnent Jefferson-City, où les fédéraux arrivent le 15 juin, et ils se retirent à Booneville, situé à soixante kilomètres plus haut sur le Missouri. Lyon les poursuit sur ses navires, arrive le 18 près des positions occupées par l'ennemi, débarque ses soldats et les mène vigoureusement à l'attaque : après un court engagement, il met en désordre et disperse les troupes sécessionistes. Les pertes du combat de Booneville furent insignifiantes de part et d'autre; mais les confédérés, désorganisés, furent obligés de s'enfoncer au sud dans l'intérieur de l'État du Missouri, en abandonnant à Lyon les deux rives du fleuve.

Dans la Virginie occidentale et sur le haut Potomac, les deux partis continuaient à guerroyer. Le combat de Philippi avait dégagé les districts du Nord-Ouest et une convention de la Virginie occidentale se réunissait à Wheeling pour donner à cette contrée l'organisation d'un État indépendant. Cependant, les confédérés, reprenant courage, cherchaient de nouveau à intercepter la grande ligne du chemin de fer de l'Ohio. Un petit corps avait été réuni à Romney, et menaçait sur cette ligne la station de Cumberland. Le colonel fédéral Wallace, qui occupait cette station, alla le 11 juin, l'attaquer à Romney, le surprit, grâce à une longue et difficile marche de nuit, et revint après l'avoir dispersé. Un peu plus à l'est, à Harpers-Ferry, les forces de Johnston grossissaient d'une manière inquiétante pour les fédéraux. Au commencement de juin, plus de douze mille hommes étaient déjà rassemblés sous ses ordres ; il occupait, sur la rive opposée du Potomac, la position formidable de Maryland-Heights, qui lui permettait, tout en couvrant l'entrée de la vallée de la Shenandoah, de s'étendre dans le Maryland et de menacer ou Washington ou la Pennsylvanie. Afin de protéger ce dernier État, le général Patterson avait réuni à Chambersburg tous les volontaires et les milices disponibles. Lorsque ses forces s'élevèrent à une quinzaine de mille hommes, il marcha vers le Potomac pour inquiéter à son tour Johnston dans Harpers-Ferry. Le peu de confiance que des généraux tels que Johnston avaient alors en leurs troupes fit que, dans ces premiers temps, les marches et les contre-marches jouèrent un rôle plus importan que les engagements, volontiers évités de part et d'autre. Craignant d'être tourné, le général confédéré évacua le 13 juin Maryland-Heights et Harpers-Ferry, après avoir détruit le canal de l'Ohio, le grand pont du chemin de fer et tout ce qui dans l'arsenal avait échappé à l'incendie du 18 avril; il se retira à quelque distance de là, près de la petite ville de Charlestown. Patterson, hâtant sa marche, avec neuf mille hommes, traversait à gué le 16 juin le Potomac, près de Williamsport, au-dessus de Harpers-Ferry, qu'il occupait peu de temps après. Ce mouvement permettait aux fédéraux de se rendre maîtres de toute la ligne de fer de Baltimore à l'Ohio, qui, à Harpers-Ferry, passe sur la rive droite du Potomac : il suffisait pour cela de pousser Johnston sur Winchester et de donner la main par quelques postes aux troupes de Wallace à Cumberland. Mais les hésitations et les ordres contradictoires du gouvernement de Washington, qui entravèrent si souvent les opérations des généraux fédéraux, firent perdre tout le fruit de l'occupation de Harpers-Ferry. A peine Patterson s'y trouvait-il, que Scott, craignant toujours pour la sécurité de la capitale, lui commanda d'envoyer à Washington la plus grande partie de ses forces. Obéissant à regret à cet ordre inopportun, Patterson dut, dès le 18, repasser le Potomac et se replia, par Williamsport, dans le Maryland, avec une dizaine de mille hommes à peine armés, sans artillerie, et sans cavalerie. Sa retraite laissait Wallace à Cumberland dans une position difficile, et enhardit les confédérés réunis au milieu des vallées des Alléghanies, qui débouchent sur le haut Potomac. Quatre mille d'entre eux occupèrent de nouveau Romney et détruisirent le pont du chemin de fer de l'Ohio sur le New-Creek : ils coupaient ainsi toute communication entre Wallace et Mac Clellan, qui était venu le 23 à Grafton préparer la campagne sérieuse dont la Virginie occidentale devait voir les débuts quinze jours après. Mais, quoique menacé de tous les côtés, Wallace réussit à tenir tête à l'ennemi et conserva sa position.

Dans les environs de Washington, les deux armées s'observaient à distance, si bien que, durant tout le mois de juin, elles n'échangèrent qu'une seule fois des coups de fusil. Le 17, un régiment de l'Ohio, commandé par le colonel M. Mac Cook, qui devint général fédéral, faisait une reconnaissance du côté du village de Vienna ; mais, au lieu d'éclairer sa marche, tout le régiment était monté dans des waggons ouverts et se rendait à Vienna par le chemin de fer. Le hasard fit qu'un régiment confédéré, commandé par le colonel Gregg, qui depuis fut aussi général, vint justement à passer par là, et, entendant le sifflet de la locomotive, il se mit en embuscade. Au moment où le train tournait une courbe, il reçut une décharge de mitraille tirée par deux canons placés sur la voie. Heureusement, les coups portèrent trop haut; les fédéraux sautèrent à terre, se formèrent sous le feu de l'ennemi, et, quoique surpris, ils finirent par l'obliger à se retirer, en laissant derrière lui quelques morts et un plus grand nombre de blessés. On peut, par cet incident, juger du peu d'expérience militaire des deux partis.

Enfin, sur le bas Potomac, un officier de marine, le capitaine Ward, essayait d'établir une batterie à Mathias-Point, long promontoire de la rive virginienne, d'où les confédérés tiraient constamment avec des carabines ou des pièces de campagne sur les navires qui remontaient le fleuve; mais il fut repoussé et perdit lui-même la vie dans cette tentative.

Nous arrêterons à la date du 4 juillet ce chapitre destiné à servir de transition entre les événements politiques qui suivirent l'élection présidentielle et les véritables faits de guerre dont le prochain livre commencera le récit. Le nouveau Congrès était convoqué pour le 4, et, au moment où il se réunissait, les volontaires qui avaient répondu à l'appel de M. Lincoln atteignaient déjà le chiffre de 300,000. Dans tous les États du Nord, les régiments se recrutaient et s'organisaient. L'ardeur militaire s'était emparée de tous les esprits.

Il nous faut, avant de voir ces soldats à l'œuvre, montrer, dans le chapitre suivant, les traits les plus caractéristiques du mouvement qui improvisa les armées fédérales.

CHAPITRE V

LES VOLONTAIRES FÉDÉRAUX.

Dans l'une de ses poétiques visions, le prophète Ézéchiel décrit une plaine déserte et silencieuse où gisent épars et desséchés des ossements innombrables. Au son de sa voix, ces débris informes s'assemblent spontanément, les squelettes se recomposent et se recouvrent de chair, enfin une parole divine, tombée des lèvres du spectateur inspiré, vient leur rendre la vie, et une multitude animée remplit cette solitude, sur laquelle planaient auparavant les ténèbres de la mort. La rapidité avec laquelle les bataillons de volontaires s'étaient recrutés, rassemblés et formés dans le Nord, peut se comparer à l'apparition de ces légions mystérieuses, se levant soudain et prenant figure et vie devant le prophète hébreu.

La brusque création de grandes armées au milieu

des États fidèles à l'Union était aussi étrange et aussi imprévue que le miracle biblique. En effet, la petite armée que nous avons vue guerroyer dans les déserts de l'Ouest conservait seule les traditions militaires; le peuple américain ignorait ses travaux et se montrait indifférent à ses succès. Les habitants des grandes villes de l'Est n'avaient jamais vu une compagnie de réguliers, et ne connaissaient de l'armée nationale qu'un petit nombre d'invalides, gardiens solitaires des forts fédéraux. Tout ce qui concernait l'armée avait été négligé, et les bureaux de la guerre végétaient à Washington dans une misérable bâtisse, tandis que les autres administrations habitaient des palais de marbre.

Les uniformes ne manquaient pas cependant aux fêtes nationales. A la suite des vétérans de 1812, aux costumes bigarrés, on voyait défiler dans ces occasions des régiments de milices, riches en officiers et en musiciens. Mais ces corps, qui devaient plus tard illustrer dans la guerre les numéros qu'ils portaient, n'étaient alors que des troupes de parade, nullement exercées au métier militaire. L'esprit gaulois, toujours moqueur, avait saisi le côté plaisant de cet inutile étalage d'épaulettes et de tambours, et les officiers du 55e New-York, qui, à l'heure du danger, prodiguèrent pour leur nouvelle patrie le sang français, sous la direction d'un chef habile et vaillant, M. de Trobriand, s'étaient décerné à eux-mêmes, dans l'un des repas de corps qui terminaient toujours ces cérémonies, le titre joyeux de « Gardes Lafourchette ». La foule, charmée par un brillant spectacle, répétait machinalement les statistiques officielles, d'après lesquelles les milices nationales auraient pu atteindre le chiffre de trois millions et soixante-dix mille hommes. Si quelques-uns se rappelaient par moments la conduite des milices de 1776 et de 1812, ils l'oubliaient aussitôt en se disant que jamais ces troupes n'auraient à affronter les épreuves de la guerre. Les hommes qui se sentaient une vocation véritable pour les études militaires étaient obligés, comme Sherman, de chercher, comme professeurs dans les colléges spéciaux fondés par les États du Sud, l'occasion de mettre leurs connaissances à profit.

Mais, lorsque les événements que nous venons de raconter eurent ouvert les yeux des moins clairvoyants, la formation de l'armée chargée de défendre la Constitution fut considérée comme une affaire nationale. Chacun se mit à l'œuvre avec le sentiment que le devoir pour lui était d'agir, non d'attendre un mot d'ordre.

Le système administratif de l'Amérique laisse une large part à l'initiative locale et individuelle : il s'appuie sur elle sans l'entraver en la réglementant. Le pouvoir central n'a pas sous ses ordres une armée de fonctionnaires publics, investis, aux yeux d'une population docile, d'un caractère presque sacré; il ne possède pas ces mille bras qui chez nous s'allongent tous à un signal donné pour frapper en même temps à la porte de chaque citoyen et au besoin le pousser un peu rudement par l'épaule. Une fois la levée votée par le Congrès ou proclamée par le Président en vertu de pouvoirs extraordinaires, l'autorité fédérale n'intervient plus dans son recrutement et n'a qu'à recevoir les régiments réunis dans les divers États, selon la quote-part qu'elle leur a assignée. Ces États eux-mêmes n'ont pas un personnel administratif plus compliqué. Le contrôle constant des citoyens, dont partout les magistrats tiennent leur autorité, modère l'influence corruptrice du favoritisme, déguisé sous le nom anglais de patronage, que le changement constant des fonctionnaires élus tend à développer. Aussi, tandis que le pouvoir fédéral n'entrave pas la liberté du pouvoir local, celui-ci, à son tour, se borne à diriger les citoyens là où leur action individuelle ne peut plus suffire.

Chacun s'empressa donc de répondre au premier appel adressé par le Président aux différents États de l'Union après la prise du fort Sumter. Le patriotisme, l'ambition, la vanité, l'esprit de spéculation entrèrent en lice et contribuèrent, quoique inégalement, à stimuler le mouvement national. L'esprit ingénieux, pratique et calculateur de l'Américain ne négligea aucune ressource pour hâter la prompte formation de ces volontaires que le danger national réclamait si impérieusement. Des bureaux d'engagement ouverts jusque dans les moindres villages deviennent bientôt le rendez-vous habituel de toute la population. Les uns par goût pour les aventures, les autres par dévouement à la Constitution, d'autres enfin pour témoigner de leurs convictions abolitionistes, s'inscrivent sur les registres comme simples soldats. Ceux qui ont une influence suffisante entreprennent de lever une compagnie, un régiment, parfois même une brigade entière. Ainsi le gouverneur, chef du pouvoir exécutif dans chaque État, promet à tel avocat ou négociant le grade de colonel, si, dans un certain délai, il a réussi à réunir un régiment. Celui-ci, muni de la simple autorisation nécessaire pour une opération qui ailleurs exigerait le concours d'une multitude de fonctionnaires divers, s'entend avec ses amis et s'adresse au public, selon la mode du pays. Moyennant l'espoir de l'épaulette ou la promesse du monopole lucratif de la cantine, il trouve des associés qui s'engagent chacun à lui amener un certain nombre de volontaires. Des affiches gigantesques, collées aux murs, ou tendues en travers des rues, s'imposent aux regards des passants, tantôt leur énumérant les avantages du régiment qui les appelle dans ses rangs, tantôt leur représentant sur une toile, où tout est fumée et carnage, quelque action héroïque qui leur est proposée pour modèle. Mais ce n'est pas seulement aux instincts guerriers du public que l'on s'adresse. Les nouveaux engagés sont envoyés dans les rues pour l'éblouir et l'attirer par leurs brillants uniformes : celui des zouaves, quoique souvent disgracieux sur la charpente osseuse et les longs membres des Américains, a cependant le plus grand succès. Tel régiment de grosse artillerie, qui fut depuis l'un des plus éprouvés à la terrible bataille de Gettysburg, cherche à augmenter le nombre de ses recrues par des annonces, que l'on ne prend pas, il est vrai, au pied de la lettre, mais qui méritent d'être citées comme la plus étrange promesse que l'on puisse adresser à de futurs soldats. On y lit que, « ce corps devant toujours tenir garnison dans les forts de Washington, il offre à ceux qui veulent entrer au service militaire l'inappréciable avantage d'être exemptés des épreuves et des privations de la vie des camps ». Au contraire, le souvenir de la panique de quelques troupes de l'Indiana à la bataille de Buena-Vista s'étant toujours conservé dans cet État et lui ayant été amèrement reproché, plusieurs régiments de volontaires inscrivirent sur leurs programmes ces mots : « Rappelons-nous Buena-Vista, » se promettant ainsi d'effacer cette tache par leur conduite sur de nouveaux champs de bataille.

L'initiative individuelle cherchait parfois à s'affranchir même du faible contrôle des autorités de l'État. Certains corps furent offerts directement au Président par ceux qui les avaient levés. Telle fut la brigade dite *Excelsior*, composée de cinq régiments levés en quelques semaines à New-York, par un ancien diplomate, M. Sickles. Le gouverneur de l'État insista pour les faire entrer dans son contingent. M. Sickles, pour se soustraire à son autorité, fit l'appel de sa brigade sur les glacis d'un fort soumis à la juridiction fédérale et partit aussitôt après pour Washington. La querelle dura longtemps, mais enfin des réclamations unanimes décidèrent M. Lincoln à incorporer ces troupes indépendantes dans les contingents particuliers des États où elles avaient été levées : ce n'était que justice, car, si elles n'avaient pas été comprises dans la quote-part de chacun de ces États, leur concurrence aurait élevé la prime d'engagement, diminué le nombre d'hommes disponibles et hâté ainsi le moment où la conscription serait devenue nécessaire. Mais, lorsque cette question fut tranchée, la brigade Excelsior avait déjà été réduite de moitié par le feu de l'ennemi et les fatigues de la guerre.

Peu de jours avaient suffi pour prouver que la généreuse indignation soulevée dans le Nord par la nouvelle de la prise du fort Sumter n'était pas une effervescence passagère, et qu'il était résolu à soutenir ses paroles par des actes.

Les soldats affluaient de toutes parts, grâce aux procédés divers, simples et expéditifs, que nous venons d'esquisser. Le bureau d'engagement recevait, on doit bien le penser, les variétés les plus diverses de l'homme civilisé. Mais, en général, les volontaires qui répondirent au premier appel de M. Lincoln furent bien inférieurs en qualité à ceux qui composèrent les levées suivantes. La population aisée ou laborieuse du Nord, n'ayant pas encore reconnu le devoir de quitter ses occupations pour se sacrifier sur les champs de bataille, ces volontaires étaient ramassés parmi les gens désœuvrés des villes et des campagnes; ils étaient indisciplinés, parce que le terme trop court de leur engagement ne leur permettait pas de prendre leur profession au sérieux, et ne se faisaient aucune idée des épreuves et des fatigues auxquelles tout soldat doit être préparé; ils ressemblaient beaucoup, en un mot, à ces miliciens de la guerre de l'Indépendance, qui causèrent tant de soucis au général Washington. On en vit même quelques-uns quitter leur poste la veille du combat, parce que l'heure précise où expirait leur engagement venait de sonner. Ces hommes formaient une partie considérable de l'armée qui se rassembla en juin à Washington, sous les ordres de Mac Dowell.

La grandeur du péril, enfin démontrée, appela sous les drapeaux, par la seconde levée, une classe d'hommes bien différents. Il ne s'agissait plus d'une promenade de trois mois, d'une simple démonstration militaire : ceux qui s'enrôlèrent alors pour trois ans savaient à quelle vie ils se vouaient, à quels périls ils s'exposaient. Qu'ils fussent animés d'un pur patriotisme, du goût des aventures ou de l'espoir du gain, c'était toujours avec une forte et sérieuse résolution qu'ils embrassaient leur nouvelle profession.

Ce n'étaient pas de bons soldats, c'étaient à peine des soldats; mais de bonne foi ils voulaient le devenir, et c'était la meilleure condition pour le devenir en effet.

La fièvre d'enrôlement, comme on disait en Amérique, s'était emparée du public, et les agents improvisés qui recevaient partout les engagements, stimulés par la concurrence, rivalisaient d'ardeur pour atteindre le chiffre normal des effectifs. L'ouvrier des villes et le laboureur de la campagne déposaient leurs instruments pour endosser l'uniforme, et les mains aristocratiques de l'homme né dans l'aisance ne craignaient pas de prendre un fusil pour la défense des lois. A côté d'eux assurément se trouvaient des hommes attirés sous les drapeaux par des motifs moins purs. La crise politique, réagissant sur les affaires commerciales, faisait chômer certaines industries; comme nous l'avons dit, le gouvernement confédéré, dont le chef s'était déjà fait connaître par la grande banqueroute de l'État du Mississipi, avait annulé toutes les créances du Nord, nouvelle cause de ruine pour bien des familles dont les fils n'avaient plus d'autre ressource que de s'engager. Outre une paye énorme, on leur promettait, comme cela s'était fait autrefois, une prime en terres à l'expiration de leur temps de service : excellente mesure qui attirait dans l'armée des hommes laborieux, et leur promettait, après la guerre, une existence assurée. Enfin, le bureau de recrutement ouvrait une carrière nouvelle à cette population malheureuse, inquiète et ambitieuse, que l'Amérique rend à l'Europe le service d'absorber à mesure qu'elle la reçoit, et qui surnage quelque temps, comme l'écume sur l'eau, dans les grandes cités de l'Union, avant de se perdre dans le grand courant qui l'entraîne vers le Far-West.

Dans une même ville chaque classe de volontaires adoptait de préférence certains régiments. Les Irlandais, batailleurs d'instinct, en formèrent plusieurs dans celles du littoral. Le goût qui les pousse à s'enrôler en si grand nombre dans l'armée anglaise devait les attirer plus naturellement encore au service d'une patrie qu'ils avaient librement adoptée. En la servant, ils se faisaient d'ailleurs d'étranges illusions, habilement entretenues par des hommes coupables qui exploitaient leur crédule imagination. Pour un grand nombre d'Irlandais, cette guerre n'était que l'occasion de se préparer à écraser l'Angleterre. Les plus éclairés d'entre eux connaissaient sans doute la vanité de ces rêves, et, d'autre part, la constitution pour laquelle ils allaient combattre ne pouvait leur inspirer cet attachement dévoué qui animait les citoyens d'origine américaine. Mais le drapeau vert de la vieille Érin, qui leur fut donné comme signe distinctif, suffisait pour les attirer, et sa vue sur les champs de bataille devait doubler leur courage. Il faut avoir passé par les épreuves de l'exil pour comprendre l'influence magique qu'exerce sur le cœur de l'homme tout symbole de la patrie lointaine, et entre eux le plus expressif de tous, le drapeau.

Les Allemands de naissance ou d'origine, fidèles à leur langue, quoique attachés à l'Amérique sans esprit de retour et généralement sans regrets, se groupaient de même dans les corps où ils pouvaient conserver les traditions et les habitudes que la vie du nouveau monde ne leur a pas fait perdre.

Les Français, peu nombreux sur cette terre envahie par les races anglo-saxonne et germanique, allèrent grossir les rangs des gardes Lafayette, et plus tard du régiment des Enfants perdus; ils y trouvèrent le pantalon garance, ce signe distinctif de notre armée, dont ils soutinrent dignement l'honneur. Quelques-uns de nos compatriotes, poussés en Amérique par le hasard des révolutions ou le désir de servir la cause de la liberté, reçurent des grades dans l'armée fédérale, qui faisait appel à tous les dévouements : ils purent, à l'ombre d'un drapeau ami de la vieille comme de la nouvelle France, oublier les querelles qui les divisaient. Quelques Espagnols, Portugais et Italiens complétaient, sans le grossir beaucoup, le contingent des races latines.

L'écume des grandes villes fut recueillie par quelques régiments aux costumes brillants, où la discipline passait pour n'être pas strictement observée. Lorsque les *Wilsons Zouaves* quittèrent New-York, on remarqua que la moyenne des crimes commis dans cette grande cité diminua de moitié. Les *Pompiers volontaires de la ville de New-York,* corps d'une turbulence proverbiale, abandonnèrent pour un temps le service de l'édilité pour former le régiment des *Fire Zouaves,* ou Zouaves du feu.

Hâtons-nous cependant de réduire à leurs justes proportions ces détails qui, frappant les yeux des Européens récemment débarqués, ont pu fausser leur opinion sur l'armée américaine. Malgré tout ce qu'ils ont pu dire, c'était une armée essentiellement nationale, tant par ses sentiments que par sa composition. Les soldats étaient pour la plupart animés du désir sincère de servir une cause nationale; et la proportion des divers éléments qu'elle réunissait représentait très-exactement la nation américaine tout entière.

On pourrait citer mille exemples de soldats et d'officiers qui, pour entrer dans l'armée régulière sacrifiaient une position lucrative. Les noms des citoyens riches, considérés, parfois âgés et entourés d'une nombreuse famille, qui avaient tout quitté pour prendre l'uniforme, abondent sur les listes des victimes de la guerre. A côté des anciens West-Pointers qui reprenaient le harnais militaire, ceux qui n'apportaient pas de connaissances pratiques tenaient du moins à donner l'exemple d'un dévouement qu'ils payèrent de leur vie, comme Wadsworth, comme Sharp et tant d'autres. Bien des villages américains montrèrent le même désintéressement que celui de Phényxville en Pennsylvanie, exclusivement habité par des forgerons, où, pendant toute la guerre, le moindre ouvrier pouvait gagner en une semaine la valeur d'un mois de solde, et qui cependant fournit à lui seul une compagnie complète.

Des exemples particuliers peuvent toujours être récusés; mais il est facile de prouver d'une manière générale qu'il faut attribuer la rapidité des enrôlements à un véritable patriotisme et non au manque d'ouvrage. Si quelques industries chômèrent, la plupart ressentirent à peine la secousse de la guerre; si le pavillon fédéral souffrit, la principale occupation des populations laborieuses de l'Amérique, la culture des céréales, continua à se développer, et, si quelques familles furent ruinées, le nouveau monde ne connut pas un seul jour ce paupérisme qui s'étale dans les États les plus civilisés de l'Europe. Le taux des salaires, déjà fort élevé, monta à mesure que les engagements dans l'armée rendirent la main-d'œuvre plus rare. L'accroissement constant des primes prouve qu'au point de vue purement commercial, les salaires de la vie civile faisaient avantageusement concurrence aux enrôlements militaires, et elles ne furent jamais pour l'immense majorité des volontaires qu'une compensation partielle des sacrifices qu'ils s'imposaient. Dans un pays où tout homme valide peut facilement gagner sa vie, et où l'abondance des produits permet d'élever presque indéfiniment le prix de la main-d'œuvre, le gouvernement n'aurait pu par aucun appât attirer sous les drapeaux les six cent mille volontaires qui répondirent en un an à son appel, si la grande majorité d'entre eux n'avait été animée d'un véritable patriotisme.

Cette armée était aussi nationale par sa composition que par son esprit : elle représentait dans une juste proportion les divers éléments de la population américaine. On a prétendu, il est vrai, que les étrangers dominaient dans ses rangs. C'est une grande erreur, mais facile au reste à expliquer : car la langue allemande ou l'accent irlandais frappaient souvent les oreilles au milieu des camps où se rassemblaient les volontaires.

Il y a dans la Pennsylvanie de vastes régions colonisées par les Allemands, avant même la guerre de l'Indépendance, dont les habitants parlent un patois germanique, mais qui, malgré le sobriquet de *Dutchmen,* donné par leurs voisins anglo-saxons, sont citoyens américains au même titre que ceux-ci. De même que ces premiers arrivés, les Européens qui continuent de venir défricher la terre vierge du nouveau monde deviennent Américains en la fécondant. Ces centaines de mille émigrants qu'elle reçoit tous les ans, qui par leur travail augmentent la richesse publique et reculent les limites de la civilisation, acquièrent par là le droit de cité, et sont aussi intéressés que les fils des anciens colons à la grandeur et au bon gouvernement de leur nouvelle patrie. Cependant, malgré les liens qui l'attachaient à cette patrie, l'élément d'origine étrangère n'a pas complétement atteint sa part proportionnelle dans la composition de l'armée nationale. Les soldats nés sur le sol du nouveau monde étaient plus nombreux dans l'armée que si elle avait été recrutée par une conscription pesant également sur tous les citoyens de l'Union.

Quelques chiffres suffiront pour confirmer cette assertion. Parmi les volontaires enrôlés dans la première année, un dixième seulement se composait d'étrangers. Les autres étaient, pour les deux tiers, nés sur le sol américain, et, pour les sept trentièmes ou un peu moins du quart, des Européens naturalisés. En examinant séparément les contingents des États de l'Est, qui retiennent peu les émigrants, on trouve une proportion bien plus forte encore d'indigènes, et elle s'éleva, en 1864, quand la conscription fut partiellement appliquée, jusqu'à 80 pour 100. Cette armée, dont les Américains natifs formaient donc les deux tiers et dont un tiers seulement était d'origine étrangère, avait été fournie par une population d'environ dix-neuf millions d'âmes. Pour savoir lequel de ces deux éléments avait contribué dans la plus forte proportion, il suffit de comparer le nombre d'hommes valides que chacun pouvait fournir. Les statistiques de 1860 ne permettent pas d'établir cette comparaison ; mais le recensement de 1863, fait dans les États loyaux pour préparer la conscription, donna un chiffre un peu supérieur à 3,100,000 pour les hommes âgés de plus de dix-huit ans et de moins de quarante-cinq ans. En ajoutant le chiffre de 900,000, représentant largement ceux qui étaient alors sous les drapeaux ou avaient été mis hors de combat, on peut affirmer que la classe d'hommes qui a contribué exclusivement au recrutement de l'armée ne dépassait pas 4,000,000 en 1861. Les tableaux de l'émigration permettent de calculer combien parmi eux étaient nés en Amérique et combien en Europe. Pendant la décade de 1849 à 1858, l'Amérique reçut environ 3,000,000 de nouveaux venus, dont 1,200,000 femmes et 1,800,000 hommes : sur ces derniers 1,370,000 étaient âgés de plus de quinze ans et de moins de trente-cinq ans. Déduisant de ce nombre le chiffre de 8,000, donné par les tables de mortalité pour la diminution de cette population depuis son arrivée en Amérique, on trouve que l'émigration avait, en dix ans, amené 1,362,000 hommes qui, à l'époque de la levée des volontaires, étaient en vie, âgés de plus de dix-huit et de moins de trente-huit ans, et par conséquent faisaient partie des quatre millions d'hommes parmi lesquels s'était recrutée l'armée américaine. Ce chiffre dépasse déjà de 31,000 le tiers de ces quatre millions; mais, pour compléter notre démonstration, il faudrait y ajouter celui de tous les Européens âgés en 1861 de plus de trente-huit et de moins de quarante-cinq ans, et de tous ceux qui, en débarquant avant 1849, étaient à cette date âgés de moins de trente-trois ans : en effet, les uns et les autres étaient compris dans les quatre millions. On voit donc que les hommes nés en Europe formaient beaucoup plus du tiers de la population mâle et valide des États du Nord, tandis qu'ils n'entrèrent que justement pour cette fraction d'un tiers dans la composition de l'armée, laissant ainsi aux Américains indigènes la plus forte proportion dans la charge commune de l'impôt du sang.

Les documents nous manquent pour continuer cette comparaison en recherchant le nombre de ces émigrants qui s'étaient fait naturaliser et de ceux qui avaient conservé leur qualité d'étrangers : elle n'aurait d'ailleurs que peu de valeur. La naturalisation s'acquiert si facilement aux États-Unis, qu'après quelques années de séjour presque tous ceux qui sont établis dans ce pays exercent les droits de citoyens. Ce fut seulement lorsque la conscription vint ajouter de lourdes charges à ces droits que ceux qui en avaient joui cherchèrent des vices de forme pour s'affranchir des obligations attachées à la qualité d'Américain. En réalité, il faut compter comme citoyens Américains tous les émigrants qui ont quitté l'Europe sans esprit de retour, selon l'expression si juste de la loi française; et le nombre de ceux qui persistent à conserver leur nationalité est tout à fait insignifiant.

On ne doit rigoureusement qualifier d'étrangers parmi les soldats fédéraux que ces derniers et les recrues qu'on alla chercher hors du territoire de la République. Ce n'est qu'en attirant des volontaires de l'Europe ou des contrées voisines des États-Unis que le gouvernement fédéral aurait pu introduire un élément étranger considérable dans les rangs de son armée. Or, malgré la vigilance passionnée avec laquelle ils ont surveillé tous ses actes, ses ennemis n'ont jamais pu prouver que de tels enrôlements aient été faits pour son compte sur une échelle importante : on ne vit rien en Amérique de comparable à la légion étrangère formée par l'Angleterre pour la guerre de Crimée. La marine a bien pu ramasser quelques matelots sur les côtes de France ou d'Angleterre, ou recevoir quelques-uns des déserteurs que chaque navire européen laisse dans les ports du nouveau monde. Sans doute aussi quelques soldats anglais des garnisons du Canada passèrent la frontière, attirés non-seulement par la prime et la haute paye, mais aussi par la position que leur assurait, dans une troupe aussi novice, leur expérience militaire. Il était facile de reconnaître, sous l'uniforme fédéral, l'ancien soldat anglais, à sa tenue irréprochable, au soin de ses armes, à la précision de ses mouvements; et, si l'ivrognerie ne le perdait pas, il devenait bientôt instructeur ou adjudant sous-officier; s'il savait lire et écrire, il obtenait même facilement l'épaulette. Mais ce n'étaient toujours là que des exemples isolés. Des agents de recrutement, espérant faire des bénéfices sur les primes, allèrent, il est vrai, en dépit du gouvernement fédéral, raccoler au Canada et en Irlande, et engagèrent des émigrants, au nom de compagnies industrielles fictives, qui comptaient les embaucher ensuite, à leur débarquement, moitié de gré, moitié de force; mais les mesures prises à New-York et ailleurs pour protéger ces émigrants contre l'exploitation dont ils étaient autrefois les victimes leur permettaient de se dégager lorsqu'ils découvraient l'imposture. Ce fut le cas du plus grand nombre, et, quoique les recruteurs fussent toujours à l'affût des plus malheureux d'entre ceux que la misère poussait d'Europe sur les rives américaines, ils eurent moins de succès parmi ces nouveaux venus que parmi les colons déjà établis depuis quelque temps aux États-Unis.

On peut donc résumer tous ces détails en affirmant que, depuis l'Américain d'origine jusqu'à l'Européen débarqué de la veille, la proportion dans laquelle les différentes classes fournirent des volontaires au gouvernement fédéral fut en raison directe de l'intérêt qu'elles prenaient aux affaires de la République, et que, plus l'émigrant était resté longtemps sur son sol, plus la part dans laquelle il contribua à sa défense fut forte.

Aussi ne faut-il pas croire que l'accroissement de l'émigration, si remarquable pendant la guerre, eut pour effet d'alimenter directement les armées fédérales : ce fut un résultat indirect, dû à l'élévation subite que la guerre produisit dans le prix de la main-d'œuvre. La différence du taux des salaires entre les deux continents est l'écluse qui règle avec précision la force du courant de l'émigration ; et les nouveaux venus, au lieu de grossir les rangs de l'armée, allèrent pour la plupart prendre à la charrue ou dans la manufacture la place de l'Américain qui avait en dossé l'uniforme.

Enfin, c'est à la moyenne de l'âge des soldats qu'on distingue le plus sûrement les armées nationales des armées de mercenaires. Une armée de mercenaires est composée d'hommes faisant de la guerre un métier, servant pour gagner leur vie, et réunis sous les drapeaux par des motifs d'intérêt : plus leur nombre est grand dans ses rangs, plus la moyenne de l'âge y est élevée. Une armée nationale, au contraire, est celle qui se recrute également dans toute la jeunesse du pays, aussi bien volontairement que par le service obligatoire. Or, la moyenne de l'âge des volontaires enrôlés en Amérique avant toute conscription était entre vingt-quatre et vingt-cinq ans, c'est-à-dire la même que celle de nos soldats avant qu'elle eût été élevée au-dessus de ce chiffre par la loi de l'exonération et la multiplicité des remplacements. La proportion plus ou moins grande d'Européens, ou du moins d'hommes d'une origine européenne récente, dans les contingents des divers États, se révéla dans les statistiques militaires par une observation qu'on nous permettra de citer, car elle jette un jour curieux sur les mouvements des populations qui se coudoient longtemps sur le sol américain avant de se confondre. Rien, en effet, n'est plus bizarre à première vue que la comparaison de la taille moyenne des contingents des États dans les tableaux publiés vers la fin de la guerre, lorsque la conscription rendit nécessaire un examen scrupuleux de tous les enrôlés. Ni le climat ni la latitude ne peuvent expliquer pourquoi, aussi bien dans le Centre que dans le Nord ou dans l'Ouest, cette taille varie singulièrement d'un État à l'autre, et pourquoi, par exemple, le Vermont, la Pennsylvanie, le Kentucky ont fourni la moyenne la plus élevée, tandis qu'après l'État de New-York, ce sont ceux du Far-West le Minnesota, le Michigan, qui ont donné à l'armée les hommes les plus petits. Ce dernier résultat est d'autant plus remarquable que, dans ces nouveaux États, où la race humaine semble se développer plus librement, se trouve une population vraiment athlétique de *lumbermen* ou bûcherons, qui, de père en fils, vivent au milieu de la forêt vierge, et qui, réunis en compagnies, parfois en régiments, présentaient une ligne de véritables grenadiers qui firent l'admiration des officiers des gardes anglaises. C'est qu'à côté d'eux, dans le même contingent, se trouvait une autre race dont ils ne compensaient pas suffisamment l'infériorité, celle des émigrants allemands et de leurs descendants jusqu'à la seconde génération. En effet, ces étranges variations s'expliquent toutes par les mouvements de l'émigration sur le sol américain, et la taille moyenne de chaque contingent se trouva être en raison inverse du nombre d'émigrants établis dans l'État qui l'avait fourni. Le courant de l'émigration débouchait à New-York et sur certains points de la côte du Nord, où s'arrêtaient les individus les plus faibles et les moins valides : les autres, traversant les États du Centre, relativement assez peuplés, et repoussés du Sud par la barrière infranchissable de l'esclavage, allaient chercher fortune dans les vastes États de l'Ouest, que baignent le haut Mississipi, le Missouri et les eaux des grands lacs. Ce courant, laissant de côté au nord le Vermont, au sud le Kentucky, et traversant la Pennsylvanie trop rapidement pour y marquer son passage, ces États possédaient dans la plus forte proportion une population devenue américaine depuis deux ou trois générations déjà. C'est au bout de ce temps que l'influence bienfaisante du nouveau monde se fait sentir sur les races européennes : de là la supériorité physique, inexplicable en apparence, des contingents fournis par ces trois États.

Les éléments d'une armée vraiment nationale se rassemblaient donc dans les bureaux de recrutement ouverts d'un bout à l'autre des États fidèles à l'Union : il nous faut maintenant indiquer comment s'organisait cette armée improvisée. Un certain nombre de bureaux étaient associés pour former un même régiment, dont l'effectif réglementaire était ordinairement fixé, comme dans l'armée régulière, à un minimum de 850 hommes. Aussitôt que ce chiffre était atteint, le régiment entrait, avec un numéro d'ordre, dans le contingent de son État, et il ne restait plus qu'à le constituer en établissant ses cadres. Dans tous les États de l'Union, le gouverneur est commandant en chef de la force armée locale, comme le Président l'est des troupes fédérales, et il dispose de tous les grades dans ces forces locales. Mais partout aussi les mœurs prévalent sur les lois, et l'habitude d'élire presque tous les fonctionnaires publics est tellement invétérée, que, dans un grand nombre d'États, les gouverneurs durent se borner à confirmer les choix faits par les soldats eux-mêmes. Dans la campagne du Mexique déjà, les volontaires, éloignés de leur État, avaient pris l'habitude de remplacer ceux de leurs officiers qui étaient tombés sur le champ de bataille, par des élections improvisées autour du feu du bivac. Mais, à la formation des régiments nouveaux dont nous nous occupons ici, certaines exigences entravaient le choix des soldats, aussi bien que celui du gouverneur. En effet, soit en vertu d'un accord tacite, soit même par un véritable contrat entre le gouverneur, les nouveaux engagés et les principaux agents du recrutement, on assurait en général d'avance à ces derniers des grades proportionnés à l'importance de leur rôle. Ainsi l'application des principes extrêmes de la démocratie faisait renaître le système des colonels propriétaires ; et les procédés employés par la société américaine pour organiser promptement ses forces militaires rappellent par plus d'un trait la formation des compagnies d'ordonnance qui furent au moyen âge le noyau des armées permanentes. En effet, l'homme qui, par son activité et son influence, au prix de son temps et de son argent, avait réussi à lever un régiment, qui lui avait peut-être donné son nom, avait une tout autre position que l'officier qui, dans les armées régulières, arrive par la voie hiérarchique à un commandement quelconque : il devenait de droit colonel de ce régiment, et, sans une preuve évidente d'indignité, on ne pouvait le lui enlever, à moins toutefois qu'on ne tournât la difficulté en le faisant général.

A côté de ces corps de volontaires formés pour l'occasion, la plus grande partie des anciens cadres de la milice, remplis par de nouveaux engagements, furent incorporés, aux mêmes conditions, dans le contingent de chaque État. Les uns et les autres, aussitôt qu'ils étaient organisés, étaient reçus par des agents fédéraux et régulièrement enrôlés au service de la République. Ils ne rompaient cependant pas pour cela tous liens avec l'autorité de l'État dont ils portaient le nom, et celle-ci conservait des droits importants dans leur administration. L'intervention de ces deux pouvoirs différents eut au commencement de la guerre beaucoup plus d'avantages que d'inconvénients. Les conflits entre eux furent rares et insignifiants, et, en partageant la tâche, en favorisant entre les divers États une salutaire émulation, ce système permit de constituer l'armée beaucoup plus promptement que si le gouvernement fédéral avait dû entreprendre entièrement et à lui seul cette formation. Dans ces instants suprêmes où l'existence d'une nation dépend, non de la perfection des moyens employés pour la sauver, mais de la rapidité avec laquelle ils sont appliqués, les peuples habitués à laisser un libre champ à l'initiative individuelle savent tirer parti sans retard de toutes leurs ressources, tandis qu'une administration centralisée, accoutumée à tout faire elle-même, s'agite trop souvent dans une stérile impuissance.

Ainsi le gouvernement fédéral était seul chargé par la loi de l'équipement et de l'armement des volontaires; mais, comme tout lui manquait au moment où il fallait tout créer à la fois; comme ses arsenaux, insuffisants même s'ils eussent été pleins, avaient été pillés par les promoteurs de l'insurrection et ne pouvaient donner ni un fusil, ni une tunique, ni une paire de souliers aux défenseurs improvisés de la patrie, la plupart des États se chargèrent eux-mêmes de ces fournitures pour les troupes qu'ils levaient. Le petit État de Rhode-Island, qui eut toujours la spécialité de l'artillerie, envoya à Washington plusieurs batteries pourvues des chevaux et de tous les accessoires nécessaires pour entrer aussitôt en campagne.

Le jour où le nouveau régiment était remis à l'autorité fédérale et prêtait serment à l'Union, cette autorité le prenait à sa solde et se chargeait de toutes les dépenses de son entretien. Chaque soldat recevait d'elle une prime d'entrée et la promesse d'un don de terre au jour de sa libération. Cette promesse lui assurait une rémunération fixe et certaine à la fin de ses services; car, si sa prime, payée en billets, était diminuée par la baisse du papier, le prix nominal de la terre, montant dans la même proportion, devait lui faire retrouver d'un côté ce qu'il aurait perdu de l'autre. Au reste, la dépréciation du papier ne pesa guère sur le volontaire, même pendant qu'il était sous les armes, car, de 1861 à 1865, sa solde fut graduellement portée de onze à seize dollars par mois, et le chiffre des primes données par le gouvernement fédéral s'éleva également. Enfin, cette initiative indépendante dont nous parlions tout à l'heure vint là encore au secours de l'autorité centrale : les États, les grandes villes, certaines corporations, et même des souscriptions particulières, tantôt ajoutèrent directement à ces primes un appoint plus ou moins considérable, et tantôt assurèrent par des dons ou des pensions fixes un moyen d'existence à la famille du soldat, lui permettant ainsi d'affronter la mort sans craindre de laisser les siens dans la misère. Quoique enrôlé au service du gouvernement fédéral, le régiment restait soumis, pour tout ce qui concernait le personnel, à l'autorité de l'État dont il portait le nom, et, s'il continuait à se recruter, chose rare malheureusement, ce ne pouvait être que dans les limites de cet État. Chaque gouverneur avait sous ses ordres une sorte de petit ministère de la guerre, sous le nom de *Bureau de l'Adjudant général*, qui demeurait en relations avec les régiments dispersés dans toutes les armées fédérales et leur envoyait des inspecteurs spéciaux pour les visiter, les surveiller, et s'enquérir de leurs besoins; enfin, il continuait à exercer dans ces corps le droit exclusif de nommer à tous les emplois vacants, depuis celui de sous-lieutenant jusqu'à celui de colonel. Le gouvernement central, en prenant ces officiers à son service, s'était, il est vrai, réservé le droit de destituer tous ceux qu'il jugeait incapables, et même de leur retirer leur commandement et d'interrompre leur solde à volonté et sans explications, mais il ne pouvait les remplacer lui-même, et c'est à l'adjudant général de chaque État que les généraux commandant en campagne adressaient leurs demandes de promotion pour tous les officiers de troupe appartenant au contingent de cet État.

Ces droits une fois réservés en faveur de l'autorité particulière des États, les régiments de volontaires n'obéissaient qu'à l'autorité fédérale. Ils étaient soumis au code militaire des États-Unis; le gouvernement de Washington dirigeait seul leurs mouvements et pouvait les envoyer à son gré d'un bout à l'autre du continent : les séparant de ceux qui avaient formé avec eux un même contingent, il les distribuait dans des armées, des divisions et souvent même des brigades où ils rencontraient pour camarades des soldats venus d'une autre partie de l'Union. Enfin, il nommait directement les généraux, les officiers des états-majors et des administrations dans les armées ainsi composées.

A côté de ces troupes nationales, les États les plus

menacés par le voisinage de l'insurrection levèrent aussi des forces destinées à la défense de leur sol particulier, et, pour y pourvoir plus efficacement, ils s'associèrent parfois entre eux en dehors de l'intervention de l'autorité centrale. L'esprit d'initiative locale créait ainsi de nouvelles et soudaines ressources partout où le danger était imminent.

Quand, par exemple, en juillet 1861, le Congrès vota la levée de cinq cent mille hommes dont nous parlerons dans le prochain livre, les États situés sur la frontière de l'esclavage avaient prévenu cet appel et organisé leurs forces pour se protéger contre les insurgés, qui, comme nous l'avons vu, s'armaient dans le Maryland, la Virginie et le Kentucky. Ces forces avaient leurs états-majors particuliers et leurs généraux, dont le grade était limité à l'État qui le leur avait donné. La Pennsylvanie mit ainsi sur pied des corps nombreux. L'Ohio, l'Indiana et l'Illinois, réunis par une libre association, formèrent une armée provisoire et eurent le bonheur d'en confier le commandement au capitaine Mac Clellan, que l'estime de ses anciens compagnons d'armes avait unanimement désigné pour ces difficiles fonctions.

Cette organisation préliminaire eut, grâce à lui, l'avantage de servir d'école à ces troupes qui allaient bientôt entrer au service fédéral et avec lesquelles il remporta peu après dans la Virginie occidentale le premier succès de la guerre. Nous la verrons reparaître à toutes les époques critiques de la lutte et particulièrement lorsque le sol des États libres fut envahi par les armées confédérées. Les milices ainsi rassemblées à la hâte purent parfois tromper de loin ces armées et retarder leurs mouvements en leur faisant croire à la présence d'une force sérieuse, mais elles furent pour les généraux de l'Union plus souvent un embarras qu'un appui, et le rôle insignifiant qu'elles jouèrent en toute occasion était le seul qui convînt à une troupe aussi dépourvue de toutes les qualités qui font le véritable soldat.

Avant de voir à l'œuvre les armées dont nous venons de décrire l'organisation improvisée, il convient de marquer les caractères particuliers qui, dans chaque arme, les distinguaient des troupes régulières dont l'Europe est habituée à suivre de près les combats : cela est nécessaire pour comprendre les premiers événements de la guerre que nous allons raconter. Pour pouvoir juger les chefs militaires qui la dirigèrent, il faut bien connaître les qualités et les défauts de l'instrument qu'ils avaient entre les mains.

Le fantassin américain déploya, dès les premiers

jours, une grande bravoure individuelle. Les combats au milieu des bois, où il devait tomber inaperçu et mourir sans secours, étaient la plus forte épreuve de ce genre de courage, car ils le privaient de ce puissant mobile de toutes les actions humaines, l'espérance de ne pas voir son nom mourir avec lui : c'est cependant dans ces luttes sous le vert linceul de la forêt qu'il montra toute sa résolution.

Il acquit bientôt une remarquable adresse de tir, et apprit promptement à bien diriger ses coups dans les affaires d'avant-postes. Dans les combats en ligne, ses feux n'eurent pas la régularité du champ de manœuvre, mais chaque soldat, usant de son arme à volonté, s'embusquait derrière un arbre, et, cherchant de l'œil, sous la feuillée, l'ennemi qui se laissait entrevoir, il savait l'ajuster avec une fatale précision. Un fait relevé par le rapport du chirurgien général sur la guerre révèle cette adresse des combattants de l'un et de l'autre côté, et jette un jour curieux sur le genre de lutte dont les forêts américaines furent le théâtre : il constate que l'on soigna dans un certain nombre d'hôpitaux fédéraux plus de trente-six mille blessures à la tête et aux bras contre vingt-neuf mille seulement aux jambes ; et cela s'explique facilement par la position du soldat qui, masqué derrière un tronc, n'exposait que la tête et les bras au moment où il déchargeait son arme.

Mais ces qualités individuelles ne suffisent pas pour donner à une troupe le courage collectif qui l'anime d'un même esprit et lui fait entreprendre avec ensemble ce que chacun des individus qui la composent ne pourrait tenter isolément. Ce trait distinctif des armées aguerries, qui fait leur supériorité, est dû à une longue habitude de la discipline et à des cadres anciens et expérimentés. En effet, quelque brave qu'il soit, le soldat qui n'a pas l'habitude du feu, placé, entre des camarades tous aussi nouveaux que lui, en face d'un adversaire nombreux, se persuadera aussitôt que toutes les carabines ennemies sont dirigées sur sa poitrine, oubliant qu'autant de carabines amies sont à côté de lui pour le soutenir. Il bravera ce péril; mais il n'aura pas dans le courage de ses voisins et dans le coup d'œil de ses chefs cette confiance absolue qui resserre les rangs d'une troupe ébranlée ou l'entraîne dans un suprême effort sur les traces de ses officiers. Le lien d'une forte discipline ne pouvait exister dans des armées entièrement nouvelles, où l'épaulette ne portait pas avec elle cette autorité morale qui s'acquiert par de longs services, et où les soldats n'avaient pas l'assurance de gens qui se sont déjà vus à l'œuvre. Faciles aux impressions, comme toutes les foules, ces hommes, habitués à une complète indépendance d'action, allaient au combat avec une obéissance plutôt raisonnée que passive, et par un sentiment réfléchi de leurs devoirs de citoyens plus que par l'habitude du soldat discipliné qui oublie sa propre volonté pour ne s'inspirer que de celle de son chef. Aussi, malgré leur bravoure, leur fallut-il bien du temps pour apprendre que, sur un terrain où l'on ne pouvait combattre qu'à petite distance, il était presque toujours moins dangereux de courir sur l'ennemi que de se laisser décimer en place par son feu. Faute de ce mécanisme qui, dans les armées bien organisées, communique à tous les membres la volonté dirigeante aussi rapidement que font les nerfs dans le corps humain, ils devaient perdre souvent l'occasion de transformer un premier avantage en une victoire décisive. Quand une mort certaine attendait les premiers rangs, quand il était si facile de marcher moins vite que les autres, le courage personnel ne pouvant être le même chez tous, il suffisait qu'un seul hésitât, ou qu'il fût seulement permis d'hésiter impunément, pour que cette hésitation devînt contagieuse et que le plus brave soldat perdît son élan, le chef le plus résolu toute son audace. Tant que le parfait despotisme dont parlait Washington n'imposait pas aux timides, qui se trouvent partout, les mêmes obligations qu'aux plus courageux, les volontaires américains ne pouvaient échapper à ces conséquences inévitables du caractère humain.

Les rencontres à l'arme blanche, toujours peu fréquentes même entre des troupes aguerries, devaient par suite être fort rares dans les batailles américaines. Les charges d'infanterie n'étaient possibles d'ailleurs que dans les clairières, qui forment comme des oasis au milieu de bois trop épais pour qu'une troupe puisse y conserver les rangs serrés et aborder rapidement l'ennemi à la baïonnette. Dans ces champs clos, tout devait être à l'avantage de la défensive. L'assaillant était exposé à découvert au feu d'un adversaire caché sur la lisière du bois : s'il parvenait jusque-là, l'épaisseur de la forêt rendait toute poursuite impossible. Une barricade de troncs abattus suffisait pour permettre à l'attaqué de se rallier et de ramener l'agresseur jusque dans la clairière, plus dangereuse encore à traverser une seconde qu'une première fois; enfin, si ce dernier n'avait pas bien éclairé ses flancs, appuyés sur les faces latérales de la clairière, il pouvait, à tout moment, se voir pris d'écharpe par l'artillerie cachée sous le feuillage, et nous verrons le rôle considérable que cette crainte des batteries masquées joua au commencement de la guerre dans l'imagination et les récits des soldats fédéraux.

Ces combats sous bois devaient cependant avoir un grand avantage pour des troupes nouvelles : la vue étant interceptée, les paniques ne purent se propager, et le tir des soldats fut plus lent et par conséquent meilleur que lorsqu'ils se trouvèrent dans un espace découvert où le spectacle terrible qui les entourait devait troubler leur sang-froid. Un détail curieux, cité dans les rapports officiels sur la bataille de Gettysburg, livrée sur un terrain relativement peu boisé, montre à quel point des deux côtés l'excitation du combat fit, par moments, perdre toute réflexion à des soldats habitués pourtant, depuis quelque temps, à manier leurs armes. En effet, parmi vingt-quatre mille fusils chargés qui furent ramassés indistinctement sur le champ de bataille, un quart seulement étaient bien chargés : douze mille contenaient deux charges chacun et le dernier quart de trois à dix charges : ici, c'étaient six balles sur une seule charge de poudre ; là, six cartouches superposées sans avoir été ouvertes ; ailleurs, vingt-trois charges complètes régulièrement placées, et enfin vingt-deux balles, soixante-deux chevrotines et une quantité proportionnelle de poudre pêle-mêle dans un seul fusil. Ces souvenirs du combat en peignent bien la confusion : on se figure aisément le soldat s'arrêtant pour charger son arme pendant que ses compagnons s'avancent, et, plutôt que d'aller faire feu au premier rang, renouvelant ce manége jusqu'à ce qu'elle soit devenue inutile dans ses mains; mais on ne saurait critiquer sévèrement pour ce fait le soldat américain, car il paraît que l'étude des champs de bataille de Crimée a donné des résultats analogues. Grâce au caractère indépendant des volontaires fédéraux, plus d'un général vit, dans les batailles que nous aurons à décrire, une victoire assurée se changer en défaite, et, en revanche, les échecs les plus désastreux purent presque toujours être réparés : une sorte d'opinion publique subsistant parmi eux au milieu même de la lutte, nous les verrons se faire tuer stoïquement à leur poste tant que l'émulation le leur commandera, puis se persuader subitement qu'une plus longue résistance est inutile, au moment peut-être où elle déciderait du combat, et aller d'un commun accord chercher en arrière une meilleure position. Cette retraite, qu'aucun effort des officiers ne pourra empêcher, se fera cependant sans hâter l'allure malgré une grêle de balles, et avec un sang-froid qui serait admirable dans d'autres circonstances.

Et, chose plus remarquable encore, ce désordre passager dégénérera assez rarement en une déroute : quelques minutes suffiront souvent pour arrêter les fuyards, ramener la confiance parmi eux, reformer leurs rangs et rendre aux chefs toute leur autorité. Ces soldats subitement découragés refuseront, un instant après, de se croire battus, et cette conviction équivaudra presque pour eux à une victoire.

L'inexpérience des volontaires fédéraux devait, dès le premier jour de campagne, se révéler plus encore dans la marche que dans les combats. En effet, avec la meilleure volonté du monde, une troupe qui n'est pas exercée ne pourra faire une longue étape sans s'égrener sur la route. On verra, à la fin de la guerre, les soldats de Sherman traverser la moitié d'un continent et conquérir le succès par la vigueur de leurs jambes, et ceux de Grant mettre sur leurs épaules une charge de quarante-cinq livres. Mais, à l'époque dont nous nous occupons, ils ignoraient ce grand art du soldat qui consiste à se fatiguer et à se reposer à propos. Ils mangeaient beaucoup, ne savaient pas économiser leurs provisions, attachaient mal leur sac, et ne pouvaient y porter que deux jours de vivres. La première journée de marche, qui en écloppait un grand nombre, comptait à peine, tant elle devait être courte : cependant, elle semait déjà la route de traînards ou plutôt d'isolés, qui, tout en se rendant au lieu fixé pour l'étape, ne se croyaient pas tenus de marcher en compagnie de leurs camarades, et qu'une source fraîche ou un ombrage épais retenaient en chemin. Heureusement pour les armées fédérales, les guérillas confédérées, en enlevant tous les traînards, firent plus pour détruire cette funeste habitude que les ordres du jour les plus sévères.

Les volontaires à cheval prirent naturellement pour modèle la cavalerie régulière, et imitèrent sa manière de combattre, qui, comme nous l'avons dit, rappelait celle des vieux dragons du xviie siècle : rapprochement curieux entre les anciennes mœurs militaires de l'Europe et celles de l'Amérique moderne. Si ces cavaliers empruntèrent la carabine des réguliers, ce n'est pas cependant qu'ils eussent à combattre un ennemi aussi prompt à la fuite que l'Indien des prairies; mais tout soldat inexpérimenté, lorsqu'il peut choisir entre l'arme blanche et l'arme à feu, préfère cette dernière, qui ne l'oblige pas à joindre l'ennemi. D'ailleurs, pour manier le sabre ou la lance, il faut savoir bien conduire son cheval, et l'équitation des volontaires fédéraux était déplorable au commencement de la guerre. Ils ne firent pas feu du haut de leurs montures comme les cavaliers du temps de Louis XIV, mais prirent l'habitude de combattre à pied en laissant à un quart d'entre eux la garde des montures. La nature boisée et accidentée du pays était favorable à ce mode de combat et n'aurait pas permis les grandes et rapides évolutions d'une cavalerie accoutumée à ne compter que sur l'élan de son cheval, si cette cavalerie avait existé en Amérique.

Du reste, au début de la lutte, la cavalerie se bornait à la tâche complexe d'éclairer les armées et de faire la guerre d'avant-postes. Difficile pour de jeunes troupes, ce service n'était pas tout à fait nouveau pour les cavaliers américains, habitués à une vie aventureuse qui convenait à leur esprit d'entreprise individuelle. S'ils n'avaient pas toujours le juste instinct de la guerre, ni cette constante vigilance indispensable en face de l'ennemi, ils rachetaient ces défauts par leur adresse et leur audace; et mille petits combats, qui ne pourront pas trouver place dans notre récit, leur offrirent l'occasion de montrer que l'esprit inventif des Américains n'était jamais en défaut quand il fallait imaginer quelque stratagème ou combiner quelque hardi coup de main.

Plus tard, l'importance de la cavalerie se développa avec le rôle nouveau que lui assignèrent les *raids* ou grandes expéditions indépendantes dont nous parlerons dans la suite.

L'artillerie ne devait pas trouver au milieu des forêts de l'Amérique un terrain favorable et ces grands espaces ouverts où elle peut obtenir les effets les plus puissants. Elle fut toutefois, dès le premier jour, nombreuse et constamment employée, parce que le service de cette arme avait été immédiatement très-recherché parmi les volontaires, et que l'infanterie, avant d'être bien aguerrie, n'aimait pas à marcher sans se sentir appuyée par quelques canons, même pour une simple reconnaissance. Comme on l'a vu à Big-Bethel, des pièces furent placées en vedettes auprès des dernières sentinelles de ces nouvelles armées. Cette habitude, commune aux deux partis, devait amener fréquemment un genre de combat bruyant, et rarement meurtrier, que l'on appela le duel d'artillerie. Il suffira que la position de l'une de ces batteries avancées déplaise à l'ennemi, ou que l'un des deux adversaires veuille essayer des projectiles d'invention nouvelle, pour qu'un premier coup engage aussitôt une vive canonnade, que la distance et le petit nombre des combattants rendront généralement inoffensive. Mais, lorsque le petillement saccadé de la mousqueterie annoncera un engagement sérieux, l'artillerie des volontaires, digne émule de celle des réguliers, ira toujours, à travers les bois et les marais, chercher son poste au plus fort du danger, au risque même d'être abandonnée par les troupes novices qui seront son seul soutien.

Nous avons insisté sur les défauts des volontaires américains, parce qu'ils furent la cause de leurs premiers revers, et parce qu'en les exposant nous ne faisons que rehausser le mérite de ces hommes qui eurent tant à apprendre pour devenir capables d'accomplir la grande tâche dont ils s'étaient chargés, et qui réussirent à force de persévérance et de dévouement. Un trait de leur caractère rachetait tous ces défauts et révélait déjà, sous l'habit de ces hommes inexpérimentés, les vaillants champions qui, à la fin de la guerre, enlevèrent d'assaut les citadelles ennemies : ils allaient plus résolûment au feu la seconde fois que la première. Il arrive à de mauvais soldats, s'ils ignorent l'impression que fera sur eux la réalité du combat, de courir au feu avec autant d'audace que des troupes aguerries, et, une fois engagés, ils continuent parfois à faire bonne figure; mais l'expérience les rend timides et le cœur leur manque ensuite pour aborder un danger qu'ils connaissent désormais. L'épreuve de ces dangers, la perte de leurs camarades, les souffrances et les fatigues de la guerre devaient, au contraire, confirmer le courage et augmenter le sang-froid des volontaires qu'un devoir patriotique arrachait à la vie civile. Le fer, s'il est pur et de bonne qualité, se façonne et se fortifie sous les coups redoublés du forgeron, tandis que le métal altéré par de mauvais alliages se fend et ne tarde pas à voler en éclats.

LIVRE TROISIÈME

LA PREMIÈRE LUTTE

CHAPITRE PREMIER

LES FLEUVES ET LES CHEMINS DE FER.

Dans chaque pays, selon sa nature, la guerre se fait d'une manière différente. Ce qui est possible dans les grandes plaines de l'Allemagne ou dans les riches provinces de l'Italie devient impraticable au milieu des montagnes de la Suisse ou sur le sol brûlé et rugueux de l'Espagne. Il suit de là que, dans ce récit qui nous transporte sur un autre continent, nous devons, avant de juger les hommes et de comparer ce qu'ils ont fait à ce qui peut se faire dans telle ou telle partie de l'Europe, nous rendre compte des conditions que leur imposaient les caractères physiques du pays dans lequel ils avaient à agir.

Commençons donc par jeter les yeux sur une carte de cette vaste contrée, où, depuis un demi-siècle, la civilisation moderne, prenant un merveilleux essor, s'est développée au milieu des grandeurs encore presque intactes d'une nature vierge. Ce qui frappe d'abord, c'est la simplicité de la configuration géographique des États-Unis. Laissons de côté le bassin du Pacifique, fortement attaché aux autres parties de la Confédération par les liens politiques et sociaux, mais séparé d'elles par les montagnes Rocheuses et les plaines qui gardent à l'est les approches de cette chaîne stérile et désolée. Ces spacieux déserts, que l'émigrant traverse sans s'y fixer, enveloppent les nouveaux États où il va chercher fortune, d'une ceinture infranchissable aux grandes armées. Entre le pied des montagnes Rocheuses et les rives de l'Atlantique, on ne rencontre aucune grande division naturelle. Nous n'apercevons qu'une seule arête, celle des monts Alléghanies, fort longue, mais peu élevée, s'étendant du nord-ouest au sud-ouest, et, par conséquent, ne partageant pas des climats différents, coupée par plusieurs fleuves considérables, divisée dans sa longueur par de larges et fertiles vallées, dépourvue enfin de la couronne neigeuse des Alpes et des Pyrénées, privée ainsi de tout ce qui peut faire d'une chaîne de montagnes une véritable barrière et une limite politique. Les fleuves américains, lents et profonds, facilement navigables, au lieu d'être des obstacles, sont des routes ouvertes à la guerre comme au commerce. Aussi l'aspect général de l'Amérique est-il grand et imposant, mais singulièrement monotone et uniforme, et bien différent de celui de l'Europe, que la nature et les hommes ont découpée et divisée à l'envi. Il est aisé d'embrasser d'un coup d'œil l'ensemble de cette contrée; mais les détails de ses diverses parties sont tellement semblables, que l'observateur peut difficilement reconnaître chacune d'elles. Sous les divisions artificielles d'États et de comtés tracées au cordeau, à travers des centaines de lieues, sans qu'il s'y rattache aucun souvenir historique, et qui font de la carte un véritable damier, entre des villes et des villages dont les noms, tantôt classiques, tantôt vulgaires, sont si fréquemment répétés qu'ils ne sont pour la mémoire qu'un embarras inutile, on ne distingue qu'un réseau de cours d'eau plus enchevêtrés que les vaisseaux du corps humain; une contrée d'une altitude égale, également ondulée sur toute son étendue, couverte de forêts qui entretiennent l'humidité et l'amassent dans mille vallons; sauf dans les Alléghanies, pas de partage des eaux nettement dessiné, pas de grands plateaux ni d'espaces ouverts, pas de profondes dépressions, si bien qu'aux approches de l'Atlantique, le niveau du sol s'abaissant graduellement, la terre et la mer s'enlacent, les moindres vallées deviennent des estuaires et les plus faibles ondulations de longues péninsules. Il n'entre pas dans notre sujet de montrer l'influence de cette configuration sur l'état politique de l'Amérique. N'ayant pas la longue et sanglante histoire de l'Europe, n'étant partagée ni entre des races diverses, ni entre des civilisations hostiles, elle n'a pas vu de frontières artificielles se former sur son sol et y tenir lieu des divisions naturelles qui leur font défaut. Un seul et même peuple s'est répandu sur un terrain uniforme et y a partout implanté les mêmes institutions. Et, par une coïncidence vraiment providentielle, le jour où l'immensité de son domaine pouvait affaiblir les liens de son unité, les chemins de fer sont venus porter remède à ce danger. Grâce à eux, la Nouvelle-Orléans est aujourd'hui plus près de New-York que Marseille ne l'était du Havre il y a quarante ans, alors que la France comptait à peu près autant d'habitants que les États-Unis aujourd'hui. C'est donc une erreur de croire que l'étendue de leur territoire soit un obstacle à leur développement commercial et une cause de dissolution politique.

Mais il en est autrement au point de vue militaire. Les distances, la nature du pays et l'état de sa colonisation offrent des difficultés extraordinaires aux grands mouvements des armées et aux manœuvres sur le champ de bataille. La population y est tout autrement distribuée qu'en Europe. En effet, tandis que des siècles de guerre, de violence et d'oppression ont concentré dans les villes et les villages les habitants de l'ancien monde, la paix, la sécurité et la liberté ont invité les colons de l'Amérique à se disséminer sur la surface du pays, et, chacun s'établissant au milieu du coin de terre qu'il entreprenait de défricher avec ses ressources individuelles, les familles agricoles, au lieu de se réunir à leurs voisins dans des bourgades, se sont isolées dans la campagne. Depuis lors, sans doute, des villes immenses se sont formées dans les États libres, non par l'effet des dangers publics, mais au contraire comme les fruits naturels d'une richesse rapidement accrue et d'un puissant commerce ; mais elles jouent dans l'organisme social un rôle absolument opposé à celui de nos grands centres européens. En Amérique, ce n'est pas le campagnard qui vient chercher fortune à la ville : c'est, au contraire, le citadin que l'espoir d'un salaire élevé ou de rapides bénéfices attire à la campagne. Loin d'absorber les forces vives de la nation, la ville n'est donc qu'un vaste réservoir qui les répand sur tout le pays. Il ne faut pas oublier, d'ailleurs, que ces grandes cités n'existent que dans les États du Nord. Dans les États à esclaves, qui ont été le théâtre exclusif de la guerre, la prudence d'une part, les exigences de la culture de l'autre, obligeaient à disséminer la population servile sur les vastes propriétés de leurs maîtres. Aussi n'y a-t-il dans ces États ni grandes villes, ni villages : les petites villes sont rares, le chef-lieu du comté est marqué par une seule bâtisse, située d'ordinaire au carrefour de deux chemins vicinaux, et les armées fédérales marchèrent souvent pendant bien des longues journées sans rencontrer plus de quatre maisons réunies dans la même clairière. Essentiellement expansive, la population des États-Unis, comme un liquide que rien ne retient, s'est toujours étendue sur de nouveaux espaces, avant d'avoir complétement colonisé ceux qu'elle occupait déjà. Ainsi, dans les États à esclaves, cette couche légère représentait, en 1860, moins de six habitants par kilomètre carré, et la proportion des terres cultivées à la surface totale du terrain n'était que de 16,07 p. 0/0 dans les États du Sud-Est, et de 10,17 p. 0/0 dans ceux du Sud-Ouest. Dans les quatre vingts années qui ont suivi la guerre de l'Indépendance, cette proportion s'était à peine accrue, tandis que le même espace de temps a vu se décupler la population totale de la République. La forêt et le *swamp* occupent sans partage ces huit ou neuf dixièmes encore respectés par l'homme : la forêt, d'ordinaire futaie mêlée de taillis; le *swamp*, marais boisé, où l'action combinée de l'eau et du soleil développe une puissante végétation, dont l'épaisseur devient à la guerre un sérieux obstacle.

Aux difficultés naturelles qu'une trop rare population n'a pas encore vaincues s'ajoutait, dans le Sud, l'influence énervante de l'esclavage. Cette funeste institution paralyse l'esprit d'entreprise, qui, dans le Nord, produit un contraste frappant entre les triomphes de l'industrie et les splendeurs d'une nature encore rebelle et seulement à demi subjuguée par la civilisation. Les routes sont rares et mal entretenues. Les chemins, tracés au hasard, de clairière en clairière, sur un sol gras et facilement détrempé, deviennent impraticables à la première pluie. Des fleuves magnifiques roulent leurs eaux inexplorées entre les grands ombrages de la forêt vierge, comme au temps où la pirogue de l'Indien se laissait aller doucement à leur cours. Pas de cartes, ou bien de mauvaises cartes, ce qui est encore pire à la guerre.

Il paraît que les levés faits par Washington, au milieu des loisirs de sa jeunesse, sont encore les meilleurs documents pour la topographie de la Virginie. Les seuls États qui possèdent un cadastre fait avec exactitude sont les plus nouvellement admis, qui, comme territoires, ont été quelque temps administrés par le gouvernement fédéral, et étudiés par ses officiers. Les parties les plus anciennement colonisées de l'Amérique sont ainsi celles dont la géographie est la plus incomplète.

Enfin, autre difficulté capitale pour faire la guerre, les productions des États du Sud, surtout dans les premiers temps de la lutte, n'étaient pas de celles qui font subsister les armées. Le cotonnier et la canne à sucre régnaient sans rivaux dans la région la plus chaude ; et, plus au nord, le tabac. Seule, la Virginie cultivait beaucoup de blé dans les hautes vallées des Alléghanies. Mais, ainsi que l'État voisin du Kentucky, elle avait pour principal produit l'esclave lui-même. Elle le tirait de ses infâmes haras, pour alimenter les plantations de sucre et de coton et suppléer aux ravages d'un travail forcé et d'un climat dévorant. Cette traite intérieure, qu'une odieuse application du principe économique des relations de l'offre et de la demande avait développée depuis la suppression de la traite africaine, avait, par un juste retour, porté un coup mortel à la richesse de ces États. La production et l'élève des esclaves, auxquels on avait tout sacrifié, avaient ruiné l'agriculture en multipliant le nombre des bouches inutiles sans augmenter celui des bras valides, sans cesse exportés sur d'autres marchés. Aussi, au début de la guerre, les États du Sud dépendaient-ils entièrement, pour les farines et les viandes salées, des énormes importations de ceux de l'Ouest.

Le vaste blocus dont le Nord les étreignit pendant la guerre les obligea plus tard à demander à leur propre sol les ressources nécessaires à la vie. Le coton, le sucre, le tabac, devenus sans valeur, firent place au blé, qui, démentant bien des prédictions, s'étendit et prospéra jusque dans les chaudes plaines de la Géorgie. Ce n'est que grâce à ce changement de culture que les armées confédérées purent vivre; mais, en même temps, il fit tomber l'une des plus fortes défenses du Sud, en y rendant l'invasion plus facile.

Sherman le comprit et tenta, en 1865, cette marche décisive que, toutes choses égales d'ailleurs, il n'aurait pu entreprendre deux ou trois ans auparavant à travers des États alors exclusivement adonnés à la culture du coton. Et cependant son exemple ne prouve pas qu'en Amérique une armée puisse subsister sur les ressources du pays qu'elle occupe. Ce fut à la condition de ne jamais s'arrêter, de toujours marcher en avant et d'occuper sans cesse une contrée nouvelle, que Sherman put se passer, pendant un temps, des approvisionnements venus des États du Nord. Lorsque les grandes armées américaines, qui étaient proportionnées, non à la densité de la population, mais à son chiffre total, se trouvèrent, avec toutes les exigences d'une civilisation raffinée, au milieu d'un pays encore si peu cultivé, elles rencontrèrent des difficultés inconnues dans nos guerres européennes et auxquelles Washington, Rochambeau et Cornwallis avaient autrefois échappé grâce au petit nombre de leurs soldats. La population est trop rare pour que son épargne puisse subvenir aux besoins de pareilles masses d'hommes, réunies dans un étroit espace par les hasards de la guerre.

Nous avons montré que cette population ne forme pas d'agglomérations où s'amassent naturellement les produits du pays et où les armées puissent facilement s'approvisionner. Les chemins de fer, qui facilitent la circulation de ces produits et en favorisent l'échange, rendent inutiles les dépôts où s'immobilise le capital, chose qui répugne toujours à l'Américain, et enlèvent ainsi immédiatement tous les fruits du sol au delà de ce qui est strictement nécessaire pour la consommation locale. Il faut donc, sauf dans des circonstances particulières et passagères, que les armées tirent la plus grande partie de leurs approvisionnements de contrées éloignées du théâtre de la guerre. Rassembler les vivres dans les pays tranquilles et producteurs, les faire arriver sans accident jusqu'aux dépôts échelonnés sur les derrières de l'armée, enfin, au moyen de ces dépôts, alimenter chaque jour tous les corps en marche, telle est la première condition pour faire campagne en Amérique, et l'un des problèmes les plus difficiles dont la solution soit imposée au général en chef. L'absence à peu près complète de routes, la nécessité de faire faire de si longs parcours aux milliers de tonnes consommées tous les jours par une grande armée, limitent singulièrement les transports par charroi, et rendent indispensable le secours puissant de la vapeur, soit sur les fleuves, soit sur les chemins de fer.

Ces artères fécondes, qui ont permis de concentrer, tantôt sur un point et tantôt sur un autre, les ressources d'une immense contrée, et dont le courant vivifiant a seul pu nourrir ces agglomérations artificielles et improductives qu'on nomme les armées, sont si importantes que la confédération du Sud est morte d'inanition le jour où elle en a été privée. De là l'influence décisive du système combiné de ces voies fluviales et ferrées sur la conduite de la guerre : il a, pour ainsi dire, tracé d'avance la marche des armées et marqué les points dont elles ont dû se disputer la possession. Il est donc nécessaire, pour l'intelligence de la guerre, d'indiquer ici ce système, malgré le peu d'attrait qu'offre en général une description géographique.

Tous les voyageurs ont vanté la majesté des fleuves américains; mais ils n'en ont pas dit le nombre. Ces fleuves pénètrent, dans tous les sens, le continent; ils sont, en tout temps, navigables jusqu'à une certaine hauteur; mais, lorsque arrive la saison des pluies, les bas-fonds disparaissent, les moindres affluents, rapidement grossis, reculent jusqu'au cœur de l'Union les limites de la navigation, et ouvrent des voies faciles aux bateaux à vapeur venus des parties les plus éloignées du continent. Aussi les journaux américains ont-ils toujours enregistré l'étiage de leurs grands fleuves parmi les nouvelles de guerre les plus importantes. Le bateau à vapeur américain, vaste construction, s'élevant sur une cale plate, comme un château à plusieurs étages, avec sa forte machine et ses puissantes roues, peut transporter d'un seul coup d'énormes chargements de vivres, de munitions et même de soldats. Une armée appuyée sur l'un de ces fleuves peut recevoir facilement tous les approvisionnements dont elle a besoin. Tant qu'elle règne sur les eaux, ses ressources sont illimitées. Des débarcadères s'improvisent aisément au milieu des forêts qui bordent les rives ; sur cette route toujours unie, jamais d'embarras, ni chargements, ni déchargements intermédiaires; les cargaisons pourront être transportées directement des grandes villes de Cincinnati ou de Saint-Louis jusque près des camps fédéraux, sur la berge du Tennessee ou du Mississipi, à trois ou quatre cents lieues de leur point de départ.

Traçons en peu de mots la configuration générale et l'ensemble de ces fleuves dans les États qui ont été le théâtre de la guerre.

Tout le système des eaux de cette vaste contrée peut être divisé en deux parties complétement distinctes et séparées par une longue ligne qui, brisée en un seul point, s'étend des rives du Mississipi à celles du Potomac. Formée d'abord par une chaîne de collines insignifiantes, elle court de l'ouest à l'est, depuis le grand fleuve jusqu'au sud de Chattanooga ; à partir de ce point, elle suit, du sud-ouest au nord-est, la chaîne des Alléghanies, jusqu'à la brèche ouverte par le Potomac et à la frontière des États libres. Au sud et au sud-est de cette grande division, les eaux coulent directement à la mer, se déversant soit dans l'Atlantique, soit dans le golfe du Mexique. Sur le versant opposé, elles partent de tous les points de l'horizon pour se réunir dans le Mississipi, immense et unique déversoir de la moitié d'un continent. Cette ligne de partage, que n'interrompt aucune communication fluviale, a joué, dans tout le cours de la guerre, le rôle d'un obstacle important.

Le bassin de l'Atlantique est un triangle fort allongé qui s'étend entre les Alléghanies et la mer, dont le sommet est à Washington sur l'estuaire du Potomac, dont la base repose de Chattanooga à la péninsule de Floride, et qui comprend les États le plus anciennement colonisés. Descendant des montagnes pour se perdre dans de profondes baies ou de vastes marécages, le James, le Roanoke, le Savannah, l'Altamaha, et d'autres encore le coupent perpendiculairement à la côte.

Une légère ondulation de terrain, reliant les Alléghanies à la Floride, sépare le versant de l'Atlantique de cette partie du bassin du golfe du Mexique qui est à l'est du Mississipi. C'est un pays fertile, admirablement arrosé, mais plus récemment colonisé et moins peuplé. Aussi devait-il avoir dans la guerre une importance secondaire. Quoique Sherman ait traversé, près de leurs sources, en Géorgie, les trois grands fleuves qui le sillonnent du nord au sud, le Chattahootchee, l'Alabama et le Tongbigbee, les noms bizarres du premier et du dernier sont demeurés aussi peu connus qu'à l'époque où ils n'étaient prononcés que par des guerriers indiens. Quant à l'Alabama, il doit sa célébrité, non aux combats insignifiants livrés sur ses rives, mais au hasard qui a fait donner ce même nom au fameux pirate confédéré dont les débris reposent au fond de la mer non loin de Cherbourg.

Il y a au centre même du continent deux points assez voisins, situés tous deux sur les rives du Mississipi, et dont l'ensemble constitue une de ces positions exceptionnelles qui, comme le Bosphore, semblent avoir été préparées par une faveur spéciale de la nature à une destinée extraordinaire : c'est ce magnifique rendez-vous des eaux, descendues de tous les points cardinaux, qui forment, entre Saint-Louis et Cairo, un fleuve immense, coulant ensuite jusqu'à la mer, sans recueillir aucun affluent considérable du côté de l'est, et n'en recevant que deux de l'ouest. Saint-Louis, dont le nom français rappelle notre domination éphémère sur ces vastes contrées, et dont la prospérité actuelle fait honneur au coup d'œil des hardis colons qui choisirent ce site, le lendemain même de nos désastres au Canada, Saint-Louis est assis au confluent du Missouri, du Mississipi et de l'Illinois, venus de l'ouest, du nord-ouest et du nord.

A Cairo, sa rivale malheureuse, empestée par la fièvre, ces fleuves rallient l'Ohio, la « *Belle Rivière,* » grossie du Tennessee, et d'autres affluents qui lui arrivent du sud.

Ce concours inouï facilite singulièrement les communications de tout genre, les relations commerciales comme les opérations militaires.

Les contrées arrosées par ces fleuves devaient être bien diversement traitées par la guerre : elle a dévasté les rives des uns, les a hérissés de canons, a sillonné leurs flots de navires armés, y a englouti bien des vies; aux autres elle a demandé d'approvisionner les combattants et de rassembler, pour les lui apporter, les produits d'un pays riche et tranquille.

Les événements que nous avons racontés et qui tracèrent la ligne de séparation entre les belligérants, firent trois parts de ce vaste bassin.

L'une, située au nord de l'Ohio, cette frontière entre la liberté et l'esclavage, si admirablement décrite par Tocqueville, comprenait les riches États du centre, greniers de l'Amérique, et bientôt du monde entier. Elle ne devait connaître la guerre que par les récits de ses enfants, et par l'absence de ceux qui étaient destinés à ne pas rentrer au foyer domestique.

La seconde s'étendait sur la rive droite du Mississipi, refuge de l'Indien et du bison, nouvelle patrie du pionnier, leur éternel ennemi : pays où les grands espaces semblent stimuler l'énergie individuelle, et où les lois sont aussi vagues que les frontières. Là, sous l'influence de rudes passions, la lutte légale qui se poursuivait ailleurs entre l'esclavage et le travail libre avait déjà, depuis quelque temps, pris un caractère violent et sanguinaire, et les avant-postes de deux sociétés hostiles, sans cesse en présence, avaient devancé de plusieurs années la déclaration de guerre. Longtemps aussi sans doute y verra-t-on couver sous la cendre les braises encore ardentes de ce grand incendie. Mais, à l'heure critique, la guerre irrégulière dont ces trop vastes contrées ont été le théâtre ne pouvait avoir aucune influence sur l'ensemble des opérations militaires.

Enfin, la dernière partie, limitée à l'ouest par le Mississipi et au nord par l'Ohio, comprenant la Virginie occidentale, le Kentucky, le Tennessee et des portions des États voisins, était le terrain dont les fédéraux, prenant l'offensive, devaient disputer la possession à leurs adversaires. Ce sol, encore presque vierge, devait être foulé par les armées les plus nombreuses qu'on eût rassemblées de part et d'autre et voir le sang humain répandu avec une abondance qui est le triste privilége des civilisations avancées.

Dans ces vastes contrées, quelques-uns des coups les plus décisifs de la guerre ont appelé à une célébrité inattendue tel nom laissé par un humble colon à la clairière défrichée de ses mains; ou parfois une singulière coïncidence est venue réaliser la signification mystérieuse de quelque dénomination bizarre, seul souvenir légué, comme une funeste prophétie, par une race malheureuse, au pays dont elle a été dépossédée. Lorsque l'Indien nomma Chickamauga, ou « Rivière de la Mort, » un des mille ruisseaux qui serpentent à travers les hautes chaînes de la Géorgie, un secret instinct pouvait-il lui faire prévoir la guerre fratricide qui devait frapper les hommes blancs comme une expiation de leurs crimes passés, et la soirée d'automne qui devait voir tomber trente mille de ses futurs ennemis sur les rives de ce faible torrent ?

Les eaux de cette troisième partie, la seule intéressante pour nous, sont toutes tributaires de l'Ohio. Cependant, parmi toutes les rivières importantes de ce bassin, deux seulement, le Great-Kanawha et le Kentucky, descendent directement des Alléghanies vers ce fleuve, et encore, coulant trop rapidement pour être longtemps navigables, n'ont-elles aucune importance militaire. Toutes les autres commencent par s'écarter du cours de la *Belle Rivière*, et, se rassemblant dans deux grands fleuves, le Cumberland et le Tennessee, qui enveloppent au sud tout le bassin dans deux courbes concentriques, ne se jettent dans l'Ohio qu'au moment où lui-même va se perdre dans le *Père des eaux*. De là un vaste espace dépourvu de fleuves, séparant le cours de l'Ohio et ses rives fertiles de la contrée voisine des Alléghanies, et obligeant ceux qui veulent aborder cette contrée par eau à suivre l'immense circuit du Tennessee, dont le cours est plus long et plus longtemps navigable que celui du Cumberland.

Reste enfin la grande ligne, sinueuse dans ses détails, droite dans son ensemble, que le Mississipi trace depuis le centre du continent jusqu'au golfe du Mexique, et dont les eaux peuvent marquer peut-être une division géographique, mais sont en réalité un lien puissant entre les États du Nord, d'où elles descendent, et ceux du Sud dans l'épaisseur desquels elles ont ouvert une brèche féconde.

Résumons en peu de mots cet aperçu sur l'ensemble des fleuves américains. On peut les diviser d'abord en deux parts : ceux qui coulent directement à la mer, et ceux qui se réunissent pour former le Mississipi. Les premiers se partagent en deux bassins distincts : celui de l'Atlantique, et celui du golfe du Mexique, l'un singulièrement important, l'autre relativement insignifiant dans la dernière guerre. Dans le vaste bassin du Mississipi, composé des seconds, l'on peut distinguer trois régions : l'une au nord, dont le sol a été respecté par la guerre, l'autre à l'ouest, encore presque déserte, et la troisième au sud-est, qui a seule été le théâtre des grandes opérations militaires.

La guerre que nous allons raconter a montré le parti considérable qu'une armée pouvait tirer de ces fleuves, surtout lorsqu'ils se combinent avec les chemins de fer. Le rôle de ces derniers n'a pas été non plus sans importance. Dans les parties de l'Amérique où la nature n'a pas ouvert de voies navigables, ils ont pu, jusqu'à un certain point, en tenir la place; mais ils sont loin d'offrir les mêmes avantages : d'une part, construits économiquement, ils n'ont qu'une voie, et par suite la quantité de matériel qu'ils peuvent transporter est fort limitée; d'autre part, leurs innombrables ponts, leurs longs viaducs, sont de frêles édifices de bois, toujours à la merci d'une simple étincelle, et qui les exposent ainsi toujours à être interrompus. Une armée en retraite les détruit aisément derrière elle, et impose à l'envahisseur qui veut la suivre la nécessité de les rétablir péniblement. Enfin, il suffit d'un coup de main heureux pour les couper sur les derrières d'un ennemi même supérieur en nombre. Mais, comme ces voies d'approvisionnement sont indispensables, plus elles sont précaires; plus il faut les garder avec soin, et plus elles influent par conséquent sur toute la conduite de la guerre.

Il faut donc, pour la clarté du récit, faire connaître le système des chemins de fer des États du Sud, qui forment, dans les trois bassins de l'Atlantique, du golfe du Mexique et du Mississipi, trois groupes distincts, à peine reliés entre eux.

Dans le premier groupe, nous trouvons trois lignes principales, à peu près parallèles à la côte. L'une, suivant les Alléghanies dans leur longueur, appartient stratégiquement à ce groupe, quoiqu'elle soit, en grande partie, située sur le versant opposé de ces montagnes; isolée dans leurs hautes vallées, elle se développe sur une longueur de près de deux cents lieues entre Lynchburg, son attache au réseau virginien, et Chattanooga, où elle rejoint les chemins de fer du bassin de l'Ohio; sa longueur et sa direction l'empêchent d'être un lien efficace entre les deux groupes. Les deux autres lignes, au contraire, sont reliées par des traverses, formant de nombreux carrefours, dont les noms ont été presque tous illustrés dans la guerre. Sur la ligne qui serre la côte, tournant les golfes et touchant à la mer de port en port, il suffira de citer Richmond, Petersburg, Goldsborough, Wilmington, Charleston et Savannah, où la voie quitte l'Atlantique pour rejoindre à Macon le groupe du bassin du golfe Mexicain. Sur la ligne intermédiaire, entre la mer et les montagnes, on rencontre les noms, que nous citerons souvent aussi, de Manassas, Gordonsville, Burkesville, Greenborough, Columbia, Augusta, et enfin Atlanta, où elle se termine. A Atlanta, point central entre les trois groupes, aboutissent, d'autre part, la principale artère du bassin du golfe, et une branche importante qui, profitant d'une brèche dans les Alléghanies, vient directement de Chattanooga relier aux deux autres groupes celui du bassin de l'Ohio.

Les États du golfe du Mexique, plus récemment colonisés et moins peuplés que ceux de l'Est, sont naturellement aussi plus pauvres en chemins de fer. Cependant, deux lignes voisines du Mississipi et parallèles à son cours rattachent aux États du centre les grands ports de Mobile et de la Nouvelle-Orléans, tandis qu'une autre, s'appuyant à Vicksburg sur le Mississipi, et achevée durant la guerre pour ouvrir des communications faciles avec le Texas, se prolonge jusqu'à Atlanta.

Dans le bassin de l'Ohio, la partie occidentale, déjà exclusivement favorisée par les fleuves, possède seule aussi des chemins de fer. Une ligne, unique d'abord, qui descend vers le sud de Cincinnati et de Louisville, se bifurque successivement à Bowlingreen, à Nashville, et plus loin encore à Hardensville, et, s'ouvrant comme un immense éventail au sud du Cumberland, étend ses bras nombreux depuis le pied des hautes falaises qui terminent les Alléghanies, au point même où commence la navigation du Tennessee, et sont si bien appelées les monts de la Vigie, *Lookout Mountains*, jusqu'aux rives du Mississipi, à Columbus à l'ouest, et à Memphis au sud.

Une ligne transversale qui relie cette dernière ville à Chattanooga, et réunit les extrémités de cinq branches de cet éventail, ne pouvait pas avoir pour les opérations militaires la même importance qu'elle avait auparavant au point de vue commercial : exposée par le flanc, elle devait être bientôt coupée et rendue également inutile à l'un et à l'autre des belligérants. Plus à l'est, la vaste contrée comprise entre l'Ohio et les Alléghanies, déjà privée de rivières navigables, l'est aussi de chemins de fer. Il en est de même de l'espace qui s'étend depuis les chemins de fer parallèles au Mississipi jusqu'à la brèche de Chattanooga et qui sépare le bassin de l'Ohio de celui du golfe du Mexique.

Ainsi les chemins de fer tracés dans la partie de l'Amérique qui a été le théâtre de la guerre forment trois groupes correspondant aux trois bassins de l'Atlantique, du golfe du Mexique et de l'Ohio. Ils ne sont reliés que par quelques lignes, situées à de très-grandes distances les unes des autres, et laissent entre eux de vastes espaces également inaccessibles à la locomotive et au bateau à vapeur. Ces espaces, dépourvus de toutes voies de communication, s'étendent dans toute la longueur des États du Sud et les partagent complétement, divisant les eaux en deux grands bassins et les chemins de fer en deux systèmes indépendants.

Il est facile de concevoir le rôle qu'ils ont dû jouer pendant la guerre. En effet, ils offrent un obstacle insurmontable à la marche d'une armée qui veut conserver ses communications. Des environs du Missisipi aux rives du Potomac, ils forment une ligne continue, percée seulement une fois, au centre, entre Chattanooga et Atlanta. Là était le point faible de cette armure, qui, après la perte du bassin de l'Ohio, pouvait protéger le cœur des États rebelles, et devait obliger les fédéraux à les attaquer, soit par les deux extrémités, par les rives du Mississipi et de la Chesapeake, soit en débarquant sur une côte inhospitalière. C'est dans ce défaut de la cuirasse que nous verrons Sherman glisser sa redoutable épée. C'est grâce à ce chemin de fer de Chattanooga à Atlanta qu'il put non-seulement atteindre cette dernière ville, mais s'y établir et en faire le point de départ de sa campagne décisive en Géorgie.

Mais, au moment dont nous nous occupons, c'est près de l'Ohio que la lutte va s'engager, et la division que nous avons marquée dans les réseaux des fleuves et des chemins de fer partagera les premières opérations militaires en trois zones distinctes dont chacune aura pour théâtre les rives de l'un de ces fleuves.

A mesure que nous avancerons dans notre récit, les exemples mêmes qu'il nous fournira montreront, mieux que tout ce que nous pourrions dire ici, l'importance et l'usage particulier des voies fluviales et ferrées. Nous nous bornerons donc ici à peu de mots, pour justifier la longue description qui précède et prouver qu'elle était, pour l'histoire de la guerre, une préface indispensable.

On verra les fleuves remplir dans la stratégie un double rôle. D'une part, ils assurent des ressources illimitées pour le ravitaillement des armées, un nombre indéfini de bateaux à vapeur pouvant les parcourir pour apporter à celles-ci les approvisionnements et les renforts dont elles ont besoin. D'autre part, ils leur offrent un puissant moyen d'offensive en permettant aux navires de guerre d'appuyer leurs mouvements et de protéger leur ligne de communications, à mesure qu'elle s'allonge. Les chemins de fer, dont la capacité pour les transports est limitée, sont, au contraire, un instrument purement défensif : ils ne sauraient servir à appuyer les mouvements de l'agresseur et le condamnent à régler sa marche sur la rapidité plus ou moins grande avec laquelle ils peuvent être reconstruits.

Les deux conditions nécessaires pour diriger les mouvements d'une armée sont donc d'abord d'ouvrir une voie sûre à ses approvisionnements et ensuite de connaître la distance à laquelle elle peut s'éloigner du fleuve ou du chemin de fer qui les lui apportent. Aussi, tandis que, dans les pays riches en ressources alimentaires, comme l'Europe, une armée s'étend pour vivre et se concentre pour combattre, verra-t-on qu'en Amérique, plus une armée est nombreuse, plus elle doit se concentrer pour vivre ; car, ne tirant presque rien du pays qu'elle occupe, plus elle se déploie, plus les corps éloignés de la voie qui seule l'alimente ont de peine à s'approvisionner.

Pour calculer la distance à laquelle une armée peut s'éloigner des dépôts placés à des stations de chemin de fer ou à des débarcadères sur un fleuve, et qui constituent sa base d'opérations, il faut partir de cette donnée qu'aucune route, dans le sens européen de ce mot, ne relie à cette base les différentes positions qu'elle occupe. Les chemins de traverse disparaissent rapidement sous l'influence combinée de la première pluie et du passage incessant des voitures ; il faut en ouvrir de nouveaux à travers les champs et les bois, et les entretenir constamment, si l'on veut qu'ils ne deviennent pas impraticables au bout de peu de jours. Le nombre de bouches qu'il faut nourrir détermine cette distance; car, d'un côté, une route ne peut servir qu'à une certaine quantité de voitures, et, de l'autre, si même plusieurs routes leur sont ouvertes, une armée ne peut être accompagnée d'un nombre illimité de voitures sans que tous ses mouvements en soient entravés.

Le soldat américain consommait, au début de la guerre, environ 3 livres de nourriture par jour; si l'on y ajoute les munitions de tout genre, les effets d'équipement et tout ce qui est nécessaire à l'entretien des troupes, on peut aisément admettre que le poids des transports nécessaires à l'existence d'une grande armée américaine s'élevait en moyenne à 4 livres par jour et par homme, en laissant de côté la nourriture des chevaux et des mules, qui est d'environ 25 livres par bête. Le wagon américain, attelé de six mules, porte une charge de 2,000 livres : il suffit donc pour approvisionner 500 hommes, pourvu qu'il puisse chaque jour faire le voyage d'aller et de retour entre l'armée et ses dépôts. Si la distance à parcourir est d'une journée de marche, une journée étant perdue à revenir à vide, il n'approvisionnera 500 hommes que tous les deux jours, ou 250 hommes par jour. S'éloigner à deux jours de marche de sa base d'opérations est bien peu de chose pour une armée qui manœuvre devant l'ennemi; et cependant, à ce compte, il faudra 4 voitures pour alimenter 500 hommes, ou 8 pour 1,000, et, par conséquent, 800 pour 100,000 hommes. Si cette armée de 100,000 hommes a 16,000 chevaux de cavalerie et d'artillerie, chiffre relativement peu élevé, il faudra encore 200 voitures pour porter leur fourrage journalier, et, par suite, 800 pour en faire le transport à une distance de deux jours de marche. Ces 1,600 voitures sont, à leur tour, attelées de 9,600 mules, qui, consommant aussi 25 livres, pendant chacun des trois jours sur quatre qu'elles passent hors du dépôt, ont besoin de 360 autres voitures pour porter leurs fourrages; ces 360 voitures sont enfin attelées de 2,460 bêtes, et, pour transporter la nourriture de celles-ci, 92 nouvelles voitures sont nécessaires. Un calcul analogue nous donnera encore 20 voitures de plus, et nous arriverons ainsi à trouver que plus de 2,000 voitures, traînées par 12,000 bêtes, sont strictement nécessaires pour approvisionner une armée de 100,000 hommes et de 16,000 chevaux, à deux jours de marche seulement de sa base d'opérations. Dans la même proportion, si elle s'en trouve séparée par trois jours de marche, ce sont 3,760 voitures, traînées par 22,000 animaux, qui seront indispensables à ce service. Ce calcul ne donne pas encore toute la mesure des difficultés des transports; car, si ces voitures sont nécessaires pour amener le matériel jusqu'aux dépôts des divisions, il en faut d'autres pour le répartir de là dans chaque régiment; une armée enfin est obligée de conserver constamment avec elle une partie de ses voitures pour s'assurer une certaine mobilité et pouvoir envoyer en avant quelque corps accompagné d'un convoi portant plusieurs jours de vivres. Aussi une armée américaine de 100,000 hommes, ayant avec elle environ 4,000 wagons, dont 2 à 3,000 circulant sur trois ou quatre routes parallèles, la longueur de deux jours de marche, ou environ de 40 à 50 kilomètres, était dans la guerre le maximum de la distance à laquelle elle pouvait s'éloigner de sa base d'opérations, tout en continuant à lui demander ses approvisionnements journaliers.

Dans une campagne offensive, une armée ne peut donc faire plus de deux jours de marche sans déplacer en même temps ses dépôts. Si elle suit une ligne de chemin de fer, il faut qu'elle s'arrête pour attendre que la voie soit réparée jusqu'au point nouveau où elle veut les établir. Si elle s'avance près d'un fleuve, elle se fait accompagner par une flotte de transports qui, grâce à leurs fonds plats, peuvent aborder sur toutes les berges et y débarquer rapidement leur chargement. Si elle doit traverser un espace dépourvu de communications faciles, elle peut abandonner la base d'opérations sur laquelle elle s'appuie pour aller en chercher une autre; ce mouvement, hardi en apparence, a réussi à tous ceux qui l'ont tenté, soit pour rejoindre une tête de ligne de chemin de fer déjà occupée par des troupes amies, soit pour occuper sur un fleuve éloigné des positions nouvelles où la flotte pouvait retrouver l'armée et la ravitailler. En portant ainsi en avant sa base d'opérations sur la même ligne, ou en changeant d'une ligne à une autre, on épargnait deux voyages aux voitures ; et, en les amenant avec soi, chargées d'approvisionnements, on doublait le nombre de jours pendant lesquels la troupe pouvait marcher en pays ennemi. Une certaine quantité de vivres dans le sac du soldat augmentait encore ce nombre de jours, et enfin les troupeaux de bestiaux étaient une ressource supplémentaire dans la saison où on pouvait les faire paître auprès de l'armée. A mesure qu'il acquit l'expérience de la guerre, le soldat fédéral devint plus sobre, plus économe de vivres et apprit en même temps à porter une plus grande charge sur ses épaules. Parmi les éléments nécessaires pour calculer le nombre de jours pendant lesquels il pouvait demeurer séparé de ses dépôts, il y en a, on le voit, d'essentiellement variables. Nous nous bornerons, en ce qui les concerne, à donner les chiffres empruntés à l'expérience de la même armée à deux époques différentes de la guerre. En octobre 1862, Mac Clellan voulant, comme nous le disons plus loin, passer d'une tête de chemin de fer à une autre, avec une armée de 122,000 hommes, opération qui pouvait l'obliger à vivre dix jours sans autres approvisionnements que ceux qu'il emmenait avec lui, ces approvisionnements furent chargés sur un convoi composé de 1,830 voitures. Ces voitures étaient traînées par 10,980 bêtes; il y avait en outre 5,046 chevaux de cavalerie, et 6,836 d'artillerie; afin de porter dix jours de rations complètes de fourrage pour ces animaux, il fallut former un second convoi, composé de 17,832 autres bêtes, et qui devait servir à donner des demi-rations aux 40,664 chevaux ou mulets qui accompagnaient ainsi l'armée à un titre quelconque, le pays que l'on traversait devant fournir le reste. Ce chiffre énorme ne comprenait que le transport des vivres et non celui des munitions, des malades et des blessés. En mai 1864, cette même armée était à peu près de même force, comptant 125,000 hommes, 29,945 chevaux de troupe et 4,046 d'officiers, 4,300 wagons et 835 ambulances, en tout 56,499 animaux, quand elle se mit en campagne sous les ordres de Grant, préparée à combattre et à marcher pendant près de trois semaines, s'il le fallait, avant de rejoindre l'un de ses dépôts. Les rations avaient été singulièrement diminuées et les soldats étaient accoutumés à porter une lourde charge : ils avaient trois rations complètes dans le sac et trois jours de biscuit dans la besace; chaque voiture pouvant porter 1,400 petites rations, le convoi pouvait fournir dix jours de vivres et de fourrages; enfin, le troupeau de viande sur pied en assurait trois autres. Ainsi, tandis que Mac Clellan n'avait au plus que dix jours de vivres, deux ans après, Grant, avec la même armée et les mêmes ressources, avait pu en prendre seize. Ces chiffres montrent bien que l'expérience de la guerre finit par rendre possibles des opérations qui ne l'étaient pas au début, avec les troupes improvisées dont nous allons raconter les premières campagnes.

La quantité de transports que l'on peut faire sur un chemin de fer est un élément non moins important, qui interviendra dans les mouvements des armées, et qui les entravera si elles sont considérables et ne s'alimentent que par une seule ligne. On verra dans notre récit de fréquents exemples de cette intervention ; aussi l'organisation du personnel des chemins de fer, la science avec laquelle tous les détails de leur service furent réglés, ont-elles été dans cette guerre difficile une condition essentielle de succès. Nous citerons ici un seul exemple, celui de l'armée de Hooker, forte de 23,000 hommes, qui fut transportée, en 1863, avec tout son matériel, ses chevaux et ses voitures, du Rapidan à Stevenson dans l'Alabama et parcourut ainsi sur les voies ferrées, en sept jours, une distance de près de 2,000 kilomètres. Cet exemple montre les grands services que les chemins de fer pouvaient rendre pour concentrer une armée sur un point quelconque du continent ; mais de pareils mouvements devaient être moins difficiles à accomplir que l'approvisionnement journalier d'une grande armée au bout de l'une de ces longues lignes à une seule voie qui sillonnent les États du Sud ; en effet, leur construction grossière exigeait de nombreuses réparations et, par conséquent, de fréquentes interruptions, si bien qu'au delà d'une certaine longueur, variant naturellement selon les circonstances, elles ne pouvaient suffire à cet approvisionnement sans l'aide d'une autre ligne ou mieux encore d'un fleuve.

La quantité de transports qui pouvait se faire par eau n'était naturellement limitée que par le nombre de bâtiments dont on pouvait disposer. Mais, comme nous l'avons dit, les fleuves sont à la fois la meilleure voie pour approvisionner une armée, et un puissant auxiliaire de toute opération offensive. Aussi verra-t-on toujours, quand les fédéraux ont pu s'appuyer à un fleuve, que leurs progrès ont été assurés et leurs conquêtes décisives, tandis que les succès qu'ils obtinrent en suivant une simple ligne de chemin de fer furent constamment précaires, de nouveaux dangers renaissant derrière eux à mesure qu'ils s'avançaient. Le ravitaillement d'une armée, accompli en vue de l'ennemi par une flotte de transports, le bombardement des places fortes, construites pour entraver la navigation, enfin les batailles navales livrées sur les fleuves, occuperont une place si considérable dans l'histoire de cette guerre, qu'on peut regarder les opérations combinées entre les forces de terre et la marine fluviale comme lui donnant son caractère distinctif entre toutes les guerres modernes. Le nom de *marin d'eau douce,* au lieu d'être une dénomination méprisante, doit être, au contraire, en Amérique, un titre d'honneur.

Quelques mots suffiront, à la fin de ce chapitre, pour faire comprendre les raisons qui donnaient leur valeur stratégique à certains points situés sur les voies fluviales ou sur les voies ferrées. Ces dernières étant partout vulnérables et ne pouvant toutefois être défendues par des postes sur toute leur longueur, il fallait choisir de préférence, pour en faire des places fortes, les jonctions de plusieurs lignes, parce que c'étaient les lieux les plus commodes pour établir des dépôts et que celui qui en était maître interceptait à la fois toutes les lignes qui s'y croisaient. Les grands fleuves américains, au contraire, ne pouvant jamais être obstrués, les points les plus importants à occuper sur leur cours étaient ceux où l'on pouvait le mieux placer des batteries capables, par leur feu, d'en interrompre la navigation : c'étaient d'ordinaire les falaises qui s'élèvent en certains endroits au-dessus des berges plates qui bordent presque tous les fleuves du nouveau continent ; car, par leur hauteur, elles protégeaient contre le tir des canonnières les batteries qui les couronnaient.

Enfin, l'on comprendra que les points les plus

importants entre tous fussent ceux où une ou plusieurs voies ferrées croisaient un fleuve navigable ou s'arrêtaient sur ses bords; car c'était là que devaient arriver par eau les immenses approvisionnements que les chemins de fer avaient ensuite à transporter jusqu'auprès des armées dans l'intérieur des terres.

Ces deux espèces de voies de communication, que l'on nous pardonnera d'avoir si longuement décrites, se combinaient donc et se complétaient de manière à rendre possible la réunion d'armées telles que l'Amérique n'en avait encore jamais vu. Aussi ces armées ne pouvaient-elles s'en écarter beaucoup : condition particulière, qui devait exercer sur la guerre une influence puissante et constante. Anticipant sur l'histoire, nous avons montré comment les combattants apprirent peu à peu à tirer le plus grand parti possible de ces voies de communication. On verra plus tard combien cette expérience leur coûta cher.

Après cette digression nécessaire, nous reprenons notre récit au moment où la lutte va enfin s'engager sérieusement.

CHAPITRE II

LE BULL-RUN.

Le 4 juillet 1861, jour anniversaire de la fondation des États-Unis, le nouveau Congrès, élu quelques mois auparavant, et convoqué par M. Lincoln en session extraordinaire, se réunissait au Capitole de Washington. Jamais les représentants de la nation ne s'étaient rassemblés dans des circonstances aussi graves. Quatre mois s'étaient écoulés depuis le jour où M. Lincoln avait prêté le serment constitutionnel dans ce même édifice, et les tristes prévisions qui alarmaient alors tous les vrais patriotes s'étaient réalisées. Les insurgés avaient tiré les premiers coups; ils avaient entraîné avec eux presque tous les États à esclaves; leurs sentinelles épiaient le Capitole, postées dans les bois qui bordent le Potomac; la guerre était commencée, et elle imposait au gouvernement fédéral la tâche immense de reconquérir le tiers du territoire national. Mais, d'autre part, les États fidèles à l'Union n'avaient été ébranlés, ni par les sollicitations des insurgés, ni par leurs théories constitutionnelles : ils s'étaient montrés résolus à supporter tous les sacrifices pour défendre la République ; ils avaient déjà pour cela mis 300,000 hommes sur pied ; enfin, ils avaient trouvé un chef qui représentait loyalement leurs sentiments et n'avait d'autre souci que de remplir avec fermeté les devoirs de sa charge.

M. Lincoln n'avait pas faibli lorsque la trahison l'entourait de toutes parts. Mesurant la grandeur du péril, il avait pris pour le conjurer des mesures extraordinaires : il avait fait deux appels de volontaires ; il avait autorisé pour leur équipement des dépenses que le budget n'avait pas prévues ; enfin, il avait obéi à la nécessité de suspendre les garanties ordinaires de la liberté individuelle, pour maintenir son autorité dans les villes, comme Baltimore et Saint-Louis, où elle avait été attaquée les armes à la main. Grâce à ces mesures, l'insurrection avait été limitée et privée de quelques-unes des positions stratégiques les plus importantes.

Les armées qui allaient soutenir cette lutte se formaient rapidement, et déjà 50,000 soldats protégaient la capitale. Mais le Président avait hâte de faire légaliser ses actes par la représentation nationale et de lui demander les nouvelles ressources exigées par une guerre dont on pouvait dès lors entrevoir les proportions.

Les États insurgés n'ayant envoyé à Washington ni sénateurs ni députés, vingt-trois États seulement se trouvaient représentés au sénat, vingt-deux et un territoire dans l'autre chambre. Les Unionistes, composés surtout de républicains et d'un certain nombre de *war-democrats,* devaient donc dominer absolument dans ces deux assemblées, et assurer au Président l'appui et le concours énergique du Congrès. L'accord de ces deux partis était la meilleure réfutation des prédictions sinistres répandues avec complaisance par les ennemis de la grande démocratie américaine et qui annonçaient à l'ancien monde sa prochaine dissolution. C'était surtout la meilleure réponse à l'attitude de la plupart des gouvernements européens, qui, avant le commencement des hostilités, avaient usé, avec un empressement malveillant, de leur droit de se proclamer neutres. En présence d'une guerre civile comme celle que nous allons raconter, ce droit était sans doute incontestable : l'importance de cette guerre les obligeait à prescrire et tracer à leurs nationaux les devoirs de la neutralité. Leur véritable tort, vis-à-vis de l'Amérique, fut, au contraire, de tolérer ouvertement la violation de cette neutralité. En reconnaissant aux insurgés les droits de belligérants, avant même que ceux-ci fussent des belligérants, ils avaient préjugé une question qui n'était point de leur ressort, ils avaient montré des sentiments hostiles pour une grande nation, ils avaient douté d'elle au moment où elle faisait un effort patriotique pour sauver son unité, et, s'ils n'étaient pas sortis de la stricte légalité internationale, ils n'en avaient pas moins commis ainsi une grande faute politique.

Le gouvernement français devait chercher dans les malheurs d'une démocratie libérale un puissant argument en faveur du césarisme, et les vœux qu'il formait pour le succès des insurgés ne furent un secret pour personne. L'opinion publique en Angleterre était très-partagée : la grande majorité des classes supérieures et la plupart des journaux, cédant à d'anciennes rancunes et redoutant le triomphe des idées démocratiques, étaient franchement hostiles à la cause du Nord; le parti radical au contraire et toute la classe ouvrière professaient pour elle la plus vive sympathie. L'attitude des radicaux et des ouvriers empêcha le gouvernement anglais de reconnaître l'indépendance de la confédération nouvelle, malgré les sollicitations de la France, qui lui aurait même, dit-on, proposé d'intervenir en Amérique. Mais il s'empressa de lancer la proclamation de neutralité dès le 13 mai, quelques jours avant l'arrivée à Londres du nouveau représentant des États-Unis, M. Adams, et comme pour prévenir les explications que celui-ci aurait pu lui donner. Le gouvernement français avait, le 11 juin, suivi cet exemple. Ainsi l'Amérique, qui comptait à bon droit sur les sympathies de l'Angleterre abolitionniste dans sa lutte contre l'esclavage, et sur celles de la patrie de Rochambeau et de Lafayette dans ses efforts pour conserver l'œuvre de Washington, ne trouvait dans les gouvernements de ces deux pays que des spectateurs sceptiques, qui, comme les amis de Job, étaient prêts à profiter de ses malheurs pour lui faire la leçon. La Russie, plus habile, se hâtait au contraire de lui donner ces témoignages d'intérêt auxquels, dans une grande épreuve, les peuples sont aussi sensibles que les individus, et prouvait par là une prévoyance politique qui faisait singulièrement défaut aux autres puissances européennes.

Les partisans des insurgés, qui, sous le nom de

peace-democrats, avaient pour chefs M. Breckinridge au sénat et M. Vallandigham dans l'autre chambre, ne formaient plus dans le Congrès qu'un groupe peu nombreux. Aussi leurs efforts pour entraver les mesures destinées à soutenir la guerre devaient-ils être vains. Les sénateurs des États rebelles qui, au lieu de se rendre à Washington, étaient entrés au service de l'insurrection, furent privés de leurs siéges; les mesures extraordinaires prises par M. Lincoln furent sanctionnées; l'accroissement de l'armée régulière et de la marine, les dépenses nécessaires pour les chemins de fer et les télégraphes militaires furent approuvés; un emprunt de 250 millons de dollars (un milliard et quart de francs) fut voté, en attendant des mesures fiscales plus complètes; et enfin le Congrès commença le 13 juillet à discuter la plus importante de toutes les lois exigées par l'urgence de la situation, celle qui devait autoriser une nouvelle et grande levée de volontaires. Nous reviendrons dans le quatrième volume sur les travaux législatifs de cette session et de celles qui suivirent. Pour le moment, laissant de côté la discussion de la loi militaire, qui devait occuper quelque temps le Congrès, quoique l'issue n'en fût pas douteuse, nous suivrons les opérations militaires auxquelles, dès les premiers jours de juillet, Mac Clellan donnait une nouvelle impulsion dans la Virginie occidentale.

Cette contrée se compose de deux parties : une plaine ondulée, fertile et bien arrosée, qui s'étend entre l'Ohio et les montagnes, et la région des Alléghanies, composée de longues arêtes parallèles, encaissant de profondes vallées, pays agreste, dépourvu de routes, et facile à défendre.

Comme nous l'avons dit plus haut, les troupes envoyées de l'État de l'Ohio avaient occupé, après quelques escarmouches, toute la partie nord de la plaine, et couvraient la ligne du chemin de fer qui la traverse. Mais les confédérés se préparaient à leur en disputer de nouveau la possession. Ils massaient des troupes sur le cours inférieur du Great-Kanawha, rivière qui, coulant de l'est à l'ouest, divise la plaine en deux parts; et le général Garnett, en attendant les renforts qui devaient lui venir de Richmond, s'était posté sur l'arête la plus occidentale de la région montagneuse : il faisait ainsi face à l'ouest, occupant les passages d'où il pouvait descendre sur son adversaire, et appuyant ses derrières sur une contrée de facile défense. Cette arête, qui court du sud au nord, sépare la large et riche vallée du haut Monongahela de deux des principaux affluents du cours inférieur de cette rivière, le Tygarth-Valley-River, puis le Cheat-River, et porte successivement les noms de Rich-Mountain au sud, et de Laurel-Hill au nord ; la direction générale de toutes ces eaux est du sud au nord. La route principale, qui traverse le centre de la Virginie, pour descendre ensuite dans la vallée du Monongahela, passe derrière l'arête de Rich-Mountain et de Laurel-Hill, par les deux bourgs de Beverley d'abord, et de Leedsville plus au nord. C'est cette route que Garnett prétendait couvrir, et il occupait les deux seuls passages où des chemins partis de ces deux bourgs traversent Rich-Mountain et Laurel-Hill pour descendre dans la plaine.

Ces passages étaient défendus par des abatis et des ouvrages garnis d'artillerie. Garnett avait posté dans le premier le colonel Pegram avec 2,000 hommes, et s'était placé lui-même dans le second avec le reste de ses forces, environ 3,000 hommes.

Cette position, naturellement très-forte, avait l'inconvénient d'être parallèle à la route qu'elle devait couvrir : il suffisait donc qu'elle fût percée en un seul point pour que la retraite des troupes qui l'occupaient fût coupée.

C'est ce dont Mac Clellan résolut de profiter aussitôt qu'il eut réuni autour de lui les forces nécessaires pour prendre l'offensive.

Dans les derniers jours de juin, il se trouva à la tête de cinq brigades, composées, il est vrai, de troupes entièrement nouvelles et dont l'organisation laissait beaucoup à désirer. Cependant, il fallait agir : la brigade Cox fut envoyée sur le bas Kanawha pour observer l'ennemi rassemblé de ce côté, avec lequel elle n'eut que des engagements insignifiants ; la brigade Hill resta à la garde du chemin de fer et des postes qui reliaient la Virginie occidentale aux troupes situées sur le haut Potomac ; enfin, Mac Clellan divisa en deux colonnes les forces avec lesquelles il comptait attaquer Garnett et Pegram. La première, composée de la brigade Morris, occupait Philippi, sur la route qui conduit à Leedsville par Laurel-Hill ; il fut résolu qu'elle ferait des démonstrations contre cette position et attirerait l'attention de Garnett, pendant que l'autre colonne lui couperait la retraite en s'emparant de Rich-Mountain, où il avait eu le tort de ne pas réunir le gros de ses forces. Mac Clellan comptait diriger lui-même cette opération avec les deux brigades Schleich et Rosecrans ; ces brigades étaient établies à Buckannon, village où la route qui vient de Beverley, par le col de Rich-Mountain, traverse la branche du Monongahela qui arrose plus bas le bourg de Philippi. La petite armée, forte d'environ 10,000 hommes, se mit en mouvement le 6 juillet, et, le 10, après des rencontres insignifiantes, Mac Clellan, dont les troupes garnissaient le pied des pentes de Rich-Mountain, se trouvait en face des ouvrages occupés par Pegram. Ne voulant pas les attaquer de front, avec des soldats inexpérimentés, il détacha, le 11 au matin, Rosecrans sur sa droite, pour exécuter un mouvement tournant qui devait les prendre à revers.

Un sentier, praticable seulement aux fantassins, s'élevait sur les flancs de Rich-Mountain, au sud du col où passait la route de Beverley à Buckannon. Rosecrans, laissant derrière lui son artillerie, devait, avec 2,000 hommes, suivre ce sentier, que l'ennemi ne songerait probablement pas à défendre, et, une fois sur le sommet de l'arête, la remonter au nord jusqu'au col, pour descendre ensuite par la route, et prendre à revers les positions de Pegram. Aussitôt que l'on entendrait le bruit de la fusillade, les troupes restées au pied de ces positions les attaqueraient de front, cernant ainsi l'ennemi de tous côtés. Après une marche des plus pénibles, les jeunes soldats de Rosecrans atteignirent, sans coup férir, le sommet de la montagne; mais, avant d'avoir gagné le col, ils furent attaqués par l'ennemi, auquel un courrier intercepté avait révélé leur mouvement et qui avait envoyé cinq ou six cents hommes pour les arrêter. Ils battirent ce détachement; mais, épuisés de fatigue, ils restèrent sur le lieu du combat et laissèrent toute la journée s'écouler sans profiter de cet avantage pour achever le mouvement prescrit. Mac Clellan, auquel Rosecrans négligea d'annoncer ce retard, attendit en vain toute la journée le signal convenu, et, le lendemain matin, il ne trouva plus devant lui que des retranchements abandonnés. Pegram, se voyant tourné, avait cherché dans une retraite rapide le moyen d'échapper au danger qui le menaçait; mais la plupart de ses soldats se débandèrent, et il erra pendant deux jours, avec les débris de sa brigade, s'efforçant en vain de rejoindre Garnett. Enfin, Mac Clellan, le devançant sur la route de Leedsville à Beverley, occupa ce dernier village le 12 juillet, et Pegram fut forcé de mettre bas les armes, le lendemain, avec six cents de ses compagnons.

Pendant que son lieutenant était délogé de Rich-Mountain, Garnett se laissait amuser par Morris à Laurel-Hill, sans se douter du danger qui le menaçait. Heureusement pour lui, il fut averti par Pegram de l'évacuation de Rich-Mountain, dans la nuit même où elle s'opérait. Ne perdant pas une minute, il abandonnait à son tour Laurel-Hill avant le jour, et marchait en toute hâte pour atteindre Beverley, où il espérait joindre Pegram, et trouver la route du sud encore ouverte pour lui. Mais Mac Clellan l'y avait devancé de quelques heures, avec des forces que le général confédéré ne crut pas pouvoir attaquer.

La position de ce dernier était des plus critiques : il s'était engagé dans un étroit couloir, entre les deux arêtes impraticables de Rich-Mountain et de Cheat-Mountain ; il en trouvait l'extrémité méridionale, par laquelle il aurait pu gagner l'intérieur de la Virginie, entre les mains de l'ennemi ; et les troupes qui l'observaient à Laurel-Hill n'avaient qu'à s'avancer sur ses traces pour achever de l'envelopper.

Il ne pouvait plus chercher à s'échapper que vers le nord, en descendant par des chemins difficiles la vallée de Cheat-River et en touchant la frontière du Maryland pour s'engager enfin dans les hautes gorges des Alléghanies. Rebroussant chemin aussitôt qu'il apprit la présence de Mac Clellan à Beverley, il eut la bonne fortune de repasser à Leedsville avant que Morris, qui ne l'avait pas observé avec assez de soin, y fût descendu de Laurel-Hill. Mais le désordre se mit bientôt dans ses troupes, épuisées par cette contre-marche rapide. Morris, qui avait atteint Leedsville peu de temps après lui, harcelait sa retraite, et le rejoignit enfin à Carricksford, à douze kilomètres au-dessous de Saint-George, au moment où il traversait le Cheat-River. Les confédérés réussirent à mettre la rivière entre eux et les assaillants ; mais ils laissèrent dans leurs mains toute leur artillerie, leurs bagages et une cinquantaine de prisonniers.

Garnett lui-même fut tué dans ce combat d'arrière-garde, en cherchant vaillamment à réparer le désastre. Cet ancien officier régulier fut le premier général qui perdit la vie dans la guerre. Après sa mort, ses soldats se dispersèrent, déjouant par là les efforts des fédéraux, trop fatigués pour les poursuivre longtemps ; et, au bout de huit jours de campagne, Mac Clellan put annoncer à son gouvernement que l'autorité fédérale était rétablie dans la Virginie occidentale, et que les confédérés abandonnaient même les rives du Great-Kanawha.

Cette campagne lui avait livré en outre plus de mille prisonniers et tout le matériel de l'ennemi, et ne lui avait coûté que quelques centaines d'hommes. Son plan avait été bien conçu, vigoureusement exécuté, et un succès complet avait couronné ce premier essai de stratégie. Il eut la bonne fortune d'avoir à manier une armée assez faible, quoique supérieure en nombre à l'ennemi, pour qu'elle pût subsister facilement dans un pays fort pauvre, et le rare mérite de faire marcher et manœuvrer des troupes inexpérimentées. On a vu cependant que celles-ci, pour s'être reposées trop tôt, faillirent lui faire perdre tous les fruits de la campagne.

La possession de la Virginie occidentale ne pouvait avoir une grande influence sur la guerre, car cette contrée, faute de voies fluviales ou ferrées, est impénétrable aux grandes armées; mais les succès de Mac Clellan eurent un effet moral considérable : ils stimulèrent l'ardeur du Nord, et contribuèrent aussi à lui donner des illusions sur la prompte issue de la guerre.

Pendant cette courte campagne, Patterson, que nous avons laissé dans le Maryland, en face de la vallée de la Shenandoah, avait repris l'offensive, d'après les ordres de Scott, et avait ainsi retenu les orces que les confédérés auraient pu détacher du corps de Johnston, posté à Winchester, pour les envoyer au secours de Garnett.

Comme nous l'avons dit, la meilleure partie de ses forces ayant été appelée à Washington vers le milieu de juin, il avait été obligé d'évacuer Harpers-Ferry et de repasser le Potomac. Mais il avait été bientôt rejoint par plusieurs régiments nouvellement formés, et on lui promettait des renforts considérables, qui devaient porter son armée au chiffre de 20,000 hommes. Quoique ces troupes fussent mal organisées, mal disciplinées et dépourvues de toute expérience, leur supériorité numérique sur les forces qui leur étaient opposées permettait à Patterson de reprendre possession de l'importante ligne de chemin de fer qu'il avait abandonnée peu de temps auparavant, avec les positions de Harpers-Ferry et de Martinsburg. Le 2 juillet, il passait le Potomac au gué de Williamsport, et son avant-garde rencontrait, à huit kilomètres de là, sur les bords du ruisseau de Falling-Waters, une brigade d'infanterie ennemie commandée par le général Jackson, qui devait acquérir depuis une si grande célébrité, et les cavaliers de Stuart, ami de ce dernier, destiné à périr comme lui, en laissant une réputation presque égale à la sienne.

Les premières armes de ces deux illustres officiers au service de la cause qu'ils venaient d'embrasser ne furent pas heureuses.

Entamés par l'artillerie fédérale, mieux servie que la leur, ils furent obligés, par l'arrivée de la brigade Abercrombie, à battre promptement en retraite, et ils ne s'arrêtèrent qu'à Bunkers-Hill, entre Martinsburg et Winchester, où ils trouvèrent des renforts envoyés à la hâte par Johnston. Patterson, de son côté, se contenta de cet avantage, et, ne croyant pas que ses troupes fussent en état de continuer la campagne, il s'arrêta à Martinsburg, pour assurer ses moyens de transport et réorganiser les 18,000 hommes qu'il avait alors sous ses ordres. Il laissa ainsi les confédérés, quoiqu'ils fussent à peine 8,000, maîtres de Winchester, et tellement libres de leurs mouvements, que nous les verrons bientôt quitter, à son insu et fort tranquillement, la vallée de Virginie pour aller rejoindre l'armée de Beauregard sur le champ de bataille du Bull-Run.

Les combats que nous avons racontés jusqu'à présent n'étaient évidemment que les préliminaires d'une lutte plus sérieuse, que l'opinion publique dans le Nord était impatiente de voir commencer. Elle avait été irritée d'abord par l'échec de Big-Bethel; puis la campagne de Mac Clellan était venue lui inspirer une confiance présomptueuse : elle croyait qu'il suffirait d'une seule victoire pour ramener le Sud repentant dans le sein de l'Union. Cette illusion sur la durée possible de la guerre était partagée d'ailleurs par les confédérés, et les volontaires qui, de toutes les parties du Sud, accouraient se ranger sous les ordres de Beauregard, ne doutaient pas qu'un seul effort leur ouvrît les portes de Washington et assurât la reconnaissance de leur nouvelle république : ils ne prévoyaient guère ni les pénibles campagnes qui leur étaient réservées, ni les défaites qui amenèrent la ruine de leur cause et dont bien peu d'entre eux d'ailleurs devaient être témoins.

Les petites armées de Butler, de Mac Clellan et de Patterson ayant déjà combattu l'ennemi, le Nord ne comprenait pas l'inaction des forces bien plus considérables réunies à Washington sous les ordres de Mac Dowell. On ne se doutait pas alors que, dans un avenir prochain, il faudrait pour rassurer la capitale l'entourer de 200,000 combattants ; et 35,000 hommes semblaient former déjà une armée considérable. La confiance, qui, poussée à l'excès, ne permet pas de mesurer toutes les difficultés d'une entreprise, avait contribué à la rapide formation de cette armée et stimulé l'ardeur avec laquelle le Nord avait créé ses forces militaires. Cette confiance extrême fut assurément pour la nation américaine la cause de plus d'un revers et de bien des déceptions, et, si elle ne s'était appuyée sur de viriles vertus, elle aurait été à la fois ridicule et fatale ; mais, soutenue, comme elle le fut en Amérique, par une volonté et une persévérance indomptables, elle commande le respect, car elle fait les grands peuples.

Les troupes rassemblées à la hâte à Washington se composaient encore des éléments les plus hétérogènes : c'étaient des volontaires, les uns ayant déjà deux mois et demi d'instruction, mais qui n'avaient plus que quinze jours à servir; les autres enrôlés pour trois ans, mais parfaitement ignorants de leur métier; c'étaient un bataillon et trois batteries appartenant à l'armée régulière, un certain nombre de batteries attachées aux régiments de volontaires, et enfin quelques escadrons seulement de cavalerie, en grande partie régulière. Les cinq petites divisions entre lesquelles on avait partagé ces troupes étaient à peine formées, malgré les efforts des généraux Tyler et Runyon et des colonels Hunter, Heintzelmann et Miles, qui en avaient reçu le commandement; les services administratifs s'organisaient lentement, les chefs n'avaient eu le temps ni de connaître leurs subordonnés ni de se faire connaître d'eux; l'état-major, d'autant plus nécessaire qu'on ne pouvait se fier à l'expérience individuelle des officiers de régiments, existait à peine. Les officiers réguliers, qui occupaient les postes les plus importants, ne pouvaient suffire à tous les détails du service ni corriger l'ignorance de toute une armée. Aussi comprenaient-ils combien cette armée était peu propre à entreprendre une campagne offensive, et personne ne le sentait plus vivement que Mac Dowell, sur qui allait peser toute la responsabilité d'une pareille aventure. Mais l'opinion publique était un maître inexorable, qui lui commandait de marcher sur Richmond, et auquel il dut obéir.

Le bon sens et l'expérience du général Scott n'étaient pas écoutés, ni de force à résister à ces entraînements. Le gouvernement de la Maison-Blanche, obsédé par les impatiences des membres du Congrès, craignait de voir de plus longues temporisations refroidir l'ardeur militaire du Nord, et préférait les chances d'un désastre aux difficultés politiques que lui créait l'inaction. Lorsque Mac Dowell alléguait, comme on dit en anglais, la *verdeur (greenness)* de ses troupes, on lui répondait : « Vous êtes verts, sans doute ; mais les ennemis sont verts aussi, vous êtes tous verts [1]. » Et, lorsqu'il réunissait ses troupes pour les faire manœuvrer, des cris s'élevaient de toutes parts contre le général, qu'on accusait de vouloir préparer une dicta-

1. *Report on the conduct of the War*, t. II, p. 38.

ture militaire. Ne pouvant persuader à ses supérieurs qu'avec des troupes incapables de marcher régulièrement, et sans moyens de transport suffisants, tout l'avantage serait pour celui des deux adversaires qui saurait attendre l'autre dans une position défensive, il se mit en devoir d'exécuter les ordres qu'on lui donna, avec autant de zèle que s'il avait compté sur le succès.

Personne ne pouvait mieux que lui rendre ce succès possible, malgré tant de désavantages. Élevé en partie en France, et possédant parfaitement notre littérature, il avait étudié à fond le métier militaire, et, depuis la campagne du Mexique, il s'était montré, dans les bureaux du général Scott, un excellent administrateur. Doué d'une activité infatigable, son esprit inventif suppléait, dans une certaine mesure, à l'insuffisance des instruments qu'il avait dans les mains; et le plan qu'il forma pour attaquer les confédérés sur le Bull-Run prouva, malgré l'issue de cette campagne désastreuse, la justesse de son coup d'œil militaire.

Quelques mots sont ici nécessaires pour décrire le terrain sur lequel allait se livrer la première bataille rangée de cette guerre.

Les arêtes parallèles des Alléghanies, qui s'étendent

du sud-ouest au nord-est, à travers toute la Virginie et le Maryland, sont coupées par deux brèches profondes, et les eaux des montagnes, s'y frayant passage pour couler vers l'Atlantique, forment deux fleuves qui se jettent l'un et l'autre dans la grande baie de la Chesapeake : le Potomac, au nord, arrose les gorges de Harpers-Ferry, dans lesquelles nous verrons livrer plus d'un combat, et descend de là à Washington ; le James-River, contournant les grandes montagnes appelées les pics de la Loutre, traverse le comté d'Appomatox, où Lee capitulera, et, après avoir passé à Richmond, débouche au fort Monroë, dans la Chesapeake. La Vallée de Virginie, dont nous avons déjà parlé plusieurs fois, pays ouvert et bien cultivé, entre deux chaînes parallèles des Alléghanies, s'étend, depuis le voisinage du James, jusqu'aux bords du Potomac. La barrière orientale de cette vallée, connue sous le nom de Blue-Ridge, ou « crête bleue », est coupée par des cols profonds, appelés *gaps*, situés à des distances à peu près égales les uns des autres, et tous traversés par de bonnes routes.

Le pays qui s'étend à l'est, entre le Blue-Ridge et la Chesapeake, est ondulé, couvert d'antiques forêts, ou de jeunes taillis de pins, seul produit dont soit capable aujourd'hui un sol épuisé par la culture du tabac ; la population y est très clair-semée; le terrain, glaiseux et imperméable, y forme sous l'action des voitures une boue à la fois molle et collante, qui devait être l'un des plus redoutables ennemis des armées ayant à faire campagne en Virginie; une infinité de cours d'eau y serpentent dans des ravins boisés, entre des mamelons, dont les plus élevés sont la plupart défrichés; toutes ces eaux finissent par former deux rivières, le Rappahannock et le York-River, qui coulent parallèlement au Potomac, et débouchent, comme lui, par de profonds estuaires, dans la baie de la Chesapeake.

La nature du terrain, l'absence de routes, le peu de culture du pays, et la direction même des eaux, tout enfin rend une campagne offensive particulièrement difficile dans cette contrée. Les chemins de fer y sont peu nombreux. Deux lignes conduisent des rives du Potomac à Richmond. L'une, partant d'Acquia-Creek, à mi-chemin entre Washington et l'embouchure du fleuve, se dirige, sans déviation, sur la capitale de la Virginie, après avoir passé le Rappahannock à Fredericksburg. L'autre commence à Alexandria, en face de Washington, et gagne au sud-ouest Gordonsville, où elle se bifurque. Une branche, suivant la même direction et longeant le pied du Blue-Ridge, va, par Charlottesville, rejoindre à Lynchburg la grande ligne du Tennessee; l'autre branche, appuyant plus à l'est et parallèlement aux affluents du York-River, rejoint, sur l'un de ces affluents, la première ligne, et, sans se confondre avec elle, ne s'en éloigne plus jusqu'à Richmond. Deux embranchements se détachent de la ligne d'Alexandria à Lynchburg, pour entrer dans la vallée de Virginie : l'un, à Charlottesville, qui débouche à Stanton près des sources de la Shenandoah, et est interrompu un peu au delà ; et l'autre, beaucoup plus au nord, à quarante-cinq kilomètres environ d'Alexandria, qui remonte la vallée, après avoir passé le Blue-Ridge à Manassas-Gap. De là le nom de Manassas-Junction, donné, près du cours du Bull-Run, à un petit plateau sur lequel se fait ce dernier embranchement.

C'est ce plateau de Manassas qui avait été choisi pour point de concentration des troupes confédérées destinées à couvrir la Virginie et à menacer Washington. Le rôle des voies ferrées, l'importance des points de jonction se montraient ainsi avant même que l'on se fût mis en campagne. Beauregard, à Manassas-Junction, avait derrière lui deux chemins de fer, qui l'approvisionnaient et lui assuraient au besoin deux lignes de retraite; et, de plus, l'embranchement de Manassas-Gap lui permettait de communiquer rapidement avec Johnston et les troupes établies à Winchester, en face de l'armée de Patterson.

Le Bull-Run couvrait les positions occupées par Beauregard sur le plateau de Manassas. Ce plateau s'abaisse en pente douce vers le nord-ouest, en sens contraire au cours du Bull-Run, de sorte que cette petite rivière s'encaisse de plus en plus dans le ravin profond qui borde le plateau au nord-ouest. Dans cette partie inférieure de son cours, on trouve d'abord le pont du chemin de fer à Gordon-Mills, et au-dessus deux gués seulement, Mitchells-Ford et Blackburns-Ford, tous deux d'un abord difficile. Plus haut, les pentes s'adoucissent, les gués se multiplient, et la grande route d'Alexandria à Warrenton traverse la rivière sur un pont de pierre. Enfin, au delà de ce pont, en remontant le cours du Bull-Run, le pays est plat, coupé de bois et de petites clairières, et, aux environs de Sudeley-Springs, ce ruisseau, partout guéable, n'est plus un obstacle sérieux.

Le pont de pierre est situé à huit kilomètres de Manassas-Junction; l'espace compris entre ces deux points est assez découvert, et les eaux qui le traversent n'y creusent pas profondément leur lit; le cours du Bull-Run est bordé, au contraire, de taillis épais, et les pentes qui terminent de ce côté le plateau de Manassas sont de plus en plus abruptes. Ce plateau est limité, au nord-ouest, par un petit ruisseau, le Youngs-Branch; au delà s'étendent les terrains plats de Sudeley-Springs, et, le long de ce dernier ruisseau, la grande route trace une ligne aussi droite qu'une chaussée romaine. Sur la rive opposée du Bull-Run, et presque au nord de Manassas, le terrain se relève pour former, non un plateau, mais un mamelon circulaire, qu'occupe le petit village de Centreville, entouré de cultures et traversé par la grande route; sept kilomètres le séparent du pont de pierre.

Tel était le terrain sur lequel s'était établie la première armée organisée par les confédérés; ses camps occupaient le plateau de Manassas, où elle avait des espaces découverts pour s'exercer, et où elle était couverte par la ligne du Bull-Run. Quelques ouvrages de campagne entouraient la station du chemin de fer, et une partie de son artillerie était en position aux gués du Bull-Run, dans des batteries habilement masquées par le feuillage. Un détachement considérable était placé à Centreville, un autre plus loin à Fairfax-Court-House, et la cavalerie de Beauregard poussait ses avant-postes jusqu'en vue de Washington. C'est dans ces positions que Mac Dowell devait aller chercher son adversaire. Le chemin de fer qui part d'Alexandria, et sur lequel se trouve Manassas-Junction, ne lui offrait pour cette marche que peu de ressources, car il suit des ravins boisés, éloignés de toute route, et était coupé par de nombreux ponts de bois qu'un ennemi en retraite pouvait facilement détruire. Pour suivre cette direction, il ne lui restait donc, outre les chemins de traverse, que la grande route d'Alexandria à Warrenton, qui, allant de l'est à l'ouest, traverse les villages d'Annandale et de Fairfax-Court-House, avant d'atteindre celui de Centreville. Il s'ensuit qu'il fallait faire mouvoir la plus grande partie de l'armée, avec ses bagages, sur une seule voie, et faire suivre au reste des lignes divergentes, afin de diminuer l'encombrement : double difficulté ajoutée à toutes celles que nous avons déjà signalées.

Mac Dowell reçut, le 9 juillet, l'ordre de se préparer à prendre l'offensive huit jours après, et le général Scott lui donna en même temps l'assurance formelle que Patterson occuperait de telle façon Johnston, dans la vallée de la Shenandoah, que celui-ci ne pourrait aller porter secours à Beauregard ; s'il tentait de le faire, les forces qui lui étaient opposées devaient le suivre de si près, qu'elles arriveraient en même temps que lui sur les rives du Bull-Run.

Le 16, date fixée pour le mouvement, rien n'était prêt pour transporter les provisions nécessaires à l'armée. Mac Dowell fut obligé néanmoins de se mettre en marche. Il avait avec lui quatre divisions; la cinquième, celle de Runyon, restant pour protéger les positions que l'armée allait quitter. La division Tyler, forte de quatre brigades, reçut l'ordre d'appuyer à droite, par la route de Leesburg, et d'aller camper à Vienna, pour se rabattre le lendemain, par une traverse, sur Fairfax-Court-House. La division Miles devait prendre la grande route jusqu'à Annandale, puis tourner à gauche dans une ancienne route, dite Braddock-Road, parce qu'elle avait été construite par le général Braddock pendant la guerre de l'indépendance. Hunter marchait derrière Miles; Annandale lui fut indiqué comme première étape. Heintzelmann, avec la plus forte division, fut dirigé par des chemins de traverse, qui, passant au sud de la voie ferrée, conduisaient jusqu'au bord du ruisseau de Pohick-Creek. Les soldats portaient trois jours de vivres dans leurs sacs. Les convois devaient quitter Alexandria le lendemain, et rejoindre l'armée sur la grande route, entre Fairfax et Centreville.

Le plan de Mac Dowell était de surprendre la brigade ennemie de Bonham, établie à Fairfax, en la faisant attaquer le 17, à la fois de front par Miles, et de flanc par Hunter. Il comptait ensuite faire une démonstration par Centreville, et porter le gros de ses forces, avec Heintzelmann, sur le cours du Bull-Run, au-dessous de Union-Mills, pour enlever le passage de la rivière, et tourner par leur droite les positions de Beauregard.

Les troupes se mirent en route à l'heure prescrite; mais la chaleur était extrême; enveloppés de poussière, peu habitués à marcher et à porter le sac et le fusil, trop peu disciplinés pour rester dans les rangs lorsqu'ils se sentaient fatigués ou rencontraient une eau fraîche, les soldats formèrent bientôt sur les chemins de longues colonnes, où les régiments se confondaient et que suivaient, sans aucun ordre, des groupes de plus en plus nombreux de traînards. La plupart n'arrivèrent qu'au milieu de la nuit aux bivacs qui leur avaient été indiqués; d'autres s'arrêtèrent en chemin, et les têtes de colonne purent seules se remettre en marche le 17 au matin.

Le reste, déjà harassé de fatigue, suivit lentement leurs traces. La brigade de Bonham eut ainsi le temps de se retirer tranquillement par Centreville, et d'aller prendre position à Mitchells-Ford, sur la ligne du Bull-Run, où Beauregard postait ses forces. Le 17 au soir, l'armée fédérale voyait trois de ses divisions aux environs de Fairfax, tandis que Heintzelmann occupait avec la quatrième, à peu près à la même hauteur, Sangsters-station sur le chemin de fer.

Elle avait fait, en deux jours, environ vingt-quatre kilomètres; mais cette marche, trop forte pour le début, l'avait beaucoup fatiguée; les soldats, imprévoyants dans leur inexpérience, avaient gaspillé les vivres qu'ils portaient; les convois ne les avaient pas rejoints, et la plupart d'entre eux se couchèrent ce soir-là sous le feuillage de la forêt, sans avoir même un biscuit à manger.

Il fallait donner aux provisions, qui partaient seulement d'Alexandria lorsqu'elles auraient déjà dû être arrivées à Fairfax, le temps de rejoindre l'armée. Laissant à Tyler l'ordre d'occuper simplement Centreville, qui n'était qu'à huit kilomètres du point où il avait passé la nuit, Mac Dowell alla sur sa gauche préparer le mouvement qu'il avait projeté par Union-Mills. De ce côté, pendant que ses troupes se ralliaient, se reposaient, et attendaient toujours des vivres, Heintzelmann faisait reconnaître le cours du Bull-Run et chercher les passages favorables à l'attaque. Mais on n'en trouva pas : la rivière était partout d'un abord presque impraticable; et, renonçant à son plan, Mac Dowell, se décida à tâter ailleurs l'ennemi.

Cependant l'impatience et la confiance irréfléchie de quelques chefs, conséquences aussi naturelles de l'inexpérience que la lenteur et le désordre dans la marche des soldats, devaient dès le début compromettre le succès de la campagne. Ayant trouvé Centreville évacué, Tyler crut sans doute que toute l'expédition se bornerait à une espèce de promenade militaire, et voulut s'assurer, aux yeux du public, le facile mérite d'avoir occupé le premier les positions de Manassas. Arrivé à Centreville dans la matinée du 18, il descendit, avec la brigade Richardson, une partie de celle de Sherman et une batterie d'artillerie, vers Blackburns-Ford, espérant pouvoir avec ces forces passer le Bull-Run.

Beauregard l'y attendait avec une grande partie de son armée, et tout était préparé pour défendre énergiquement la ligne de cette rivière contre les attaques fédérales. Sept brigades étaient en position : Ewell était établi à Union-Mills, Jones un peu plus haut, Longstreet à Blackburns-Ford, Bonham à Mitchells-Ford, Cooke entre ce point et le pont de pierre, et Evans près de ce pont, tandis que Early était en réserve derrière Jones et Longstreet; enfin quelques troupes, avec de l'artillerie, étaient postées sur la rive gauche du Bull-Run, en avant de Mitchells-Ford. C'est avec ces dernières troupes que l'engagement commença ; mais, celles-ci ayant bientôt repassé la rivière, Tyler se borna à occuper par le feu de quelques pièces de canon l'attention de Bonham, et, laissant Sherman en réserve, il se porta, avec les quatre régiments de Richardson, vers Blackburns-Ford. Longstreet gardait une bordure de bois qui s'étendait sur la rive droite du Bull-Run, ses tirailleurs étaient postés au bord de l'eau, son artillerie un peu en arrière, et, comme nous l'avons dit, masquée par les arbres. La rive gauche était plus élevée que l'autre et formait une crête terminée par une pente abrupte. Les confédérés laissèrent leurs adversaires s'avancer avec confiance jusque sur la crête, et, lorsque le 12e New-York parut au milieu des arbres clair-semés qui la couronnaient, il fut accueilli par un feu violent de mousqueterie et d'artillerie. Ébranlé par cette résistance inattendue, il se débanda presque aussitôt devant quelques tirailleurs ennemis qui passèrent l'eau et le prirent de flanc ; les soldats, perdant la tête, et se croyant poursuivis, coururent plus d'une demi-lieue en tirant en l'air ou les uns sur les autres. Bientôt Richardson amenait en ligne ses trois autres régiments ; mais, en même temps, Early arrivait au secours de Longstreet, donnant ainsi aux confédérés une grande supériorité numérique ; et le combat reprenait avec vivacité. Les batteries confédérées faisaient beaucoup de mal aux fédéraux, et ceux-ci, après avoir garni la crête, ne s'aventuraient pas jusqu'au bord de la rivière. Les voyant ainsi inutilement exposés depuis quelque temps, Tyler qui ne voulait pas les engager davantage, et sentait la faute qu'il avait commise, les ramena en bon ordre sur les troupes de Sherman, et les deux brigades regagnèrent le soir les environs de Centreville.

Les pertes de chaque côté s'élevaient à cent ou cent vingt hommes seulement ; mais cette affaire, qui eût été insignifiante au milieu d'une campagne, était un début fâcheux pour des troupes nouvelles ; les batteries démasquées subitement par l'ennemi, la fusillade éclatant à l'improviste sous bois, leur avaient fait une forte impression ; la débandade du 12e New-York était un exemple malheureusement plus contagieux que la bonne tenue des trois autres régiments. Le moral de l'armée en fut profondément affecté. Cette première rencontre devait naturellement aussi stimuler l'ardeur des confédérés. Un renfort opportun allait encore augmenter leur confiance. Dès le 17, reconnaissant l'importance du mouvement qui se préparait contre lui, Beauregard avait réclamé le secours de Johnston. Celui-ci se mit en route le lendemain, et, profitant, pour quitter tranquillement Winchester, de la négligence de Patterson, qui était resté immobile à Martinsburg, il conduisit, par une marche rapide, ses 8,000 hommes jusqu'auprès de Manassas-Gap. A mesure qu'ils y arrivaient, il les embarqua sur le chemin de fer, qui devait les amener presque au milieu du champ de bataille, où nous allons bientôt les voir paraître devant un ennemi qui ne se doutait même pas de leur départ. Beauregard avait 21,833 hommes et 29 canons; en comptant quelques troupes expédiées en hâte de Richmond et qu'on attendait dans la nuit, l'armée de la Shenandoah devait porter ses forces au chiffre de 30,000 hommes.

Mac Dowell, au contraire, qui s'était mis en marche avec 30,000 soldats, avait déjà vu diminuer leur nombre par le départ d'un régiment et d'une batterie d'artillerie, dont le temps de service avait expiré, et qui le quittèrent honteusement à Centreville. Il se trouvait le 19 aux environs de ce village avec 28,000 hommes au plus; quoiqu'il ne fût qu'à dix lieues de Washington, il était en pays inconnu, sans cartes, sans guides sûrs pour se diriger, et, avant de former son nouveau plan d'attaque, il fut obligé de faire étudier pendant deux jours le terrain par ses officiers topographes. Ces deux jours, nécessaires d'ailleurs pour achever l'organisation de son armée, devaient donner à l'ennemi le temps de se concentrer. Enfin, le 20, l'arrivée des convois, trop longtemps attendus, permit de distribuer trois jours de vivres, et l'armée fédérale se prépara au mouvement qu'elle allait entreprendre.

De formidables obstacles couvrant la droite et le centre des confédérés, Mac Dowell résolut de tourner leur extrême gauche, où le Bull-Run, guéable et mal gardé, ne leur assurait plus une protection suffisante; et, le 20 au soir, il donna les ordres pour les attaquer le lendemain. Miles restait à Centreville, afin d'attirer l'attention de l'ennemi vers Blackburns-Ford; Tyler eut ordre d'avancer sur la grande route jusqu'au pont de pierre et d'en forcer le passage aussitôt que ses défenseurs auraient été tournés par leur gauche. Enfin l'attaque de flanc fut confiée aux divisions Hunter et Heintzelmann, formant un corps de 12,000 hommes, auxquelles on indiqua pour points de passage les gués de Sudeley, situés au-dessus du pont de pierre, au milieu d'un bois qui s'étend sur les deux rives du Bull-Run.

Cependant, les troupes de Johnston, dont l'effectif s'élevait à 8,334 hommes, répartis en cinq petites brigades, avaient fait une marche forcée : l'infanterie, passant le Blue-Ridge à Ashbys-Gap, avait pris le chemin de fer un peu à l'est de Manassas-Gap ; l'artillerie et la cavalerie avaient continué leur marche sur la grande route. Une partie de ces forces, environ 3,000 hommes, avaient atteint, le 20 au soir, le plateau de Manassas ; le reste devait y arriver dans la matinée du 21. Johnston lui-même avait devancé son corps d'armée pour concerter ses mouvements avec Beauregard. Les forces de ce dernier se composaient de huit brigades d'infanterie, qui n'étaient pas endivisionnées. Six d'entre elles occupaient, depuis le 17, la ligne du Bull-Run, dans les positions que nous avons indiquées ; les deux autres, celles de Holmes et d'Ewell, étaient en réserve. Il fut convenu avec Johnston que ses troupes viendraient les renforcer dans ces positions, et que toutes les brigades des deux armées seraient réunies deux par deux en divisions provisoires. L'armée de Johnston donnait, comme nous l'avons dit, aux généraux confédérés une force numérique au moins égale à celle de leur adversaire ; mais ils devaient craindre que Patterson ne vînt, à son tour, renforcer ce dernier.

L'inaction de Mac Dowell depuis deux jours semblait confirmer cette supposition. On pouvait croire qu'instruit du mouvement de Johnston, il s'était arrêté pour attendre, à son tour, les renforts du haut Potomac, qui lui auraient rendu l'avantage du nombre. Il fallait le prévenir, et Beauregard résolut de prendre l'offensive pour aller l'attaquer à Centreville. Pendant que Mac Dowell donnait des ordres pour ébranler ses troupes le 21, l'armée confédérée se préparait à passer le même jour le Bull-Run, et, par un mouvement inverse, devait attaquer l'extrême gauche des fédéraux. Ce plan était peut-être téméraire, car, si ces derniers étaient restés immobiles, se bornant à défendre les positions qu'ils occupaient, on peut croire que le combat aurait tourné à leur avantage. Mac Dowell, il est vrai, comptant sur les assurances qu'on lui avait données, ignorait la prochaine arrivée des troupes de Johnston, et, au lieu de rester sur la défensive, il se hâtait d'opérer sur la gauche de l'ennemi, afin de s'emparer du chemin de fer par lequel ces troupes pouvaient venir. Mais les dispositions prises par Beauregard pour un mouvement offensif assuraient aux fédéraux, s'ils attaquaient, de grandes chances de succès. En effet, il avait dégarni sa gauche pour concentrer ses forces sur l'aile opposée, et l'arrivée des dernières brigades de Johnston, retardées par le mauvais état du chemin de fer, ne lui permettant pas de commencer ce mouvement de bonne heure, la gauche des confédérés, si les ordres de Mac Dowell avaient été ponctuellement exécutés, aurait été écrasée et toute leur position tournée avant que les derniers soldats venus de Winchester eussent pu sortir des trains qui les amenaient, ou que les troupes postées à la droite fussent accourues au secours de l'autre extrémité de leur ligne. On verra comment les hasards, qui jouent un si grand rôle à la guerre, servirent Beauregard et prévinrent le désastre que la disposition de son armée semblait devoir attirer sur elle.

Il avait placé la première division, composée des brigades Holmes et Ewell, à son extrême droite, à Union-Mills, la seconde, comprenant Jones et Early, un peu au-dessus, au gué difficile de Mac Leans-Ford; les brigades Jackson, Bartow et Elzey, amenées par Johnston, devaient se joindre à celles de Longstreet de Bonham et de Cooke pour former la troisième, la quatrième et la cinquième division; la brigade Evans restait seule au pont de pierre, qu'elle occupait depuis quelques jours. Les brigades Bee et Wilcox et la cavalerie de Stuart, dont la plus grande partie n'était attendue que dans la journée du 21, étaient destinées à rester en réserve. La quatrième et la cinquième division, sous la direction de Johnston, devaient passer le Bull-Run entre Mitchells-Ford et le pont de pierre, et, masquant leur mouvement derrière une épaisse forêt, attaquer Centreville, pendant que la droite, par un mouvement tournant, viendrait les appuyer ou prendre l'ennemi à revers sur la route de Fairfax. On voit que, préoccupé uniquement de son mouvement offensif, Beauregard n'avait rien préparé pour couvrir son flanc gauche, qui était cependant le plus exposé.

Les fédéraux s'étaient mis en marche avant le jour; mais Tyler, quoiqu'il eût à suivre une route excellente, arrivait seulement à six heures et demie devant le pont de pierre, où Evans était posté avec 12 ou 13,000 hommes : quelques coups de canon, échangés à travers la rivière, annoncèrent le commencement de la bataille. Mais ce n'était qu'une démonstration ayant pour objet de cacher le mouvement tournant de la grande colonne formée par Hunter et Heintzelmann et destinée à l'attaque principale. Après avoir marché quelque temps derrière Tyler, ces deux généraux, s'engageant dans les chemins étroits qui conduisent de Centreville à Sudeley-Ford, les avaient trouvés beaucoup plus longs qu'ils ne s'y attendaient, et il était neuf heures et demie lorsque la division Hunter atteignit le gué qu'elle devait traverser. Heintzelmann avait l'ordre de passer la rivière un peu plus bas, en un point gardé par un détachement ennemi, aussitôt que Hunter, prenant celui-ci de flanc, l'aurait délogé.

Un temps précieux avait déjà été perdu, et Mac Dowell dut amèrement regretter d'avoir cédé aux avis de quelques-uns de ses généraux qui l'avaient dissuadé de commencer son mouvement la veille au soir, comme il en avait d'abord le projet.

Cependant, Beauregard ne se doutait pas de ce qui se passait sur son extrême gauche. Le canon de Tyler lui avait appris que les fédéraux étaient en mouvement; mais, trompé par cette démonstration, il supposait que l'attaque serait dirigée sur le pont de pierre et sur les gués placés au-dessous, et il persistait dans son dessein de menacer Centreville, pensant arrêter les fédéraux et jeter ainsi le désordre dans leurs colonnes. Il envoyait donc la seule brigade Cooke au secours d'Evans, et lui recommandait de se borner à défendre obstinément le passage du pont de pierre, où il croyait que se porterait le principal effort des fédéraux.

Mac Dowell avait mieux pénétré les intentions de son adversaire. L'artillerie d'Evans ne s'était pas sentie de force à répondre aux gros canons de Tyler, et son infanterie, cachée dans les bois, n'échangeait que quelques coups de fusil avec les brigades Sherman et Schenck, postées vis-à-vis d'elle, en avant et en aval du pont. A la faiblesse de cette résistance, le général fédéral devina aussitôt que Beauregard avait dégarni son aile gauche, et comprit qu'il devait se préparer à diriger par sa droite une attaque contre Centreville. Il prit sans retard les dispositions nécessaires pour la repousser : la brigade Keyes fut détachée de la division Tyler pour rejoindre celle de Richardson, déjà placée devant Blackburns-Ford, et aider Miles à couvrir les passages du Bull-Run au-dessous du pont de pierre.

Après être resté deux ou trois heures en face de Tyler, Evans s'était enfin aperçu que le pont de pierre n'était pas le vrai point d'attaque, et les mouvements de troupes qu'il avait entrevus sur l'autre rive lui firent pressentir, vers neuf heures, le danger qui le menaçait sur son flanc. Un bon chemin conduit de Sudeley-Ford à la grande route de Warrenton ; le point où il la rejoint est à 2,500 mètres du gué et à 2,000 mètres du pont de pierre. Grâce à un coude que le Bull-Run fait au sud vers Sudeley, il ne fallait presque pas plus de temps aux fédéraux pour atteindre la grande route sur les derrières d'Evans qu'à celui-ci pour venir leur en disputer la possession. Il n'avait donc pas un moment à perdre : il prit son parti avec décision et agit avec promptitude. Laissant quatre compagnies seulement auprès du pont de pierre, il recula, avec un millier d'hommes qui lui restaient, jusqu'à l'intersection de la grande route et du chemin de Sudeley, et fit un changement de front à gauche, pour ranger sa ligne un peu en avant de la route, sur les pentes d'une colline que contourne au nord le ruisseau de Youngs-Branch, en appuyant sa gauche au chemin de Sudeley-Springs. Il réussit par ce mouvement à devancer les fédéraux. La première brigade de Hunter, que commandait Burnside, fatiguée par sept heures de marche, s'était reposée auprès des eaux fraîches du Bull-Run. Mac Dowell, impatienté du retard de cette brigade, la devança et déboucha dans les champs qui s'étendent au delà de Sudeley-Springs, où ses éclaireurs échangèrent les premiers coups de fusil avec les tirailleurs d'Evans. Ce dernier avait trouvé sur la colline qu'il occupait une position qui compensait son infériorité numérique.

Il est près de dix heures quand les têtes de colonne de Burnside paraissent sur les pentes opposées et sont aussitôt saluées par un feu bien nourri. Dans leur inexpérience, elles répondent sans prendre le temps de se former : ces jeunes troupes, qui n'ont jamais manœuvré, ne savent pas se déployer rapidement devant l'ennemi, et leur première attaque, qui se borne à une vive fusillade, ne réussit pas à déloger Evans. Ce combat se prolonge durant près de trois quarts d'heure, pendant lesquels l'autre brigade de la division Hunter, sous Andrew Porter, presse le pas pour arriver en ligne. Enfin, les confédérés, qui, au nombre de 1,000 seulement, défendent l'extrême gauche de leur armée, et que des mouvements bien combinés auraient pu écraser, vont aussi recevoir des renforts. Beauregard, toujours persuadé que l'attaque des fédéraux était dirigée contre le pont de pierre, avait, à sept heures, envoyé les deux petites brigades de Bee et de Bartow, comptant 2,800 hommes, et une batterie d'artillerie, se joindre aux défenseurs de ce point, pendant que Jackson venait prendre position sur le Bull-Run, entre Cooke et Bonham. Mais, avertis par le bruit lointain de la mousqueterie et prévenus ensuite par Evans, Bee et Bartow changent de direction : ils viennent donner à celui-ci un secours opportun au moment où ses soldats commencent à plier devant Burnside, que soutenait, à sa gauche, le bataillon régulier de la brigade Porter et, à sa droite, la batterie d'artillerie régulière de Griffin. Bee, formant sa ligne avec beaucoup de coup d'œil, rétablit aussitôt le combat et arrête les fédéraux, qui abordent déjà les positions d'Evans.

La bataille était sérieusement engagée; on comptait beaucoup de tués et de blessés de chaque côté : Hunter était des premiers atteints, et la perte d'un bon nombre d'officiers supérieurs, obligés de s'exposer pour enlever leurs troupes, jetait du trouble et de l'hésitation dans les mouvements des fédéraux. Si, dans ce moment, Tyler eût retrouvé l'audace qu'il avait déployée si mal à propos à Blackburns-Ford, il aurait saisi une belle occasion de porter à l'ennemi un coup qui pouvait être décisif.

En effet, des observateurs montés sur des arbres lui signalaient les mouvements de Hunter et le combat engagé sur le Youngs-Branch. Il avait avec lui quatre ou cinq mille hommes, et deux cents tirailleurs ennemis se trouvaient seuls en face de lui pour lui disputer le passage du Bull-Run. L'instinct militaire de l'un de ses lieutenants, destiné à une glorieuse carrière, avait découvert un gué. Le colonel Sherman avait vu, en approchant le matin, un cavalier confédéré s'enfoncer dans les bois qui bordent la rive gauche de Bull-Run au-dessus du pont, et, peu de temps après, il l'avait aperçu galopant à travers un champ sur l'autre rive ; il y avait donc là un gué praticable. Mais Tyler craignant de ne pouvoir le traverser avec son artillerie, n'osait s'aventurer au delà de la rivière.

De leur côté, la division Richardson et une partie de celle de Miles occupaient les troupes confédérées postées dans le voisinage de Blackburns-Ford, et l'artillerie fédérale, habilement dirigée par le major Hunt, les canonnait vigoureusement. Il était dix heures et demie du matin. Cependant, le service de l'état-major était si insuffisant chez les confédérés, que Beauregard, posté de sa personne en arrière de la longue ligne de son armée sur le Bull-Run, ignorait encore l'attaque que soutenait Evans ; car les pentes du plateau de Manassas ne lui permettaient ni de la voir, ni de distinguer d'où venait le bruit confus du canon qu'il entendait de ce côté ; bien plus, les ordres qu'il avait envoyés à son aile droite ne parvenaient pas ou étaient mal compris : il avait prescrit à cette aile de passer la rivière et d'attaquer Centreville, et Beauregard attendait toujours le moment où cette attaque arrêterait Mac Dowell, qu'il croyait encore sur la rive gauche du Bull-Run ; leur inexécution fut le salut de son armée. Quand, vers onze heures, il apprit que sa droite allait enfin s'ébranler, il lui donna contre-ordre ; car il venait d'apprendre le danger qui le menaçait, et reconnaissait enfin qu'au lieu de songer à prendre l'offensive, il fallait détacher de la droite toutes les troupes disponibles pour tenir tête aux fédéraux victorieux. Ceux-ci, en effet, gagnaient rapidement du terrain, malgré la résistance obstinée qu'ils rencontraient. Porter avait déployé sa brigade à gauche de Burnside ; Heintzelmann, qui, ne trouvant pas le gué indiqué dans ses instructions, avait dû passer, derrière Burnside, à Sudeley-Ford, arrivait à son tour en ligne ; enfin Tyler s'était décidé à porter en avant la brigade de Sherman. Celui-ci avait traversé, sans coup férir, le Bull-Run, au gué qu'il avait découvert ; laissant son artillerie en arrière, il s'avançait avec cette précision et cette méthode qui révélaient déjà chez lui le véritable homme de guerre, et dirigeait sa marche d'après le bruit du combat, que des rideaux d'arbres ne lui permettaient pas de suivre des yeux ; Keyes, rappelé par Tyler pour prendre la place de Sherman, se préparait à le suivre.

Les confédérés s'étaient établis sur une hauteur découverte formant le premier étage du plateau de Manassas, qui dominait de quarante à cinquante mètres le cours du Bull-Run, et qu'enveloppait, du nord-est à l'ouest, un coude du Youngs-Branch : le demi-cercle décrit par ce ruisseau avait pour corde la ligne droite de la chaussée de Warrenton, qui le coupait deux fois, et dont le point culminant était marqué par la maison du nègre Robinson. A gauche, ces hauteurs se terminaient au-dessus de la jonction de la chaussée et du chemin de Sudeley-Springs et couraient ensuite au sud-est, parallèlement à la prolongation de ce chemin vers Manassas. Ces pentes, dominées par la maison de la veuve Henry, allaient, un peu plus loin, se souder à celles du plateau principal, qui s'élevait comme un second étage, séparé des premiers contre-forts par une légère dépression et un épais taillis. Deux petits bois de pins, situés l'un à droite de la maison Robinson, l'autre sur la gauche, et au delà du Youngs-Branch, et reliés par de nombreuses clôtures, couvraient la position des confédérés. Mais les nouvelles troupes qui allaient l'attaquer étaient assez nombreuses pour surmonter ces obstacles.

Porter, prenant la place des soldats de Burnside, fortement éprouvés, s'avançait à droite contre la brigade d'Evans et contre la légion de Hampton, arrivée le matin même de Richmond. Il était midi et demi. Au même moment, le premier régiment de Sherman, sous les ordres du colonel Corcoran, abordait à gauche le flanc de la position ennemie, défendue de ce côté par les brigades de Bee et de Bartow.

Cette attaque vigoureuse jette à l'instant le trouble dans leurs rangs, épuisés par une lutte désormais trop inégale. Toute la ligne fédérale en profite pour avancer à la fois contre les confédérés, qui plient, perdent bientôt les deux bois, et sont rejetés pêle-mêle au delà du ruisseau et de la route. Les débris des trois brigades qui, pendant trois heures, ont vaillamment soutenu le combat, ne forment plus qu'une foule confuse. La légion de Hampton peut seule se maintenir en bon ordre au milieu des fuyards; mais elle ne saurait arrêter les fédéraux, qui vont déjà atteindre la maison Robinson et se rendre maîtres de la position, dont ils gravissent de toutes parts les pentes. L'artillerie confédérée, qui a beaucoup souffert, se rallie près de la maison Henry, d'où elle engage le combat contre les canons fédéraux postés de l'autre côté du chemin de Sudeley-Springs à Manassas.

La fortune souriait à Mac Dowell. Il avait tourné, surpris et mis en déroute la gauche de son adversaire, avant que celui-ci eût pu lui opposer des forces capables de l'arrêter, et ramener en arrière les troupes concentrées sur la ligne, désormais inutile, du Bull-Run. Par son mouvement, il avait fait tomber les défenses du pont de pierre, et Tyler, déblayant les abatis qui obstruaient la route, allait établir par là une communication directe entre l'armée fédérale et Centreville. Mac Dowell avait déjà 18,000 hommes engagés sur la rive droite du Bull-Run; il pouvait être rejoint, en quelques heures, par tout le reste des troupes disponibles demeurées sur l'autre rive.

C'est à ce moment que Beauregard, après avoir donné les ordres nécessaires pour amener ses brigades de droite sur le champ de bataille, y accourait enfin lui-même. Il rencontrait sur son chemin une multitude de fuyards, dont les récits exagéraient encore la grandeur du désastre. L'aile gauche des confédérés perdait toutes les positions sur lesquelles elle s'était mise en potence; la chaussée était aux mains des fédéraux. C'est en vain que Beauregard envoya Hampton pour leur disputer l'intersection de cette chaussée et du chemin de Sudeley : ils s'en emparèrent promptement, et, s'étendant à droite, menaçaient déjà le chemin de fer, dont la possession eût été si importante pour eux, tandis qu'à gauche et au centre ils semblaient prêts à poursuivre les confédérés en déroute jusque sur le plateau même de Manassas.

Une fois établis sur la crête de ce plateau, ils l'auraient facilement balayé avec leur artillerie ; et, ne rencontrant plus d'obstacles sérieux sur ce terrain découvert, ils auraient prévenu la réunion des brigades que Beauregard avait échelonnées le matin sur la ligne trop allongée du Bull-Run.

Le général confédéré avait donné, à dix heures et demie, l'ordre à Holmes, à Early et à la moitié de la brigade Bonham de venir renforcer Evans, tandis que les autres troupes postées sur la rivière feraient des démonstrations pour cacher ce mouvement. Mais il devait se passer du temps avant que ces renforts pussent arriver sur le théâtre du combat. Heureusement pour les confédérés, Jackson, l'homme des inspirations promptes et énergiques, avait été envoyé plus tôt pour combler une lacune dans la ligne formée sur le Bull-Run, non loin du pont de pierre, avec sa belle et nombreuse brigade de 2,600 Virginiens. Pendant qu'il faisait ce mouvement, le bruit du canon sur sa gauche lui révéla la gravité de la situation, et, sans attendre d'ordres, il changea la direction de sa colonne. Il arriva un peu avant Beauregard, au moment où commençait la déroute des confédérés. Voyant bien qu'il était trop tard pour sauver les positions occupées jusque-là, il se déploya en arrière de la maison Henry, et attendit immobile les fuyards qui arrivaient de toutes parts. Bee, qui luttait en vain contre la déroute, s'écria, dit-on, en le voyant : « Voici Jackson, solide comme un mur de pierre; » et de ce jour date ce surnom de Mur de pierre, ou *Stonewall,* que Jackson devait rendre immortel.

Le feu bien nourri de ces troupes fraîches arrêta tout court la poursuite des fédéraux, et donna aux officiers confédérés le temps de rallier leurs soldats. Ceux de Mac Dowell d'ailleurs étaient fatigués par l'effort même qui leur avait donné l'avantage : ils marchaient ou combattaient depuis onze heures, ils avaient vu tomber beaucoup des leurs, un certain désordre s'était introduit dans leurs rangs, et ils n'avaient plus l'élan nécessaire pour achever leur succès. Ils perdirent, en cet instant décisif, un temps précieux à se reposer et à se reformer. Johnston et Beauregard en profitèrent et finirent par remettre de l'ordre parmi les fuyards.

Les renforts qu'ils avaient appelés de la droite arrivaient isolément, régiment par régiment. Tandis que Johnston retournait en arrière pour hâter leur marche, Beauregard les plaçait à l'est, au delà du chemin de Sudeley à Manassas. Une partie des brigades de Cooke et de Bonham et celle de Folmes tout entière arrivaient ainsi successivement et portaient à 10,000 hommes environ les forces confédérées réunies de ce côté.

Les fédéraux demeurés sur l'autre rive du Bull-Run cherchaient, pendant ce temps, à retenir en face d'eux autant de troupes ennemies qu'il était possible. Schenck engageait un combat assez vif contre le reste de la brigade Bonham, et il empêcha longtemps Beauregard de dégarnir complétement cette ligne pour soutenir sa gauche. Enfin, un peu avant deux heures, Mac Dowell ayant réussi à reformer sa ligne de bataille donne le signal d'une attaque générale. C'est principalement contre la maison Henry qu'elle doit être dirigée. Les trois brigades de la division Heintzelmann, formées à l'extrême droite, et celles de Porter et de Sherman, qui sont plus au centre, font un mouvement de flanc, par la route de Sudeley à Manassas, pour aborder la gauche de Beauregard; la cavalerie et trois batteries d'artillerie les appuient. Pendant qu'elles se déploient des deux côtés de la route et gravissent les pentes douces où Jackson avait, une heure auparavant, arrêté la poursuite, Keyes doit opérer sur l'autre extrémité des hauteurs et s'emparer de la maison Robinson, qui est restée entre les deux partis sans qu'aucun pût s'y maintenir.

La plus grande partie de l'artillerie confédérée, environ quatorze ou quinze pièces, s'était établie sur une crête située à 500 mètres en arrière de la maison Henry, qui terminait les hauteurs de ce côté et défendait les approches du second étage du plateau, dont elle n'était séparée que par une dépression boisée. Cette crête dominait tous les points environnants, et c'était la position que les fédéraux se proposaient de saisir. Ils arrivèrent plusieurs fois jusqu'à la maison Henry; mais ce fut toujours pour être aussitôt rejetés en arrière. Au début de l'attaque, les *fire-zouaves,* s'étant débandés sur l'extrême droite, ne furent sauvés de la charge de la cavalerie de Stuart que par l'intervention opportune et vigoureuse de deux escadrons réguliers, conduits par le capitaine Colburn. Heintzelmann, arrivant à son tour, plaçait ses batteries à l'extrême droite, de manière à enfiler celles de l'ennemi; mais il se voyait assailli, à l'improviste, par des troupes sorties du bois près de la route de Sudeley, qu'il laissa approcher, croyant avoir affaire à des amis; ses soldats surpris hésitèrent et reculèrent, laissant aux mains des confédérés trois canons dont les chevaux avaient été tués. Keyes, de son côté, après s'être emparé de la maison Robinson, avait été contraint de l'abandonner sous le feu violent d'une batterie ennemie ; et il cherchait en vain à s'avancer sur le sommet des hauteurs qui s'étendaient de là jusqu'à la maison Henry. Il était environ deux heures et demie ; Beauregard venait d'appeler à lui la plupart des troupes encore postées sur le Bull-Run, Ewell et le reste de la brigade Bonham, ne laissant que Longstreet et Jones pour défendre la rivière contre Miles et la moitié de la division Tyler, qui était toujours sur l'autre rive. Recevant en même temps le renfort de quelques-uns des régiments en marche depuis plusieurs heures pour le rejoindre, il en profite pour reprendre l'offensive, et la ligne confédérée, à laquelle Jackson communique la solidité de son admirable brigade, déloge un moment les fédéraux de toutes les positions qu'ils avaient conquises depuis midi ; mais ceux-ci reviennent bientôt à la charge. Jackson avait trouvé dans Sherman, alors simple chef de brigade comme lui, un adversaire digne de lui tenir tête ; une partie de l'artillerie fédérale avait été prise, elle est reprise ; celle des confédérés est compromise à son tour, et Sherman atteint de nouveau la maison Henry ; mais il ne peut la dépasser, et il est encore une fois arrêté devant les positions où, trois heures auparavant, Jackson s'était établi d'une manière si opportune. Ses soldats, épuisés, écrasés par un soleil de feu, troublés par l'excitation, nouvelle pour eux, du combat, ne résistent plus que faiblement; bon nombre d'entre eux se débandent; on voit les régiments tirer les uns sur les autres; enfin la fusillade mollit et s'éteint un moment. Il est trois heures : de part et d'autre, on sent que l'heure décisive est arrivée.

Du côté des fédéraux, les régiments engagés presque tous successivement, sans ordre et sans méthode, avaient tous souffert; leur organisation était ébranlée, leurs dernières réserves avaient donné, les munitions commençaient à leur manquer, et ils avaient depuis longtemps jeté les trois jours de vivres qu'ils portaient le matin dans leurs sacs. Ils sentaient d'ailleurs qu'un succès interrompu est presque toujours le prélude d'une défaite. Cependant, rien n'était encore perdu : il suffisait, au contraire, d'un dernier effort pour arracher les abords du plateau de Manassas aux troupes qui l'avaient si obstinément défendu. Cet effort pouvait être tenté. La brigade Howard, de la division Heintzelmann, n'avait presque pas été engagée; elle passa en première ligne, à droite, et recommença le combat.

Pendant ce temps, la chaussée étant déblayée, depuis le pont de pierre, des obstacles qui l'obstruaient, Mac Dowell envoie à Schenck l'ordre de passer, à son tour, le Bull-Run et de venir prendre en flanc l'extrême droite de l'ennemi. Cette manœuvre pouvait assurer la victoire, et Burnside, qui n'avait pas combattu depuis midi, était en mesure de venir, pour l'appuyer, reprendre part à la lutte.

Beauregard sentait bien aussi le péril croissant qui le menaçait. La mort frappait, l'un après l'autre, presque tous les chefs dont l'exemple avait stimulé jusqu'alors ses troupes. Bee et Bartow avaient été tués près de la maison Henry; Hampton était blessé; la plupart des colonels étaient hors de combat; Beauregard et Jackson avaient été tous les deux légèrement atteints en se mettant eux-mêmes à la tête de leurs soldats pour les ramener en ligne; l'artillerie confédérée avait cruellement souffert; bon nombre de pièces étaient démontées, et les officiers étaient obligés de remplacer auprès des autres les servants qui manquaient. Le général en chef n'avait plus un seul régiment frais sous la main; Ewell et Bonham ne pouvaient pas encore arriver, et Early, qu'il avait appelé sur le champ de bataille depuis onze heures du matin, ne paraissait pas. En cet instant, Howard reprenait l'attaque. Le général confédéré l'observait avec inquiétude, lorsqu'il aperçut, dans le prolongement même de la ligne fédérale, une grande poussière qui s'élevait au-dessus des arbres. C'était évidemment un corps de troupes qui, n'ayant pas encore pris part à la bataille, venait, par son intervention, en décider l'issue. A laquelle des deux armées appartenait-il? Sa position fit penser un moment à Beauregard que c'étaient les têtes de colonne de Patterson arrivant de la vallée de Virginie, et il se préparait déjà à couvrir une retraite devenue inévitable, lorsqu'il crut reconnaître des couleurs amies dans les drapeaux soulevés par la brise. Un instant après, la mousqueterie, éclatant subitement, lui apprit que ces troupes lui apportaient la victoire.

C'étaient en effet les 3,000 soldats de l'armée de la Shenandoah, qu'il attendait si impatiemment depuis le matin, la brigade Bee de cette armée étant seule arrivée pendant la nuit. Johnston, qui était allé sur les derrières de l'armée presser et organiser les renforts, avait eu l'heureuse inspiration d'arrêter, au point le plus voisin du champ de bataille, les trains qui amenaient ces troupes, et de former les régiments sur place, à mesure qu'ils débarquaient. Cette précaution était d'autant plus opportune que les fédéraux n'étaient plus qu'à trois kilomètres de la voie et pouvaient réussir à la couper. Johnston, conduisant en personne ses soldats, les avait amenés dans les bois qui s'étendent à l'ouest du chemin de Sudeley, sur lequel les fédéraux appuyaient avec confiance leur extrême droite. Sans attendre leurs camarades, 1,700 hommes de la brigade Elzey, ayant à leur tête Kirby Smith, l'un des meilleurs officiers de l'armée confédérée, se jettent, à l'improviste, sur ce flanc, au moment où Beauregard suivait de loin leur mouvements avec tant d'inquiétude. Smith est blessé ; mais sa chute n'arrête pas ses soldats ; une batterie d'artillerie les soutient ; et le trouble se met parmi les fédéraux surpris et déconcertés.

Au même moment, Early, qui n'a reçu qu'à midi les ordres de Beauregard, approche enfin du champ de bataille ; Johnston profite de sa venue pour achever le succès déjà obtenu sur la droite fédérale. D'après ses ordres, Early fait un détour à gauche et, se déployant au delà de la ligne de Kirby Smith, prend à revers un ennemi déjà fortement ébranlé. Sous le feu de ses trois régiments, toute l'aile droite fédérale se replie, dans le plus grand désordre, sur le centre, qu'elle entraîne avec elle.

Plus l'armée de Mac Dowell avait été près de la victoire, plus sa défaite était irréparable : elle était à bout de forces : elle aurait pu poursuivre un succès, mais elle n'avait plus l'énergie physique et morale nécessaire pour supporter un revers ; les liens de la discipline avaient été graduellement relâchés au milieu de l'excitation du combat ou violemment rompus par la mort de chefs que personne n'avait remplacés.

La route de Sudeley et les pentes voisines de la maison Henry, où un quart d'heure auparavant toute une armée combattait avec acharnement, sont en un instant couvertes de fuyards ; les canons sont abandonnés, et tout le premier étage du plateau est occupé par les confédérés, dont les lignes, quoique bien amincies, s'avancent avec l'ardeur qu'inspire une victoire certaine. La bataille était perdue pour les fédéraux. Schenck, qui n'a pas encore commencé son mouvement, Davis et Richardson, qui ont repoussé plusieurs tentatives des confédérés pour passer le Bull-Run, ne pourraient rien changer à ce résultat ; Burnside, dont la brigade est en réserve, ne peut arriver à temps pour empêcher la débandade de devenir générale.

Les régiments confédérés de Cooke et de Bonham, qui jusqu'alors étaient restés sur la ligne du Bull-Run, viennent achever la déroute de la gauche fédérale. Holmes presse le centre. Au milieu de cette confusion, le bataillon de réguliers se maintient presque seul en bon ordre, prouvant ainsi ce que peut la discipline et ce qu'elle vaut dans de pareils moments. Les efforts de Mac Dowell et de ses généraux rallient enfin, à côté de ce bataillon, des hommes de bonne volonté et le noyau de quelques régiments qui ont été moins engagés ou mieux commandés pendant la bataille. On forme ainsi, sur le terrain où a commencé la lutte, une ligne qui impose un moment à l'ennemi, pendant que le reste de l'armée s'écoule par tous les chemins, à travers tous les champs, dans la direction des gués qu'elle a passés le matin entre Sudeley-Springs et le pont de pierre.

Heureusement pour Mac Dowell, les confédérés n'étaient guère en état de poursuivre leur succès : leurs pertes avaient été si grandes, leurs efforts si prolongés, et ils s'étaient vus eux-mêmes tellement près d'une défaite irréparable, que la victoire les trouvait presque débandés. Ils s'arrêtèrent sur le champ de bataille qu'ils avaient si chèrement acheté, trop satisfaits de la victoire pour vouloir provoquer un adversaire dont ils ne connaissaient pas la complète impuissance. Aussi la ligne formée par Mac Dowell pour masquer son désastre n'eut-elle à essuyer qu'une fusillade éloignée : la bataille cessa dès que les fédéraux eurent disparu derrière les bois où Burnside avait le matin commencé son attaque. Quand les confédérés songèrent enfin à la poursuite, les débris de l'armée fédérale avaient passé le Bull-Run par les nombreux gués qui se rencontrent au-dessus du pont de pierre, laissant derrière eux tous les canons qui se trouvaient sur la rive droite, un grand nombre de fusils, presque tous leurs blessés et une foule de traînards égarés dans les bois.

Le passage du Bull-Run, dont les abords sont difficiles, acheva de dissoudre les quelques corps qui avaient pu rester unis jusqu'alors. Les fragments de régiments, les compagnies isolées sont bientôt dissous au milieu des fuyards qui, de l'autre côté de la rivière, encombrent les étroits chemins suivis le matin par Hunter et Heintzelmann. Leurs colonnes, qu'une même pensée pousse vers Centreville, débouchent successivement sur la chaussée de Warrenton, et leur réunion sur une voie unique augmente encore le désordre. Pendant ce temps, les confédérés, prenant, sur le champ de bataille, la chaussée que Tyler a déblayée peu d'heures auparavant, sont arrivés jusqu'au pont de pierre, et, sans oser s'aventurer de l'autre côté, ils lancent quelques boulets au milieu des flots serrés des fuyards. L'un de ces projectiles brise un caisson sur le pont où la route traverse un petit affluent du Bull-Run; l'obstacle ainsi formé jette parmi les vaincus une nouvelle confusion.

Cette route est une longue ligne droite qui remonte en pente douce depuis le Bull-Run jusqu'à Centreville. Elle offrait ainsi des points de vue excellents pour observer ce qui se passait sur l'autre rive, et une foule de curieux s'y était amassée dès le matin pour jouir du spectacle nouveau d'une véritable bataille. L'armée de Mac Dowell traînait à sa suite, depuis Alexandria, des membres du congrès, des hommes appartenant à tous les partis politiques, à toutes les professions, des journalistes de tous pays, des photographes avec leurs instruments, accourus pour voir la déconfiture des rebelles. Quoique hors de portée des projectiles et souvent privée par les bois de la vue du combat, cette foule se figurait qu'elle y assistait, et avait longtemps trouvé dans cette pensée une sotte satisfaction. Elle s'était enfin ébranlée lentement, dans la direction d'Alexandria, en recevant les premières nouvelles de l'échec des fédéraux. Mais, lorsque les fuyards vinrent se presser dans la route qu'elle occupait déjà et que les boulets commencèrent à siffler près de ces hommes troublés par la fatigue et la frayeur, une folle panique s'empara également des soldats et des curieux. On vit les plus bouillants orateurs des rues donner l'exemple d'une fuite rapide, et les journalistes qui prétendaient décrire de loin le combat, dépasser de vitesse la course insensée de ce flot humain.

Miles n'avait rien fait pour arrêter le désastre, que l'apparition des confédérés sur la rive gauche du Bull-Run aurait pu aggraver encore. Au lieu d'occuper les passages de cette rivière qu'il était chargé d'observer, il s'était empressé de rappeler jusqu'à Centreville, où il était resté lui-même, toutes les troupes placées sous ses ordres. Mac Dowell, qui déploya autant d'énergie que de sang-froid dans ce terrible moment, s'empressa de réparer cette faute. Pendant que les réguliers et la cavalerie couvraient l'armée en fuite et passaient les derniers la petite rivière qui devait donner son nom à cette fatale journée, la brigade allemande de Blenker, qui n'avait pas été engagée, prenait position sur le Cub-Run, à droite et à gauche de la route suivie par les fuyards, qu'elle ne pouvait songer à retenir. Sa bonne tenue arrêta, vers le crépuscule, les partis de cavalerie confédérée qui suivaient la retraite des fédéraux, ramassant les prisonniers et les trophées de toute espèce qu'on leur abandonnait sans chercher à les défendre. Lorsque la nuit vint assurer sa protection aux vaincus, cette brigade se replia sur Centreville, où la division Miles tout entière et les brigades Schenck et Richardson, qui n'avaient pas combattu sur la rive droite du Bull-Run, étaient réunies en bon ordre. L'état de l'armée ne permettait cependant pas de se maintenir dans cette position : il ne restait plus, en effet, que cinq brigades capables de combattre; toutes les troupes qui avaient pris part au combat sur la chaussée de Warrenton étaient dispersées et se dirigeaient, sans ordres, sans chefs, par groupes isolés, vers les ouvrages d'Arlington et d'Alexandria, à l'abri desquels elles espéraient trouver quelque sécurité. Il fallait les suivre et les protéger. Les troupes quittèrent Centreville, dans la nuit, avec la plus grande partie des convois qui s'y étaient réunis. Richardson se mit en route le dernier. Pendant toute la journée du 22, les fugitifs ne cessèrent d'arriver sur les bords du Potomac; la crainte doublant leurs forces, ils avaient marché toute la nuit. Les cinq brigades qui protégeaient ce triste retour arrivèrent elles-mêmes dans la soirée et le lendemain matin; le 23, les débris de l'armée qui, sept jours auparavant, s'était mise en campagne avec une si imprudente confiance, étaient ralliés près des forts, derrière lesquels ils allaient pouvoir se réorganiser. La dissolution de cette armée, trop fraîchement réunie pour résister au choc qu'elle venait d'éprouver, était presque complète. Rien n'avait pu retenir les soldats affolés sur la rive droite du Potomac; ils inondaient Washington, et bon nombre d'entre eux trouvèrent moyen d'aller jusqu'à New-York. Ils ne parlaient que des batteries masquées qui les avaient décimés, des obstacles formidables qui les avaient arrêtés; ils murmuraient les mots de trahison, et maudissaient leurs chefs.

Ceux-ci s'adressaient mutuellement d'amers reproches; l'émotion était à son comble à Washington; les curieux, qui n'avaient vu que la panique, oubliaient la lutte courageuse soutenue par l'armée et finissaient par persuader au public qu'il n'y avait pas eu de bataille, mais simplement une déroute. Enfin le gouvernement, plus inquiet qu'aux premiers jours de son installation, s'attendait à voir l'artillerie confédérée venir bombarder Washington.

Ces craintes étaient vaines : Beauregard ne songeait pas à menacer la capitale ennemie. M. Davis, qui était arrivé sur le champ de bataille juste à temps pour assister à la victoire, était retourné à Richmond, afin d'en porter la nouvelle à son congrès, qui venait de se réunir; et, malgré les sollicitations de quelques officiers, il avait été décidé qu'aucun mouvement offensif n'aurait lieu pour le moment. Cette détermination fut vivement critiquée dans le Sud : on reprocha à Beauregard d'avoir manqué l'occasion de reporter la guerre jusqu'en Pennsylvanie et de la terminer peut-être même d'un seul coup, en installant le congrès confédéré dans le Capitole de Washington. Mais cette ville était entourée d'ouvrages derrière lesquels les plus mauvaises troupes pouvaient se bien battre; celles du général confédéré n'avaient pas fait leurs preuves dans l'attaque de pareilles positions; enfin l'absence de moyens de transport suffisants lui rendait presque impossible toute campagne offensive.

Cette inaction, funeste pour sa cause, ne doit donc être imputée qu'à la condition dans laquelle se trouvait son armée; mais on peut le blâmer de n'avoir pas détaché au moins quelques brigades pour harceler les fédéraux et les inquiéter jusque dans le Maryland en passant le Potomac. On a vu d'ailleurs que cette faute ne fut pas la seule qu'il commit, et que, sans d'heureux hasards, la disposition de ses troupes le long du Bull-Run, la lenteur qu'il mit à découvrir le mouvement de Mac Dowell et son obstination à vouloir faire une attaque par sa droite, auraient infailliblement causé sa défaite.

Le seul tort de Mac Dowell fut d'avoir trop compté sur la persévérance de ses soldats et sur les promesses du général Scott. Sa victoire était en effet certaine, si, comme il le croyait, il n'avait eu affaire qu'à l'armée de Beauregard. Patterson s'excusa de la fatale inaction qui avait permis à Johnston de lui échapper, en alléguant que Scott lui avait prescrit la plus grande prudence et ne l'avait pas tenu au courant des mouvements de Mac Dowell. Patterson et Scott étaient tous deux dans leur tort : l'opinion publique en jugea ainsi, et le premier rentra dans la vie privée, où Scott, qui n'était plus le brillant général du Mexique, mais un vieillard infirme, devait le suivre peu de mois après. Mac Dowell paya aussi pour les fautes des autres en se voyant réduit à un simple commandement de division.

La bataille du Bull-Run fut un malheur, et non une honte, pour les armes fédérales : le chiffre des pertes faites des deux côtés prouve qu'elle avait été vaillamment disputée. Les confédérés avouèrent 378 tués et 1,489 blessés ; les fédéraux 481 tués et 1,011 blessés ; ces derniers avaient laissé de plus entre les mains de l'ennemi 1,216 prisonniers, 28 canons et 10 drapeaux ; mais la déroute, ou, pour mieux dire, la panique au milieu de laquelle celui-ci ramassa la plupart de ses trophées fut un de ces accidents auxquels les armées victorieuses sont elles-mêmes parfois sujettes, et dont de vieilles troupes ne savent pas toujours se défendre.

L'importance de la bataille du Bull-Run ne saurait se mesurer au chiffre des pertes qu'y firent les deux partis, chiffre presque insignifiant, même par rapport au petit nombre des combattants, lorsqu'on le compare à celui des grandes luttes que nous allons avoir à raconter.

Son effet immédiat sur les opérations militaires fut de changer brusquement le rôle des belligérants. La possession de la Virginie, à l'exception de la partie reprise par Mac Clellan, fut assurée aux confédérés. Richmond fut à l'abri de toute attaque, et Washington de nouveau menacé. Nous allons voir le gouvernement fédéral former dans sa capitale une puissante armée ; mais ses adversaires, profitant comme lui du répit que leur donna la victoire, augmenteront leurs forces presque aussi rapidement que lui, de manière à faire constamment échec aux siennes, et ils resteront tranquilles, pendant neuf mois, sur le champ de bataille conquis le 21 juillet.

Mais c'est surtout par son effet moral que cette première rencontre devait exercer une puissante influence sur la guerre dont elle n'était que le prélude. Le Sud trouva dans la victoire une sorte de consécration de ses prétentions. Les soldats fédéraux ne furent pas seuls vaincus ce jour-là, mais, avec eux, tous ceux qui, dans les États du Sud, étaient restés plus ou moins ouvertement fidèles à l'Union. Ils avaient protesté contre une simple insurrection ; mais le succès donna à leurs yeux, au gouvernement de M. Davis, une autorité devant laquelle ils s'inclinèrent : si quelques-uns conservèrent au fond du cœur leur ancien attachement pour le drapeau national, la plupart se rallièrent entièrement au pouvoir nouveau qui venait de faire ses preuves par un triomphe aussi complet. Aucun des ennemis de la grande république ne craignit plus d'exprimer ses sympathies pour une cause qui semblait victorieuse, ni de lui apporter un appui moral et matériel. Il fallut avoir, en cet instant, une grande foi dans l'énergie du peuple américain pour résister à ceux qui croyaient sa ruine déjà consommée ; et la plupart des gouvernements européens, qui auraient dû alors imposer à leurs nationaux la stricte observation des devoirs de la neutralité, laissèrent, dès ce moment, se préparer dans leurs ports les expéditions navales qui allaient servir si puissamment la cause confédérée. Enfin la victoire donna au Sud une confiance illimitée en lui-même, et la conviction que jamais il ne pourrait être vaincu. Cette conviction fut pour lui, au début, un grand élément de succès : elle inspira à ses soldats, pénétrés de leur supériorité sur leurs adversaires, cette audace qui souvent détermine le succès des batailles. Mais elle le rendit en même temps imprévoyant, elle lui fit négliger bien des détails, dont il sentit trop tard l'importance; elle l'empêcha, à cette heure critique, de mettre en œuvre toutes ses ressources, de réunir tous les hommes valides, d'organiser la défense intérieure des États, qu'il pensait ne devoir jamais être envahis, et elle prépara ainsi les désastres qu'il devait éprouver dans l'ouest dès l'année suivante. Aussi quelques-uns des écrivains militaires favorables à sa cause sont-ils allés jusqu'à dire qu'une défaite aurait mieux valu pour lui que la victoire à laquelle il dut cette dangereuse assurance.

Ce désastre, qui aurait pu décourager le Nord, fut, au contraire, pour lui une salutaire leçon. Loin de semer parmi les États fidèles à l'Union cette division sur laquelle comptaient les chefs confédérés, il ne fit que stimuler leur patriotisme et le rendre plus clairvoyant. A la nouvelle de la défaite, ils apprécièrent enfin la difficulté de la tâche qu'ils avaient entreprise; mais ils n'en furent pas effrayés. Ils comprirent que, pour obtenir le succès dans une grande guerre, de nombreux soldats ne suffisent pas, il faut qu'ils soient instruits; que les armées sont des machines compliquées, qu'il faut construire avec autant de science que de soin, et que, si l'enthousiasme populaire et le courage individuel en donnent les matériaux, il faut la discipline pour les assembler. Depuis ce jour, le Nord se soumit, avec patience et résolution, à tout ce qui était nécessaire pour organiser ses forces et les mettre en état d'entreprendre de longues et pénibles campagnes. Bien que les soldats qui composent son armée nationale portent toujours le nom de volontaires, le but de tous leurs efforts sera désormais d'acquérir cette instruction et cette expérience qui font la supériorité des troupes régulières.

Les généraux improvisés céderont le pas à ceux qui se sont formés dans la carrière des armes; la confiance du public et de l'armée encouragera de plus en plus les officiers, qui chercheront à apprendre sérieusement leur métier. Aussi n'est-ce pas à cette démocratie américaine, qui est essentiellement pratique et s'instruit par les épreuves, que les partisans des levées en masse et des armées improvisées de toutes pièces pourront demander la confirmation de leurs théories [1].

---

1. Voyez, à l'Appendice de ce volume, la note E.

CHAPITRE III

LES PRÉPARATIFS DE COMBAT.

Au milieu des émotions qui marquèrent à Washington la lugubre journée du 22 juillet, le Congrès vint donner l'exemple du courage au peuple américain. Pendant que les débris de l'armée vaincue la veille commençaient à se presser dans les rues de la capitale, que chacun regardait d'un œil inquiet les hauteurs d'Arlington, s'attendant à y voir paraître l'artillerie ennemie, et que les chefs militaires cherchaient en vain à réorganiser leurs forces, les deux chambres se réunissaient au Capitole. La douleur était peinte sur tous les visages; mais elle n'avait pas abattu la résolution de ceux qui appuyaient la politique du Président.

Quelques jours auparavant, ils avaient répondu à

sa demande d'une levée de 400,000 volontaires, et d'une émisssion de 400 millions de dollars pour leur entretien, par un projet de loi qui augmentait ces deux chiffres, autorisant l'enrôlement de 500,000 volontaires et une dépense de 500 millions de dollars. Ce projet avait été adopté, en principe, par le sénat le 10 juillet, et par les représentants le 13. Mais les amendements des partisans de la paix à tout prix, auxquels on laissait une entière liberté de parler, et qui prétendaient empêcher le Président d'employer ces ressources à la réduction de l'insurrection, avaient retardé le vote définitif qui devait sanctionner le projet.

Par un hasard singulier, cette discussion avait été fixée au 22 juillet, alors qu'on ne prévoyait guère le désastre qui se préparait. Ce désastre, loin de l'entraver, ne fit que lui donner une solennité toute particulière, et l'empressement avec lequel la loi fut votée prouva que les représentants du peuple américain comprenaient bien, dans ces graves circonstances, les devoirs qui leur étaient imposés.

Le congrès fédéral fut souvent le foyer de mesquines intrigues; c'est un reproche que l'on peut faire, non-seulement à toutes les assemblées politiques, mais bien à tous les pouvoirs humains. Par ses impatiences et son intervention intempestive dans les affaires militaires, il en compromit parfois le succès; mais, en revanche, il sut, à toutes les époques critiques de la guerre, donner à la nation l'exemple de la persévérance, et montrer ce vrai patriotisme que la défaite stimule plus que la victoire, et qui résolument, après chaque revers, s'impose de nouveaux et de plus lourds sacrifices. Si l'échec du Bull-Run révéla l'inexpérience des soldats américains, il prouva aussi que le peuple auquel ils appartenaient avait ce mâle tempérament qui se fortifie dans l'adversité, et cette constance qui, après bien des lenteurs et des essais infructueux, finit par mettre en œuvre des ressources ignorées de ses adversaires.

C'est à tort, croyons-nous, qu'on a fait exclusivement honneur de cette qualité à la race anglo-saxonne. Il faut plutôt y voir le fruit des institutions d'un peuple libre. Celui-ci ne prépare pas la guerre comme un conspirateur : de là de fréquents échecs au début; mais il profite de l'expérience, son courage grandit avec la lutte, il y persévère parce qu'il s'y est volontairement engagé, et chaque citoyen, y voyant son affaire personnelle, met à soutenir la cause commune une ardeur qui développe les forces nationales au moment même où un gouvernement despotique se trouverait déjà frappé d'impuissance devant un public fatigué et silencieux.

Aussi est-ce du 22 juillet que date la création des grandes armées qui portèrent pendant quatre ans les étendards fédéraux. L'organisation imparfaite qui réunissait les éléments hétérogènes que Mac Dowell avait conduits à Manassas n'avait pu résister au premier choc, et son armée avait fondu comme un glaçon au feu de la bataille. L'Amérique tout entière comprit ce jour-là qu'une armée ne saurait vivre et se mouvoir comme un individu ; qu'il faut, d'une part, un état-major actif et instruit pour régler ses mouvements ; d'autre part, une administration expérimentée pour pourvoir à ses besoins journaliers ; et que, sans ces deux ressorts, elle n'est entre les mains du chef le plus habile qu'un corps inerte et sans vie. Elle comprit qu'il ne suffisait pas d'avoir mis 500,000 hommes à la disposition du Président, mais qu'il fallait encore l'aider à en faire des soldats ; elle oublia toutes ses préventions et renonça à toutes ses illusions. « Instruire et organiser » fut le mot d'ordre répété par toutes les bouches. Loin de jeter la pierre aux officiers réguliers qui avaient eu le malheur d'être vaincus, mais qui avaient bravement fait leur devoir, on leur rendit justice et on leur remit le soin de réparer le désastre. Dans l'armée fédérale, presque tous les principaux commandements furent pour eux, et les États se disputèrent ces officiers pour leur confier les nouveaux régiments qu'ils formaient. On fit plus : on écouta leurs avis lorsqu'ils demandèrent au pays de renoncer à la funeste impatience qui avait amené la campagne du Bull-Run, et l'opinion publique accepta sans murmurer la longue inaction jugée nécessaire pour organiser les forces nationales.

Cette inaction, qui se prolongea jusque dans l'année 1862, ne fut, de temps en temps, interrompue que par des combats de peu d'importance. La principale occupation des chefs des armées fédérales, pendant les six mois qui suivirent la bataille du Bull-Run, fut la préparation des instruments qui devaient leur servir plus tard. L'ordre même de notre récit nous amène donc à dire ici quelques mots de la grande tâche qu'ils eurent à accomplir avant de pouvoir se mettre sérieusement en campagne.

C'est l'armée vaincue au Bull-Run qu'il importait avant tout de reconstituer. Appelé en toute hâte par M. Lincoln dès le 22 juillet, le général Mac Clellan fut chargé de ce soin. Mac Dowell, auquel on offrit un commandement indépendant dans l'Ouest, préféra rester à la tête d'une simple division, au milieu des compagnons de sa défaite. Le général Mac Clellan s'était fait connaître par la campagne heureuse et rapide qui, trois semaines auparavant, avait dégagé la Virginie occidentale ; mais il possédait heureusement aussi des qualités d'organisateur qu'il n'avait pu révéler dans ce petit commandement. Son caractère laborieux, son esprit précis et méthodique, et ses vastes connaissances militaires, le rendaient particulièrement propre à l'œuvre ingrate et difficile qui lui était échue. Il fut le créateur de l'armée du Potomac, de cette armée placée au point le plus vulnérable, qui, quoique paralysée par la nécessité de couvrir la capitale, servit de pivot principal aux opérations militaires ; qui, souvent malheureuse, ne se découragea jamais, et en fut récompensée, à la fin de la lutte, en obtenant l'honneur de frapper le coup décisif.

Dans les États de l'Ouest, la guerre, qui n'était là que la continuation de la querelle, déjà souvent ensanglantée, des abolitionistes et des esclavagistes, s'était faite jusqu'alors de ville à ville, de ferme à ferme, d'homme à homme, à la mode antique : guerre civile par excellence, aussi indécise qu'acharnée. Mais, pour obtenir des résultats sérieux dans ces vastes contrées, il fallait entreprendre des campagnes bien plus longues que dans l'Est, où le voisinage des capitales hostiles mettait les deux adversaires forcément en présence. Il était donc encore plus nécessaire de donner aux armées qui allaient opérer de ce côté l'organisation sans laquelle elles ne pouvaient parcourir de grandes distances.

Ces armées, que les volontaires des États de l'Ouest grossissaient rapidement, étaient riches en hommes vigoureux et mieux rompus aux fatigues que ceux de l'Est; mais elles étaient plus pauvres en matériel que celle du Potomac, qui se trouvait à portée des principaux arsenaux et des grandes villes industrielles de l'Union.

Avant de décrire la lente organisation des forces fédérales qui précéda la reprise sérieuse des hostilités, hâtons-nous de dire que les confédérés furent les complices forcés de cette inaction qui permit à leurs adversaires de se préparer ainsi à loisir. L'occasion de marcher sur Washington, le lendemain de leur première victoire, une fois passée, la plus vulgaire prudence les obligeait de se maintenir dans l'attitude défensive à laquelle ils avaient dû leur succès. Si les fédéraux avaient eu en face d'eux un ennemi mieux préparé à l'offensive, le patriotisme et le nombre de leurs soldats ne leur auraient servi de rien. C'est une pensée que les Européens dont la patrie est entourée de voisins puissamment armés ne doivent jamais perdre de vue lorsqu'ils étudient la manière dont l'Amérique, après avoir été prise au dépourvu, sut improviser ses grandes armées de volontaires.

On nous permettra de citer ici un souvenir personnel qui montre combien les circonstances, qui seules permirent la formation de ces armées, étaient différentes de celles qui se présentent dans les guerres dont notre continent est trop souvent le théâtre.

L'auteur arriva à Washington et eut l'honneur d'entrer dans l'armée du Potomac deux mois après la bataille du Bull-Run. Pas un coup de fusil n'avait été échangé, pendant ce temps, entre les deux forces hostiles, qui cependant s'observaient à petite distance, entre Arlington et Fairfax-Court-House.

Un ballon, affecté au service de l'armée, s'élevait tous les soirs pour reconnaître la contrée environnante; une ascension est proposée et acceptée : c'était alors le seul moyen de voir l'ennemi. A peine s'est-on élevé au-dessus des arbres séculaires qui entourent l'ancienne résidence du général Lee, que la vue s'étend sur un pays ondulé et cependant uniforme, couvert de bois, moucheté çà et là de petites clairières, et bordé à l'ouest par la longue arête du Blue-Ridge, qui rappelle les premières lignes du Jura. Grâce à la brillante lumière qui illumine les dernières heures d'une journée d'automne en Amérique, l'observateur peut distinguer les moindres détails de la contrée qui apparaît au-dessous de lui comme un plan en relief. Mais c'est en vain que son regard y cherche les signes apparents de la guerre; la paix et la tranquillité semblent régner partout. Il faut toute son attention pour découvrir quelques éclaircies récentes, au bord desquelles une ligne de terre rougeâtre marque les nouvelles fortifications. Cependant, à mesure que le jour baisse, il voit au sud de petites fumées bleuâtres poindre doucement au-dessus des arbres; elles se multiplient par groupes sur un vaste demi-cercle. Ce sont les confédérés qui font la soupe; on peut presque compter le chiffre de leur armée, car chaque fumée trahit la marmite d'une demi-section.

Plus loin, la vapeur d'une locomotive, s'enfuyant vers les montagnes, trace, par un sillage au-dessus de la forêt, la ligne qui amène à l'ennemi ses approvisionnements. Au même moment, une musique militaire se fait entendre au-dessous même du ballon. Toutes les clairières, où l'on a cherché en vain à découvrir les camps fédéraux, se remplissent d'une foule sortie des bois qui les entourent. Cette foule se range et forme des bataillons, la musique passe devant les rangs avec cette allure particulière que les Anglais ont appelée *goose-step*, ou pas d'oie. Chaque bataillon a deux drapeaux, l'un aux couleurs nationales, l'autre portant la devise de son État et son numéro d'ordre; ces drapeaux s'abaissent, les officiers saluent, le colonel prend le commandement, et, un moment après, tous les soldats se dispersent, car ce n'est ni une alerte, ni le prélude d'une marche en avant qui vient de les réunir ainsi, mais la parade réglementaire du soir.

C'est au milieu de ce calme absolu que le général Mac Clellan façonnait l'armée du Potomac.

Le Congrès avait bien exprimé, le 22 juillet, les sentiments qui animèrent le Nord tout entier à la nouvelle de la défaite de Mac Dowell. Les États fidèles à l'Union comprirent enfin la grandeur de l'entreprise qu'ils avaient devant eux, et se préparèrent à ne rien négliger pour la mener à bonne fin. Chacun se mit à l'œuvre : les dons patriotiques affluèrent; les fondations pour le bien-être des soldats se développèrent; les femmes mirent autant d'ardeur que dans le Sud à pousser les hommes au combat; les plus grandes usines des États-Unis se transformèrent en fabriques de canons ou en ateliers d'équipement; enfin, les enrôlements devinrent de plus en plus nombreux.

Les volontaires de trois mois, levés par le premier appel du 15 avril, furent libérés ; mais un grand nombre d'entre eux se rengagèrent. Ceux qui avaient répondu au second appel du 4 mai, au lieu de 40 bataillons demandés, en formaient déjà 208 le 21 juillet. Pour compléter l'effectif de 250,000 hommes voté par le Congrès, il n'y avait plus qu'à encourager ce mouvement et à recevoir au service de l'Union tous les nouveaux bataillons ainsi créés. Nous avons déjà décrit la manière dont ils se recrutaient et se constituaient dans chaque État. A peine admis au service fédéral par le *mustering officer*, chargé de contrôler leur effectif, ils étaient dirigés sur les armées de l'Ouest ou sur celle du Potomac, qui étaient plutôt de vastes camps d'instruction que des armées en campagne ; et, dès qu'ils pouvaient défiler sans trop de confusion, ils étaient incorporés dans des brigades, à côté d'un ou deux bataillons un peu moins novices qu'eux et dont l'exemple pouvait leur être utile.

L'organisation intérieure des armées ainsi formées fut exactement calquée sur celle de l'ancienne armée régulière, que nous avons plus haut décrite en détail. Les services y furent distribués de même, et cette ancienne armée cessa d'avoir une existence séparée ailleurs que sur l'Annuaire. Elle vit ses administrations et leur personnel se confondre avec ceux qui étaient créés pour l'armée de volontaires, la majorité de ses officiers entrer dans cette armée avec de nouveaux grades, enfin ses régiments d'infanterie et de cavalerie, ses batteries, dispersés dans les différentes armées et endivisionnés avec les volontaires.

La nomination de tous les généraux, de leurs aides de camp, enfin de tous les officiers et employés des services administratifs, appartenait au Président, sauf confirmation par le sénat. Mais les grades ainsi distribués étaient essentiellement temporaires et devaient expirer de plein droit au licenciement de l'armée de volontaires, pour les besoins de laquelle ils avaient été institués.

Il fallut, avant tout, nommer un certain nombre de généraux, pour exercer tous les commandements que comportait une si grande réunion de troupes; car l'armée régulière n'en contenait qu'une douzaine, presque tous nouveaux, et dont deux ou trois cependant étaient trop impotents pour faire campagne. Mais aucun de ceux qui pouvaient prétendre à ce grade n'avaient d'antécédents suffisants pour les désigner au choix du Président, et celui-ci se trouvait dans l'alternative ou d'encombrer les cadres d'hommes dont on reconnaîtrait trop tard l'incapacité, ou de lais-

ser en souffrance les services les plus importants.
Il eut le mérite d'écouter sur chaque ancien officier
l'opinion de ses camarades, et ses premières listes de
généraux, composées presque entièrement de *West-
pointers*, lui fournirent, avec quelques chefs qui
devaient jouer un grand rôle dans la guerre, une
quantité considérable d'hommes instruits et appliqués
qui contribuèrent puissamment à l'organisation des
volontaires. On peut citer, sans doute, des choix
qui furent dictés par la politique ou la faveur personnelle, et, parmi les premiers généraux de division nommés par M. Lincoln, on en trouve deux,
MM. Banks et Butler, qui sont les deux types de ce que
l'on appela alors les généraux politiques : Banks,
ancien ouvrier du Massachusetts, parvenu, grâce à son
intelligence, aux plus hautes fonctions civiles, d'un
caractère loyal, estimé de tous, mais absolument
étranger aux affaires militaires, le sachant, tenant
cependant à commander, aggravant dans le combat
une première faute par sa défiance de lui-même et
ses hésitations, et ne réussissant pas toujours à conjurer, par son grand courage personnel, l'issue désastreuse des aventures dans lesquelles il s'était trop
légèrement lancé; Butler, fin légiste, politique hardi,
sans scrupules, qui avait rendu un grand service à

son pays en prenant sur lui la responsabilité d'occuper Baltimore, mais qui devait plus tard nuire à sa cause par d'inutiles rigueurs à la Nouvelle-Orléans, se trouva, par une singulière coïncidence, commander en chef à Big-Bethel, et à la première attaque de Fort-Fisher, et fut ainsi à la fois le premier et le dernier général battu par les confédérés. Mais, d'autre part, les noms de Grant, Sherman, Meade, Thomas, Kearney, Hooker, Slocum et Thomas, qui se trouvent dans les premières promotions, prouvent que M. Lincoln sut choisir, dès la première heure, des hommes dignes de toute sa confiance.

Les aides de camp personnels des généraux en fonctions, depuis le lieutenant jusqu'au colonel, n'étaient attachés à aucun contingent; ils recevaient leurs grades directement du Président, sans qu'ils fussent soumis à la sanction du sénat; mais ces grades, conférés dans l'armée régulière ou dans l'état-major des volontaires, selon que le général lui-même appartenait à l'un ou l'autre de ces corps, étaient essentiellement temporaires et expiraient, de plein droit, avec le commandement du général auquel les aides de camp étaient attachés.

Dans les états-majors des armées en campagne, les différents services eurent pour chefs des officiers réguliers, investis d'un grade proportionné à l'importance de leurs fonctions ; ainsi, aux grands quartiers généraux de l'armée du Potomac, ou de celles de l'Ouest, les chefs de la cavalerie, de l'artillerie, du génie, des ingénieurs topographes, et, dans l'administration, l'assistant-adjudant général et le quartermaster eurent le rang de généraux de brigade ; d'autres, tels que le chef de l'ordonnance, le commissaire aux vivres et l'inspecteur, reçurent des grades inférieurs et provisoires attachés au titre d'aides de camp.

Tous les corps d'administration furent renforcés, tant au ministère que dans les armées en campagne, par de grandes promotions d'officiers nommés par le Président, comme les généraux de volontaires, pour la durée de la guerre. Mais, malgré leur nombre, le personnel de tous ces corps, comme celui des états-majors, se trouva toujours insuffisant pour la tâche que lui imposaient l'entretien et la direction d'une armée de 500,000 hommes, qui, à la fin de la guerre, devait en compter près d'un million ; d'ailleurs, la plupart de ces officiers n'avaient aucune habitude des fonctions qui leur étaient confiées. On pourrait citer mille exemples des difficultés que leur inexpérience, aggravant celle des soldats et des officiers de troupe, opposa à l'organisation des armées, à leur armement, à leur équipement et même à leur entretien dans leurs cantonnements. Ainsi tel régiment, récemment campé, recevait ses rations en farine et, faute des moyens de les faire cuire, se trouvait par le fait sans vivres, tandis que du biscuit était distribué à son voisin, qui, ayant établi des fours de campagne, aurait pu faire, à leur aide, des économies considérables. La variété des armes était si grande, que les premières cartouches distribuées n'étaient presque jamais assorties au calibre des fusils. Il fallut des mois de travail assidu pour introduire l'ordre et la méthode dans cette vaste machine administrative. A chaque instant enfin, on eut à regretter l'absence d'un corps d'état-major, tel qu'il existe dans les armées européennes, servant de lien direct entre le chef et tous les agents inférieurs placés sous ses ordres, et lui permettant de contrôler constamment l'exécution de sa pensée.

Le général Mac Clellan, lorsqu'il commandait une armée de 150,000 hommes, n'avait auprès de lui, outre quatre ingénieurs topographes, spécialement chargés d'étudier le terrain, sur lequel aucune carte ne donnait de renseignements précis, que huit aides de camp, pour porter ses ordres, s'assurer de la position des corps d'armées, accompagner les reconnais-

sances importantes, donner une direction à un général
le jour de la bataille, et recevoir, au quartier général,
pendant la nuit, les dépêches, pendant le jour, les
généraux, les personnages civils officiels, les parlementaires ennemis, et enfin interroger les habitants
ou les prisonniers importants dont on cherchait à
obtenir quelques renseignements.

Il faut faire une exception pour le service médical; car, si les officiers étaient rares, les médecins
étaient nombreux avant la guerre, l'Amérique étant
le pays qui, pour sa population, en possède le plus
grand nombre. L'esprit d'indépendance individuelle
et l'absence de tout contrôle de l'État, loin d'étouffer dans le nouveau monde l'étude de la science médicale, lui a donné une impulsion extraordinaire,
et les Américains citent avec un juste orgueil, à côté
de noms tels que ceux de Jackson et de Mott, les
rapports de leurs principaux chirurgiens sur les
expériences innombrables que la guerre leur a permis de faire. Les progrès dus à ces rapports offriront peut-être à l'humanité quelques compensations
pour tant de sang versé dans cette lutte cruelle. On
peut dire que, dans toute l'armée, il n'y avait pas
de service, si ce n'est celui des aumôniers, qui
connût et remplît aussi bien ses devoirs que les chi-

rurgiens de régiment, tous médecins de profession.

La composition du personnel, malgré son importance, n'est cependant ni le premier élément de toute organisation militaire, ni le plus difficile à créer : c'est la discipline, cette force morale sans laquelle une armée ne peut exister. Lorsqu'elle est établie par la tradition, les nouveaux venus s'y soumettent sans peine. Mais le gouvernement fédéral n'avait pas seulement à l'introduire dans une immense réunion d'hommes, tous également étrangers à ses sévères exigences : il ne possédait pas les moyens vraiment efficaces pour la faire respecter. En premier lieu, s'il avait le droit de destituer les militaires gradés, il n'avait pas celui de les remplacer. Il ne pouvait punir les officiers de troupe qu'en les congédiant, et n'avait aucune récompense à leur offrir. Les États, craignant de lui livrer une trop grande part d'influence, lui avaient refusé, avec le droit de nomination et de promotion, la meilleure garantie d'un bon service.

D'autre part, aucune règle ne présidant à l'avancement dans les corps d'officiers nommés par les États et enrôlés au service du gouvernement fédéral, ni dans l'état-major général de l'armée de volontaires, et celle-ci étant considérée comme une organisation essentiellement temporaire, la discipline ne pouvait y trouver l'appui que lui donne, dans les armées permanentes, le respect d'une hiérarchie fortement constituée.

Nous avons déjà dit comment les grades étaient distribués à ceux qui avaient le plus contribué au recrutement du régiment. Mais, à côté de ceux qui arrivaient ainsi d'emblée au sommet de l'échelle, on en vit qui la descendirent volontairement tout aussi vite. Plus d'un officier subalterne de l'armée régulière, investi, avec le rang de colonel, du commandement d'un régiment, se dégoûta de ce poste et alla reprendre une modeste place dans son ancienne compagnie. On en vit d'autres qui, n'ayant pas antérieurement un grade dans l'armée permanente, passèrent par des vicissitudes encore plus grandes; et l'on pourrait citer quelques exemples d'officiers qui, après avoir quitté un régiment pour devenir colonels dans un autre, se trouvèrent mis à pied par le licenciement de ce dernier et retournèrent prendre place dans leur premier corps comme simples soldats.

Enfin l'obstacle le plus sérieux au maintien de la discipline se trouvait dans la loi qui, par une anomalie sans excuse dans une démocratie, donnait aux chefs, pour la punition des simples délits militaires, une autorité discrétionnaire sur les soldats, et la leur refusait sur les officiers. Ceux-ci, pour la moindre infraction aux règlements, devaient être traduits devant un conseil de guerre, et deux jours d'arrêts ne pouvaient leur être infligés sans une condamnation en forme. Grâce à ce système, emprunté à l'armée régulière, à laquelle il avait été imposé en un jour de défiance contre le pouvoir exécutif, l'enquête, la procédure contradictoire, les plaidoiries, en un· mot toutes les garanties exigées par la justice pour une accusation grave, devenaient une parodie, qui abritait les officiers insubordonnés contre l'autorité de leurs supérieurs.

Toutes ces difficultés ne découragèrent pas cependant ceux qui avaient entrepris d'organiser les armées fédérales, et ils finirent par y introduire l'ordre et la discipline.

Les règles qui furent établies pour déterminer le droit au commandement, étant aussi précises et aussi scrupuleusement observées en Amérique qu'en Europe, servirent de correctif aux hasards qui, du supérieur de la veille, faisaient le subordonné du lendemain. Elles attribuèrent le commandement, entre officiers du même grade, au plus ancien de ceux qui tenaient leur nomination du Président, qu'ils fussent d'ailleurs dans l'armée régulière ou dans l'état-major des volontaires, de préférence à ceux qui avaient été nommés par des gouverneurs d'État, dans des contingents particuliers.

Quant à la loi instituant des conseils de guerre pour prononcer les moindres peines disciplinaires, elle eut le sort de toutes les lois trop mauvaises pour être appliquées : on trouva mille manières de l'éluder. L'officier qui manquait à son devoir était mis aux arrêts préventifs, comme pour instruire son procès, et, au bout de huit jours, on le relâchait en lui offrant de ne pas donner suite à l'affaire, ce qu'il s'empressait naturellement d'accepter. Ou bien, dans les cas plus graves, on lui infligeait trois ou quatre semaines d'arrêts sous sa tente, en le prévenant que, s'il réclamait contre cette illégalité, on obtiendrait du Président sa destitution.

Ainsi affranchis d'affaires dont ils n'auraient jamais dû connaître, les conseils de guerre eurent encore un rôle laborieux à remplir. Leurs fonctions étaient doubles, selon la gravité des accusations portées devant eux. Simples conseils, ils recommandaient au Président de suspendre ou de casser le coupable. Tribunaux militaires, investis par la Constitution elle-même de la puissance judiciaire pour des cas spéciaux, ils prononçaient, sauf révision de la sentence par le Président, des peines pécuniaires et des peines afflictives allant jusqu'à la mort. Dans ces conseils, les volontaires étaient jugés par des volontaires, les réguliers par des réguliers ; mais tous étaient soumis au même code militaire, les *Articles of War,* petit recueil assez vague et qui laisse, comme presque toutes les lois anglo-saxonnes, une très-large part à la jurisprudence.

Enfin l'institution des commissions d'examen vint donner à la discipline un puissant appui et relever, aux yeux des soldats, la dignité de l'épaulette, par l'épuration du personnel. On ne pouvait prétendre donner tous les grades à des officiers instruits, car ces officiers n'existaient qu'en très-petit nombre; mais on pouvait diviser tous les autres en deux classes. Les premiers, qui étaient de beaucoup les plus nombreux, reconnaissant leur insuffisance, désiraient la réparer et avaient toute l'intelligence nécessaire pour apprendre leur métier au milieu des difficultés mêmes de la guerre : il fallait les garder. Les autres, aussi présomptueux qu'incapables, donnaient un exemple funeste dans les positions qu'ils n'avaient briguées que par cupidité ou vanité : les commissions d'examen furent chargées d'en débarrasser l'armée. Elles eurent ordre d'interroger, sur un programme déterminé, tous les officiers des contingents avant qu'ils fussent définitivement acceptés par le Président. Ces examens n'eurent lieu que plusieurs mois après que ces contingents eurent été endivisionnés, de sorte que les généraux qui les avaient sous leurs ordres purent fournir aux commissions, sur les officiers qui allaient passer devant elles, des notes d'après lesquelles elles se montraient plus ou moins exigeantes.

L'examen était toujours favorable à ceux que l'on savait disposés à apprendre leur métier; les autres, au contraire, convaincus d'ignorance, étaient condamnés sans pitié. Dans les premiers temps, ceux qui se voyaient ainsi privés de leurs grades demandaient grâce, se jetaient aux pieds de leurs juges, car, outre le déshonneur, c'était pour eux une grosse perte pécuniaire. On leur répondait en leur conseillant d'aller à l'école; et quelques exemples rigoureux décidèrent un grand nombre d'officiers à prévenir, par une prompte démission, la honte d'échouer, dans un examen public, en présence de leurs camarades et de leurs subordonnés. Ce système sommaire put donner lieu à quelques injustices; mais la plus cruelle injustice aurait été d'exposer la vie des soldats en laissant l'armée se remplir d'hommes incapables de les commander.

La discipline et le respect de l'autorité commencèrent à s'établir ainsi dans l'armée, et leur influence salutaire se fit bientôt sentir, quoique l'observateur, ne jugeant que sur les apparences, eût pu encore en douter. En effet, ce qu'on pourrait appeler le sentiment hiérarchique n'a jamais existé aux États-Unis, où les degrés incertains de l'échelle sociale ne font à personne un de ces piédestaux trop élevés pour qu'on puisse en descendre sans se briser; où le citoyen qui a bien mérité de son pays dans une haute position ne croit pas déroger en le servant ensuite dans une autre plus modeste. Même dans l'armée régulière, le grade, qui, péniblement acquis, était le but et la récompense de toute une carrière, n'a jamais imposé le même respect que chez nous. La puissance qu'il confère, l'obéissance qu'il doit obtenir dans les limites du commandement militaire, n'y perdaient rien; mais il ne créait pas par lui-même ces distinctions sociales, entretenues ailleurs soigneusement par les inférieurs eux-mêmes, avec le secret espoir de prendre un jour la place de leurs supérieurs pour y recueillir les mêmes hommages. A plus forte raison, dans l'armée de volontaires, aucun prestige ne pouvait s'attacher à la seule épaulette, car le soldat jugeait d'autant mieux l'ignorance de ses chefs immédiats qu'il appartenait presque toujours au même comté ou au même village et les connaissait de longue date. L'absence de l'autorité morale qui se fonde sur la durée plus longue des services et sur la supériorité d'expérience était encore plus fâcheuse chez les sous-officiers, auxquels elle aurait été plus nécessaire qu'aux officiers pour se faire obéir du soldat.

Mais, d'autre part, l'intelligence et l'éducation, qui élevaient la plupart des hommes du rang au niveau de leurs supérieurs, leur inspiraient un respect naturel pour ceux de leurs chefs auxquels ils reconnaissaient les qualités nécessaires pour les commander, et leur faisaient accepter, sans murmurer, les obligations et les contraintes de la vie militaire lorsqu'on leur en avait fait comprendre la nécessité. Laissant à quelques régiments, composés en grande partie d'aventuriers européens, le monopole de l'insubordination, ils n'avaient rien de cette turbulence que l'on associe souvent au nom de volontaires. Quelques avertissements suffirent pour leur rappeler que, le serment une fois prêté, il n'y avait plus d'amateurs sous les drapeaux.

Dans tout le cours de l'organisation de l'armée du Potomac, le général Mac Clellan n'eut à réprimer qu'une seule fois une tentative de résistance à son autorité. C'était peu de temps après la bataille du

Bull-Run, dont les souvenirs n'étaient pas encore effacés. Les soldats d'un régiment de volontaires, se croyant lésés dans une question de solde et d'engagement, refusèrent d'obéir à leurs officiers. Leur camp, situé sur une des places de Washington, fut aussitôt cerné par des détachements de troupes régulières d'infanterie et d'artillerie, et ce déploiement de forces suffit à les faire rentrer dans l'obéissance. En leur accordant le pardon, le général en chef les priva de leur drapeau, avec la promesse de le leur rendre sur le champ de bataille, et l'ardeur que cette troupe mit à racheter sa faute en fit bientôt l'un des meilleurs corps de l'armée.

Les actes de sévérité nécessaires au maintien de la discipline étaient en général approuvés par l'opinion publique, décidée à soutenir l'autorité des chefs, dont elle attendait le salut du pays. Mais il répugnait au peuple américain de verser juridiquement le sang du coupable quand celui d'une victime ne criait pas vengeance, et il fallut, pour rendre possible l'exécution des soldats qui désertaient à l'ennemi, la preuve matérielle de l'immense danger que l'on faisait courir à l'armée en n'infligeant pas aux traîtres la peine capitale, cette peine indispensable dans le code militaire. La première exécution n'eut lieu qu'en décembre 1861 : ce fut un événement dans l'armée fédérale.

Le meilleur exemple que l'on puisse citer de la docilité avec laquelle les volontaires se soumettaient à tous les règlements dont ils comprenaient le besoin ou les avantages, se trouve dans la manière dont l'interdiction absolue des liqueurs fermentées put être maintenue parmi eux. Dans un pays où l'usage de ces liqueurs est si répandu, où le *bar-room,* ou débit de boissons, joue un si grand rôle, une règle aussi sévère n'aurait pu être imposée aux soldats, si presque tous n'en avaient accepté de bon cœur la nécessité, avec une résolution plus méritoire que bien des actes d'héroïsme. Les commissaires des vivres eurent seuls en dépôt une détestable eau-de-vie de grain, qu'ils distribuaient avec parcimonie aux malades et aux soldats de corvée, ou à ceux qui campaient dans des lieux fiévreux. Dans les premiers temps, il est vrai, les ignobles cabarets de Washington et de Saint-Louis furent peuplés de soldats dont les mains tremblantes brandissaient le terrible *bowie-knife,* ou qui allaient en chancelant terminer sur le trottoir leurs querelles à coup de revolver. Mais on peut dire qu'on ne vit jamais un homme ivre dans les camps, et, dans les villes mêmes, ces désordres cessèrent aussitôt que la police militaire, mieux organisée, empêcha les soldats de quitter leurs tentes pour visiter les *bar-rooms*. Les cantiniers, contrebandiers patentés, furent soumis à la surveillance du grand prévôt, et aucune liqueur forte ne fut tolérée dans leurs dépôts. Ce furent les Européens qui résistèrent le plus à cette consigne, les Allemands pour rester fidèles à leur *lagerbier*, les Méridionaux, pour boire en cachette un composé alcoolique qui, en Amérique, prend le nom d'eau-de-vie.

Le personnel des états-majors et des administrations une fois constitué, celui des contingents épuré, et les premiers principes de la discipline établis parmi les officiers, comme parmi les soldats, la grande tâche de l'instruction de l'armée était cependant à peine commencée. En effet, un grand assemblage d'hommes est d'abord semblable à une statue d'argile, incapable de se mouvoir sans se briser, et privée du souffle vital. Pour qu'il acquière la souplesse et l'agilité, il faut que les recrues, d'abord individuellement, puis par pelotons, par bataillons, et enfin par brigades, passent par une série d'exercices et d'évolutions également fastidieux pour les instructeurs et leurs élèves. Cette tâche était d'autant plus pénible dans l'armée américaine que l'instruction était aussi nécessaire aux officiers qu'aux soldats, et que ceux-ci, n'ayant aucun exemple pour les encourager, ne comprenaient pas l'utilité de ce long apprentissage. Toutefois leur intelligence, qui les rendait dociles à la voix de chefs vraiment dignes de leur commander, le leur fit bientôt entreprendre avec ardeur. Pleins de confiance en eux-mêmes, ils crurent, non pas qu'il fût inutile d'apprendre, mais qu'il leur serait très-facile d'apprendre tout ce qu'ils voulaient, le métier militaire aussi bien qu'un autre : volontairement entrés dans les rangs, ils étaient résolus à tout faire pour devenir de bons soldats et être capables de vaincre.

Aussi valaient-ils ce que valaient leurs chefs, et les exemples de ceux-ci étaient-ils tout-puissants sur cette âme collective, si nous pouvons l'appeler ainsi, qui anime un corps de troupes. On vit se transformer rapidement les régiments où les officiers supérieurs étaient assidus au travail et où ils commençaient par apprendre eux-mêmes ce qu'ils voulaient enseigner à leurs inférieurs. Ces officiers supérieurs étaient au nombre de trois pour chaque régiment, ou pour mieux dire de chaque bataillon, dont l'effectif était de huit à neuf cents hommes au plus : un colonel, un lieutenant-colonel et un major. Ce nombre eût été excessif dans une armée permanente; mais, dans un temps où il s'agissait de tout organiser, il présentait de grands avantages; car il y avait beaucoup de chances que, sur ces trois officiers, il s'en trouvât un capable de prendre la direction des affaires du régiment : quel que fût son grade, sa supériorité sur ses deux collègues lui assurait bien vite cette direction. La plupart de ces officiers s'appliquèrent avec zèle à la tâche si nouvelle qu'ils avaient acceptée. Bien souvent, après une journée d'exercices et de manœuvres, lorsque le soldat se reposait sans préoccupations, le colonel réunissait tous ses officiers sous sa tente. Là, à la lueur d'une lampe vacillante, il leur faisait une sorte de cours de manœuvres, professant d'abord, puis discutant librement avec eux quelque point de tactique; et, lorsque ceux-ci s'étaient retirés, il restait encore à étudier, avec son lieutenant-colonel et son major, pour préparer la classe du lendemain, les règlements français, traduits par Scott.

L'un des rouages les plus importants de l'organisation de l'armée, et l'un des plus difficiles à bien faire fonctionner, était la comptabilité régimentaire. En l'absence d'un conseil d'administration, cette comptabilité reposait entièrement sur le colonel et sur les capitaines de compagnie. Pour ceux qui n'avaient pas été dans le commerce, c'était un dédale qui ne se pouvait démêler sans une étude approfondie, et il faut avoir inspecté soi-même quelques régiments américains pour se faire une idée des tourments que causait à des milliers d'officiers la nécessité de tenir en ordre les quatre livres sacrés de la comptabilité : le *descriptive book*, le *morning return book*, l'*account book*, et l'*order book*.

Dans tous les détails que nous avons donnés sur la formation et l'organisation des régiments de volontaires, nous n'avons pas parlé des mesures prises pour remplir les vides que devaient y faire la maladie et les balles ennemies. C'est qu'en effet on n'avait pas cru ces mesures nécessaires au début d'une guerre qui ne devait durer, croyait-on, que quatre-vingt-dix jours. On s'aperçut bientôt que, lorsque le régiment était parti pour l'armée, personne ne se présentait plus à ses bureaux de recrutement ; les bonnes places étaient prises, les hommes influents qui avaient contribué à former le régiment étaient dans les camps, et, si d'autres s'adressaient à leur tour au public, ils travaillaient pour d'autres régiments. Avec un pareil système, les dépôts étaient impossibles à former ; les régiments virent leur effectif singulièrement diminué pendant leur séjour dans les camps, et il suffît d'un seul combat ou de quelques nuits passées sur un sol fiévreux pour les réduire à l'état de squelettes. Cependant les nouvelles levées qui venaient grossir les armées n'amenaient aucun renfort à ces corps : pour avoir rapidement des hommes, il fallait créer sans cesse de nouveaux régiments. Ces régiments arrivaient avec toute l'inexpérience qui avait coûté si cher à leurs prédécesseurs, et ne profitaient en rien des qualités acquises par ceux-ci, tandis que le nombre des officiers et des soldats des anciens corps, dont l'exemple et les enseignements auraient été si utiles aux nouveaux venus, s'ils s'étaient rencontrés avec eux sous les mêmes colonels, se trouvait trop réduit pour qu'ils pussent jouer par eux-mêmes en campagne un rôle important.

Peut-être, il est vrai, en voulant remédier à ce mal, aurait-on tari la source même qui vint remplir les armées fédérales, lorsqu'elles furent si cruellement décimées. Mais ce système fut l'une des principales causes de leur faiblesse, et ses conséquences allèrent toujours en s'aggravant jusqu'au jour où, la loi de conscription ayant enfin donné au gouvernement fédéral des moyens assurés de recrutement, la formation de corps nouveaux fut interdite, et où le général Grant rendit à l'armée une nouvelle vigueur par la *consolidation* ou fusion de deux ou trois régiments en un seul.

Telles étaient les conditions générales au milieu desquelles se poursuivait l'organisation des armées fédérales. Chacune des branches de service qui les composaient se constituait et se perfectionnait naturellement, avec plus ou moins de rapidité, selon les difficultés particulières que ce travail rencontrait.

Dans l'infanterie, les soldats étaient vigoureux, mais ils ne savaient pas ménager leurs forces pour une longue marche. Ils ignoraient l'art d'attacher leur sac, ne prenaient sur leurs épaules qu'une faible charge et la portaient mal. Le soin des armes leur était inconnu. La plupart d'entre eux étaient de mauvais tireurs lorsqu'ils s'engagèrent, et les premiers fusils qu'on mit entre leurs mains étaient tellement défectueux, qu'ils ne purent d'abord s'exercer à la cible. Les régiments d'infanterie, constitués sur le modèle de ceux de l'armée régulière, furent composés de dix compagnies, ayant chacune un effectif nominal de quatre-vingt-seize hommes, un capitaine, deux lieutenants et deux sous-lieutenants. C'est sur ces dix compagnies formées sur deux rangs qu'étaient fondées toutes les manœuvres de bataillon.

Le service de l'artillerie plaisait tout particulièrement aux volontaires américains. Il convenait à leurs goûts pour la mécanique, et ils éprouvaient d'ailleurs, comme tous les nouveaux soldats, une certaine confiance à se trouver près de ces armes puissantes portant plus loin que la mousqueterie. Enfin l'artillerie régulière, ayant toujours été assez nombreuse, fournit aux volontaires proportionnellement plus d'instructeurs capables que les autres armes. Aussi, dans l'armée du Potomac, le général Mac Clellan put-il donner à chaque division une batterie régulière destinée à servir de modèle aux autres et dont le capitaine exerçait sur celles-ci un commandement supérieur. Nous parlerons plus loin du matériel qu'elles eurent entre les mains.

L'artillerie des volontaires, fournie par les divers États, ne fut organisée qu'en batteries, n'ayant aucun officier au-dessus du rang de capitaine; les officiers supérieurs de cette arme furent tous des réguliers ou reçurent du Président un grade temporaire, avec le titre d'aide de camp dans l'état-major du général commandant le corps auquel ils étaient attachés.

La cavalerie fut plus lente à acquérir l'instruction qui seule pouvait la rendre vraiment utile. Il lui fallut l'expérience de plusieurs campagnes pour bien apprendre le rôle particulier que lui imposait la nature du pays et pouvoir exercer une influence sérieuse sur les opérations militaires. La force des régiments de cavalerie volontaire variait selon les États qui les fournissaient. Quelques-uns, à l'exemple des nouveaux régiments réguliers, comptèrent jusqu'à 1,200 chevaux, et les trois majors eurent chacun le commandement de quatre escadrons ou compagnies. La plupart toutefois, formés sur l'ancien modèle, se composaient de dix compagnies, fortes chacune d'une centaine d'hommes, sans aucun intermédiaire entre le colonel et les capitaines. Ces corps de mille chevaux présentaient un front trop étendu pour le commandement et qui augmentait les difficultés de l'instruction. Ces difficultés étaient grandes et nombreuses. Les hommes arrivaient à pied : c'était le gouvernement fédéral qui devait les équiper et les monter. Le métier de cavalier était nouveau pour eux. L'Américain du Nord a perdu quelques-unes des bonnes traditions d'équitation de la race anglo-saxonne. Dans l'Est, le cheval de selle a été remplacé par la légère voiture appelée *buggy*; dans l'Ouest, le fermier est plutôt laboureur qu'éleveur, et le pionnier de la frontière ne compte que sur sa carabine pour lutter contre les cavaliers indiens. Cependant, ces régiments étaient généralement recherchés par les volontaires. Oubliant que le cavalier doit être l'esclave de son cheval, ils croyaient qu'il a moins de fatigue parce qu'il fait les étapes sur sa monture. Le nombre de régiments de cavalerie s'accrut de telle façon, que, pour limiter la dépense inutile qu'ils imposaient au trésor, il fallut en laisser une partie à pied. Nous montrerons plus loin, à propos du matériel de guerre, la consommation effrayante de chevaux que firent les régiments de cavalerie dans les premiers temps de la guerre. Grâce à l'ignorance des soins nécessaires pour conserver les animaux, les soldats se trouvaient démontés après quelques jours de campagne, ou même de service dans les cantonnements. Ce fut là la cause principale de la longue impuissance de la cavalerie fédérale. Aussi la différence entre les régiments commandés par un colonel expérimenté et ceux dont les chefs ne connaissaient pas leur métier fut-elle, dans les premiers temps, plus grande encore dans la cavalerie que dans l'infanterie ; et les officiers tels qu'Averill, Gregg, Buford et Farnsworth dans l'armée du Potomac, Sheridan, Kautz et Kilpatrick dans l'Ouest, qui devaient plus tard jouer un rôle si brillant, se firent dès l'abord remarquer par la bonne tenue des cavaliers placés sous leurs ordres.

L'endivisionnement de ces différentes armes fut

fait d'une manière à peu près uniforme. Dans l'armée du Potomac, quatre régiments ou bataillons furent réunis en une brigade, d'une force effective de 3,200 à 3,500 hommes à l'entrée en campagne. Une division se composa de trois brigades d'infanterie, d'un régiment de cavalerie et de quatre batteries d'artillerie, dont une régulière. Le surplus de la cavalerie et de l'artillerie resta à part.

Les services spéciaux trouvèrent de grandes ressources dans l'aptitude de l'Américain à passer d'un métier à un autre : grande et forte qualité que la pratique de la vraie liberté lui assure, en le préservant de l'excès des spécialités qui enferment les facultés de l'homme dans une étroite prison.

Le parc de siége de l'armée du Potomac fut confié à un régiment du Connecticut, dont aucun soldat ou officier, sauf le colonel, n'avait auparavant manié un canon. Ils apprirent leurs nouveaux devoirs, escortèrent cette pesante artillerie dans toutes les marches de l'armée, dans ses plus pénibles retraites, la servirent avec une grande habileté, et plus d'une fois, lorsque leurs pièces étaient en sûreté, et que la bataille grondait au loin, ils quittèrent l'écouvillon pour aller faire le coup de feu comme des fantassins.

Pour organiser le service du génie, il fallut de

même faire appel au zèle de volontaires qui n'avaient aucune instruction militaire. Les officiers de cette arme, disséminés dans les divers corps, n'étaient pas assez nombreux pour diriger eux-mêmes tous les travaux exigés par les opérations militaires, ni pour instruire les soldats qui les entreprenaient. Mais, d'une part, ils trouvèrent d'utiles auxiliaires parmi les ingénieurs civils, classe nombreuse et instruite, composée d'hommes pratiques et habitués à lutter avec les difficultés du sol vierge de l'Amérique; et, d'autre part, une instruction spéciale, rapidement donnée à quelques régiments, suffit pour former ceux-ci aux travaux d'art les plus importants, tandis que les ouvrages plus grossiers purent être confiés indifféremment à tous les corps de volontaires, dans lesquels on était toujours sûr de trouver quelques habiles travailleurs. La construction de ces ouvrages n'était jamais chose absolument nouvelle pour eux. Les États même les plus peuplés, possédant encore de vastes forêts, fournissaient tous un contingent considérable de bûcherons ou *lumbermen* et de pionniers, rompus dès l'enfance à l'usage de la hache, de la pioche et de la bêche, et l'on vit tel régiment d'un millier d'hommes abattre dans la journée une haute futaie de quarante hectares de superficie.

On abusa parfois de l'aptitude des volontaires à ce genre de travaux. A peine rassemblés, une grande partie du temps qu'ils auraient dû consacrer aux exercices fut employé à faire avec art et science des abatis et à construire de grands camps retranchés dans toutes les positions que l'on soupçonnait l'ennemi de vouloir attaquer, auprès de Washington, de Louisville, de Paducah et de Saint-Louis. Ces ouvrages ne furent d'abord que de simples épaulements, formés de troncs d'arbres et de terre, sur la lisière des éclaircies que l'on ouvrait pour dégager les abords des positions à défendre, et protégés par des abatis de dix à quarante mètres d'épaisseur, où toutes les branches, habilement dirigées vers l'extérieur, taillées en pointe et durcies au feu, s'enlaçaient d'une manière inextricable. Bientôt on crut nécessaire de construire des redoutes perfectionnées, pour l'artillerie de campagne, sur les positions les plus fortes de la ligne; la nature même du terrain obligea à en multiplier le nombre, et l'on finit par en faire de véritables citadelles destinées à recevoir les canons du plus fort calibre. Sur les grands fleuves de l'Ouest, et surtout sur le Mississipi, on vit ainsi s'élever, dans tous les endroits favorables, des batteries, soit rasantes, soit plongeantes, destinées à en intercepter le cours. Lorsque ces ouvrages formèrent des systèmes réguliers de défense, il fallut les relier entre eux par des chaussées construites en troncs d'arbres juxtaposés, telles que les pionniers en établissent dans les forêts marécageuses, et qui, sous le nom de *corduroy*, marquèrent dans tout le Sud la trace du passage des armées fédérales. Des tronçons d'arbres, coupés à la même longueur, et placés transversalement les uns à côté des autres sur le sol détrempé de la forêt, forment le corduroy primitif, dont les pièces, disjointes par le passage des premières troupes, fatiguent les fantassins, blessent les chevaux, et secouent les voitures, mais sur lequel néanmoins une armée entière finit par traverser parfois plusieurs lieues de marais. Dans les routes d'un usage permanent, le corduroy perfectionné se composait de grands troncs placés en long, et supportant ceux qui formaient les traverses; des pièces d'un moindre diamètre remplissaient les interstices de ces traverses, et le tout était recouvert de couches alternatives de terre et de branchages.

La variété et la simplicité qui distinguent les travaux d'art des Américains parurent dès l'abord dans la construction des ponts jetés sur les innombrables ravins des environs de Washington, et qui relièrent entre eux tous les campements de l'armée. Les piles de ces ponts se composaient de troncs non équarris, mais s'ajustant au moyen d'une échancrure, qui, superposés horizontalement dans des sens différents, s'élevaient comme ces pyramides à trois ou quatre faces que l'on voit dans les magasins de bois ; elles supportaient des tabliers en *trestlework*, ou treillis, faits avec les mêmes matériaux; et le tout formait une charpente de la plus grande solidité, malgré ses apparences fragiles. Habiles, dès le début, dans ce genre de construction, les volontaires s'y perfectionnèrent constamment durant la guerre ; si bien que, dans la campagne de Géorgie, nous verrons les soldats de Sherman jeter sur le Chattahootchie, en moins de cinq jours, un pont d'une hauteur de 30 et d'une longueur de 290 mètres. Deux régiments furent spécialement désignés dans l'armée du Potomac pour faire ces travaux, et les équipages de ponts leur ayant été confiés, ils réunirent aux attributions des pontonniers celles des sapeurs du génie. Ils firent leurs débuts, en cette dernière qualité, au commencement de 1862, et, en une seule journée, ils établirent à Harpers-Ferry un pont sur le Potomac, malgré l'obstacle que leur opposaient un courant formidable, une profondeur d'eau de sept mètres et la largeur du fleuve, qui est de plus de 300 mètres. Trois ans et demi après, ils montrèrent, au passage du James, tous les progrès qu'ils avaient faits dans l'art de jeter promptement un pont de bateaux sur une grande rivière. En six heures, un pont de 650 mètres de long avait été amarré dans le fleuve par des profondeurs de 28 mètres, et supporta, sans accident, le passage d'une armée de plus de 100,000 hommes, de 6,000 voitures, et de 3,000 têtes de bétail.

Le grand nombre d'ouvriers mécaniciens qui se trouvaient parmi les volontaires permit, plus d'une fois, de remettre en état et de faire fonctionner les locomotives que l'ennemi laissait derrière lui en les désemparant, jusqu'au moment où un corps spécial d'ingénieurs fut formé pour exploiter les chemins de fer militaires. Ce corps, comme on le verra plus tard, rendit les plus grands services, en introduisant dans cette exploitation une méthode qui en doubla l'efficacité.

De toutes les applications des sciences nouvelles à la guerre, la plus heureuse fut le télégraphe militaire, qui vint à propos suppléer à l'insuffisance des étatsmajors et fut l'aide de camp le plus actif des généraux américains.

Aussitôt qu'une armée en marche avait pris ses bivacs, les fils télégraphiques reliaient entre eux tous les quartiers généraux. La tente où étaient établis à la hâte les appareils de Morse était le rendez-vous de tous ceux qui, sous un prétexte quelconque, pouvaient s'y introduire pour recueillir les dernières nouvelles. On assure que des correspondants de journaux trouvèrent moyen de dérober des secrets importants, en apprenant à distinguer les mots par les coups plus ou moins répétés de la machine, pendant qu'elle imprimait sur une bande de papier des traits et des points. On organisa, pour ce service, un corps d'employés, choisis avec soin, et liés par un serment particulier; car de leur discrétion dépendait le sort des armées. Il fut placé dans l'armée du Potomac sous la direction du major Eckert, qui, par son intelligence, rendit les plus grands services.

Le télégraphe de campagne se composait de quelques voitures chargées de fils et d'isoloirs que l'on fixait, chemin faisant, tantôt sur une perche ramassée le long de la route, tantôt aux arbres mêmes qui la bordaient; et la tente du général était à peine dressée qu'on voyait paraître l'électricien tenant l'extrémité de ce fil, plus précieux que celui d'Ariane, dans le labyrinthe des forêts américaines. Un appareil encore plus portatif était réservé pour suivre les troupes un jour de combat. C'était un tambour, porté sur deux roues, autour duquel s'enroulait un fil de cuivre très-souple, enveloppé de gutta-percha. Un cheval, attelé au tambour, dévidait le fil qui, grâce à son enveloppe, pouvait s'accrocher aux branches, traîner sur le sol ou reposer au fond d'un ruisseau. Une station était formée partout où le tambour s'arrêtait, au milieu même du champ de bataille, et mettait les troupes engagées en communication directe avec le général en chef. Ces télégraphes de campagne, établis à raison de trois kilomètres par heure, eurent généralement un développement de huit à dix et parfois même de trente-deux kilomètres.

Un chiffre montrera l'importance du télégraphe militaire. Sans compter les lignes déjà existantes et dont ils s'emparèrent, ses employés en construisirent 5,200 kilomètres pendant une seule année de la guerre, et ils eurent à transmettre environ 1,800,000 messages. Aussi les souffrances et les dangers ne furent-ils pas épargnés à ces hommes, dont le mérite était d'autant plus grand qu'il était moins apparent.

Plus d'un parmi eux, grelottant de la fièvre dans une station malsaine, se coucha l'oreille contre l'instrument pour écrire d'une main tremblante, sous la dictée, des messages importants dont il ne voulait confier à personne le secret. Plusieurs payèrent de leur vie leur audace à s'établir sous le feu même de l'ennemi, et un fait presque incroyable atteste les dangers auxquels ils s'exposaient ainsi. Dans le siége de Charlestown, le fil qui reliait les batteries assiégeantes passait si près des trous de loup des tirailleurs confédérés, que ceux-ci le coupèrent plusieurs fois avec leurs balles. Le télégraphe fut parfois cependant un messager perfide. Des corps de partisans, s'emparant à l'improviste d'une station intermédiaire, jetèrent le trouble dans les états-majors fédéraux, en leur envoyant de fausses dépêches, destinées à dérouter leurs opérations. Un jour, le guérilla Moseby, ayant fait un coup de ce genre, en profita impudemment pour envoyer jusque dans le bureau de M. Stanton, ministre de la guerre, une dépêche pleine d'insultes à l'adresse de ce haut personnage.

Les confédérés, de leur côté, reprochèrent à l'un de leurs employés d'avoir, par son infidélité, contribué à la perte du Fort-Donelson, en retardant, au lieu de la presser, l'arrivée des renforts qui devaient le délivrer. Si ce fait n'est pas absolument prouvé, il n'a cependant rien d'invraisemblable, et montre qu'avec tous ses avantages l'emploi du télégraphe n'est pas sans dangers à la guerre.

On organisa aussi dans les armées américaines un télégraphe aérien, au moyen de drapeaux montés sur une longue hampe, que l'on brandissait à droite et à gauche sur des stations en vue l'une de l'autre. Tantôt perchés au sommet d'un arbre, tantôt à cheval sur le toit d'une maison, les employés du *corps des signaux,* qui, avec une patience infatigable, se livraient à cet exercice, étrange pour les spectateurs, transmettaient les nouvelles au général en chef et ses ordres à ses subordonnés. Le sang-froid et la promptitude avec lesquels ils s'acquittaient de cette tâche rendirent plusieurs fois aux armées des services importants dans des moments critiques.

Deux ballons furent adjoints à l'armée du Potomac, et, pendant les longs loisirs que leur fit son organisation autour de Washington, ils ne servirent qu'au divertissement de ceux qu'on admettait au privilége d'une ascension. Lorsque l'armée fut en présence de l'ennemi, celui-ci les honora de nombreux coups de canon, particulièrement pendant le siége de Yorktown ; mais jamais il ne réusssit à les atteindre, et les plus grands dangers qui menacèrent l'aéronaute furent ceux qu'il courut dans ses débuts, lorsqu'il fit ses premières ascensions au-dessus des camps fédéraux, quelques sentinelles ignorantes ne manquant jamais de décharger leur arme sur l'indiscret qui planait ainsi sur leurs têtes et dont elles ne connaissaient pas la nationalité. Un générateur de gaz, pesante machine composée de fourneaux, de cornues et de tuyaux, et chargée sur vingt voitures, suivait de loin l'armée et les ballons déjà gonflés, qu'une compagnie entière retenait au moyen de puissants cordages et cherchait à diriger sur les routes tortueuses de la Virginie. Au moindre vent, chacun de ces monstres secouait ceux qui le tenaient captif, les enlevait sur la pointe des pieds et leur faisait exécuter, malgré eux, les plus étranges évolutions. Quoique coûteux, difficile à transporter et d'un usage incertain, cet instrument n'est pas sans utilité, surtout dans un siége, où, établi à loisir, il peut donner sur les ouvrages ennemis de précieux renseignements. Ainsi, devant Yorktown, l'opérateur, M. Lowe, emportant dans la nacelle un appareil électrique, et communiquant par un fil avec les batteries fédérales, put leur indiquer le résultat de leur tir et leur permettre de le rectifier. Il releva, en même temps, la position de toutes les pièces ennemies avec une exactitude que leur inspection, après l'évacuation de la place, confirma pleinement. Mais on ne saurait compter sur un auxiliaire aussi capricieux ; car, le jour d'une bataille, quand on aura besoin de son secours pour découvrir les réserves ennemies, il suffira d'un coup de vent pour l'empêcher de s'élever, et l'aide de camp envoyé à la hâte pour faire, dans cet observatoire, une reconnaissance d'où peut dépendre le succès de la journée, attendra en vain que l'état de l'atmosphère permette une ascension.

Les télégraphes électriques et aériens, les ballons et les autres engins de ce genre ne doivent certes pas être dédaignés ; mais ce sont de funestes présents pour le général, qu'ils retiennent sous sa tente à l'heure où rien ne remplace le coup d'œil du maître et la présence du chef au milieu de ses soldats.

En parlant de l'organisation des armées américaines, nous ne saurions passer sous silence quelques-uns des traits distinctifs des volontaires qui les composaient.

Ces armées différaient des nôtres par le très-grand nombre d'hommes mariés qu'elles contenaient. En Amérique, aucune loi militaire n'entrave le mariage, et l'Américain, peu casanier, artisan de sa propre fortune, ne fait pas, sur les dépenses de la famille, ces calculs qui étouffent dans une nation l'esprit d'entreprise et finissent par appauvrir moralement et numériquement sa population. La guerre stimula les mariages, chez les officiers par la pensée de trouver des soins féminins s'ils étaient blessés, chez les soldats parce que les États assuraient une indemnité à leurs femmes et une forte pension à leurs veuves.

Bons ouvriers lorsqu'il s'agissait des travaux du génie, les volontaires devaient se montrer industrieux pour adoucir les rigueurs des camps et des bivacs; ils avaient appris dès l'enfance à s'improviser, dans les forêts, soit de légers abris, soit des demeures solides. Dès la première journée de halte, les tentes-abris étaient remplacées par des toits de branchage, plantés généralement sur la lisière d'un bois; car l'expérience prouva bientôt combien il est malsain de camper sous les épais ombrages, qui ne permettent pas à l'air de circuler librement. Lorsque la neige et la glace vinrent surprendre l'armée du Potomac dans ses campements autour de Washington, les soldats n'attendirent pas, pour se prémunir contre ces nouveaux ennemis, l'ordre de prendre les quartiers d'hiver, ordre qu'un général ne donne jamais que pour tromper l'ennemi et lorsqu'il est décidé à les lever subitement. Dès que les premiers froids se firent sentir à travers les tentes, chacun s'ingénia à les chauffer. Un petit nombre d'entre elles seulement, de forme conique, et percées au sommet, comme la hutte indienne, pouvaient recevoir un poêle de fonte. Dans les autres, on construisit un âtre de glaise durcie ou de bois enduit de terre; des tonneaux superposés servaient de cheminée; une tranchée, creusée dans la longueur de la tente, recouverte de grosses pierres, qui conservaient la chaleur et communiquaient avec un foyer profondément enfoui dans le sol, faisaient d'excellents calorifères. Les tentes, d'abord entourées de branches, s'exhaussèrent sur une base de bois; celle-ci finit bientôt par former de véritables murailles, et, la toile qui leur servait de toit disparaissant à son tour, le tout fit place au *log-hut* classique, avec ses parois de troncs non équarris et son sol de terre battue, au rustique édifice qui marque au milieu des forêts vierges le site des villes futures du nouveau monde. Les soldats des deux armées laissèrent partout où ils passèrent l'hiver des villages entiers de ces primitives demeures; mais ces villages, fruits de la guerre et non de la civilisation, abandonnés aussi brusquement qu'ils avaient été construits, étaient destinés à disparaître promptement, sans être remplacés cette fois par la brique ou la pierre.

La vigueur et l'adresse n'excluaient pas l'instruction chez les volontaires. Citoyens actifs de leur comté et de leur État, et enrôlés dans tel ou tel parti politique, ils étaient au courant des affaires publiques et ne pouvaient se passer de journaux. A peu d'exceptions près, ils avaient tous reçu cette première éducation qui, sans initier l'homme à toutes les découvertes de la science, lui apprend à se servir de son intelligence, qui éveille en lui le désir de savoir, et qui, lorsqu'elle pénètre une population tout entière, lui donne autant de puissance qu'une simple unité placée devant un nombre de zéros. C'est grâce à l'instruction universelle que le nouveau monde peut se dire le pays du progrès, et fonder ses institutions sur la pratique régulière et sincère du suffrage universel. Les États de la Nouvelle-Angleterre échappent entièrement aux deux fléaux inséparables de nos vieilles sociétés, l'ignorance et le paupérisme. La minorité illettrée de l'armée ne se composait guère que d'émigrants européens.

En ouvrant le sac du soldat américain, l'on étai presque sûr d'y trouver quelques livres, et d'ordinaire une Bible, qu'il lisait le soir, sans se cacher de ses camarades. Un encrier, un buvard, des enveloppes ornées d'emblèmes, de devises et de portraits, complétaient cet assortiment. Il usait largement en effet de la libéralité du gouvernement, qui transportait gratis toutes ses lettres. Un gros sac de tapisserie, accroché à la tente de l'adjudant de chaque régiment, servait de boîte aux lettres, et, quelques heures de repos suffisant pour le remplir, il fallut souvent le vider deux fois par jour. On cite entre autres le 11ᵉ Massachussetts, dont l'effectif n'était que de 863 officiers et soldats, et qui, de son camp près de Washington, expédiait par semaine une moyenne de 4,500 lettres, c'est-à-dire que chaque homme écrivait cinq ou six lettres en sept jours. Aussi l'arrivée et le départ de la poste jouaient-ils un grand rôle dans la vie des camps. Elle apportait, avec la correspondance, d'énormes ballots de journaux que des gamins à pied et à cheval allaient distribuer, en toute hâte, jusque dans les cantonnements les plus éloignés. On les vit souvent venir crier leurs feuilles sur le champ de bataille même, et les vendre aux blessés à peine relevés. Dans chaque tente, les dernières nouvelles apportées par le *Herald* ou la *Tribune* étaient lues le soir et ardemment discutées, tandis que le soldat en faction, s'il ne se croyait pas surveillé, se promenait en tenant son fusil d'une main et son journal de l'autre.

Il n'est peut-être pas hors de propos de dire ici quelques mots des moyens employés par les journaux pour se rendre intéressants à leurs nombreux lecteurs des villes et des camps et pour établir des communications constantes entre le public des États du Nord et les armées en campagne.

Recherchés, moins pour leurs opinions abstraites que pour les nouvelles qu'ils donnaient, et ne faisant de propagande politique que par la manière dont ils présentaient les faits, leur but principal était de recueillir le plus d'informations possible et d'être chacun le premier à les offrir au public. Rien ne leur coûtait pour atteindre ce but, et les correspondants qu'ils envoyaient dans toutes les armées formaient un état-major (c'était le mot consacré) qui a droit ici à une place à côté des corps régulièrement organisés dont nous avons parlé.

Les grands journaux étaient représentés auprès de chaque corps d'armée par un correspondant en titre qui devait tout voir, prendre sa part de toutes les expéditions et ne laisser passer aucune aventure de guerre sans la raconter. Cet état-major rassemblait les caractères les plus divers, les existences les plus singulières ; dans ses rangs se trouvaient quelques écrivains d'un mérite sérieux et des hommes qui, animés d'une véritable passion pour la guerre, finirent par échanger la plume contre l'épée. La vie que les circonstances faisaient à ces correspondants exigeait des qualités spéciales, du tact, de l'audace, beaucoup de confiance, encore plus de patience, et une robuste santé. Lorsqu'un secret était divulgué, les premiers soupçons tombaient sur eux. A la suite de quelques déplorables indiscrétions, le gouvernement exigea de tous ceux qui écrivaient aux journaux la promesse de taire ce qu'il importait de cacher à l'ennemi. Il leur fallait donc distinguer, entre tous les faits intéressants qu'ils étaient des premiers à connaître, ceux qu'il était licite de donner au public. Plus d'une fois, ils employèrent la ruse pour éluder la consigne d'un général irrité qui leur interdisait le séjour au milieu de ses troupes. Un jour, Sherman chassa tous les correspondants de son armée : ils partirent tous, car on ne pouvait braver impunément ses ordres ; mais, au bout d'un mois, ils étaient tous revenus. Tel autre général, tout en gardant de bienveillantes apparences, savait les empêcher de voir quoi que ce soit et les réduire à sténographier purement et simplement les discours étudiés qu'il leur récitait. Pour réussir, dans une telle situation, à bien observer et conter agréablement, à se faire tolérer des chefs et bien venir des inférieurs, pour savoir payer chaque renseignement d'un mot aimable et flatteur, et, au besoin, se faire respecter en usant de la puissance redoutable que donne l'appui d'un grand journal, il fallait certes, sans parler des dons de l'esprit, un caractère à la fois enjoué et fortement trempé. Simple particulier au milieu d'une grande armée, n'ayant, pour imposer aux autres, ou seulement justifier sa présence, ni le galon de l'officier, ni le mousquet du soldat, obligé de dîner chez l'un, de demander à l'autre une ration de fourrage pour son cheval, toujours sur le qui-vive pour ne pas manquer l'heure du départ, que la défiance jalouse du chef d'état-major lui cachait avec soin, toujours prêt à jeter sur sa monture sa besace, plus souvent vide que pleine, couchant où il pouvait, derrière une tente, dans un chariot, sous un arbre, le correspondant, harassé de fatigue, devait tous les soirs, lorsque chacun reposait auprès des feux mourants du bivac, tirer sa plume, et, à la lueur d'une méchante lanterne, composer sur ses genoux une lettre capable d'amuser un public difficile et avide d'émotions.

Des dangers réels associèrent souvent ces hardis pionniers de la presse à la gloire du soldat.

« Le *New-York Herald* eut à son service auprès des flottes et des armées jusqu'à soixante-trois correspondants à la fois. L'un d'eux fut tué sur le champ de bataille ; un autre assista à vingt-sept combats et fut six fois blessé ; cinq autres furent blessés, et deux moururent de fatigue ; sept ou huit tombèrent aux mains de l'ennemi. Ces derniers furent traités assez doucement à cause des opinions de leur journal ; mais les confédérés ne trouvèrent nulle rigueur trop grande pour ceux qui étaient affiliés aux journaux abolitionistes, et la peinture faite par M. Richardson, correspondant de la *Tribune*, de ses souffrances dans les prisons du Sud est l'un des récits les plus émouvants que l'on puisse lire.

Il nous reste, pour achever ce chapitre, à consacrer quelques pages à l'armée régulière, qui se réorganisait en même temps que celle des volontaires se formait. Cette réorganisation, rendue nécessaire par la défection d'une partie des officiers, par les hauts emplois donnés à d'autres, et par la perte des soldats retenus prisonniers au Texas, avait été décrétée par l'ordonnance du 4 mai 1861, que le Congrès légalisa le 29 juillet. Aux cinq régiments de cavalerie, qui reçurent une désignation uniforme, on en ajouta un sixième ; le nombre des régiments d'artillerie fut porté de quatre à cinq, celui des régiments d'infanterie de dix à dix-neuf. Ces onze nouveaux régiments reçurent un effectif beaucoup plus fort que les anciens : le 6ᵉ cavalerie, porté à douze escadrons, dut compter 1,189 officiers et soldats ; le 5ᵉ artillerie, divisé de même en douze batteries de six pièces, commandées par douze capitaines et trois majors, dut avoir une force totale de 1,919 hommes. Enfin, au lieu d'un seul bataillon à dix compagnies, les nouveaux régiments d'infanterie se composèrent de trois bataillons à huit compagnies et leur effectif réglementaire fut de 2,452 hommes.

Ces nouveaux corps, une fois au complet, devaient ajouter 25,000 hommes à l'armée régulière, et parfaire ainsi le chiffre de 42,000, fixé par la loi du 29 juillet. Mais il fut si difficile de les recruter, qu'en décembre 1861, au moment où 640,637 volontaires étaient enrôlés, cette armée n'avait encore réuni que 20,334 hommes sous les drapeaux, n'atteignant pas ainsi complétement la moitié de son effectif légal. Le petit nombre des engagements dans l'armée régulière tenait d'abord à ce qu'ils étaient contractés pour un temps déterminé, tandis que les volontaires devaient être licenciés à la fin de la guerre, tout le monde croyant qu'elle ne pourrait durer trois ans; puis à la retenue de deux dollars par mois faite sur la solde du régulier, tandis que le volontaire touchait la sienne intégralement, que les États lui accordaient des primes extraordinaires et qu'ils assuraient une pension à sa famille; enfin à l'esprit de camaraderie qui présidait à la formation des compagnies de volontaires, tandis que la réputation de sévérité faite à la discipline de l'armée régulière en éloignait bien des jeunes gens.

Cette armée n'était pas seulement réduite à former une partie insignifiante des nouvelles forces de la République : sa composition était une autre cause de faiblesse. Sur ses 20,000 soldats, plus de la moitié, réunis avec tant de peine, étaient tout à fait neufs au métier, et leur instruction fut d'autant plus difficile, que les motifs indiqués tout à l'heure empêchèrent les hommes les plus intelligents, les plus forts, les plus désintéressés d'entrer dans leurs rangs. La proportion des nouveaux venus était encore bien plus forte parmi les officiers que parmi les soldats. Les emprunts que les volontaires avaient faits au personnel de l'armée régulière avaient, plus même que la défection, diminué leur nombre. Vingt-deux officiers supérieurs avaient ainsi quitté leurs troupes pour devenir généraux, les grades inférieurs avaient vu de même la plupart de leurs titulaires appelés ailleurs à des postes de confiance, si bien que, sur les onze nouveaux régiments, il y en avait huit dont les colonels titulaires exerçaient d'autres commandements, comme généraux de volontaires, et que la plus grande partie de leurs officiers n'avaient reçu aucune éducation militaire. En effet, les vacances avaient été si nombreuses que l'école de West-Point, déjà réduite par l'abandon des élèves originaires du Sud, ne put suffire à les remplir, et il fallut distribuer les grades inférieurs à des jeunes gens sortis de la vie civile, qui remplirent les cadres des nouveaux régiments. Néanmoins l'esprit de corps, cette influence morale qui s'attache à un mot, à un chiffre, à un signe, et qui a le pouvoir de transformer les hommes, donna bientôt des habitudes de tenue et de discipline aux nouveaux venus, qui, dès les premiers combats, rivalisèrent de courage avec leurs frères d'armes plus anciens, pour soutenir l'honneur des troupes régulières.

C'est surtout l'infanterie régulière qui se trouvait, par son nombre, réduite à un rôle insignifiant au milieu des divisions d'infanterie de volontaires. Cependant, dans l'armée du Kentucky, où elle ne comptait qu'un seul bataillon, appartenant au 18e régiment, celui-ci réussit à se distinguer dès la première bataille, qui fut livrée par cette armée à Mill-Springs. Dans l'armée du Potomac, elle comptait huit bataillons ou un peu plus de cinq mille hommes : ce n'était pas assez pour une réserve destinée à frapper un coup décisif, mais ce corps, bien commandé, pouvait servir de modèle aux autres et les encourager constamment par son exemple, tandis qu'en le dispersant on aurait détruit ses traditions et annulé ses qualités. Constitués en une seule brigade, ces huit bataillons eurent d'abord la mission délicate de garder la ville de Washington ; nous les retrouverons plus tard au milieu des volontaires, se faisant écraser plutôt que de reculer sur les champs de bataille de la Virginie.

La cavalerie régulière eut, au début, un rôle plus important que l'infanterie ; car elle était proportionnellement plus nombreuse, et l'inexpérience des volontaires à cheval l'obligea à se charger, pendant quelque temps, de tous les services de l'arme. Pour y suffire, et pour relever son moral ébranlé par les capitulations du Texas, par la défection de quatre colonels sur cinq et par les changements de numéros des régiments, le général Mac Clellan s'empressa d'en réunir les deux tiers dans l'armée du Potomac, qui n'en possédait que sept escadrons lorsqu'il prit le commandement. Elle se trouva dès lors assez nombreuse pour pouvoir enseigner le métier aux volontaires, en combattant devant eux et en les associant de plus en plus à la tâche dont elle avait d'abord supporté seule le poids. Nous la rencontrerons souvent dans le cours de nos récits ; mais, à mesure que les volontaires qui lui furent associés acquerront l'expérience de la guerre, l'importance particulière des réguliers diminuera, et elle s'effacera complétement lorsque, après la réorganisation de toute la cavalerie fédérale, elle sera distribuée dans les différents corps dont nous raconterons les longues expéditions.

La force de l'artillerie fut portée, par l'armement en campagne des garnisons des places et la création du 5e régiment, au chiffre de cinquante-deux batteries. Quoique l'effectif de ces batteries fût loin d'être complet, leur nombre leur donnait la prépondérance dans les nouvelles armées, soit que l'artillerie régulière fût réunie pour former de puissantes réserves, soit qu'elle fût répartie dans les différents corps pour instruire les volontaires. Ce double rôle leur fut assigné dans l'armée du Potomac. Sur soixante-treize batteries ou 407 pièces de canon que possédait cette armée au commencement de 1862, il y avait vingt-neuf batteries régulières comprenant 166 pièces : dix-huit formèrent un corps de réserve, et chacune des onze autres fut attachée à l'une des divisions de l'armée.

Comme nous l'avons dit, les onze capitaines qui commandaient ces dernières batteries, en eurent, de plus, trois de volontaires sous leurs ordres, et, grâce à leurs enseignements, la nouvelle artillerie égala, au bout d'une ou deux campagnes, les réguliers qui lui avaient été donnés pour modèles. La formation d'une forte réserve d'artillerie était une sage précaution dans une armée composée entièrement de jeunes soldats. Elle fut organisée dans l'armée du Potomac par le vaillant colonel Hunt, sous la direction du général Barry, et comprit trois divisions : l'une de grosse artillerie, l'autre de batteries de campagne à pied et la troisième de batteries à cheval. Celles-ci, au nombre de quatre, armées de canons de trois pouces, solides et légers, bien attelées, parfaitement commandées, furent destinées à accompagner la cavalerie, qu'elles aidèrent souvent d'une manière efficace et n'embarrassèrent jamais.

Ces lignes sont les dernières que nous consacrerons, d'une manière spéciale, à la petite armée régulière que nous avons suivie depuis sa formation; car, après avoir conservé les traditions militaires et soutenu, à l'heure critique, l'édifice chancelant de la constitution fédérale, elle se trouve absorbée dans les armées improvisées dont nous venons de montrer la création. Mais, si elle cesse d'exister à part, son esprit subsiste et domine de plus en plus les nouveaux venus : l'influence et le rôle des officiers réguliers grandiront, à mesure que les volontaires acquerront plus d'expérience de la guerre; et lorsque, la lutte une fois terminée, l'armée régulière se comptera de nouveau, on trouvera 550 de ses officiers détachés parmi les volontaires, dont 115 généraux et 60 commandants de régiments. Ajoutons toutefois que cette armée régulière, telle que nous la verrons reparaître alors, ne sera plus celle que nous avons connue avant la guerre, formant une sorte de corporation isolée, et gardienne jalouse de ses traditions : elle aura, en effet, ouvert ses portes à tous les mérites révélés sur le champ de bataille, et, comptant dans ses rangs tous ceux qui, après s'être distingués, auront voulu continuer la carrière militaire, elle réunira, avec un rare bonheur, les qualités des volontaires à celle des anciens réguliers.

CHAPITRE IV

LE MATÉRIEL DE GUERRE.

Avant de reprendre, avec le prochain volume, le récit des opérations militaires, nous devons terminer l'étude de l'organisation des deux armées opposées l'une à l'autre, par quelques mots sur la manière dont elles furent équipées : la création du matériel si varié et si considérable dont elles ne pouvaient se passer était pour leurs chefs un problème aussi difficile que la réunion du personnel qui les composait.

Les ressources presque inépuisables de son industrie donnaient à cet égard un grand avantage au Nord; mais il fallait du temps pour rassembler ce matériel, le transporter et le répartir; il en fallait surtout pour introduire l'ordre et la méthode dans ces opérations et enseigner aux armées la valeur pratique des instruments mis entre leurs mains. Le soin du matériel était partagé, dans l'armée fédérale, comme nous l'avons dit, entre trois branches de l'administration : les départements du quartermaster, du commissariat, et de l'*ordnance,* chargés, l'un de l'équipement et des transports, l'autre des subsistances, et le troisième de l'armement des troupes.

Dès que les volontaires furent appelés, le département du quartermaster conclut avec l'industrie nationale et quelques fabricants étrangers des contrats qui permirent d'habiller les soldats aussi rapidement qu'ils se présentaient et de leur fournir tous les effets de petit équipement; malgré quelques livraisons défectueuses et quelques marchés trop onéreux, cette opération commerciale fut heureusement conduite. On s'inquiétait peu de dépenser quelques millions de plus qu'il n'eût été strictement nécessaire, pour obtenir de l'industrie privée qu'elle se transformât subitement et pût répondre aux demandes nouvelles qu'on lui adressait. Elle se prêta à cette transformation d'une manière remarquable. Ainsi presque tous les fourniments de la cavalerie de l'armée du Potomac sortirent d'une immense fabrique de passementerie de Philadelphie, qui, en quelques jours, mit de côté ses bobines pour tailler des ceinturons de cuir et forger des sabres. Dans les quatorze premiers mois de la guerre, l'administration livra aux armées 3,000,000 de tuniques et près de 2,500,000 couvertures. Elle fournit, pour les campements du premier hiver, 240,000 tentes. Lorsque les armées se mirent en campagne, il fallut naturellement laisser toutes ces tentes derrière soi, sauf un certain nombre pour les officiers. Le département du quartermaster y substitua alors les tentes-abris, dont il distribua plus de 300,000 en un an. Celles-ci furent bientôt perfectionnées par l'emploi de toiles enduites de caoutchouc, et les avantages de ce système pour la santé des hommes, dans les forêts marécageuses de l'Amérique, furent si grands, qu'on remplaça peu à peu toutes les couvertures de l'armée par le *poncho* imperméable, ou pièce d'étoffe carrée et percée d'un trou pour la tête, qu'on porte comme un collet sous la pluie et qu'on étend le soir sur le sol humide au-dessus duquel s'élève la tente-abri. Aussi le nombre de ces couvertures de caoutchouc, qui était de 40,000 en 1861, fut-il de 1,500,000 en 1864, et l'on a calculé que, placées l'une à côté de l'autre, elles auraient présenté une surface carrée d'un kilomètre et quart de côté, c'est-à-dire quatre fois celle du jardin des Tuileries.

Les uniformes fournis aux volontaires des différentes armes étaient tous à peu près pareils, et cette similitude s'établit de plus en plus à mesure que les effets apportés de leurs États par les premiers régiments furent remplacés par les fournitures de l'administration centrale. La couleur bleu foncé les distinguait des habits gris des confédérés. Au chapeau de feutre et à la tunique d'ordonnance de l'armée régulière on substitua le képi et la vareuse, costume pratique que les généraux et leurs états-majors adoptèrent presque tous. Un sac, qui avait l'inconvénient d'être trop mou pour bien s'ajuster sur les épaules, une gibecière de toile, enfin un ceinturon portant la giberne, la baïonnette et un sabre, propre à tailler le bois, complétaient l'accoutrement du fantassin.

L'équipement des cavaliers fut copié aussi sur celui des réguliers, quoiqu'ils eussent à faire la guerre dans un pays bien différent des plaines de l'Ouest. La selle d'ordonnance, dite selle Mac Clellan, était à jour, légère et agréable, et ne blessait pas le garrot; mais les étriers de bois, recouverts d'un tablier de cuir destiné à protéger le pied contre les hautes herbes de la prairie, étaient massifs et incommodes. Le cavalier portait un revolver au ceinturon; le règlement voulait qu'il y attachât aussi son sabre, mais peu à peu il prit l'habitude de le pendre à l'arçon de la selle, système excellent, car, si le soldat démonté ne doit jamais se séparer de son pistolet, l'arme blanche n'est, au contraire, qu'un embarras pour lui dès qu'il quitte la selle. Les cavaliers portaient, en outre, un mousqueton, ou même une carabine d'infanterie, qui augmentait beaucoup la charge de leur monture, mais dont ils firent un fréquent usage dans les affaires où ils eurent à combattre à pied.

Tout l'équipement et les effets des soldats, habits, linge et chaussures, étaient fournis directement par l'administration. Aucune retenue sur la solde ne constituait dans le régiment de masse réglementaire. Le système de la confection dans les corps, qui, dans certaines armées, permet peut-être de réaliser des économies, n'exista jamais en Amérique. On y vit la cause d'une augmentation considérable de non combattants dans le personnel du régiment, et l'on se résigna à donner aux soldats des uniformes moins bien ajustés, pour adopter un système de fabrication centralisée, plus conforme aux procédés de l'industrie moderne. On simplifia ainsi l'administration et la comptabilité des corps, où la limite entre les justes économies et les bénéfices illégitimes aurait été souvent difficile à maintenir. C'est à l'industrie privée, contrôlée par des officiers spéciaux de l'administration, que l'on demanda la fourniture de tous les effets du soldat.

De toutes les opérations confiées au département du quartermaster, la principale et la plus difficile fut la remonte de la cavalerie, de l'artillerie et des transports. La consommation d'animaux de trait faite par les armées devait peser lourdement sur l'agriculture nationale. Les races de chevaux américains sont généralement petites. La funeste habitude de les monter trop tôt entrave le développement des individus. Les règlements qui prescrivaient de ne les accepter dans les remontes qu'au-dessus de cinq ans d'âge et de quinze mains (cinq pieds anglais au garrot) de taille, ne pouvaient être observés : il fallait prendre tout ce que l'on trouvait; et, plus les chevaux étaient chétifs, plus la consommation en était grande, et plus il fallait, par conséquent, pour les remplacer, élever le chiffre de la remonte. Dans la première année, ce chiffre fut de 110,000 pour la cavalerie et l'artillerie seulement. De vastes *corrals* étaient établis dans des terrains vagues aux environs de Washington et des villes de l'Ouest pour recevoir les troupeaux d'animaux amaigris par un long voyage, que les entrepreneurs de remonte amenaient du Vermont et du Kentucky. Enlevés, quelques jours auparavant, de la ferme sur laquelle ils paissaient en liberté, sans avoir jamais travaillé, ces chevaux étaient entassés dans un trop petit espace, attachés au hasard, mal nourris, rarement pansés, et privés de tout abri. Leur résistance à tant d'épreuves montra combien, malgré les apparences, leur tempérament était robuste ; et l'impunité avec laquelle les fournisseurs, les maquignons, les inspecteurs et les officiers autorisés à se fournir dans la remonte circulaient au milieu d'eux, était la meilleure preuve de leur bon caractère.

Parfois cependant quelque accident imprévu portait le désordre dans un dépôt ; ainsi, un soir, la principale écurie de Washington prit feu, et 600 chevaux, que la terreur rendait furieux, se précipitèrent dans les rues mal éclairées de la capitale, renversant sur leur passage promeneurs et voitures, et jetant partout le trouble et la confusion.

Malgré le chiffre énorme des remontes, l'administration pouvait à peine remplacer les chevaux éclopés ou fourbus, qui remplissaient de vastes infirmeries établies uniquement pour les recevoir. Dans la première année de la guerre, on n'en réforma pas moins de 57,000 ; plus d'un régiment, pendant ces douze mois, usa trois chevaux par homme, et la plus sévère discipline put seule apprendre enfin aux cavaliers à ménager leurs montures. Ainsi il fallut qu'un d'entre eux fût tué dans les rues de Washington par une sentinelle qui lui avait inutilement ordonné de ralentir son allure, pour les empêcher de galoper follement à travers la capitale.

Nous avons déjà montré par quelques chiffres l'importance du service des transports; elle ressortira de plus en plus à mesure que nous avancerons dans le récit des campagnes, sur lesquelles ce service exerça une influence décisive. Il nous suffira de dire encore ici que la première année, la seule dont nous nous occupons en ce moment, l'administration eut à fournir, sans compter les voitures amenées par les régiments eux-mêmes de leur État particulier, plus de 20,000 chariots et 84,000 mules destinées à en former l'attelage. Les transports militaires étaient exclusivement faits par ces chariots, les bêtes de somme n'étant pas employées dans les Etats-Unis. Les officiers qui s'en étaient servis au Mexique, tout en reconnaissant leurs avantages dans certains cas, ne crurent pas devoir en recommander l'adoption : dans une contrée où les routes carrossables sont faciles à ouvrir, ce système a le grave inconvénient de faire porter par chaque animal une moindre charge que s'il était attelé; d'ailleurs, on n'aurait pas pu trouver des conducteurs exercés pour diriger ces bêtes de somme. Un vaste établissement fut fondé à Perryville, sur la Susquehannah, où les mules étaient dressées et apprenaient à former des attelages de six que l'on conduisait à la voix, avec l'aide d'une seule rêne flottant sur leur croupe.

La construction des équipages de ponts qui, une fois organisés, furent confiés à des corps de volontaires spécialement choisis pour ce service, dépendait aussi du quartermaster. Le matériel de ces équipages varia plusieurs fois. On essaya, puis on abandonna, comme trop compliquées, des caisses de fer qui, lancées sur l'eau, servaient de bateaux, et qui, sur terre, se plaçaient sur des roues pour former des voitures portant le tablier. De vastes outres de gutta-percha ou de caoutchouc remplacèrent les bateaux dans les armées de l'Ouest, mais furent rejetées par celle du Potomac, comme se déchirant trop facilement. On employa généralement, soit de simples barques de bois, qui pouvaient se réparer aisément, soit des pontons tubulaires de tôle, qui avaient l'avantage d'une beaucoup plus grande légèreté.

Il suffira d'indiquer la ration réglementaire du soldat américain, pour faire comprendre l'importance des opérations du département des subsistances, chargé de faire vivre des armées dont la force totale s'élevait, dès le 1er décembre 1861, à 660,000 hommes. Il n'y a pas de non-valeurs pour le commissaire aux vivres. Tous ceux que des devoirs spéciaux empêchent de paraître sur le champ de bataille, et que le général doit déduire de son effectif de combat, s'assoient le soir avec les autres autour de la gamelle que le commissaire est chargé de remplir. Une livre de biscuit ou vingt-deux onces de pain ou de farine, une livre et quart de viande fraîche ou salée ou trois quarts de livre de lard, aliment favori du soldat, formaient le fond de la ration; mais le règlement y ajoutait, pour chaque groupe de cent hommes, huit gallons[1] de fèves, dix livres de riz ou de hominy, plat américain fait avec des épis de maïs encore verts, dix livres de café, quinze de sucre, quatre gallons de vinaigre et deux de sel, une livre et quart de bougies et quatre de savon. Aussi, malgré l'appétit du soldat américain et son peu d'économie comme cuisinier, pouvait-il difficilement consommer une pareille ration, et les quarante-sept ou quarante-huit hommes

---

1. Le *gallon,* en Amérique, équivaut à 4,40 litres pour les matières sèches; à 3,78 pour les liquides.

qui composaient une compagnie, se réunissant pour faire la cuisine, ne touchaient-ils pas leurs rations entières chez le commissaire. La différence leur était comptée en argent, et formait généralement une masse commune à la compagnie, administrée par elle en dehors du contrôle des officiers supérieurs. Parfois le régiment entreprit une économie analogue sur la fourniture des farines. Un bon nombre de ceux qui campaient autour de Washington construisirent des fours en terre sur un modèle adopté par les colons de l'Ouest, et confectionnèrent eux-mêmes leur pain, réalisant par là le double avantage de substituer le pain frais au biscuit et de faire des bénéfices considérables en touchant de moindres rations de farine. Un seul régiment, le 3e de la brigade Sickles, réussit ainsi à économiser en moins de deux mois 1,300 dollars ou 6,500 francs.

L'approvisionnement des troupes fédérales en armes et en munitions, dont le soin était dévolu au département de l'*ordnance*, était la plus difficile de toutes les fournitures.

En effet, les fabriques de l'État et des particuliers ne pouvaient y suffire, et il fallait du temps pour en monter de nouvelles. Les merveilleuses machines qui construisent, presque sans l'aide de l'homme, la carabine la plus compliquée, et qui ont été adoptées dans toute l'Europe, sont d'invention américaine, et avaient donné une réputation méritée aux carabines à expansion fabriquées par la manufacture fédérale de Springfield. Mais celle-ci n'était montée que pour en produire dix ou douze mille par an, et on ne pouvait augmenter ce chiffre qu'en faisant de nouvelles machines. Les établissements particuliers avaient de même un outillage insuffisant; la fabrique fédérale de Harpers-Ferry était brûlée; les dépôts étaient vides. Cependant il fallait répondre au plus pressant de tous les besoins du soldat, celui d'avoir une arme entre les mains.

Le département de l'*ordnance* réussit, dans la première année de la guerre, à fournir aux différentes armées, sans compter ce qui resta dans les dépôts, 1,276,686 armes à feu portatives (fusils, mousquetons et pistolets), 1,926 canons de campagne ou de siége, 1,206 pièces de position et 214 millions de cartouches et gargousses. Mais il fut forcé de s'adresser à l'Europe pour obtenir des fusils et leurs munitions : ce fut la seule denrée de guerre que l'Amérique demanda à l'ancien monde en quantités considérables, et ce fut celle dont la fourniture fut la plus défectueuse. Des agents sans expérience, sans crédit et parfois sans scrupules, achetèrent partout en Europe, pour le compte du gouvernement fédéral, tous les fusils qu'ils purent ramasser, sans s'inquiéter ni de leur qualité ni de leur prix. Les manufactures anglaises et belges ne fabriquant pas assez rapidement pour eux, ils demandèrent aux petits États allemands tout leur armement d'ancien modèle : ceux-ci s'empressèrent de s'en débarrasser à un prix qui leur permit de le remplacer par des fusils à aiguille. En un mot, le rebut de toute l'Europe passa dans les mains des volontaires américains.

Une partie des fusils se trouvant hors de service, il fallut réserver, dans chaque compagnie, ceux qui pouvaient faire feu aux soldats qui étaient de garde. Tous les calibres étaient mêlés : on donnait des balles coniques pour le gros fusil lisse allemand, et la vieille cartouche américaine, contenant une balle et quatre chevrotines, à ceux qui avaient le bonheur de posséder une carabine Minié. Le mauvais armement de l'infanterie aurait suffi pour retarder de plusieurs mois l'ouverture de la campagne.

Pour y remédier, il fallut d'abord classer les calibres par régiment, puis éliminer graduellement les plus mauvais modèles : au bout de quelque temps, les fabriques américaines, nationales ou particulières, purent fournir assez d'armes nouvelles pour permettre cette opération. Tout en faisant une large part à l'industrie privée, le gouvernement fédéral tenait à la contrôler ; et, pour n'être pas à sa merci, il donnait une grande extension à ses propres établissements. Ainsi la fabrique de Springfield livra 200,000 carabines en 1862, et l'année 1863, pendant laquelle elle en produisit 250,000, vit cesser les envois d'armes que l'Europe avait faits jusque-là dans les États du Nord. Cette carabine, qui portait le nom de la manufacture fédérale, offrait l'avantage d'avoir des munitions légères, de donner une grande justesse à six ou sept cents mètres et d'être d'un chargement et d'un entretien faciles. Aussi fut-elle introduite dans toute l'armée à mesure que l'*ordnance-department* put répondre aux demandes qui lui étaient adressées de toutes parts pour obtenir cette arme. Mais, en même temps, un grand nombre de systèmes nouveaux furent essayés, sur une échelle qui permit d'en apprécier les mérites. Quelques-uns même furent adoptés par des régiments entiers de cavalerie, et le chargement par la culasse, qui était commun à tous les systèmes, contribua beaucoup à leur efficacité dans les nombreux engagements où ces régiments eurent à combattre à pied. Sauf ce mode de chargement, ils différaient beaucoup les uns des autres ; et nous ne saurions les décrire tous ici, car on n'en compte pas moins de onze principaux.

Nous n'en citerons que deux, appartenant à la classe des carabines dites à répétition, c'est-à-dire qui tirent un certain nombre de coups de suite sans se recharger. La carabine Colt est un revolver à long canon, ayant cinq ou six chambres, et où la balle se force dans sept rayures formant une spirale de plus en plus serrée. Cette arme pesante était redoutable entre des mains exercées, mais il fallait beaucoup de temps pour la recharger. La seconde est la carabine Spencer, arme excellente, dont l'usage s'est de plus en plus répandu dans l'armée fédérale. La crosse est percée, dans sa longueur, par un tube contenant sept cartouches, qui viennent successivement, après chaque coup, se présenter dans la culasse et y prendre la place de celles qui, l'une après l'autre, une fois déchargées, ont été rejetées par un mécanisme fort simple. Ce magasin, parfaitement protégé, se remplit avec une grande facilité. On cite des exemples extraordinaires de défense individuelle dus à la rapidité du tir de cette arme, et les quelques régiments d'infanterie fédérale qui en firent l'essai s'en trouvèrent fort bien. La plupart de ces carabines avaient deux modèles, l'un pour l'infanterie, l'autre, plus léger et plus court, pour la cavalerie.

Le matériel de l'artillerie, qu'il fallait créer, était aussi considérable que l'armement de l'infanterie, et sa fabrication était de même chose nouvelle pour les manufactures américaines. Cependant les grandes usines où l'on travaillait la fonte, le fer et l'acier purent se transformer assez rapidement en fonderies de canons pour que l'*ordnance-department* n'ait pas eu à en chercher en Europe.

Au moment où la guerre éclata, aucun des systèmes d'artillerie rayée, inventés depuis quelques années, n'avait été adopté ni même sérieusement expérimenté par les officiers réguliers. Mais ceux-ci, tout en conservant dans leurs batteries les canons de bronze à âme lisse, avaient étudié ces différents systèmes et ne cachaient pas leur préférence pour celui de l'expansion, dans lequel le boulet, comme la balle Minié, introduit par la bouche du canon, est forcé dans les rayures sous la pression des gaz qui le lancent en avant. Ce souvenir d'études communes ne s'effaça pas de l'esprit des officiers qui allèrent commander les deux armées hostiles, et, malgré la diversité des détails, les canons de ces deux armées eurent toujours un air de famille. Mais rien ne put limiter la fécondité des inventeurs stimulée par la guerre. Quelques-uns d'entre eux furent des hommes vraiment habiles et ingénieux; les esprits chimériques furent plus nombreux; il y en eut de naïfs, d'absurdes et quelques-uns enfin auxquels leurs inventions portèrent malheur, témoin M. James et le major Hunt, dont le premier fut tué par l'explosion de son canon rayé, et le second asphyxié par sa batterie sous-marine. L'épreuve du polygone manqua à toutes ces inventions : on n'eut pas le temps de les soumettre à cette série d'expériences faites dans des conditions soigneusement déterminées, qui excluent tous les hasards et permettent seules d'apprécier la valeur d'une arme avant de l'exposer à toutes les vicissitudes de la guerre. Le matériel de l'armée fut ainsi subitement encombré d'une quantité de modèles différents, tous également nouveaux pour ceux qui allaient avoir à les manier sur le champ de bataille. En effet, tout inventeur qui avait des protections obtenait facilement que quelques canons de son système fussent commandés à un maître de forges, généralement son associé. L'on se contentait de quelques coups tirés dans le voisinage de la fabrique pour s'assurer de leur solidité; si le hasard les favorisait, la pièce était aussitôt reçue et venait augmenter la diversité déjà si grande qui régnait dans l'artillerie fédérale. Cependant cette diversité même devait donner parfois à des inventions remarquables l'occasion de se révéler et d'obtenir, dans le combat, la confirmation éclatante de leurs mérites.

Le génie américain, habile à tirer parti de tout, comprit que, dans un moment où tout retard pouvait être fatal, il ne fallait pas chercher une machine trop précise, délicate et difficile à réparer. Il poursuivit avant tout la simplicité dans les quatre parties essentielles de la fabrication de l'artillerie : la confection même des canons, le système de rayures, le mode de forcement des projectiles et les fusées des obus. Il fallait des canons de campagne que l'on pût construire rapidement et sans trop de frais, se chargeant d'une manière assez simple pour être maniés par des mains inexpérimentées, et des projectiles pouvant supporter les secousses de longs transports sans que les appareils destinés à se forcer dans les rayures ni les fusées eussent à en souffrir.

On adopta deux canons qui satisfaisaient assez bien à ces conditions : celui de M. Parrott, en fonte de fer, fretté à la culasse par des cercles de fer laminé, et celui des forges de Phenixville, désigné par son calibre, qui était, soit de trois pouces, soit de quatre pouces et demi, construit en barres de fer forgé, les unes placées selon la longueur de l'âme, les autres roulées autour des premières en spirale, et soudées toutes entre elles par une pression sous une haute température.

Le problème de la construction des pièces de gros calibre fut résolu par le capitaine Rodman, dont les procédés donnèrent à ces pièces, quoiqu'elles fussent de fonte, une telle solidité qu'il suffit de les fretter d'après le système Parrott, pour pouvoir leur faire tirer des projectiles coniques du plus grand poids. On avait jusqu'alors coulé les canons pleins, pour les forer ensuite : de la sorte, l'extérieur de la pièce, touchant aux parois du moule, se solidifiait le premier, et la partie intérieure, encore à demi liquide, ne pouvant plus se contracter régulièrement, se cristallisait en laissant çà et là dans la masse des vides ou des fentes qui faisaient perdre au métal son uniformité. Rodman renversa l'opération et fit refroidir la pièce par l'intérieur. Un cylindre creux, contenant un tuyau en spirale, où passait un courant d'eau froide, et entouré de cordes et de sable pour le protéger contre le métal en fusion, fut placé dans le moule, de manière à dessiner l'âme de la pièce, les gaz s'échappant au moyen des cannelures ménagées le long du cylindre et par le vide que laissaient les cordes, promptement consumées. Tandis que l'intérieur se solidifiait le premier au contact du cylindre sans cesse refroidi, des fours allumés sous le moule maintenaient la chaleur dans les parois extérieures ; l'on en diminuait graduellement l'intensité, jusqu'à ce que la masse entière eût cessé d'être rouge, opération qui, pour les plus grandes pièces, durait plusieurs semaines. Le métal, en se contractant sans obstacle, avait plus de densité, un grain plus fin et plus égal, et, en se cristallisant ainsi, sa fibre offrait la plus grande résistance possible aux pressions exercées sur l'âme. Une longue expérience a pleinement confirmé les principes sur lesquels le capitaine Rodman avait fondé ses nouveaux procédés, qui sont aujourd'hui appliqués en Amérique sur une grande échelle. La profondeur et le nombre des rayures varièrent selon les calibres; mais le rapport entre ces trois éléments fut constant, et le même système de rayures profondes et peu nombreuses fut appliqué aux canons de constructions diverses. Dans les canons Parrott, la spirale des rayures fut plus serrée près de la bouche qu'au fond de l'âme : on espéra donner ainsi au boulet un mouvement de rotation plus prononcé ; mais ce fut la cause de nombreux accidents et d'une grande irrégularité dans le tir, le projectile sautant souvent le dernier tour de rayures. Au commencement de la guerre, la précipitation avec laquelle on était obligé de fabriquer les canons fit surtout sentir ses effets dans l'imperfection des rayures : ainsi, au siége de Yorktown, un canon Parrott de cent s'étant fait remarquer par l'irrégularité de son tir, on l'examina après quelque temps, et l'on s'aperçut qu'on avait oublié de polir les arêtes des rayures, dont les aspérités troublaient la course des projectiles.

La forme et le mode de forcement des projectiles donnèrent également lieu à un grand nombre de systèmes divers. M. Parrott plaçait sur la base du boulet une sorte de coupe renversée, de fer doux, dont l'expansion des gaz déterminait le forcement. Pour les grands calibres, il remplaçait cette coupe par un anneau de cuivre enveloppant la base du projectile, qui, sous la pression de ces mêmes gaz, devait former comme un bourrelet s'adaptant dans les rayures : ce procédé ayant été reconnu insuffisant, on tailla dans l'anneau des saillies destinées à faciliter le forcement, sorte de transition entre le système de l'expansion et celui des ailettes.

M. Schenkl donna à la base de son projectile la

forme d'un cône cannelé, et l'enveloppa d'une pièce de papier mâché qui s'évasait en glissant sur le cône et se forçait ainsi très-exactement dans les rayures. Ce papier mâché, ayant plus de ténacité que le plomb, donnait au projectile son mouvement de rotation, après quoi il pouvait tomber sans faire courir de danger à ceux qui se trouvaient près du canon, ou restait attaché au projectile sans en déranger l'équilibre. Grâce à la forme conique de sa base, ce projectile portait son centre de gravité en avant du milieu de son grand axe, ce qui lui assurait les allures et la justesse d'une flèche bien empennée. Le seul inconvénient du papier mâché était de s'enfler à l'humidité; mais une enveloppe de zinc y remédia complétement, et le projectile Schenkl est celui auquel l'expérience de la guerre fut le plus favorable. Plusieurs systèmes furent essayés pour employer le plomb sous forme d'enveloppe, d'anneaux ou d'ailettes; mais ils échouèrent tous devant l'impossibilité de faire adhérer d'une manière constante ce métal à la surface du boulet.

Dans les premiers temps de la guerre, il fut difficile d'apprécier les mérites relatifs des différents projectiles, les défauts de fabrication des uns et des autres ne permettant pas de faire des expériences vraiment concluantes. Ainsi, dans l'armée du Potomac, lorsque, après plusieurs mois de campagne, on inspecta les obus livrés en quantités énormes par l'industrie particulière, on s'aperçut qu'un grand nombre étaient déformés à l'intérieur : la cavité qui contenait la poudre ne se trouvant pas au milieu, le centre de gravité était déplacé de côté et donnait au projectile une marche irrégulière qui enlevait toute justesse au tir de la pièce.

Cette négligence, qu'on ne peut condamner sévèrement lorsqu'on songe à ce qu'il fallut d'efforts pour créer en quelques mois un si vaste matériel, et qui fut d'ailleurs bientôt corrigée, devait se faire sentir surtout dans la fabrication du plus délicat de tous les engins de guerre, la fusée. L'importance de la fusée s'est accrue avec celle de l'obus : elle donne à ce projectile son efficacité; si elle est défectueuse, il devient impuissant. Le boulet plein est de peu d'effet sur un champ de bataille : avec notre ordre mince, il ne fait pas plus de victimes qu'une simple balle de carabine. Il en est tout autrement des projectiles creux et surtout du formidable obus à balles ou *Shrapnell*, qui fut universellement adopté par les fédéraux et les confédérés. A petite distance, sans doute, rien n'est plus efficace que la boîte à mitraille; mais son champ est beaucoup trop limité pour qu'elle puisse jouer souvent un rôle décisif dans les combats.

L'obus Shrapnell, lorsqu'il éclate à propos, projetant en éventail devant lui les balles qu'il contient, est l'instrument de guerre le plus terrible que possède l'artillerie moderne, et assurera toujours une grande supériorité à ceux qui sauront le mieux le manier; car il produit les effets de la mitraille à l'extrême portée des projectiles ordinaires. Mais toute son efficacité dépend de l'exactitude avec laquelle on peut régler la fusée qui doit le faire éclater en l'air, quelques mètres en avant de la ligne de troupes qu'il faut atteindre.

En effet, la fusée à percussion, qui prend feu en touchant un corps résistant, et qui est d'une fabrication facile, ne saurait être employée utilement dans les Shrapnells; car, si ces projectiles n'éclataient qu'en touchant le sol, la mitraille qu'ils contiennent s'enterrerait en grande partie, au lieu de s'ouvrir comme une gerbe pour couvrir les lignes ennemies. La fusée à temps, seule efficace dans ce cas, doit être à la fois assez délicate pour brûler exactement pendant le nombre de secondes voulu, et cependant assez simple pour que chaque chef de pièce puisse la régler au milieu de l'excitation du combat. Lorsqu'on emploie des projectiles sphériques ou des obus coniques armés d'ailettes qui ont un certain jeu dans l'âme de la pièce, la flamme même de la poudre, enveloppant le boulet, vient allumer l'extrémité de la fusée à temps, d'avance graduée selon la distance. Mais il ne peut en être de même pour les projectiles forcés, qui remplissent exactement toutes les rayures et ne permettent pas à la flamme de s'étendre jusqu'à la tête de la fusée. On essaya en vain de les enduire de collodion qui devait amener le feu jusqu'à cette partie de l'obus : cette préparation était arrachée avant d'avoir pu s'enflammer. On eut recours au système anglais, dit de concussion : la secousse causée par le départ du projectile détache une petite pièce de métal qui, glissant dans un tube placé à l'intérieur de la fusée, vient frapper et allumer une amorce en fulminate. La fusée se trouve ainsi complétement fermée à l'extérieur, mais on doit comprendre combien il était difficile de fabriquer par millions, dans des manufactures improvisées, des instruments aussi compliqués, et combien, avant que l'on eût l'expérience de cette fabrication, ils devaient être défectueux quant à la précision.

A côté des inventions pratiques, on vit paraître aussi des machines bizarres, telles qu'un canon-revolver, qui figurera peut-être un jour dans nos armées, mais qui n'était alors dangereux que pour ses propres servants; on en vit d'absurdes, telles qu'une pièce plus légère que son propre boulet, fait d'un énorme lingot, et dont le recul devait, par conséquent, être supérieur au mouvement même du projectile. Nous citerons enfin un engin nouveau, qui reçut le sobriquet de *moulin à café,* et qu'on peut regarder comme le premier essai des mitrailleuses. C'était un gros fusil de rempart, dont la culasse ouverte était surmontée d'un entonnoir que l'on remplissait de cartouches; ces cartouches se composaient de forts culots d'acier, contenant la charge, qui, au moyen d'une manivelle, venaient successivement remplir l'espace ouvert de la culasse; une capsule, placée au fond de la cartouche, était frappée par un chien mû par la manivelle et faisait partir le coup: après quoi le culot tombait dans une caisse d'où on le retirait pour le recharger. Cette machine tirait cent coups à la minute et lançait, avec une grande justesse, jusqu'à sept ou huit cents mètres, des balles d'une once; un seul cheval la traînait avec son caisson. Un pivot permettait de diriger le canon, comme la lance d'une pompe, sans interrompre le jet continu des balles; et cette arme, maniée par deux hommes de sang-froid, aurait pu être fort efficace pour la défense d'une brèche ou d'un défilé. Mais, quoique M. Lincoln en eût recommandé l'adoption, et l'eût même essayée un jour de ses mains, on ne l'employa jamais effectivement durant la guerre, et les *moulins à café,* qui, avec quelques perfectionnements, auraient pu dès lors tenir la place de nos mitrailleuses, furent vendus après la pacification, comme de la ferraille, au prix de quarante francs chacun.

Nous n'avons parlé que des canons rayés : ils étaient seuls à la mode, comme les uniformes de zouaves pour l'infanterie; l'imagination des volontaires grandissait leur efficacité, et leur nouveauté même inspirait confiance aux soldats inexpérimentés des armées américaines. Heureusement les officiers d'artillerie ne partagèrent pas cet engouement excessif, et ils conservèrent à l'armée un certain nombre de canons-obusiers de bronze, à âme lisse, qui rendirent, pendant toute la guerre, les meilleurs services. En effet, le pays boisé où l'on allait combattre ne permettant presque jamais d'engager l'artillerie à de grandes distances, le canon rayé devait perdre très-souvent ses avantages, et sur les champs de bataille d'Amérique, la pièce la plus maniable, la plus solide, la plus facile à charger, celle qui, à un moment donné, pouvait remplacer l'obus par la mitraille devait être aussi la plus efficace.

Une expérience contraire à celle des guerres d'Europe, où l'on peut d'ordinaire combattre de loin, prouva que les canons lisses satisfaisaient à toutes ces conditions ; on en fondit un grand nombre, et jamais un général n'eut à regretter d'en avoir armé ses artilleurs.

Le matériel de campagne se trouva ainsi composé de canons lisses de douze livres, de canons forgés de trois pouces, et de canons frettés de trois et quatre pouces et demi de diamètre.

Il y eut une plus grande variété dans les gros calibres. A côté des anciens mortiers, des pièces de quarante-huit et des grands obusiers de fonte, appelés *columbiads* ou canons Dahlgren, vinrent se placer des canons rayés construits de la manière que nous avons déjà indiquée : ce furent des pièces de fer forgé, de quatre pouces et demi, beaucoup plus lourdes que les canons frettés du même diamètre et lançant un boulet de quarante livres ; des canons Parrott de cent et de deux cents ; enfin d'énormes pièces de fonte, destinées aux forts et à la marine, coulées d'après le système Rodman et ayant un diamètre de quinze et même de vingt pouces. Au moyen d'affûts de tôle, glissant sur des plans inclinés, réglés par des compresseurs, et d'un fort pivot ajusté sur la plate-forme, ces gigantesques machines pouvaient être aisément maniées par cinq ou six hommes. Nous en indiquerons les effets dans le récit des siéges nombreux qui marquèrent cette guerre. Il suffira ici de dire que, dans le calcul du rapport entre le calibre de leurs gros canons, le poids du boulet et celui de la charge de poudre, les Américains s'écartèrent des principes adoptés en Europe et particulièrement en Angleterre. N'ayant ni le temps ni les moyens de donner à leurs gros canons rayés la solidité de ceux d'Armstrong ou de Krupp, mais pouvant les construire d'un calibre aussi grand qu'ils voulaient, ils réduisirent les charges de poudre jusqu'au huitième ou même au dixième du poids du boulet. Grâce à la masse de leurs pièces, ils purent de la sorte produire des effets tout nouveaux alors, quoiqu'ils aient été dépassés depuis. Ainsi, avec un canon capable de supporter seulement le quart de la charge d'une pièce Armstrong et lançant le même boulet, ils obtenaient pour ce boulet une vitesse qui n'était que de la moitié inférieure à celle que lui aurait donnée cette dernière pièce ; et, pour battre en brèche une muraille, ils arrivaient avec de très-gros projectiles, animés d'une moindre vitesse initiale, à appliquer à l'œuvre destructrice une force égale à celle d'un boulet de moindre calibre lancé avec une plus grande vélocité.

Nous nous sommes proposé dans ce chapitre de montrer les ressources matérielles dont allaient disposer les deux armées. On vient de voir celles de l'armée fédérale. Le gouvernement confédéré ne pouvait compter sur l'industrie et le commerce des États rebelles pour approvisionner, équiper et armer ses troupes aussi bien que celles de son adversaire. Mais il eut, au début de la guerre, un avantage sérieux. Comme nous l'avons dit ailleurs, M. Floyd, ministre de la guerre du président Buchanan, avait eu soin d'envoyer dans le Sud, peu de semaines avant l'insurrection, toutes les armes que le gouvernement possédait. Il transporta ainsi 115,000 fusils, qui, joints à tout ce qui se trouvait déjà dans les arsenaux de Charleston, Fayetteville, Augusta, Mount-Vernon, Bâton-Rouge, etc., assurèrent aux premières armées confédérées un armement complet et d'une qualité supérieure. Une fois la guerre commencée, le gouvernement confédéré, grâce à l'activité de son administration, au zèle des particuliers et aux envois que, malgré le blocus, il reçut d'Europe, ne fut jamais à court ni de fusils, ni de canons, ni de munitions, ni d'habillements militaires. Le Nord, qui se flatta toujours de l'espoir que ce matériel indispensable viendrait à manquer à son adversaire, et que cette disette l'empêcherait de continuer la lutte, put se convaincre de son erreur lorsque celui-ci eut déposé les armes.

Nous avons dit que, dans le Sud, quiconque en avait les moyens possédait un fusil ou un revolver : les volontaires, en s'engageant, apportaient leurs armes, ceux qui ne s'enrôlaient pas les donnaient ou les vendaient au gouvernement; tout fut utilisé et même les fusils de chasse à deux coups furent surmontés d'une baïonnette. Il n'y avait pas dans le Sud de fabriques d'armes appartenant à des particuliers : l'industrie du Nord approvisionnait toute l'Union. Le gouvernement fédéral, qui en possédait deux, s'était conformé à une tradition constante en en plaçant une à Springfield dans le Nord, et l'autre dans le Sud, à Harpers-Ferry. Cette fabrique était donc la seule qui se trouvât dans les États insurgés, ce qui lui donnait une grande importance pour les chefs confédérés et explique l'empressement avec lequel ils cherchèrent à s'en emparer au moment de la sécession de la Virginie. On sait comment elle leur fut ravie par l'incendie. La destruction de ce bel établissement coûta cher au gouvernement de Washington, mais la perte fut bien plus grande pour ses adversaires, qui espéraient y trouver des approvisionnements considérables et particulièrement tout l'outillage nécessaire à la fabrication des fusils. Quelques machines seulement furent arrachées au feu et transportées à Richmond, où elles furent bientôt utilisées. Les confédérés, en effet, s'occupèrent, sans retard, de créer les fabriques qui leur manquaient. Presque tous les États en fondèrent à leurs frais, qui, après avoir été d'abord simplement contrôlées par le gouvernement central, furent à la fin exclusivement dirigées par lui. Des ateliers pour la transformation des vieux fusils et la confection des carabines Minié furent bientôt montés à Memphis, à la Nouvelle-Orléans, à Nashville, à Gallatin, enfin à Richmond et dans plusieurs autres villes de l'est.

D'autre part, les États du Sud s'approvisionnèrent en Europe d'armes et de munitions. Dans les premiers mois de la guerre, ils purent le faire sans grandes difficultés, malgré le blocus de leurs côtes, décrété par M. Lincoln. Peu à peu, ce blocus devint effectif, mais l'étendue des côtes du Sud, ses nombreux ports et les facilités données par la vapeur aux légers *blockade-runners,* qui profitaient d'une nuit sombre pour se glisser à travers les croiseurs fédéraux, ne permirent jamais qu'il devînt absolu. L'énorme différence de valeur, d'une part, entre le coton amassé dans les dépôts du Sud et les petites quantités qui parvenaient sur le marché de Liverpool, et, d'autre part, entre les objets usuels en Europe et dans les ports confédérés, est la meilleure preuve de l'efficacité de ce blocus; mais, comme les tarifs protecteurs élevés favorisent le développement de la contrebande, de même cette différence était le stimulant le plus puissant du commerce hasardeux qui se faisait en dépit du blocus. Le gouvernement confédéré, en se réservant le monopole du coton, s'était assuré les moyens de régler en maître le commerce de contrebande ainsi établi avec l'Angleterre. Il obligea tous les *blockade-runners* à l'approvisionner d'armes, en refusant à ceux qui ne lui en apportaient pas une quantité proportionnée à leur tonnage le coton qui seul pouvait leur assurer un bénéfice considérable dans leur dangereux voyage de retour. Ces armes, achetées avec le produit de l'emprunt souscrit en Angleterre, et dont ce même coton était la garantie, leur étaient confiées par les agents que le gouvernement confédéré avait en Europe. On ne saura jamais la quantité de ces importations, qui furent tenues fort secrètes; mais le bruit courait dans le Sud que, durant la première année de la guerre, 300,000 fusils avaient été apportés d'Europe avec 1,000 coups par arme, et qu'un seul navire, le *Bermuda,* en avait un chargement de 65,000.

Ces fusils, fabriqués, soit à Liége, soit à Birmingham, étaient choisis avec plus de soin que les armes destinées aux fédéraux ; car, dans les luttes entre les agents des deux partis pour s'enlever réciproquement les meilleures commandes, l'avantage resta généralement aux confédérés.

Le matériel d'artillerie fut formé de la même manière. M. Floyd n'avait pas oublié l'armement des forts fédéraux situés dans le Sud, tout en y laissant des garnisons trop faibles pour pouvoir les défendre. Différentes villes fournirent des canons provenant de la guerre du Mexique, et qu'elles avaient conservés depuis lors. Enfin peu de mois suffirent aux gouvernements d'États pour organiser des fonderies, dont la direction fut confiée aux contre-maîtres originaires du Nord, dont un certain nombre n'avaient pas quitté les forges du Sud au moment de la sécession : les ouvriers indigènes n'avaient pas l'habileté nécessaire pour cette tâche. Parmi ces contre-maîtres, les uns avaient épousé les passions des esclavagistes, où cédaient à l'appât d'une paye énorme, les autres furent maintenus par des menaces terribles dans les positions qu'ils étaient condamnés à occuper. Pendant ce temps, des espions allaient dans les fabriques du Nord pour y dessiner les machines qui servaient à la construction des canons et en monter de pareilles dans les établissements que l'on venait de créer. Un certain nombre de machines furent également apportées d'Angleterre, et même l'un des principaux fabricants de ce pays fit une fois don à la confédération d'un chargement complet de ces précieux outils Malheureusement pour ses protégés, cet envoi tomba entre les mains des fédéraux, qui en firent aussitôt leur profit. La Nouvelle-Orléans eut sa fonderie de canons de bronze; MM. Street et Hungerford à Memphis firent des pièces Parrot de tous calibres. A Nashville, l'usine de Brennan et Cie, montée sur les dessins rapportés de Fort-Pitt dans le Nord, fabriquait des pièces de campagne de fonte. Les grandes et coûteuses machines de cet établissement suivirent les armées confédérées dans leurs retraites successives, en compagnie des presses des journaux sécessionnistes, et occupèrent d'abord Chattanooga, puis Atlanta, et enfin Augusta. La plus importante des forges du Sud était celle des Tredegar Works près de Richmond; il en sortait des canons et des projectiles de tous calibres. Les pièces de bronze étant rares et recherchées, les villes et les églises donnèrent leurs cloches, les maisons particulières furent dépouillées de tous les objets de cuivre qu'elles possédaient, depuis la marmite jusqu'au chandelier sculpté. Enfin, les importations de canons anglais furent considérables. Quelques canons Armstrong franchirent le blocus et furent employés dans les batteries de la côte. M. Whitworth fabriqua pour les confédérés un grand nombre de ses beaux canons hexagonaux d'acier fondu, en se couvrant, pour ne pas donner l'éveil aux croiseurs fédéraux, d'une prétendue commande de l'empereur de la Chine.

Cependant, la plus grande partie de l'artillerie fournie par l'Europe aux confédérés sortait des ateliers du capitaine Blakeley, dont nous parlerons tout à l'heure. Quelque temps après la fin de la guerre, on voyait encore dans ces ateliers d'immenses piles de projectiles, auxquelles, dans les beaux jours des *blockade-runners*, chaque navire partant pour les ports du Sud empruntait son lest. Cet établissement était devenu un des principaux dépôts et le meilleur arsenal des confédérés.

Les modèles de canons employés dans les armées du Sud ressemblaient généralement à ceux de l'artillerie fédérale. Les confédérés montrèrent la même préférence que leurs adversaires pour le système de forcement du boulet par expansion. Mais leurs officiers les plus expérimentés tinrent aussi à conserver le canon obusier de douze à âme lisse et de bronze; ces pièces, prises dans les arsenaux ou fondues depuis la sécession, formèrent une partie importante de leur artillerie de campagne. Le reste, sauf quelques canons Whitworth, se composait de pièces du modèle Parrott.

Le matériel du gros calibre fut plus varié : on y trouvait toutes les anciennes pièces de fonte à âme lisse, les obusiers Dahlgren, et, comme canons rayés, ceux de Brooke et de Blakeley.

Les canons Brooke, ainsi nommés d'après leur inventeur, étaient de fonte frettée, et ne différaient qu'en un seul point du canon Parrott : le ruban de fer forgé qui les enveloppait s'étendait jusqu'à la bouche au lieu de s'arrêter aux tourillons. On cerclait ainsi des pièces fondues exprès et de vieux canons que l'on rayait ensuite. Ces pièces étaient faites vite, facilement, et à bon marché. La réunion de deux métaux, l'un ductile, l'autre cassant, les faisait éclater parfois; mais ce défaut n'était pas suffisant pour les faire condamner, car il fallait avant tout, au milieu de difficultés extraordinaires, créer un immense armement. La côte entière se hérissait de fortifications; on construisait des batteries à l'entrée de la moindre crique et sur tout le cours des grands fleuves; enfin des places fortes, des camps retranchés, des lignes de toute espèce s'élevaient partout où deux armées se trouvaient en présence; chaque détachement entourait d'ouvrages ses positions, chaque ville voulait avoir son enceinte, chaque jour faisait découvrir un nouveau point nécessaire à défendre. A mesure que ces travaux s'achevaient, il fallait trouver de gros canons pour les armer.

Pour répondre à une pareille demande, le Sud ne possédait pas une industrie métallurgique comme celle du Nord. Sur 841,550 tonnes de fer produites par les États-Unis en 1856, les États à esclaves n'en fabriquaient que 80,000 environ, et encore près de la moitié, ou 36,563 tonnes, provenaient-elles du Kentucky, que les confédérés n'occupèrent jamais d'une manière assez paisible pour exploiter ses richesses minérales. La part des États insurgés n'était donc que de 42,952 tonnes, ou le vingtième de la production totale de l'Union. Mais ces fers, fondus au bois, étaient d'une qualité supérieure, qui, heureusement pour les artilleurs confédérés, compensa la négligence apportée à la fabrication des canons et l'inexpérience de ceux qui la dirigèrent.

Les canons Blakeley, venus d'Angleterre, étaient au contraire construits, non pas seulement avec les meilleurs matériaux, mais encore avec le plus grand soin, et se faisaient remarquer, même en Europe, par leur perfection. Avant de débarquer à Charleston, ils avaient passé par bien des mains. Le métal était préparé à Sheffield, où les fers de Suède, après avoir été cémentés au four, puis fondus dans des creusets, étaient coulés en anneaux, que forgeaient les immenses marteaux de Firth. Puis, portés à Londres dans l'usine Blakeley, ces anneaux étaient assemblés, soigneusement ajustés, tournés, calibrés, rayés enfin, et combinaient ainsi la solidité d'un métal homogène comme l'acier doux, avec la perfection de construction des canons composés de plusieurs morceaux. Tous ces canons de gros calibre se chargeaient par la bouche, et leurs rayures permettaient d'employer plusieurs espèces de projectiles. Ces rayures avaient un pas de vis peu serré, une profondeur moyenne, et leur nombre, variant selon le calibre, ne dépassait pas le chiffre de douze dans les pièces de sept pouces et demi de diamètre. Dans quelques-uns des canons Brook, elles étaient taillées en plans inclinés. La variété des projectiles employés dans ces canons fut très-grande. Un seul régiment fédéral, le 1er d'artillerie du Connecticut, recueillit, dans les batteries qu'il servit en 1864 près de Richmond, trente-six modèles différents de boulets lancés par les confédérés. Durant le long siége de Charleston, les défenseurs tirèrent dans leurs anciennes pièces de fonte à âme lisse des projectiles allongés. Quoique la justesse de ces énormes cylindres, ne fût pas grande, leur vitesse initiale leur donnait, à petite distance, une force de pénétration considérable, et ils firent parfois beaucoup de mal aux navires blindés des fédéraux. Mais ces pièces ne purent pas toujours supporter l'effort nécessaire pour lancer des boulets aussi pesants, et, à la longue, plusieurs d'entre elles éclatèrent.

Les projectiles fabriqués dans le Sud pour les canons rayés ressemblaient à ceux du modèle Parrot, et portaient, à la base, soit un anneau, soit une coupe de métal ductile; souvent aussi les confédérés employèrent des projectiles Parrot provenant de quelque convoi surpris ou de quelque parc enlevé le lendemain d'une victoire. Le projectile Blakeley, qui leur ressemble beaucoup par sa construction, donna les meilleurs résultats. Il porte à la base une plaque de cuivre fixée par trois vis, dont les bords, recourbés en dedans, s'ouvrent et sont écrasés dans les rayures par la force d'expansion des gaz; malgré le peu de surface que présente la partie qui se force ainsi, elle suffit pour donner le mouvement de rotation à la masse entière; ce projectile peut ainsi s'adapter à différentes sortes de rayures, s'introduire facilement dans le canon et supporter impunément les secousses du transport. Ses qualités se révélèrent, dès le début de la guerre, au siége de Yorktown, où une ancienne pièce de fonte du calibre de soixante-quatre, rayée et placée en barbette sur l'un des bastions, fut employée à lancer, à plus de 3,000 mètres de distance, des obus Blakeley, du poids de cent cinquante livres, sur les batteries ébauchées par les fédéraux. On apprécie bien la précision du tir de l'ennemi auquel on sert de cible ; aussi dès que Yorktown fut évacué, les assiégeants allèrent-ils rendre visite au canon dont ils avaient éprouvé la puissance, mais qui se taisait depuis deux jours. On le trouva brisé et gisant à terre : il avait fini par éclater, mais après avoir montré le parti que des ouvriers adroits et des artilleurs résolus pouvaient tirer de vieilles pièces qui ailleurs auraient été condamnées comme incapables de service.

Le reste du matériel militaire des confédérés, munitions, équipements, etc., fut, comme les canons, en partie produit dans le Sud et en partie importé d'Europe.

Il fallait avant tout de la poudre. Le charbon de bois ne manquait pas; les grottes des Alléghanies abondaient en salpêtre; les raffineries de la Louisiane fournirent le soufre qu'elles employaient à blanchir le sucre et dont elles avaient de grands dépôts. Avec ces matériaux, le gouvernement fabriqua une poudre assez grossière, mais d'une qualité suffisante. Sa principale poudrerie fut à Dahlonega, en Géorgie; sa capsulerie à Richmond; sa fabrique de cartouches à Memphis, puis à Grenada ; grâce à l'activité de ces établissements, ses armées ne manquèrent jamais de munitions. Il ne songea pas à faire usage, pour la guerre, du coton qu'il avait à discrétion. Il ne pouvait se procurer les différents produits nécessaires à la fabrication du pyroxyle et particulièrement l'acide azotique : il n'avait d'ailleurs pas le temps de faire des expériences sur ce puissant mais dangereux agent.

Rien ne manqua non plus pour habiller les soldats. Le Texas fournissait des cuirs. Les draps étrangers faisant défaut, on trouva des ressources suffisantes dans une étoffe grossière, mais solide, appelée *homespun,* « tissé à domicile », que l'on faisait dans les plantations et qui était exclusivement portée par les nègres. Ce drap, d'un gris tirant sur le brun, donna sa couleur à l'uniforme confédéré, et fut l'origine du sobriquet de *gray-backs,* ou « dos gris », par lequel on distinguait les soldats du Sud des *blue-bellies,* ou « ventres bleus », qui suivaient le drapeau fédéral. Les plus élégants parmi les officiers confédérés savaient rehausser la simplicité de leur capote grise par une recherche extrême; mais ils avaient beau faire, ils ne pouvaient dissimuler la livrée de l'esclavage que le hasard les forçait d'endosser. Ne peut-on pas voir une ironie du sort, ou plutôt l'arrêt d'une justice infaillible, dans ce hasard, qui obligeait les fiers planteurs à porter sur les champs de bataille et à teindre de leur propre sang cet habit, symbole d'asservissement, qui n'avait jamais rougi que sous le fouet du surveillant?

Après avoir réuni, organisé et équipé les armées confédérées, il fallait les nourrir. Bien plus, il fallait assurer la subsistance de toute la population du Sud; car il se trouvait alors dans la situation d'une ville assiégée. La nourriture de cette population civile devenait une question essentiellement militaire. Elle était d'autant plus grave que jusqu'alors le Sud, voué à des cultures spéciales, recevait du Nord la plus grande partie des farines et des viandes nécessaires à sa consommation; mais il avait un sol dont la fertilité se prêtait à toutes les productions agricoles, et dans la race nègre les bras nécessaires pour continuer à le féconder pendant que les blancs allaient au combat. Le blé et le maïs remplacèrent bientôt le coton, plus encore par l'effet naturel d'une loi économique que par suite des ordonnances de M. Davis; car le blocus ayant amené la dépréciation du coton et le renchérissement des denrées alimentaires, l'intérêt conseillait aux planteurs de remplacer leurs anciennes cultures par celle des céréales et par l'élève des bestiaux. Si cet intérêt avait été différent, aucun décret du gouvernement de Richmond n'aurait pu imposer au Sud une pareille révolution agricole. Cette révolution assura bientôt d'une manière certaine les moyens de vivre à toute la population du Sud, et démentit les prédictions d'après lesquelles le blocus, en l'affamant, devait l'amener à composition. Mais l'abondance même de ces nouvelles productions du sol, qui soutint pendant quatre ans les armées confédérées, facilita, d'autre part, les opérations qui devaient finir par assurer la victoire à leurs adversaires. En effet, comme nous l'avons déjà dit, c'est grâce aux vivres que Sherman trouva en Géorgie qu'il put traverser rapidement cette vaste province et faire la campagne décisive qui eût été impossible dans un pays dénué de toutes ressources. Ainsi le remède apporte parfois avec lui un mal pire que celui dont il devait préserver; et la confédération, qui paraissait devoir périr par la disette, se trouva, au contraire, livrée par l'abondance de ses ressources à l'invasion de ses ennemis.

Cette étude, aride mais nécessaire, terminera notre premier volume. Nous reprendrons dans le suivant le récit des événements militaires, qui nous conduira jusqu'à la fin de la première année, c'est-à-dire jusqu'au printemps de 1862.

NOTES

Note A, page 50.

Nous donnons ici, pour ceux que ce sujet pourrait intéresser, une description plus détaillée des attributions des divers départements et de leur place dans les états-majors des armées américaines.

Les attributions de l'adjudant général comprenaient le recrutement des corps, leur organisation, leurs mouvements à l'intérieur, leurs relations avec les autorités particulières des États, l'enrôlement des milices et des volontaires au service fédéral, l'état des hommes et des officiers, les avancements, permutations et démissions, enfin la création et la distribution des commandements. Toute la correspondance avec les corps de troupes en campagne était entre ses mains; il transmettait les ordres du Président et du ministre aux généraux commandant en chef, et c'est à lui que ceux-ci adressaient tous leurs rapports.

Les assistants adjudants généraux, outre les missions speciales qui pouvaient leur être confiées, comme celle d'organiser les nouveaux corps, étaient attachés aux états-majors de l'armée ou du corps d'armée, de chaque division et de chaque brigade. Ils rédigeaient et recevaient tous les rapports, les coordonnaient, réglaient les commandements, transmettaient tous les actes relatifs au personnel des corps et entretenaient avec eux la correspondance ordinaire. Ils descendaient, de degré en degré, jusqu'au régiment, dont l'adjudant, chargé du contrôle de toutes les opérations administratives, était en correspondance directe avec l'assistant adjudant général de brigade.

Les fonctions du corps des quartermasters, réparties plus tard entre les neuf bureaux qui subdivisèrent ce département, comprenaient les services suivants : achat et distribution dans les corps de tous les effets des hommes, équipements, tentes, outils, objets de campement, instruments de cuisine; transports de terre et de mer, c'est-à-dire location ou achat de navires portant des troupes ou du matériel ou des vivres, sur la haute mer, les lacs ou les fleuves, et même équipement des flottilles militaires sur les eaux intérieures, indépendamment de la marine; direction des différents services maritimes, de tous les télégraphes et des voies ferrées dont les armées avaient pris possession; contrats avec les autres chemins de fer pour tous les transports; confection et administration de toutes les voitures de l'intendance, des ambulances, des forges de campagne et des harnais; achat de toutes les bêtes nécessaires à ce service, et réparation de toutes les routes; achat et distribution des combustibles, fourrages, paille et papeterie; construction et entretien des casernes, hôpitaux, écuries, ponts, magasins et quais de déchargement; location des quartiers; enfin toutes les dépenses des armées n'appartenant pas spécialement à un autre département. Toutes ces opérations étaient faites au moyen de contrats conclus avec l'industrie privée par l'intermédiaire du bureau de Washington, ou par les divers quarter-masters exerçant, soit à une armée, soit à un dépôt central, l'autorité de chefs de service, car ce département n'avait aucun atelier de confection sous sa direction. Enfin le contrôle en était confié à des officiers spéciaux du corps, employés, les uns comme inspecteurs pour vérifier les comptes, et les autres comme payeurs. Ces derniers, chargés d'acquitter les dépenses ordonnancées dans les différentes branches de cette administration, déposaient un cautionnement, comme garantie du maniement des fonds considérables qu'ils recevaient directement de leur bureau à Washington.

Les départements de l'*ordnance* et des subsistances, dont les attributions ont déjà été suffisamment indiquées, avaient la même organisation que le précédent : l'inspection et l'acquittement des dépenses étant faits dans le corps même par des officiers particulièrement chargés de cette tâche. Le chef qui représentait chacun de ces trois services au ministère parvenait à cette position par un avancement régulier et ne pouvait la perdre, comme un simple employé, au gré du ministre. Une partie des officiers de ces corps négociaient les contrats et en surveillaient l'exécution, inspectaient et recevaient les fournitures et dirigeaient les arsenaux fédéraux. Les autres étaient attachés aux troupes en campagne et à leurs dépôts, et formaient, depuis le régiment, une filière hiérarchique par laquelle toutes les affaires relatives à leur département passaient, pour arriver enfin directement à leur chef, à Washington, sous la simple surveillance du chef de chaque corps de troupes.

Ces trois branches de l'administration pouvaient seules conclure des contrats onéreux.

Les chirurgiens, recrutés parmi les médecins déjà pourvus de diplômes, étaient attachés aux régiments, mais ne faisaient pas partie de l'état-major de ces corps; au-dessus d'eux se trouvaient, à chaque quartier général, les chirurgiens de brigade, de division, et enfin le chirurgien en chef de l'armée. Le service des hôpitaux, placé sous leur direction, recevait ses fournitures, en partie du quartermaster, et en partie du commissaire aux vivres.

Les *paymasters*, ou payeurs, étaient des employés du ministère de la guerre et non du Trésor. Chaque administration ayant une comptabilité indépendante et maniant elle-même les fonds nécessaires pour acquitter les dépenses qu'elle avait ordonnancées, ils n'avaient à régler que la solde, les primes et quelques frais insignifiants. Aussi aucun d'eux ne résidait-il avec l'armée : oiseaux de passage, ils y venaient à des époques fixes, réglaient la solde sur les états de situation tenus dans les compagnies, et disparaissaient aussitôt après.

Nous résumerons cet aperçu en donnant d'abord la composition du quartier général d'un général en chef, tel que celui de Scott au Mexique, et ensuite l'organisation et l'administration intérieure du régiment. Nous serons ainsi dispensés de revenir sur ces détails lorsque nous parlerons de l'armée de volontaires qui fut formée sur le même modèle.

Tous les membres d'un quartier général étaient qualifiés d'aides de camp, et on les désignait en ajoutant à leur titre les trois lettres A. D. C. Cependant leurs fonctions étaient bien diverses.

Auprès du général se trouvait d'abord le *chef d'état-major*, intermédiaire entre celui-ci et ses chefs de service, mais n'ayant lui-même aucune direction particulière. Il avait sous sa direction immédiate les *aides personnels* du général, qui, outre les missions spéciales qui pouvaient leur être confiées, ne remplissaient auprès de celui-ci que le service indiqué par leur nom : l'accompagner, porter ses ordres, voir ce qu'il ne pouvait voir lui-même et recevoir toutes les communications qui lui étaient directement adressées.

Tout ce qui, chez nous, dépend du chef d'état-major était laissé aux soins de l'*assistant adjudant général*, et, pour une faible part, de l'*inspecteur général* de l'armée.

Le personnel administratif était représenté par le *quartermaster général*, le *chef de l'ordnance*, le *commissaire en chef* et le *chirurgien en chef*. Ces chefs de services avaient sous leurs ordres des officiers (ou médecins) et des sous-officiers, mais aucune troupe : ni soldats du train, ni ouvriers de l'administration, ni infirmiers. Les conducteurs, ouvriers et gardes-malades, étaient des civils qu'on avait loués, ou des soldats temporairement détachés de leur corps.

Les armes spéciales avaient chacune, au quartier général, un chef entouré de son état-major particulier : le *chef de l'artillerie*, le *chef du génie*, le *chef des ingénieurs topographes* ; parfois aussi la cavalerie forma une direction spéciale, dans les armées en campagne, sous un *chef de la cavalerie*.

Enfin la police de l'armée était confiée au *provost-marshal* ou grand prévôt, tandis que la surveillance des conseils de guerre et l'examen de toutes les questions légales furent quelquefois soumis à la direction d'un légiste, appelé *judge-advocate* ou juge consultant, auquel on donnait un rang militaire provisoire.

Passons maintenant du premier au dernier degré, du grand quartier général à l'état-major du régiment, ou plutôt du bataillon : nous verrons que ses attributions administratives étaient très-limitées, ce qui augmentait d'autant l'importance et la tâche des corps spéciaux de l'administration, appelés à intervenir dans tous les détails d'un régime intérieur dont les exclut l'organisation du régiment français. En effet, dans le régiment américain, pas de confection au corps, pas de masses, pas de conseil d'administration. Il ne possédait que deux employés de l'administration. L'un, l'*ordnance-sergeant*, sorte de sergent armurier, était chargé, non-seulement de faire la réparation des armes, mais aussi d'en constater le nombre et l'état, d'adresser les demandes d'armes et de munitions aux officiers du département qui étaient ses supérieurs immédiats, et d'en faire la livraison au corps. L'autre était le *quartermaster de régiment*, qui, immédiatement subordonné à celui de la brigade, livrait au corps les effets tout confectionnés qu'il avait demandés et reçus du dépôt central. Le régiment, à moins qu'il ne fût pas embrigadé, n'avait pas de *commissaire des subsistances*, les chefs de compagnie étant en compte direct avec celui de la brigade. Si parfois l'occasion se présentait de faire des économies sur certaines dépenses du régiment, particulièrement dans l'ordinaire des compagnies, les officiers en avaient la gestion absolue.

Toutes les écritures, états de situation et contrôle administratif, étaient confiées à l'*adjudant du régiment*, remplissant le rôle de notre major; toute la comptabilité du corps était entre ses mains. Il avait, d'une part, à vérifier les états fournis par les commandants de compagnie et à inspecter leurs différents livres, et, d'autre part, à contrôler et enregistrer les opérations du quartermaster, de l'*ordnance-sergeant* et les fournitures faites aux ordinaires des compagnies et à l'hôpital par le commissaire aux vivres de la brigade.

. Au point de vue administratif, le régiment n'avait donc pas d'existence propre : il n'y avait d'association que dans la compagnie, entre les hommes qui mangeaient à la même marmite.

Note B, page 146.

Si l'on veut se faire une idée de la démoralisation sans remède que l'esclavage apporte avec lui, il ne faut lire ni romans, ni plaidoyers, mais le simple journal tenu en Géorgie, sur la plantation de son mari, par un auteur qui porte un nom illustre dans les annales dramatiques de l'Angleterre, miss Kemble. C'est la vérité toute nue, telle qu'elle frappe un observateur affranchi des préjugés locaux : les étonnements et les espérances mêmes de l'auteur prouvent sa bonne foi. Il est frappé d'abord du contraste entre une nature magnifique et les misères humaines qu'on y rencontre. Cependant ce n'est que peu à peu qu'il découvre tous les maux dont l'esclavage est la source. Saisi chaque fois d'une charitable ardeur, il veut y porter remède; chaque fois il se heurte à de nouveaux obstacles. Il lui semble que, la puissance du maître étant si grande, il pourrait bien l'employer à corriger les abus de la servitude;

mais, d'une part, les préjugés, les intérêts, les institutions qui enchaînent les maîtres, et, de l'autre, l'abattement qui gagne les plus fortes natures lorsqu'elles sont condamnées à la vie sans espoir et sans récompenses de l'esclave, rendent inutiles ses meilleures intentions. Il reconnaît à la fin que l'esclave est presque aussi malheureux sous un bon maître que sous un mauvais. Des exemples quotidiens lui prouvent cependant l'intelligence du nègre et son aptitude aux progrès, qui le placent sur le même rang que nous. L'abaissement moral qu'on lui reproche, et où l'on cherche une triste excuse de son asservissement, n'est, on le voit à chaque page, que la conséquence de la condition à laquelle il a été réduit.

Un seul mot, placé en tête du livre, fait deviner quel fut l'affreux dénoûment des tableaux que l'auteur interrompt brusquement en quittant pour toujours la plantation. Un jour néfaste est arrivé où tous les esclaves ont été vendus à l'encan. Toutes les familles qui s'étaient attachées à cette terre, en raison même de leurs souffrances, et que l'auteur nous avait appris à connaître, ont été dispersées sous le marteau du commissaire-priseur. Ce livre si simple montre de la manière la plus frappante que tout ce qu'on a dit en Europe des horreurs de l'esclavage et de son influence sur les mœurs des blancs était encore au-dessous de la vérité; et, si nous n'avons pas insisté davantage sur ce sujet, c'est qu'il nous a semblé inutile de plaider une cause gagnée.

Note C, page 159.

Voici, en chiffres ronds d'après le cens de 1860, le tableau de la population des principales villes des États à esclaves. Si l'on calcule les forces de la Confédération, il faut retrancher de cette liste quatre des cinq premières de ces villes, qui n'échappèrent jamais à l'autorité fédérale; elles sont ici marquées d'un astérisque :

		Habitants.
*	Baltimore................	212,000
	La Nouvelle-Orléans..........	169,000
*	Saint-Louis..............	152,000
*	Louisville...............	70,000
*	Washington..............	61,000
	Charleston...............	51,000
	Richmond................	38,000
	Mobile..................	29,000
	Memphis................	23,000
	Savannah................	22,000
	Wilmington..............	21,000
	Petersburg...............	18,000
	Nashville................	17,000

Note D, page 189.

Ces détails, et beaucoup d'autres sur l'armée confédérée, sont empruntés à un petit livre intitulé : *Treize mois dans l'armée rebelle,* par W. G. Stevenson. Publié en 1863, il peint d'une manière frappante la situation du Sud au commencement de la guerre. L'auteur raconte, avec une simplicité qui le met à l'abri de tout soupçon d'exagération, son enrôlement forcé dans l'armée confédérée, les emplois qu'il occupa, de gré ou de force, dans l'infanterie, l'administration, la cavalerie, les hôpitaux, et enfin les aventures par lesquelles il échappa à ceux qui l'obligeaient à combattre contre ses parents et ses amis. Malgré la position bizarre dans laquelle il s'est trouvé, et sa légitime aversion pour le gouvernement dont il subissait la tyrannie, il n'a pas gardé rancune aux personnes, et rend hommage aux qualités personnelles des généraux qu'il a connus. Loin de mépriser le Sud, il révèle à ses compatriotes les ressources, le courage et l'énergie de leur adversaire, afin qu'ils redoublent d'efforts pour terminer la guerre, dont on ne pouvait alors prévoir la fin.

Note E, page 464.

On formerait une bibliothèque entière de tout ce qui a été écrit en Amérique sur la bataille du Bull-Run : ses moindres incidents ont été discutés, commentés, et présentés sous les faces les plus différentes. Elle a donné lieu aux récits les plus fantastiques de la part d'une foule de témoins oculaires, dont le jugement et la vue avaient été singulièrement troublés par l'excitation, si nouvelle pour eux, du combat. On ne pourrait démêler la vérité au milieu de tant d'assertions contradictoires, si l'on n'avait pour guides les rapports officiels des deux partis qui se confirment et se complètent d'une façon remarquable. Ce travail a été facilité pour nous par les études de deux écrivains américains, M. Swinton, qui a raconté deux fois la bataille du Bull-Run avec sa sagacité habituelle, et M. Lossing, le fécond dessinateur, exact et scrupuleux narrateur.

Enfin l'auteur lui-même, quelques mois après la bataille, se trouvait à côté de Mac Dowell, lorsque celui-ci visita, pour la première fois, après l'action, le théâtre de sa défaite ; et il recueillit ainsi sur place la description du combat, de la bouche même des principaux acteurs, qui retrouvaient, avec une émotion facile à comprendre, ici la route sur laquelle ils avaient été d'abord victorieux, là le point où ils avaient vu tomber quelques-uns de leurs plus braves compagnons, plus loin tel accident de terrain, insignifiant en apparence, qui marquait pour eux le lieu où avait commencé la déroute de leurs troupes.

FIN DU TOME PREMIER.

NOTE BIBLIOGRAPHIQUE

SUR LES PRINCIPAUX OUVRAGES CONSULTÉS PAR L'AUTEUR.

Sans vouloir donner une liste complète des sources auxquelles l'auteur a puisé pour écrire les deux premiers volumes de cette histoire, il convient d'indiquer les principales publications qui l'ont guidé dans le cours de son travail. Nous citerons, en première ligne, le *Rebellion record,* vaste compilation de rapports, de récits, de correspondances, d'extraits de journaux, faite au fur et à mesure pendant la guerre; il faut une certaine habitude pour s'y retrouver, mais elle ouvre aux recherches la mine la plus abondante. Les documents officiels des deux partis se distinguent presque toujours par leur exactitude au fond, malgré leur forme souvent trop pompeuse ; cependant on ne saurait se fier à leurs états de situation que lorsqu'ils ont un caractère confidentiel. Malheureusement ces documents sont loin d'être complets. Le ministère de la marine de l'Union a publié in-extenso les rapports de tous ses officiers; celui de la guerre n'a donné que les rapports sommaires du ministre et du commandant en chef et les rapports détaillés du quarter-master-general seulement, qui présentent, au point de vue de la statistique, de curieuses informations. Un grand nombre de rapports des deux partis se trouvent dans le *Rebellion record;* en outre, deux volumes de rapports du général Lee et de ses subordonnés ont été publiés à Richmond en 1864, et quelques documents officiels confédérés ont été réimprimés à New-York en 1865; enfin, parmi les nombreux rapports réunis dans les archives de Richmond, puis transportés à Washington après la fin de la guerre, il en est un certain nombre dont l'auteur possède des copies, qu'il doit à la bienveillance du président Grant. Toutes les dépositions, reçues par le comité institué pour s'enquérir de la conduite de la guerre (*Joint committee on the conduct of the war*) ont été réunies en sept volumes; ils offrent, au milieu d'interminables redites, d'intéressants aperçus et certains renseignements que l'on ne trouve nulle part ailleurs..

Quant aux principaux ouvrages que l'auteur a consultés outre ces divers recueils, il se bornera à en donner ici les titres, en commençant par quatre publications auxquelles il a fait plus d'emprunts qu'à toutes les autres : la première se recommande surtout par l'impartialité consciencieuse qui a présidé à sa composition, les autres par le soin judicieux avec lequel leurs auteurs ont mis en œuvre les documents publiés ou inédits qu'ils ont eus entre les mains. Ce sont l'Histoire illustrée de la guerre par M. Lossing, *The American civil war*, 3 volumes; la Vie du général Grant par son ancien aide de camp le général Badeau, dont il n'a encore paru que le tome Ier, *Life of U. S. Grant, first volume*; les deux livres de M. Swinton, *History of the Army of the Potomac*, 1 volume; et *The twelve decisive Battles of the war*, 1 volume.

Pour continuer la liste des ouvrages écrits au point de vue unioniste, nous citerons, sans chercher à établir entre eux aucune classification : *History of the Rebellion, by Appleton,*

1 volume; *Life of general Grant, by Coppee,* 1 volume; *Life of general Sherman, by Bowman and Irwin,* 1 volume; *Thirteen months in the rebel army, by Stevenson,* 1 volume; *The volunteer quarter-master,* 1 volume; *History of the United States cavalry, by Brackett,* 1 volume; un grand nombre d'articles techniques de l'*American Cyclopedia,* ouvrage en 4 volumes; *Political history of the rebellion, by Mac Pherson,* 1 volume; *Life of Abraham Lincoln, by Raymond,* 1 volume; *The American conflict, by Horace Greeley,* 2 volumes.

Parmi les publications dues à des confédérés, nous devons mentionner surtout les œuvres de M. E. Pollard : *The first, second and third year of the war,* 3 volumes, *The lost cause,* 1 volume, et *Lee and his Lieutenants,* 1 volume; celles de M. Esten Cooke : *Life of general Lee,* 1 volume, *Life of Stonewall Jackson,* 1 volume, et *Wearing of the grey,* 1 volume; et enfin *The southern generals,* anonyme, 1 volume.

Le nombre des ouvrages publiés par des Européens, et offrant un véritable intérêt, est fort restreint. Il suffira de citer l'œuvre remarquable de M. Vigo Roussillon sur la *Puissance militaire des États-Unis,* et les écrits de trois officiers avec lesquels l'auteur a eu la bonne fortune de faire la campagne contre Richmond, en 1862 : l'*Histoire de la guerre de la sécession,* par le colonel fédéral suisse F. Lecomte, 2 volumes; *History of the war of secession,* par le lieutenant-colonel Fletcher, des gardes anglaises, 3 volumes; et enfin *Quatre années à l'armée du Potomac,* par le général Régis de Trobriand, Paris, 1867, 2 volumes. Ce dernier ouvrage, français par la langue, l'esprit, le lieu de publication, a, en même temps, pour l'étude historique, tout le prix d'un récit fait par l'un des témoins et acteurs du grand drame américain.

Nous terminerons cette note par un dernier renseignement bien propre à donner au lecteur une idée de l'abondance des documents, d'importance et de valeur très-diverses, qui ont été publiés sur le sujet que nous traitons : un gros volume in-quarto, intitulé *Bartlett's litterature of the rebellion,* qui a paru en 1866, est simplement un catalogue de tous les ouvrages relatifs à la guerre civile; il contient plus de six mille numéros, et, depuis six ans, le nombre de ces ouvrages a peut-être déjà doublé.

Dans la suite de notre histoire, nous indiquerons les sources, dignes de mention, que nous rencontrerons pour telle ou telle des parties subséquentes du récit.

TABLE

DU TOME PREMIER.

LIVRE PREMIER.

L'ARMÉE AMÉRICAINE.

Pages.

CHAPITRE PREMIER. — LES VOLONTAIRES DU XVIIIe SIÈCLE. 3

But de ce travail, histoire essentiellement militaire. — Nécessité d'un aperçu préliminaire. — Les milices provinciales dans la guerre de sept ans. — La guerre de l'indépendance. — Différence entre les volontaires de 1775 et les confédérés. — Leur analogie avec les fédéraux. — Organisation des milices. — Washington. — Formation de l'armée nationale en 1776. — La conscription et les engagements. — L'armée nationale disparaît après la guerre. — Premiers essais d'armée régulière. — La guerre de 1812. — Son caractère. — Organisation de l'armée permanente en 1815.

CHAPITRE II. — L'ARMÉE RÉGULIÈRE. 29

Organisation de l'école de West-Point. — Son influence. — L'avancement, et la prérogative du Sénat. — Formation de corps nouveaux. — Vie des officiers réguliers. — Discipline. — Il n'y a pas de retraites. — Organisation des corps dans les différentes armes. — Corps spéciaux. — Administration, les *departments*.

CHAPITRE III. — L'armée d'occupation au Mexique. 51

Les officiers réguliers dans la guerre du Mexique. — Les volontaires, presque tous du Sud. — Leur caractère. — Expédition de Kearney. — Prise de Santa-Fé. — Conquête de la Californie, par Frémont. — Combat de San-Pascual. — Expédition de Doniphan. — Ses dangers. — La guerre dans le désert. — Combat de Rio-Sacramento. — Prise de Chihuahua. — Retour. — Combats de Palo-Alto et de Resaca-de-la-Palma. — Prise de Monterey. — Santa-Anna. — Bataille de Buena-Vista.

CHAPITRE IV. — L'armée d'invasion au Mexique. . 79

Débarquement des Américains. — Prise de la Vera-Cruz. — Combat de Cerro-Gordo. — Séjour à Puebla. — Marche sur Mexico. — Campagne de manœuvres. — Caractère des soldats américains dans cette guerre. — Combats de Contreras, Churubusco et Chapultepec. — Bataille de Molino-del-Rey. — Prise de Mexico. — Fin de la guerre. — Son influence sur les officiers. — Les futurs généraux de la guerre civile et le général Scott.

CHAPITRE V. — L'armée américaine parmi les Indiens 103

La guerre des Séminoles. — Les officiers dans le Far West. — Leur rôle. — La tribu indienne. — La guerre dans les prairies. — Expédition contre les Mormons. — Les *stampedes*. — Rôle des diverses armes dans cette guerre. — Son influence sur l'organisation et la manière de combattre de l'armée américaine. — L'armée régulière au Texas. — Nouvelle de la sécession. — Défection de Twiggs et de Van Dorn. — Fidélité des soldats.

LIVRE DEUXIÈME.

LA SÉCESSION.

CHAPITRE PREMIER. — L'esclavage. 135

L'esclavage, seule cause de la guerre civile. — Son influence sur la race blanche. — Toute la société esclavagiste repose sur un mensonge. — Les haras d'esclaves. — Dogme de l'esclavage. — L'esclavage domine toute l'Union. — Organisation de la société et de la propriété dans le Sud. — Les planteurs, les esclaves, les petits blancs. — Éléments de l'organisation militaire.

CHAPITRE II. — Les volontaires confédérés. . . 161

Le Sud se préparait depuis longtemps à la guerre. — Enrôlements. — Statistique de la population blanche. — Illusions du Sud. — Les États et le gouvernement central. — Pouvoirs de M. Davis. — Armée provisoire. — Différence entre les soldats du Sud et ceux du Nord. — L'infanterie, la cavalerie et l'artillerie. — Les partisans : Moseby, Morgan et Forrest.

CHAPITRE III. — L'élection présidentielle. . . 193

Suprématie de l'esclavage. — Reconstitution possible de l'Union à son profit. — La Constitution de Montgomery. — Le *roi Coton*. — Division des partis. — Les démocrates et les républicains. — La souveraineté des États : M. Calhoun. — Fausseté de sa théorie. — Le pouvoir fédéral est vraiment national. — Convention prélminaire en 1860. — Scission des démocrates. — Élection de M. Lincoln. — Réunion du Congrès. — Mouvement séparatiste. — La Caroline du sud. — Hésitations du Président. — Sécession de six États, en janvier 1861. — Attitude des autres États. — Essais de conciliation, congrès de la paix. — Assemblée de Montgomery. — Capitulation de San-Antonio. — Dernières mesures de M. Buchanan. — Le compromis Crittenden est rejeté.

CHAPITRE IV. — Le fort Sumter. 229

Inauguration de M. Lincoln, 4 mars 1861. — Les *Border States*, encore fidèles. — M. Seward. — Situation du fort Sumter. — Essais de ravitaillement. — Bombardement et capitulation, 13 avril. — Émotion dans le Nord. — Appel de 75,000 volontaires. — Nouvelles ordonnances de sécession. — Rôle de la Virginie. — Destruction de l'arsenal de Norfolk. — Émeute de Baltimore. —

Les *War democrats*. — Butler à Annapolis. — Nouvel appel de volontaires. — Le blocus. — Reprise de Baltimore. — L'*habeas-corpus*. — Capitulations d'Indianola, de San-Lucas-Springs et du fort Fillmore. — Lyon à Saint-Louis. — Organisation du gouvernement confédéré. — M. Davis à Richmond. — Préparatifs militaires des deux côtés.— Les *contrabands*.— Beauregard et Mac Dowell. — Mac Clellan et Lee. — Combat de Big-Bethel. — Occupation de Booneville et de Harpers-Ferry.

CHAPITRE V. — LES VOLONTAIRES FÉDÉRAUX. 309

La fièvre d'enrôlement. — Initiative individuelle. — Caractère des volontaires. — Ils représentaient exactement la nation. — Statistique. — Formation des corps par les États. — Leur engagement par le gouvernement central. — Le fantassin, le cavalier et l'artilleur. — Leur manière de combattre, leurs défauts et leurs qualités.

LIVRE TROISIÈME.

LA PREMIÈRE LUTTE.

CHAPITRE PREMIER. — LES FLEUVES ET LES CHEMINS DE FER. 357

Uniformité des caractères géographiques de l'Amérique du Nord. — Dispersion de la population. — Absence de routes dans le Sud. — Rareté des approvisionnements. — Rôle des chemins et des fleuves. — Système des eaux. — Bassins de l'Atlantique et du golfe du Mexique. — Trois parties dans le bassin du Mississipi. — Réseau des chemins de fer. — Partagé en deux. — Régions impénétrables. — Calcul des approvisionnements. — Bases d'opérations.

CHAPITRE II. — LE BULL-RUN. 395

Réunion du congrès fédéral, 4 juillet 1861. — Situation des partis et relations étrangères. — Mac Clellan dans la Virginie orientale. — Rich-Mountain. — Laurel-Hill. — Combat de Carricksford. —

Conséquences de ce premier succès des fédéraux. — Mouvements de Patterson sur le Potomac. — L'armée de Mac Dowell. — Impatience à Washington. — Description de Manassas et des environs. — L'armée de Beauregard. — Les fédéraux se mettent en route, 16 juillet. — Leur plan de campagne. — Difficultés de la marche et de l'approvisionnement. — Com. t de Blackburnsford, 18 juillet. — Johnston quitte Winchester, 18 juillet. — Son arrivée à Manassas, 20 juillet. — Position des confédérés. — Mac Dowell quitte Centrèville, 21 juillet. — Son plan. — Passage du Bull-Run. — Combat sur le Youngs-Branch. — Défaite de la gauche confédérée — Combat acharné sur le plateau de Manassas. — Situation critique des confédérés. — L'arrivée de Kirby Smith leur assure la victoire. — Déroute des fédéraux. — Fuite vers Centreville. — Retour de l'armée à Washington. — Alarme de la capitale. — Inaction des vainqueurs. — Résultats de la bataille du Bull-Run.

CHAPITRE III. — Les préparatifs du combat. . . 465

Le Nord stimulé par la défaite. — Le général Mac Clellan. — Inaction des deux armées. — Organisation de l'armée du Potomac. — L'état-major général et l'administration. — Discipline et conseils de guerre. — Les grades, l'élection, la nomination et l'examen. — Organisation du régiment. — L'instruction dans les différentes armes. — Travaux d'art et de terrassement : aptitude des soldats américains. — Le télégraphe, les signaux et les ballons. — Établissement des quartiers d'hiver. — La poste, les journaux et leurs correspondants. — Réorganisation de l'armée régulière. — Création de nouveaux régiments.

CHAPITRE IV. — Le matériel de guerre. . . . 529

Le département du *Quarter-master* et l'industrie privée. — Équipement. — Remontes. — Transports. — Vivres, la ration. — Fusils et munitions. — Diversité des armes. — Systèmes nouveaux. — L'artillerie rayée, les canons Parrott. — Les canons Rodman. — Les projectiles et leur forcement. — Les fusées. — Inventions diverses. — Les canons à âmes lisses. — L'armement du Sud. —

Il s'approvisionne en Europe. — Fonderies et fabriques d'armes. — Canons américains et canons anglais. — Les projectiles. — La poudre. — L'équipement. — Les subsistances.

NOTES.

Note A	575
Note B	583
Note C	585
Note D	586
Note E	587
Note bibliographique	589

ERRATA.

Page 141, ligne 7, *au lieu de :* Burton, *lisez :* Buxton.
— 563, — 11,   —   Parrot,   —   Parrott.
— 107, — 3,   —   le souvenir, —   la mémoire.

PARIS. — J. CLAYE IMPRIMEUR, 7, RUE SAINT-BENOIT. — [932]

www.ingramcontent.com/pod-product-compliance
Lightning Source LLC
Chambersburg PA
CBHW060302230426
43663CB00009B/1561